大学之所以为大

——高等教育纵横谈

DAXUE ZHI SUOYI WEI DA

张翼星 著

首都师范大学出版社
CAPITAL NORMAL UNIVERSITY PRESS

图书在版编目(CIP)数据

大学之所以为大：高等教育纵横谈/张翼星著．—北京：首都师范大学出版社，2013.7 （2014．02重印）

ISBN 978-7-5656-1621-1

Ⅰ.①大… Ⅱ.①张… Ⅲ.①高等教育-研究-中国 Ⅳ.①G649.2

中国版本图书馆 CIP 数据核字(2013)第 162319 号

DAXUE ZHI SUOYI WEI DA

大学之所以为大

——高等教育纵横谈

张翼星 著

责任编辑 欧家作
首都师范大学出版社出版发行
地　址 北京西三环北路 105 号
邮　编 100048
电　话 68418523(总编室) 68982468(发行部)
网　址 www.cnupn.com.cn
北京集惠印刷有限责任公司印刷
全国新华书店发行
版　次 2013 年 9 月第 1 版
印　次 **2014 年 2 月第 2 次印刷**
开　本 710mm×1 000mm 1/16
印　张 23.5
字　数 383 千
定　价 46.00 元

目 录 CONTENTS

序

前言

大学之大

谈谈大学之所以为大……3
试论北京大学的基本传统……12
时代呼唤蔡元培
——蔡元培教育思想的鲜明特色……21
必须加强基础学科和基本理论的建设
——我国综合大学的重大而紧迫的任务……33
大学教师的天职……42
我国高等教育迫切需要实行的三种转变……49

通识教育

试论当今大学的通识教育……61
北京大学通选课的现状、问题和建议……72
加强主干基础课建设的若干问题和意见……82
当前大学本科教育中的两个问题……89
我对大学通识教育的几点认识……95
中学文理分科问题之我见……102

北大校长

维护北大，实行改革的重要先行者严复……111
“兼容并包，思想自由”的伟大开创者蔡元培……123
尊重学术，共度时艰的大力支撑者蒋梦麟……136
张扬个性，培养兴趣的积极倡导者胡适……146
关注民生、追求真理的爱国者马寅初……156
应当怎样纪念蔡元培？……163
胡适对青年读书治学的希望……171
大学校长应当是怎样的？
——谈谈北大五位校长的共性与个性……177

原著攻读

迫切的问题，是要读名著、原著……187
中国人首先要读的两本书：《论语》和《老子》……189
从直接攻读原著入手
——关于哲学教学改革的一项建议……194
我对文科综合试验班的认识和设想……200
北大文科综合试验班的一个基本书目……211
谈谈孔子教育思想的现代价值……215

课堂记述

让经典的魅力吸引年轻人
——记王余光教授的“中国名著导读”课……225
一本原著，引进哲学的殿堂
——记吴增定教授的“哲学导论”课……231
揭开小说创作的奥秘
——记曹文轩教授的“小说的艺术”课……236
深受欢迎的“三宝”课
——记通选课“人类的性，生育与健康”……242

师辈追忆

对一代哲师的回忆与思考……249
往事犹可追……256
西南联大培育人才出现“奇迹”的原因……261
张岱年先生留下了什么精神遗产
——读《张岱年学术论著自选集》……269
一颗科学亮星的陨落
——读《束星北档案》……274

寄语学子

应当重视大学生学习中的“四多四少”现象……283
为何出现大学生学习中的“四多四少”现象……288
怎样转变大学生学习中的“四多四少”现象……293
谈谈当前大学生的人文阅读……298
教学思想的一席盛宴
——喜读《教学的魅力》……304
大学生的体质问题不容忽视……308

改革思考

敢于突破、切中时弊的探索
——钱学森“大成智慧”教育设想刍议……315
开启一流师资与人才的源头活水
——关于北大的教师体制改革问题……323
大学的导向
——有感于校庆、系庆活动……329
大学“教研室”的由来和利弊……334
希望有一部比较完整而可信的北大校史……337

附录

文史哲如何育人才
——北大文科综合试验班引发的思考……347
积极、愉快地发挥余热
——记北京大学老教授教学调研组……352

后记……355

序

进入新世纪十几年来，高等教育成为中国社会一个热门话题。从中央领导到坊间市民都对此议论纷纷："高等教育质量"罕见地两次进入党代表大会政治报告，还成为每年"两会"政府报告的一个必备内容；"钱学森之问"反映了科学大师对当今中国大学教育质量的疑虑；殷实家庭考虑是否将子女送出国外就读；《中国青年报》的一项调查显示，在近万名受访者中有34%的人后悔上大学，其中51%认为是没有学到有用东西；许多行业找不到符合要求的应聘者，而不少高校毕业生却就业困难。中国高等教育似乎是有病了，而且病得还不轻。于是各方面的人士，包括高等教育内部和外部的，都来为中国高等教育号脉、诊断、治病。因为毕竟高等教育，大学教育关乎大众的切身利益，更关乎国家民族的兴衰。

张翼星教授就是这样一位热心的大学老师。他专业哲学，在近代"西方马克思主义"研究上卓有成就。也许是习惯于从哲学高度上看待事物，他结合教学经常深入思考大学教育中的一些深层次问题，并且努力实践，积极投身教育教学改革活动。20世纪90年代，北大希冀培养具有宽口径、高层次的人文学科人才，举办了打通文史哲界限的"文科综合试验班"，翼星教授就自告奋勇，主动承担了班主任工作，做了大量有益的开创性探索。后来北大教务部门又成立了"老教授教学调研组"（相当于现在许多大学都有的教学督导组），他是骨干，经常深入教学第一线，从听课和从学生反映中了解情况，提出了很多改进教学的意见，对学校提高课程教学质量发挥了重要作用。他结合现实情况，阅读了大量北大和高等教育发展的历史文献，以史为鉴，综合比较，对当下大学存在的问题与解决方案做出了不少很有见地的思索，写下了许多文章，这就结成了这个集子。

读了这批文章，我觉得张翼星教授是从大学的本源上找到了当前高等教育病根的，因而也开出来一系列对症的药方。我以为这是很关键、很根本的。在我看来，当下中国大学教育的根本问题就在于大学"异化"了，成为"非大学"了。本来，中国大学的诞生就跟拜为老师的西方大学根本不同，带有浓重的工具色彩，承载着为国家民族救亡图强的重任。之后，教育又成为阶级斗争和无产阶级专政的工具。到新时期，不少大学人自己也以能从社会的边缘进入到社会的中心而沾沾自喜，以能成为经济发展的动力源、技术进步的孵化器、政治昌明的思想库为荣耀。的确，大学应该、而且可以起到这些作用。但是不要忘了，大学本身是一个教育机构、文化机构，其根本或核心任务是育人，上述这些功能是通过或结合育人而达成的。如果脱离了育人去单纯追求上述功能，把大学变成为经济机构、科研机构、政法机构，就是舍本求末，就是大学“异化”了，就会弊端丛生。

因此，张翼星教授极力主张办大学要回归大学的本原。他在多篇文章中介绍、推崇蔡元培的办大学思想。他认为蔡元培教育思想的首要特点就是以人为本，发挥人的主体性，造就完美的人格。他反复表达了这样的意思：教育的目标在于“发现人的价值，发挥人的潜能，发展人的个性”。为了做到这一点，他把蔡元培的办大学思想集中到了本书的题名《大学之所以为大》上。对此，他认为前提是大学要“教育独立”。在此基础上大学要“研究高深学问”；实现“思想自由，兼容并包”；“网罗众家”，大师引领；教学广博，通识为主。这样才能体现出大学之“大”，抓住了大学的本原。对这些理念，他用几任校长的言论与业绩，用北大名师的治学与成就，在多篇文章中林林总总做了细致精彩的描述。这对治理当前大学的许多问题无疑具有头等的原则意义。

对于当下大学教学问题，张教授有许多切身感受，因此提出了不少有价值的想法和建议，比如，对加强主干基础课的看法，对大学生学习中的“四多四少”问题的分析，等等。不过，他集中关注的还在于“通识教育”。通识教育是近十几年来中国大陆高等学校教育改革中的一个新潮，它是经过香港和台湾大学的推介从美国一些大学传过来的，在大陆高校很有市场，尽管它至今并未得到教育行政部门的官方认可。我个人认为，通识教育与我国大学开展的文化素质教育有相通和相似之处，它们都有利于达成教育“发现人的价值，发挥人的潜能，发展人的个性”的目标，而使用“通识教育”这个名称更易于与海外和国际交流，应该允许充分发挥“通识教育”这个名称的作用。翼星教授就是从育人的根本主旨出发来看待通识教育功效的。他认为德、智、体、美全面育人的核心在于“通”，这就要打破专业界限，追求“博通”。从这个角度和基础上，他对通识教育的含义和要求，意义和作用，以及实施方法，都提出了建设性的意见。我在赞同他的意见之余如果有所补充或强调的就是：我认为通识教育在对形成与人的文化水平与地位相适应的人生意义和价值信仰上具有重要作用。事实上，美国一些大学的通识教育在几经起落后，特别珍视和坚守着的就是美国自由、民主的价值观。要真正从理性与感情上树立虔敬的价值信仰，在做法上就要特别注重“深度阅读，深层思考，辅以小班讨论”。对许多学校这是难以达到的，但是对于研究型大学而言，这却是必要的。这也是张教授所十分强调的，通识教育要防止流于浅薄，可惜这是眼下通病。

张翼星教授这本书还有许多精彩的看法，比如，他认为“北大基本传统”应该概括为“思想自由，兼容并包”。要凝练一个大学的精神，体现大学的灵魂，是很不容易的，仁者见仁，智者见智，莫衷一是。但是，就北大而言，无论从历史、从影响、从特色出发，“思想自由，兼容并包”还是最恰当的。限于篇幅，对他的许多有见地的言论不能再多加评说了，我想读者读了以后自然会得出：本书对诊治当下中国大学教育的问题是有相当帮助的。

王义道

2012年5月30日于北京蓝旗营

前 言

——我在北大怎样思考教育问题

我在1954年考入北大哲学系时，正是在1952年全国高等院校实行院系调整之后。由于当时强调“学习苏联”，这次院系调整基本上是按照苏联的教育模式进行的，这种模式是苏联在20世纪30年代形成的培养专才的模式。哲学系设置哲学与心理学两个专业。专业下面分了很多个教研室（按苏联各大学的做法）。不同专业之间、各个教研室之间很少联系。这种模式使得师生的思想视野和专业知识都受到严重限制。更由于接连不断的政治运动和意识形态领域的大批判，特别是1957年的反右派斗争之后，教育培养人的自身功能已基本消退。1958年经过“红专大辩论”，更加明确地宣布“教育为无产阶级政治服务，教育与生产劳动相结合”，学校师生经常下乡、下厂劳动，便把原来培养专才的教育模式也冲击掉了。在那些年月里，只要谁想在专业上有所作为，想把自己铸造成才，就会被指责为“走资产阶级白专道路”，难免受到歧视和批判，似乎只要讲点空头政治，表示拥护那些“左”的观念与口号，就可以“以红带（代）专”，做一个“有社会主义觉悟的有文化的劳动者”了。到60年代中期爆发的“文化大革命”，更是把知识和知识分子、特别是学术和学术权威，通通打倒在地。文化和教育领域，十年之间成为一片荒漠。这就是50—70年代上学的这一辈知识分子成长的大背景，造成了这辈人在专业和治学上难以弥补的缺失。我们中许多人是愿意努力读书和认真治学的。但二十多年中的政治环境与氛围、教育路线与制度，实际剥夺了我们读书、治学的条件，损害了我们读书、治学的能动性。当这种路线和氛围有所改善时，我们这一辈人已步入中年或晚年。

1960年毕业，我侥幸留在系里工作，后来被安排的专业方向是马克思主义哲学史，我自己又涉猎了西方马克思主义的研究。毕业后我参与本科生和研究生的教学将近40年，但绝大部分时间是在社会政治动荡和为家庭生活奔波中度过的，虽曾忝称“教授”与“博导”，并有某些较好的教学反映和获奖的科研成果，但我深知自己在专业上基础差、功底薄，虽作了一定努力，仍难免力不从心，捉襟见肘。

1994 年北大开始设置文科综合试验班。鉴于市场经济大潮中人们急功近利的倾向，大学里普遍重理工、轻人文，文、史、哲等基础人文学科受到冷漠，原来的学术大师相继辞世，人才青黄不接，社会上道德滑坡，人文精神衰退，文科试验班试图通过保送招收一批学生，集中进行文、史、哲主干课程的学习，为培养人文学科的高质量人才和输送优秀研究生创造条件。我感到这种设想有其合理性，愿尽自己的一份绵薄之力。因此，我虽年逾花甲，仍自愿担任首届班主任，后又任教学领导小组副组长。我主张结合中国文化传统，要求打通文、史、哲，进行综合性的基础训练，并在教师引导下，直接攻读经典原著。我还在班上倡导“尊师重道，奋发有为”的班风。但是，由于社会环境、就业形势和教学模式、课程安排等多方面的原因，文科试验班的设想难于实施，实际效果不尽如人意，试验班的毕业生最后从事人文基础学科的研究者，只是少数。不过，在首届学生行将毕业时，我仍约请了一批教师总结经验，撰写关于如何培养人文学科人才的文章，并且汇集了首届学生的毕业论文，由我主编并出版了《育才之路新足迹》一书。

1999 年，首届文科试验班的工作告一段落之后，我便到了退休年龄。但试验班的工作却更加激发了我对高等教育问题的兴趣。2001 年，我又积极参加了北大老教授教学调研组（其他学校按教育部规定，称“教学督导组”。）这个组的主要任务是，通过听课等形式，对全校本科生的教学进行调研，了解情况，汇报交流，总结经验，发现问题，提出建议。全组成员来自各个院系，都是退休教授，一般对北大情况比较熟悉，有一定的教学经验，愿意在促进教学上发挥一分余热。我觉得教学应当是全校工作的中心；本科生教学又是整个教学的基础，它直接关系到人才的质量和研究生的培养。我在北大生活、工作了半个多世纪，对北大是有感情的，并且深知北大在全国教育事业中所处的位置。因此，能将晚年的部分时间与精力倾注在促进北大的本科生教学上，并从中开展教育问题的研究，实在是晚年的一种寄托和慰藉，也是一种享受和乐趣。我在这个组里总是以积极的姿态付出了较多的心力，边工作、边思考、边研究。总共 11 年，是有收获的。较长时期任组长，我总想使这个组工作得活跃一些，让“余热”能尽多地发力，在促进教学上实际地发挥作用。结合教学调研组的工作实践，我确定自己晚年的研究方向是：当代中国哲学和教育。在教学、教育和哲学的关系上，我形成了两个“不可分离”的认识。一是教学与教育的不可分离，各种教学内容的确定，教学活动的安排，师生之间的关系，等等，总与一定的教育思想相关联。我不主张把教学中的问题看做单纯的技巧、方法问题。若单从技巧、方法上去分析、总结，只是表面工夫。实际上在教学的背后，总有一定的教育思想在主导。我看到一些从事教学管理工作的干部，很多人是很忙的，但多半忙于行政事务，满足于对付上面的“布置”，而不大思索和研究教育问题。二是教育与哲学的不可分离。教育是要发掘和实现人的潜能，全面提高人的真、善、美的品质，培养健全的人格；哲学是探索宇宙、人生的根本问题，寻求人在世界的安身立命之处。二者都是以人为对象。哲学是以概念、命题和论理的方式探索世界的奥秘和人的归宿；教育是以“传道、授业、解惑”的方式，寻求治学做人的道理。所以，教育与哲学有着天然的联系。杜威与胡适都说过，历史上的大哲学家有哪一个不是教育家呢？西方的苏格拉底与康德，中国的孔子与蔡元培，岂不既是哲学家又是教育家么？我虽然只是一个普通的哲学教师，但为什么不深入地思考当代中国令人困扰的教育问题呢？因此，我一边从事教学调研工作，一边认真读书，查阅教育史料，从历史到现实，反复思考，我逐渐地形成了一些看法。十余年来，我比较认真地阅读了《蔡元培全集》、《胡适文集》，涉猎了中外教育史上的一些原著和史籍，并实际查阅了有关北大校史的资料，在思考中陆陆续续地写作和发表了50多篇文章，现在选出48篇，集结于此。

首先，**大学之大，究竟大在何处**？自20世纪90年代以来，国内大学自上而下地刮起一阵合并之风，各省各地的高等院校纷纷就近合并。这种合并，虽未经充分论证，但也不能说完全没有根据。如果合并管理得好，可以加强大学的综合性、互补性，优化师资队伍，并有利于沟通文理，扩大视野，提高学生的科学、文化素质。但随后大学便有愈办愈大的趋势，主要从数量、规模上追逐一个“大”字，并竞相攀比。我将这种趋势与蔡元培的大学理念、与大学之大的本来意蕴相对照，深感不尽一致，并包含若干层面之误解。我理解大学之大的基本含义有四：学术研究的崇高性质之为大；学术思想的自由宽容之为大；学术大师的显著影响之为大；教育内涵的广博通达之为大。其中学术上的自由、包容是最基本的含义。蔡元培曾说：“大学教员所发表之思想，不但不受任何宗教或政党之拘束，亦不受任何著名学者之牵制。苟其确有所见，而言之成理，则虽在一校中，两相反对之所说，不妨同时并行，而一任学生之比较而选择，此大学之所以为大也。”[1] 我于2006年撰写了《谈谈大学之所以为大》一文，发表于《现代大学教育》，后又由《新华文摘》、《报刊资料索引》、《黄河文化论坛》等刊物转载。此文的基本思想可说是这本文集的主题，因此，由作者本人题写“大学之所以为大”，作为书名。

与大学之大密切联系的，是**北京大学的基本传统问题**。究竟什么是北大的传统？对北大传统或“北大精神”，历来有不同说法，可以从不同的角度去理解，作出不同的概括。基本上是两种角度：社会政治的角度和学术文化的角度。但大学既是共同研究学术的机关，北大更是全国学术文化的重镇，北大的传统就应侧重于学术气象上去理解。大学之大也首先体现在学术的无限宽阔和包容性上。我认为可以把北大传统区分为基本传统与其他传统。比如，爱国主义；民主、科学、改革、进步；“勤奋、严谨、求实、创新”，等等，都可看做北大的传统，但还有一种气象、一种氛围、一种挥之不去的力量，这就是由蔡元培融合中西学术、文化而明确提出的八字方针：**“兼容并包，思想自由”。这是北大的基本传统**。它是五四新文化运动基本精神的体现和继承，它开辟了学术繁荣、人才涌现的康庄大道。是否肯定和继承这个传统，是北大兴衰成败的关键所在。北大人应当坚决维护并积极弘扬这个富于生命活力的基本传统。

蔡元培是我国现代最卓越的教育家，他不仅奠定了北大的基本传统，而且他的**大学理念和高等教育观**，在我国现代教育、科学和文化领域开创了一代新风，铸就了一代辉煌。他是我国从前现代向现代转型的有代表性的教育家。那么，**蔡元培**的**教育思想**的基本或**鲜明的特色**是什么呢？我认为有三大特色：一是凸显一个“**人**”字，他要培养一个德、智、体、美全面成长的人，一种健全的人格；二是凸显一个“**大**”字，他是我国现代“大学理念”或“大学精神”的奠基者，他希望在北大和全国培养出大的科学家、学问家、思想家来；三是凸显一个“**美**”字，他强调美育，以净化人的心灵，提高人的审美能力和精神境界。从总体上看，他是要以人为本，发挥人的主体性；推崇学术，以学术之生命为大；倡导美育，提升和完善人的精神境界。他是要培养一种学问、道德、情感臻于和谐一致的人。这种教育思想蕴含着持久的魅力。我们当前的教育正在大声呼唤着蔡元培，要求回到蔡元培。

---

① 高平叔编：《蔡元培教育论著选》，北京：人民教育出版社，1991年，第574页。

一所研究型的综合大学，在教学内容和学科建设上，应当以什么为重？我认为**应当以基础学科和基本理论为重**，这也是大学之大的一个重要方面。可是当前的许多综合大学里，分支学科不断膨胀，基础学科却逐渐萎缩，应用的色彩越来越浓厚，理论的成分越来越淡薄。造成这种局面的原因是多方面的。我国传统文化中的儒家思想，历来强调经世致用，缺乏逻辑的分析和论证；我国的现当代教育，又受到国际、国内实用主义思潮的连续冲击；市场经济的商潮中人们又更加急功近利。久而久之，从上而下，人们理论思维的层次逐渐降低，深入探究问题的兴趣日益减弱。这实际潜藏着我国科学和理论发展的严重危机。为促使领导方面和有关部门重视，我回顾了前辈学者们的呼吁，并且提出了加强基本理论、基础学科和主干基础课建设的若干意见，认为这是我国高等教育的长远大计和当务之急。

怎样选择大学的校长？北京大学的历史名声，是与这所大学的校长的贡献密切相关的。北大之大，也体现在校长的胸怀、学问和胆识上。我翻阅校史和感同身受，一百年来，北大还是五大校长最为突出，他们是：**严复、蔡元培、蒋梦麟、胡适、马寅初**。**严复**是北大第一任校长，他是著名翻译家、教育家，在我国开创教育救国的道路，最早制定德、智、体全面育人的方针。他开始突破“中体西用”的文化模式，主张从体用一致上全面学习西方的长处。严复任北大校长虽只半年多，却曾多方筹措经费，并坚决抵制当时官方试图停办北大的动议，专门发了《论北京大学校不可停办》的说帖，义正词严地维护了北大的生存权利。**蔡元培**无疑是我国现代最负盛名的教育家，并且是开创“五四”新文化运动和现代科学文化新潮流的代表人物。他把西方现代大学的理念和体制引进中国，结合中国教育传统，提出了建设中国现代大学的一系列方针和政策。他主张在基本体制上实行教育独立、教授治校；学术文化上实行兼容并包，思想自由；培养方针上实行德、智、体、美育全面发展，养成完善的人格；教学内容上实行选科制，沟通文理，并且顺自然，展个性，促进高素质人才的涌现。通过改造和建设北京大学，这种理念和举措，酿成一股新潮，影响到全国，促进中国社会从前现代向现代的转型。蔡元培正是这种转型中的教育家。我们应当复兴一种蔡元培的真实形象和大学理念。在北大校长中，**蒋梦麟**是任职时间最长的一位，除去西南联大那一段，他主持北大校务，也长逾 17 年之久。但他的作用与贡献，由于多种因素而有些被遮蔽、被忽视了。实际上他是蔡元培教育主张的坚决实施和积极发扬者，又是北大师生历经沧桑、共渡难关的重要支撑者，他还是崇尚学术、张扬个性的大力倡导者。他强调教育就是要培养“活泼泼的个人”，具体要求是：养成独立不移之精神、健全之人格、精确明晰之思考力。**胡适**是我国人文学科大师兼教育家，他在北京大学工作 20 多年，1946—1948 年任北大校长。他在教育哲学上信奉杜威的实验主义，毕生不忘科学和教育救国，他也是蔡元培教育思想的积极贯彻者，现代通识教育的有力倡导和践行者。他鼓励青年把自己铸造成器（才），依照个人的兴趣与天赋选择专业，并始终主张学术独立、自由思考。**马寅初**是我国著名经济学家、教育家。他是北大首任教务长、解放后首任校长。他是北大爱国主义传统的阐发和力行者。在《北大之精神》的演说中，他把北大精神表述为“虽斧钺加身毫无顾忌之精神”。1940 年因激烈批评国民党政府和官僚家族的贪污腐败而被监禁四年之久，但他始终坚贞不屈。1958—1959 年因《新人口论》的主张而受到来势凶猛的批判与围剿，他始终坚持自己的观点，不作任何妥协性的自我检查。他也是北大学术自由传统的坚决贯彻者。他对学生平时的学习、生活与健康倾注着满腔热诚，关怀备至。这**五大校长既有共性，又有个性**。他们的共性是：1. 都是学问家兼教育家；2. 长期在北大工作，对北大的历史和现状都充分了解；3. 都尊重学术，主张学术自由，爱惜人才，并且善于吸纳和包容有各种不同观点、不同风格的人才。他们又有鲜明的个性。比如严复的稳健笃实和讲究和合；蔡元培的恢弘气势与宽阔胸怀；蒋梦麟的认真务实和敢于担当；胡适的渊博倜傥与平易近人；马寅初的坚定信念和关爱学生。凡此种种都值得我们深切怀念和认真学习。

通识教育是现代国际高等教育的一大潮流。我们究应怎样看待通识教育？2001 年我参加北大老教授教学调研组工作时，北大正开始设置通选课，并设立元培学院，作开展通识教育的试验。元培学院内一年级不分院系和专业，主要选修通选课，二年级后可选择专业，进行宽口径的专业教育，并设导师制，试行弹性学制。十余年来，这一方案的试验，虽取得了一定成绩与经验，但由于不少人比较习惯于专才教育，难于达到共识，因而一直未能在全校推广。北大每年开设 120 门左右的通选课，多半受到广大学生的欢迎，使学生扩大了视野，活跃了思想，不同程度地受到人文精神与科学精神的陶冶。但总有少部分课程不符合通识教育要求或质量不高，并且文科课程与理工科课程之间很不均衡，文科学生难于选到适合于他们的理工科课程，难以达到沟通文理、接受科学精神陶冶的作用。十多年来，通选课一直缺乏自觉的建设和改进，基本呈现自发状态。我曾建议学校成立通识教育中心或领导小组，专门研究通识教育中的问题，通盘考虑和全面规划通选课的设置与建设，正确处理通识教育与专业教育的关系。我呼吁了十年，见不到任何回应。这更激励我把通识教育作为思考重点，认真阅读国际、国内有关通识教育的论著和文章，就关于通识教育的渊源和根据、通识教育的含义和要求、通识教育的意义和作用、通识教育的问题和趋势，以及北大通识教育中的主要问题和建议，提出了我的初步研究的见解。其中我思考比较成熟的，是**关于通识教育的基本含义和要求：一是拓宽基础，沟通文理；二是融合科学精神与人文精神的陶冶**。这可以看做开展通识教育，设置和建设通选课的一个准则。同时，我认为正确处理通识教育与专业教育的关系，是当前高等教育和教学中的一个比较突出的问题（如果说中小学教育的突出问题仍是素质教育与应试教育的矛盾的话）。通识教育不但不应与专业教育相对立，而且正是为优质的专业教育铺垫更为宽实的基础。如果通识教育确实排斥或削弱了专业教育，那么这种通识教育就是不成功或不太成功的。此外，如何处理通识教育与政治思想教育，与教育部屡屡强调的“文化素质”教育的关系，如何妥善安排通选课与公共政治课、各类必修课与选修课之间的关系，如何适当减少公共必修课，加强通选课，减少强制性，加强学生的选择性、主动性，也是当前大学教学应当重视的问题。

大学教师的职责与作用，在一所大学里，是关键问题。**大学教师的天职**究竟是什么？我有针对性地提出了三个方面：1. 正确处理教学与科研的关系，把教学置于首位；2. 正确处理治学与做人的关系，把“人”字写端正；3. 正确处理教师与学生的关系，视学生为主体。

从总体上看，当前**大学的本科教学，应当认真解决的主要问题是什么呢**？1. 正确处理通识教育与专业教育的关系。我深切地感受到，过去的那种狭隘的专才教育，知识结构和专业基础太窄，只能培养短期需要的人才，要培养大学问家、大科学家是不大可能的。而一个民族如果没有自己的大学问家、大科学家，又怎能真正的“崛起”呢？出路还在于自觉地开展通识教育，实现通识教育与专业教育、博与专的结合。2. 充分调动和发挥学生的主体性。在教学中，我始终认为学生是主体，教师是引导。只有把学生的主动性和积极性调动起来，学生都是“活泼泼的”主体，才会有理想的教学效果。这里并没有否认或轻视教师的作用。教师要善于启发、引导，而不是一味地灌输。启发式显然比注入式要难。这就要求教师，如蔡元培所说：一要积学，二要热心。首先，教师要长期努力地积累学问，以自己比较深厚的学识去影响和启发学生，同时对学生满腔热诚，尽力激发学生对问题的兴趣。但长期以来，大学的课堂教学，基本上还是注入式，教师满堂灌的方式很少转变，学生的主体性和个性受到压抑。与此相联系，据我在课堂内外的观察和了解，许多学生在学习中呈现出**“四多四少”现象**，即上课多、自学少；进教室多，进图书馆少；读教材、讲义多，读原著、名著少；被动接受多，主动钻研少。这些现象正是说明学生的主体性没有体现出来。高质量的大学教学，应当把这种现象逆转过来，即自学多于听课；进图书馆多于进教室；读原著、名著多于读教材、讲义；主动钻研多于被动接受。为此，我写了三篇文章：第一篇讲“应当重视”；第二篇讲“为何出现”；第三篇讲“怎样转变”。

教学中的基本功训练是什么？在文科综合试验班的工作中，我曾着重强调了两个方面的基本训练：一是，按中国传统思想和典籍的特点，打通文、史、哲，进行综合性的阅读、思考和钻研；二是，直接攻读经典原著，要求读懂、读熟，读出自己的见解和体会来。我要求将这两个方面的训练，作为试验班在教学上的基本要求。**直接攻读原著，我一直认为是人文学科师生的基本功训练**。是治学上登堂入室的必经途径。这一点其他学科也值得重视。可是，长期形成的应试教育，却使学生的学习围着考试转，而考试又围着教材、讲义转。这不但忽视了治学上的基本功，助长了急功近利的浮躁之风，而且引导青年一代逐渐离开了人类精神的家园。这是我国教育领域的一个重大误区。古今中外的原著和名著，大都是经过时间和历史检验的文化成果，往往提出或回答了时代的重大课题，凝结着人类或各民族的卓越智慧。引导学生直接攻读这些著作，不仅是治学的依据，而且可以启迪智慧，陶冶情操，增进科学与人文素质。我一直认为，这对大学生、知识分子和广大干部，都有教益，应当在全民族中大力倡导。在教学调研组的听课过程中，我陆续写了一些听课的纪实与感想，这里选了几篇，重点也是引导原著与名著的阅读。

在北大学习和工作了50多年，长期萦回脑际，难以忘怀的是什么？还是**老一辈学者、师辈们的音容笑貌和精神品格**。我除了撰写《难以消逝的思想烟云》，编著《人类精神的自由反思者》二书（二者均已出版），还写了一些文章，这里收入了四篇。

今日大学教育的根本问题是什么？仍在**体制改革**和**学风整顿**。尤其是体制改革问题，既关键又艰难。作为一般学者和教师，实在有些无能为力。这里只是记下了一些零散的初步思考。至于比较完整的实质性探索，只能有待于晚年的下一步了。

我深知自己水平低、基础差，对于教育仍是门外汉。书中缺点、错误一定很多，我恳切地期待同行专家和广大读者的批评、指教。

大学之大

谈谈大学之所以为大

如今国内的大学，有愈办愈大的趋势。诸如学校合并，名称升级，招生扩大，新楼林立，等等，似都在追逐一个“大”字。当前，“争创一流”的竞相标榜与规模扩张的实际操作，构成了中国高等教育的一道奇特的景观。诚然，经济建设的快速发展，要求文化建设和人才培养相适应。实际上，对于一个十三亿人口的大国来说，不用与发达国家相比，就是与某些不发达国家相比，我们现有的大学和学生人数，绝不是太多，而的确是太少了。而且，多校合并，如果处理得当，有利于学科互补，沟通文理；扩大招生，对于拉动短期内需，满足广大学生和家长的愿望，也有一定的作用。因此，我们无意于揶揄目前求大求速的这道景观。然而，所谓“大学的理念”，即大学的本质特点，说明大学之所以为大者，是应当努力保持而不可漠然置之的。若对这个“大”字发生观念上的迷误，在追求规模、数量的同时，却使学术水平下降，教学质量滑坡，腐败现象蔓延，则可能南辕北辙，反而导致高等教育的实质性萎缩和高质量人才的进一步匮乏。这是关系到我们民族在本世纪究竟能否振兴、自强的重大问题。近来屡闻重温和重建大学精神的呼声，绝不是空穴来风，应当引起足够的重视。

西方最早的大学，有上千年的历程。西方大学理念的形成，是与近代工业、科学的兴起密切相关的。这种理念的基本奠定者，当首推德国教育家和思想家洪堡(Willielm Von Humbolt，1767－1835)，他主张对人进行完全的人的教育，使人的个性充分发展。他的办学原则有二：一是学术研究与教学活动相结合，二是保证学术自由和教学自由。他与哲学家费希特于1810年创建的柏林大学，充分体现了这种理念，后被称为“所有大学之母”。

我国虽在汉代便有公立性质的“太学”，学生人数曾达万人甚至数万人，但并没有一所延续下来的学校，特别是缺乏科学的内容，因而与近现代大学是不能相提并论的。我国现代型大学的建立，不过百余年的历史，比西方许多著名大学晚了好几百年。不过，也曾出现迎头赶上的优势。蔡元培，这位清末翰林，有着深厚的国学根底，在出任北京大学校长之前，曾两度赴西方，主要是去德国留学、考察。在中西文化的激烈撞击中，他能把握世界的潮流，把西方大学的先进经验与我国文化教育的优秀传统结合起来，在北大明确提出和贯彻了一系列教育主张，实际影响到全国，并在20世纪前半世纪的国内教育实践中日臻丰富而完整，堪称中国现代的“大学理念”或“大学精神”。它体现了大学之所以为大，洋溢着一种活泼泼的“人”气，并且融合了人文精神与科学精神。这标志着我国高等教育从前现代向现代的转型，并在现代文化、学术领域开出一种大气，酿成一大潮流。它孕育了20世纪我国文化教育事业的几度辉煌，比如“五四”新文化运动时期的思潮云涌和学派峰起，抗日战争时期以西南联大为代表的学术创新和人才辈出的奇迹。因此，蔡元培不仅是北大精神之父，而且是中国现代型大学理念的奠基人。虽然，一百年来我国的高等教育经历了极大的曲折，蔡元培所处的时代环境也早已星移斗转，但他的前瞻性，现代型的教育思想和大学理念，却历久常新，充满活力。尽力恢复和弘扬这种理念，正是今日重建大学精神，争创世界一流大学的基础和关键。那么，它所含大学之为大的主要内容是什么呢？我理解有四个方面：学术研究的崇高性质之为大；学术思想的自由宽容之为大；学术大师的地位影响之为大；学术通识的广博通达之为大。

一、学术研究的崇高性质之为大

蔡元培一到北大，就把德国洪堡的大学理念引入中国，首先阐明大学的学术研究的性质。1917年他在《就任北京大学校长之演说》中便说：“大学者，研究高深学问者也。”1918年在《北京大学月刊》发刊词中又说：“所谓大学者，非仅为多数学生按时授课，造成一毕业生之资格而已也，实以是为共同研究学术之机关。”

大学是学校，为何又是学术研究的机关？我想，主要原因有二：第一，大学是最高学府，往往是一个民族精神、文化的象征。学术研究正是文化发展、民族振兴的依靠。蔡元培说：“一个民族或一个国家要在世界立得住脚——而且要光荣的立住——是要以学术为基础的，学术昌明的国家没有不强盛的，反之学术幼稚知识蒙昧的民族，没有不贫弱的。”[①]这是中外民族兴

① 高平叔：《蔡元培教育论集》，长沙：湖南教育出版社，1987年。

衰的经验总结，更是近代贫弱中国学习西方，经历重大曲折所得的结论。黑格尔在19世纪初感叹形而上学(实即哲学)在德国的衰落时，作过一个形象而深刻的比喻："一个有文化的民族竟没有形而上学——就像一座庙，其他各方面都装饰得富丽堂皇，却没有至圣的神那样?"[①]一所大学，如果只重物质设备，追求形式与规模，而缺乏学术水平，或者学术水平十分淡薄的话，也正像一座没有神的庙宇，徒有其表而已。第二，学术研究又是教学水平和人才成长的保证。大学的教学质量，主要取决于教师的学术造诣。教师只有深入开展学术研究，才能保持思考的活力，使自己的知识有所更新。对学生便不只是传授现成的结论或陈旧的内容，而是启发思路，提示方法，培养学生研究、批判和创新思维的能力。只有在浓厚的文化学术氛围中，各类莘莘学子才能如沐春雨，顺利成长，涌现出高质量的人才。因此，定性于学术研究，便是大学之所以为大的首要方面。

学术研究是崇高的事业，目的是追求真理，或领悟人生的真谛，它应当不为任何政党或宗教的势力所支配，也不为狭隘的功利所左右，从事着为学术而学术的活动。学术研究是复杂的脑力劳动，需要相对宁静的客观环境和主观心态，这是校园文化和知识分子群体应当具备的。然而，半个世纪以来，学术研究总是受到严重的干扰。过去，在"左"的路线、思潮的支配下，学术曾经沦为政治斗争的工具，学术环境恶化，学术自由窒息，学术研究中断。我们民族的思想传统，本来就注重"经世致用"，美国实用主义思潮又对我国知识分子有过较长时期的显著影响，改革开放以来，学术研究得到重视，大学活力有所复兴。但在市场经济的大潮中，官、商、学交织，权、钱、智较量，再度困扰人们的心灵。急功近利，追求实用之风大盛。基本理论和基础学科大受冷漠。其实，就连美国著名实用主义哲学家杜威也曾在中国说过："若过于注重实用，就反而不切实用。"[②]目前，校内各种"研究中心"，遍布院、系，各类科研项目，年年报批，但理论性强、功夫扎实、成果真正卓越者甚少。在专业设置和课程安排中"时尚"、"务实"的成分日益增多。昔日图书馆里争相借阅者日渐稀少。凌晨湖畔林荫处的琅琅读书声悄然消退。校园内一时车水马龙，人声鼎沸。人们不禁要问：历来让人向往的这块学术"圣

① [德]黑格尔：《逻辑学》(上卷)，北京：商务印书馆，1977年。
② 转引自蒋梦麟：《西潮》，长沙：岳麓书社，2000年。

地”，还有几多潜心静谧之处？这里潜伏着学术研究，理论思维进一步衰退的民族危机。一个缺乏理论思维的民族，是很难攀登世界科学发展的高峰的。

要办好大学，就必须推崇学术研究。首先，应当加强基础学科、基本理论的建设，从根本上提高科学研究和理论思维的水平。扎扎实实地开展学术研究，切实尊重有真才实学者。同时，应当严格履行学术规范和学术准则，尽力排除各种非学术因素的干扰；应当坚决抵制和批评各种违反学术道德、学术准则的行为，严肃处理各种学术腐败的事件。此外，应当清理校园环境，克服各种不利于学术研究的因素，努力培育浓厚的学术文化氛围，还给师生在学术上自由驰骋的一片良好而广阔的天地。如果一味地急功近利，就会时常受商潮挟持，对大学基本性质和办学宗旨发生动摇，如拆了南墙盖商店，又拆了商店砌南墙。像是举棋不定，六神无主。其实，西方一些市场经济发展甚早的国家，大学校园内并无此类热闹景象。我们若长此以往，让商潮冲击学术，那么，学校“争创一流”的目标将难以实现，各项诺贝尔奖也可能长期与我们无缘。这当然是我们绝不愿意看到的。

二、学术思想的自由宽容之为大

大学既然是共同研究学术之机关，而学术的发展，有赖于各家各派不同观点的共同讨论，竞相争辩，方能集思广益，取长补短，并在对立中相互推动。所以，蔡元培又说：“大学者‘囊括大典，网罗众家’之学府也。”[①]并且反复阐明，坚决主张在大学循“思想自由”之通则取“兼容并包”之主义。

这“思想自由”、“兼容并包”八个大字，是蔡元培教育思想中光彩夺目、最见成效的方针。它不仅奠定了北京大学的基本传统，而且在整个中国开创了一条学术繁荣、人才涌现的康庄大道。这充分体现了学术、精神领域“圆通广大”的特点。大学之所以为大，也最集中地表现于此。正如蔡元培所说：“大学教员所发表之思想，不但不受任何宗教或政党之拘束，亦不受任何著名学者之牵制。苟其确有所见，而言之成理，则虽在一校中，两相反对之学说，不妨同时并行，而一任学生之比较而选择，此大学之所以为大也。”[②]

蔡元培把“思想自由”与“兼容并包”并提，使二者结合为一个完整的方针，

① 蔡元培：《〈北京大学月刊〉发刊词》，《大学精神》，上海：文汇出版社，2003 年。

② 同上。

可谓珠联璧合，是融合中西思想的结晶。精神独立，思想自由，是源于古希腊的西方文化的珍贵传统，又正是中国数千年文化专制积习所最缺乏者；兼容并包，则较多地表现中国讲究“和合”、“会通”的传统优点。二者结合，实在是相得益彰。如果说，思想自由侧重于指教师、学生中不同学派和个人发表意见、作出选择的权利；那么，兼容并包则侧重于指学校、组织方面的宽容、包涵的制度与胸怀。思想自由，是学术研究的本质要求。思想不自由，便无从探求真理，也无法维护学者人格的独立和尊严。从学生方面说，蔡元培认为，最忌讳的是，只知道一个学派，或一种观点，便奉为金科玉律，而把其他学派或观点置之不顾。因此，应当在不同学派、观点的相互并存和竞相争辩中，让学生有自由比较和选择的余地，使他们不致囿于一己之见或一家之言。

时至今日，人们对蔡元培和他的“兼容并包，思想自由”的方针并不陌生，每逢五至十年一次的纪念会，也能说些颂扬的言词，对其思想内涵却并不深究，还有敬而远之的心理，更难说坚决继承和贯彻。为什么？“左”的阴影不能说已完全消除，让人难免仍心有余悸或心存疑虑。一是怕思想出“乱子”，影响主流意识形态的指导地位。其实这是教育和学术、文化领域的方针。试问在学术、文化领域，若仍处处设防，多方有禁，使人感到受限制，有顾虑，又怎能有学术文化的繁荣和创新型人才的涌现呢？主流意识形态的地位和作用，不也是可以在不同思想的相互批评和争议中更好地确立和显示出来么？“五四”前后，陈独秀、李大钊等人，不正是得益于这一方针，而在北大和《新青年》上开拓宣传阵地，形成思想中心的么？二是以为有了“百花齐放，百家争鸣”的“双百”方针，似不必再提蔡元培的那八个字了。其实二者虽有相通相近之处，但含义和作用并不完全相同。“兼容并包，思想自由”更加具有开阔性、宽容性和融合中西传统的特点。蔡元培一经提出，便坚决贯彻，在全国范围内具石破天惊作用，开一代新风。“双百”方针则是自上而下设置的政策，具有政治色彩和时势限度，似有可“放”可“收”的弹性，自提出后，很长时期并未认真贯彻。总之，“兼容并包，思想自由”，最足以表现中国现代大学之大的气势与特点，具有永久的生机与活力，是应当始终坚持和贯彻，而不应有任何动摇，或以其他任何方针去代替的。

三、学术大师的地位影响之为大

曾在清华大学和西南联大长期主持领导工作的梅贻琦说过："所谓大学者，非谓有大楼之谓也，有大师之谓也。"①这是一句至理名言。学术大师是一所大学的灵魂，也往往是一个民族精神文化的卓越代表。美国的哈佛大学，曾因拥有J. 罗伊斯、J. 桑塔亚那、W. 詹姆士等哲学大师，而在国内外深具吸引力。清华大学的国学研究院，虽为时不过数年，但因有梁启超、王国维、陈寅恪、赵元任、李济、吴宓等这一批国学大师，而永远铭刻于中国现代学术史和教育史上。蔡元培一到北大，便多方设法，四处探访，礼贤下士，接纳英才。不仅包容了确有真才实学的旧派人物，而且引进了锐意进取的新派人物，不拘一格，网罗众家。一时使北大学派林立，名师云集，面目一新，蜚声中外。

大师出现于教师队伍中。学校的校长、学生和教师的三类人中，教师是一支相对稳定的力量，又是学术研究和教学工作的主要承担者。由于大学是研究高深学问的场所，蔡元培认为教师与学生都应转变升官发财的念头。他对教师提出了尤为严格的要求，他说：教师"当有研究学问之兴趣，尤当养成学问家之人格"，不当敷衍塞责，应付了事，更不当"委身学校而萦情部院"②。因此，蔡元培选择教师的基本条件便是"积学"与"热心"："积学"，就是在学术上有深厚积累，有真才实学；"热心"，就是热心于教育事业，对学生认真负责。经过深入了解，符合此条件者，就竭诚相邀和聘请，不符合此条件者，就坚决辞谢或退聘。以学术原则和教师职责为准，不讲情面，不畏权势。这样，大学的教师队伍，便是一支由名师为主导，严谨治学，自由探讨，吐故纳新，易于流动，有利于造就大师的队伍。这种机制一直延续了三十年。中国现代教育，学术史上的许多名师、大师，是在这个时期培育和涌现出来的。

近半个世纪以来，大学的教师队伍发生了很大的变化。新陈代谢，新老交替，本是历史的规律。但是，"左"的路线、思潮把学术政治化，市场经济大潮中又有学术实利化的倾向，这两股势头都很强劲，对人们的冲击所造成

① 梅贻琦：《就职演说》，《大学精神》，上海：文汇出版社，2003年。

② 《蔡元培年谱》，北京：中华书局，2003年。

的后果不可低估。当前教师队伍的大致状况是："五四"运动的直接参加者已经不见身影了；"五四"新文化运动影响下出现的大师或学者，已经寥若晨星，屈指可数了；解放后五六十年代毕业，学术根底较好的教师，绝大多数都已退离教学岗位；眼下活跃在教学第一线的，主要是七八十年代以来毕业的中青年教师。这些教师的一般长处是：思想比较敏锐，接受新事物较快，利用电脑，掌握外语，反映信息及时，国际交往较多。他们的一般弱点是：对中国传统文化和"五四"以来的学术传统比较陌生，学术功底不深，教学经验不足，学术上有不同程度的功利或浮躁心理。

在当前的社会环境和教育体制下，还能出现学术上的大师人物么？所谓"大师"，通常是指那些学识极为渊博，并在一定学科领域造诣非凡而德高望重的人物。这样的大师，是客观条件、个人天赋和勤学厚积等因素长期综合作用的结果。他们的学术水平和地位，是学术界、社会舆论公认的。由于社会环境的变迁，教育体制的拘束和学术世家的中断，今后要培养出如王国维、陈寅恪或胡适、冯友兰那样的大师，看来相当困难，甚至不大可能。但是，一个综合性、研究型的大学，特别是争创世界一流的大学，又必须有一批大师型的学者，他们的学术研究应当有综合创新的能力与成果，居国际前沿，又有自身特色；在国内处领先地位，起领军作用，在国际上有较强的吸引力和竞争力。只要培养出一批又一批能充分发挥作用的这类学者，那么，离世界一流大学的目标就不会太远，加上其他条件的配合，也许就是指日可待的事情。如果基本缺乏这样的学者，那么，不管物质条件怎样齐全，规模怎样大，人数怎样多，高楼林立，熙熙攘攘，也会使人有仙去楼空的感叹。

大楼易盖，大师难出。前者只要资金到位，用到实处，就可立竿见影；后者则需良好的学术环境和长年累月的努力。一座大楼坍塌，可在短期内重建，一位大师失去，却往往难以弥补。只有把大学办成研究高深学问的场所，以学术研究为重，以学术原则为准，坚决实行"兼容并包，思想自由"，在教学制度上尽力沟通文理，拓宽基础，充分发掘广大师生的潜力，经过艰难岁月，大师型的学者才能水到渠成地出现。

四、学术通识的广博通达之为大

大学教育的重心是通识教育还是专才教育？通识与专才的关系如何？这在中外教育史上历来是有分歧和争议的。英国教育家、思想家纽曼于 1852 年出版的《大学的理念》一书提出并论证了大学本科教育的目的，在于为学生进入社会而不是进入专业工作做准备。因此本科教育的重心应是“博雅教育”(Liberal Education)，而不是“专业教育”(Professional Education)或“职业教育”。liberal 一词，含有“宽大”、“放”、“通达”之意，“博雅教育”，与我们现在所讲的“通识教育”或“通才教育”大致相同。蔡元培历来主张“破学生专已守残之陋见”，防止学生受狭隘专业知识的限制，因而主张沟通文理、沟通各个学科与专业。梅贻琦在《大学一解》中谈道：“大学期内，通专虽应兼顾，而重心所寄，应在通而不在专。”[①]侧重于通识教育，是大学区别于专科学校或技术学院的特点之一。因为大学有责任发展各学科的基本理论，促进人类文化的交流与整合。人类文化的各门学科、专业之间，是息息相通、密切联系的。而且，20 世纪以来的科技革命说明，新兴学科的成就往往发生于各门学科之间的边缘或接合部位。今日之科学，若受狭隘的专业眼光限制，以“小我”自囿，则必不能有重大的发展。的确，若不能“专”，便不能精，但若不能“博”，便不能“专”。胡适曾把做学问比做构筑金字塔，就是说，根底要宽实，学问才能上得去。他一生的学术路数，在于重通博，“经、史、子、集”，无不涉猎，并有所专，因而能在中国现代学术史上作出重要贡献。如果学习一入手就讲“专”，对专业以外的其他学科概不问津，那么，历程愈远，路子愈窄，困难愈多，终必无大成就。这是当代国内学术界的许多教训说明了的。

从 20 世纪 50 年代开始，我们曾搬用苏联的教育模式，强调“专业对口”和培养“专才”，把专业分得很细很窄，各个专业之下再划分各种教研室。其实，西语中并没有“教研室”一词，是从苏联搬过来的。“隔行如隔山”，久而久之，教师的专业教学都陷入很狭窄的领域。我无意完全否定教研室的某些积极作用，但从整体上看，是人为地割裂了触类旁通的各门学科和知识。结果在教学上出现过这样的状况：几个人讲一门通史，竟是“铁路警察，各管一段”，互不贯通。讲马克思的《资本论》，有时也得几个人抬。作西方哲学研究的，往往不了解中国哲学，作中国哲学研究的，又常不了解西方哲学。搞马克思主义哲学的，由于强调意识形态的阶级性更显得有些封闭和贫乏，原理、原著与历史常常是互相分割的，如此等等。这显然不是学术繁荣之道。这种状况显然会严重影响教学水平和人才培养，很难加强“知类通达”和创新思维

① 梅贻琦：《大学一解》，《大学精神》，上海：文汇出版社，2003 年。

的引导。

有人担心通识教育会学得太泛，学不到专业知识，会影响就业。其实通识教育并不排斥专业教育，而是给专业教育一个更广阔的基础和背景。这并不否认专业知识和技能训练的必要性，而是强调专业的高深造就需要宽实的基础，并注重如何做人，如何培育独立而高尚的人格。应当克服单纯的“专才”教育的局限性，防止培养目光短浅的“高级匠人”。其实，正是在通识教育基础上培养的人才，更能适应现代社会多样化和多方面的需要。

当前国内的一些大学，正在借鉴世界各大学的先进经验，努力打破专业和学科之间的壁垒，在本科生阶段实现通识教育与宽口径专业教育相结合的理念，设置以人文精神与科学精神相融合的跨学科的通选课程，让学生广泛涉猎不同的学科领域，拓宽基础知识，并鼓励重新思考和选择自己的专业。这样，比较自由通达，如蔡元培所说，塑造一种“健全的人格”，培养一种“德、智、体、美”全面发展的大写字母的“人”，而不是供人使用的工具。这也有利于学者、大师的出现。但在通识教育的道路上，还有不少思想和制度上的障碍需要克服。

总之，从以上所述学术研究的推崇、学术思想的自由、学术大师的培养和通识教育的加强等四个方面作切实的努力，才真正是把大学办“大”，真正为实现“世界一流大学”的目标创造条件。

（原载《现代大学教育》，2006 年第 1 期；
《新华文摘》，2006 年第 11 期转载）

试论北京大学的基本传统

传统是由历史沿承下来，对人们发生重大影响的因素，往往是一种持久而深刻的力量。不过，传统又是多方面的，其中也有良莠之别和主次之分。一个民族都有自己的传统或特殊性格，一所历史悠久的学校，一般都能形成师生认可的优良传统或表现这种传统的校训、校歌。说来有点令人惊奇，有着一百多年历史的北京大学，竟没有一首流传下来的校歌，也没有形成大家至今公认的校训。这可能与某些历史因素有关，也可能与北大人的比较自由的风格有关，不容易达成统一的意见、一致的东西。

然而，北大的传统或称“北大的精神”，确实是一种气度恢弘的力量，并且历来有人津津乐道。若要问，北大的基本传统究竟是什么？又往往是一种令人舒展的氛围和气象，一下子不一定说得上来，说得清楚。在纪念北大校庆 100 周年期间，出过不少书，如《精神的魅力》、《青春的北大》、《北大往事》、《北大精神及其他》，等等，都是北大人叙述自己对北大的体验和认识，其中不乏精到的见解，但关于北大的传统，看来还是仁者见仁、智者见智而已。实际上，北大的传统是多方面的，人们可以从不同的角度去揭示和表述它。我这里所说的“基本传统”，是指北大之所以成为北大，最能体现北大特色的那种积极而厚重的传承力量。在北大传统的众多因素中确认北大的基本传统，是一个争议颇多而值得认真探讨的问题。在励行改革、争创世界一流大学的进程中，北大人难道能够淡忘或模糊自己最富价值与魅力的精神财富么？

一、有关北大传统的不同视角和表述

对于北大传统或北大精神，历来的多种理解和提法，往往是出于观察的角度或强调的侧面不同。试举几种常见者：

1. 从社会改革先锋作用的角度

鲁迅在 1925 年有一段名言：“北大是常为新的，改进的运动的先锋，要使中国向着好的，往上的道路走。”[①]这种作用是在“五四”爱国政治运动中奠定的，在以后的“一二·九”、“一二·一”等一系列学生运动中都很突出。解放后，北大学生也曾发出“团结起来，振兴中华”的强烈呼声。马寅初在1927年所作《北大之精神》的讲演中指出：北大人为了国家与社会，“虽斧钺加身毫无顾忌”[②]。20世纪50年代末，他发表“新人口论”，主张在加强经济建设的过程中控制人口的增长，却无端受到严厉批判和围攻。他为真理而坚贞不屈，在近80高龄时，敢于“单枪匹马”向以压服而不以理服人者挑战，以自己的行动表现了北大人的这种气节和精神。北大人的爱国主义传统是名不虚传的。这方面的传统在革命年代或社会激烈动荡时期更为突出。

2. 从学者培育独立品格的角度

蔡元培教育思想的目标，是要“塑造健全的人格”。胡适曾把他所提倡的“健全的个人主义”(即“个性主义”)概括为两个要点：“充分发展个人的才能”；“造成自由独立的人格”。周作人于1930年所写《北大的支路》一文中说：“北大的学风仿佛有点迂阔似的，有些明其道不计其功的气概，肯冒点风险却并不想获益。”又说：“北大有他自己的精神应该保持，不当去模仿别人……”[③]他在抗日战争前发表的这段言论，仍然表达了北大人的学术品格。不随俗浮沉，不随声应和，为学不作媚时语，走自己该走的路，永远有独立的真理追求，这才是北大人的特殊性格和可贵之处。这种独立品格也是思想自由所致。

3. 从大学之间相互比较的角度

人们常用清华与北大相比较。有过一种流行的说法：清华的学风“严谨”，北大的学风“自由”。这在一定程度上反映了各自的特点，但也不尽然。北大的许多学者，在治学上都有十分严谨的一面，而清华的学风，历来是既严谨又开阔的。从初创上看，清华原是留美预备学校，多受美国教育模式的影响，北大的前身是京师大学堂，与中国传统思想的联系较多。在纪念清华校庆90周年时，季羡林先生有一篇文章谈到清华与北大的特点，由于来历的差别，清华多受资本主义的影响，北大多受封建主义的影响，清华的风气是“清新俊逸”，北大的风气则显得“凝重深厚”，二者各有千秋，并可互补互利。[④]这看

① 鲁迅：《我观北大》，《鲁迅全集》(第3卷)，北京：人民文学出版社，1981年，第158页。

② 马寅初：《北大之精神》，《马寅初演讲集》(第4集)，北京：商务印书馆，1928年。

③ 周作人：《北大的支路》，《走近北大》，成都：四川人民出版社，2000年。

④ 季羡林：《清华梦忆》，《清华大学学报(哲学社会科学版)》，2001年第2期。

来主要指早期的差别，以后的变化都很大。季老用散文笔调的描述，当然可以激发人们的思考和兴致。

4. 从稳重妥当力求全面的角度

北大校园内的中心位置曾经横着一块牌子，上写八个大字："勤奋、严谨、求实、创新。"大概是校方试图用它作为"校风"、"校训"而让大家恪守的。有一次我去北大附中参加家长会，一位副校长谈到附中的校训，说也是这八个字。我当时感到惊愕：怎么都没有自己的特色了？百年校庆期间，校刊上又以通栏标题刊出另外的16个字："爱国为民，闳放求真，民主科学，改革进步。"读起来有些别扭，后又简要地称"爱国、进步、民主、科学"。这些提法，不能说与北大传统没有联系，而且确实显得比较全面、稳妥。但由于面面俱到，放在哪个学校都可适用，只是失去了北大的锋芒和特色。既然是上面"设置"的，人们一般不会反对，作为领导方面的一种要求、号召固无不可，但却不能成为北大人的一种精神默契，不能从心底发生深刻的激励作用，因为它没有鲜明集中地表现北大的个性和基本传统。

5. 从北大特色学术气象的角度

蔡元培任北大校长后，立即宣称"大学者，研究高深学问者也"、"囊括大典，网罗众家之学府也"。随之便明确北大的办学方针是"循'思想自由'原则，取兼容并包主义"①。这一方针的提出，既是针对中国历史上长期实行的文化专制主义，反对当时军阀政府对学术文化的控制和干预，更是吸取西方教育发展的先进经验，结合我国教育的优良传统，运用辩证思维，使大学教育从理念和制度上开创一种新的境界，以适应学术发展、人才成长的客观规律，因而使北大学者云集，学派林立，观点纷呈，竞相争鸣，人才辈出，蜚声国内外，并且成为"五四"运动的发源地和新文化运动的中心。梁漱溟对蔡元培的历史贡献作过中肯的评述："蔡先生一生的成就不在学问，不在事功，而只在开出一种风气，酿成一大潮流，影响到全国，收果于后世。"②胡适曾转述美国哲学家杜威所说，世界各著名大学校长，多有学科上的卓越贡献，但蔡元培领导一所大学对一个民族、一个时代起到转折作用，则是其他大学校长

① 蔡元培：《致〈公言报〉函并答林琴南函》，《蔡元培全集》（第3卷），杭州：浙江教育出版社，1997年。

② 梁漱溟：《纪念蔡元培先生》，《蔡元培纪念集》，杭州：浙江教育出版社，1998年。

不能比拟的。继蔡元培之后任北大校长时间最长的蒋梦麟，也曾把北大精神表述为“大度包容，思想自由”。可见这是由蔡元培奠定并在北大长期发生作用的一种卓越的传统。

二、阐述北大基本传统的主要根据

前4种不同角度的表述，都接触到北大传统的一个或几个侧面，因而都有一定的理由，各个侧面之间也都是有联系的。但我认为对北大之所以成为北大，持续地起着关键作用的基本传统，应当是第5种视角所述，即蔡元培在北大所开创和奠定的一代新风：“兼容并包，思想自由”。我的主要根据是：

1.“五四”基本精神的学术体现

“五四”运动，包含狭义与广义的方面。从较短的时间上看，发生于1919年的学生运动和工人运动，是一场反对帝国主义欺凌的爱国政治运动，但从较长时期和更广阔的范围看，“五四”运动更是一场反对封建文化专制主义，极力倡导先进科学、文化的新文化运动。实际上，1912年，蔡元培任教育总长时，他的教育主张已经酝酿着兼容并包、思想自由的内容。1915年，陈独秀主办《青年》杂志(后改名《新青年》)，高举“科学”与“民主”两面旗帜，努力提倡西方张扬个性的新型文化，坚决反对旧的压抑人性的道德与文化。在文学革命上，胡适的《文化改良刍议》、陈独秀的《文学革命论》，都是在1917年发表于《新青年》上的。可见从1912年起，直到1921年中国共产党成立，形成了一场深刻的新文化运动。“五四”爱国政治运动是在新文化运动的基础上发生的，又推动了新文化运动更加广泛深入地发展。诚然，“五四”时期的思潮包含着多种成分，呈现出比较复杂的现象。从总体意义上看，“五四”运动是集爱国救亡、思想启蒙、文化革新和现代化启动于一身的一场伟大的民族觉醒的运动。就其最基本而迫切的意义来说，包含启蒙与救亡。政治上反对帝国主义的欺凌，挽救民族的危亡，就是救亡。它同历史上的救亡有相同的方面，即爱国专制也有不同的方面，就是它反对君主统治，要求人民自觉地参政、议政。救亡是建立在启蒙的基础上。要拯救中国，使民族振兴，不仅仅是发展工业，解决“船坚炮利”的问题，而且要兴办教育，开启民智，发展科学与民主。总之，唯有启蒙，才能救亡。应当说，那批精英人物提出教育救国、文化救国、科学救国、民主救国的主张，至今仍不乏现实意义。蔡元培对大学生的一句警言是：“爱国不忘读书，读书不忘爱国。”

那么，“五四”运动的基本精神究竟是什么呢？当然也可从多方面表述，比方说，是“爱国”，是“民主”与“科学”，是“奋斗”与“创造”，是“创新”，等等。但是，作为一场新文化运动、启蒙运动，实质上是一场发现人的价值、解放人的精神的运动，是对西方文化冲击的第一次重大的反响，它所追求的目标是精神独立、思想自由、个性解放。这不仅鲜明地反映在《新青年》的思想倾向上，而且表现在那时的一批精神领袖，如蔡元培、陈独秀、李大钊、鲁迅、胡适等人的言论中。蔡元培提出“教育独立”的主张，其核心在于倡导学术研究，不受政党和宗教的控制，确保思想自由。胡适曾说，新思潮的根本意义在于一种新态度，一种“评判的态度”，要求“重新估定一切价值”。就是不盲从古人古训，在一切权威、经典面前，也要独立思考。他要求“努力做一个不受人惑的人”。李大钊曾著《青春》一文，要求青年“冲决过去历史之网罗，破坏陈腐学说之囹圄”①。鲁迅在《狂人日记》中通过“狂人”之口发出的呼声：“从来如此，便对么?”也正是反映了这种时代的新的启蒙性质。所以，现代史学大师陈寅恪在给王国维的纪念碑铭文中特别写上：“独立之精神，自由之思想。”这可说点出了“五四”新文化运动的基本精神。

北大的基本传统与“五四”新文化运动的基本精神是互相衔接、融合一致的。蔡元培在北大明确提出并坚决贯彻的“兼容并包”、“思想自由”，正是“五四”新文化运动基本精神在教育、学术领域的体现和保证，这也是北大之所以成为新文化运动中心的根本原因。

2. 中西文化教育思想的完美融合

1898 年戊戌变法和京师大学堂的成立，本是西方思想、文化东渐的结果。由京师大学堂转变为北京大学，进一步标志着中国现代教育体制的建立。最初担任北京大学校长的严复和蔡元培，都是融合中西文化教育的巨擘。他们有着深厚的国学根底，又乐此不疲地研究和传播西方的先进文化。蔡元培更是中国现代最卓越的教育家，他学识渊博，兴趣广泛，性情宽厚，诲人如春风化雨一般。他在任北大校长前后期间，曾多次去西方游学，对西方特别是德国的教育思想和体制作了专门的考察，结合中国的教育实践，他确信现代大学乃研究学问之场所，而大学之“大”，就在于它能“囊括大典，网罗众家”。经过深思熟虑，在北大宣称“循思想自由原则，取兼容并包主义”，并坚

① 李大钊：《青春》，《李大钊文集》(上集)，北京：人民出版社，1984 年。

决加以贯彻。这使北大的面貌为之一新，并根深叶茂，在中国现代的教育、文化、科学领域产生了极为深远的影响。

把“思想自由”与“兼容并包”并称，使二者结合为一个完整的原则、方针，可称珠联璧合，是中西思想融合的一个范型。“思想自由”，确实是各种自由之母，本是西方文化的一个优良传统。吸取西方文化的这一长处，正是针对中国文化的弊端。在历来文化专制主义的统治下，正如蔡元培所说，中国知识分子“素无思想自由之习惯”。中国要走向现代化，首先必须改变这种状况。“兼容并包”，则显然较多地富于中国的特色。有人说，它已成为“蔡元培精神教育的象征”①。自古以来，中国历代有远见卓识的思想家，在文化学术上总是讲究融合，或曰“会通”。所谓“和而不同”，所谓“极高明而道中庸”，所谓“万物并育而不相害，道并行而不相悖”，正是中华文化中宽容精神和辩证思维的优长之处。善于博采众家之长，也正是中华文化得以绵延不断、持久不衰的重要原因。中国历时千年的书院制度，也有过不同学派自由讲学，竞相批评与包容的风尚。蔡元培正是把中华文化的这种优良传统熔铸在中国现代的教育文化理念和办学方针之中。

思想自由是兼容并包的前提，兼容并包是思想自由的保证，二者互相体现，不可分离。北大的基本传统正是二者的结合，而不只是单一的方面。思想自由是指教学领域各个学派或个人的观点、言论、著述，不受任何宗教或政党之拘束，也不受他人的牵制，只要言之成理，就可竞相发表，以至相互争辩，并便于学生比较、选择。兼容并包，是指学校、团体方面的宽容、包涵的制度和胸怀。由于中国长期文化专制的积习，蔡元培意识到制度性的“兼容并包”显得更为艰难而迫切，因而他特别看重和坚持这个方面。在北大之所以能奠定这个中西合璧的学术、文化传统，也是由北大这个特殊的教育学府、蔡元培个人的学问、胆识、气度以及当时北洋政府专制统治的相对空隙等多方面条件造成的。

3. 北大兴旺发达的血脉所在

基本传统是一种积淀较深而挥之不去的力量。但传统在各个历史时期的作用并不是均衡的，随着社会政治、文化的形势和气候的变化，或者由于领

---

① 全耀基：《蔡元培先生象征的学术世界》，《北大传统与近现代中国自由主义》，北京：中国人事出版社，1998年。

导、管理者的学识水平的不同，会呈现强弱起伏的差异。北大一百多年来，饱经沧桑，走过相当曲折的道路。从学术水平与人才质量上作总体观察，可以看出两个发展的高峰或黄金时期。一是蔡元培任校长时期。由于“兼容并包、思想自由”的充分落实，网罗众家、广纳鸿儒的结果，出现学术繁荣、人才辈出的局面，不但在国内声誉卓著，国际上也不得不刮目相看。二是西南联大时期。抗日战争爆发后，清华、北大、南开合并南迁，在昆明成立西南联合大学，在物质条件极差的环境下，艰苦卓绝，团结奋战，只是八年多的时间，便硕果累累，培养出一大批灿若群星的英才。在中国现代教育史上创造了举世瞩目的奇迹，至今令人赞叹不已。究其原因：一是同仇敌忾的民族精神，二是名师如林的特殊优势。另一个极其重要的原因，就是严谨治学、自由探讨的风气十分浓厚，这正是继承和弘扬“兼容并包，思想自由”的结果。西南联大当时又有“民主堡垒”之称，这里的“民主”，既有政治的成分，更有学术的内涵。正如冯友兰所作西南联大《纪念碑文》中所说：“联合大学以其兼容并包之精神，转移社会一时之风气，内树学术自由之规模，外来民主堡垒之称号；违千夫之诺诺，作一士之谔谔。”①

解放后，如 20 世纪 50 年代初，特别是“向科学进军”和知识分子受到重视的时期，党的十一届三中全会后经过拨乱反正的时期，北大的学术自由得到不同程度的恢复和发扬，则成绩比较显著，燕园之内，一片生机。反之，如反右斗争时期，马寅初的“新人口论”受到围攻的时期，特别是“十年动乱”时期，思想受到钳制，学术则陷于停顿和萎缩。可见北大的兴衰起伏，与是否实现“兼容并包，思想自由”密切相关。这是一个关键性的机制。但是，不管北大怎样遭遇曲折和磨难，或者出现过不少落后于其他大学的方面，但只要有长期受过蔡元培教育思想熏陶的人在，只要有熟悉北大校史的人在，甚至只要有蔡元培塑像和“一塔湖图”的宽宏气象在，那么，北大人的那种雍容大度的胸襟，校园内那种和谐自由的氛围就不会完全消失，或隐或显地总是一种挥之不去的力量，在我看来，这就是基本传统的作用。这种基本传统是深厚而持久的，因为它深得人心。然而，在它备受摧残或漠视的环境下，也会逐渐变形或萎缩的，这是不能不令人警觉的历史事实。因此，要使北大在

---

① 冯友兰：《国立西南联合大学纪念碑文》，《笳吹弦诵情弥切》，北京：中国文史出版社，1988年。

21 世纪真正肩负它的历史使命，就必须自觉地继承和弘扬这个基本传统。

4. 现代化宏伟目标的迫切要求

传统的形成与发挥作用，是与历史使命密切联系的。在 20 世纪初，北京大学的出现，就是中国走向现代化的一个重大事件。在整个 20 世纪的风雨历程中，北大为中国现代化事业培养了众多的卓越人才，也遭遇过重大的坎坷与损失。在新的 21 世纪里，北大肩负着新的历史使命：为科教兴国，实现现代化宏伟目标而发展教育、繁荣学术、培养人才。现代化建设最迫切需要的是大批高质量的创新型人才。北大必须争创世界一流大学。一流大学必须有一流的师资和一流的学术水平。无论创新型人才或一流师资与学术水平的出现，都必须有一个基本前提，这就是广阔开放的思维空间、自由探讨的学术氛围。我们应当从北大作为著名高等学府的性质和它在新时代的历史使命的视角，来理解、把握和弘扬北大的基本传统。

三、关于北大基本传统的辨认和期望

确认和把握北大的基本传统，并不否认或排斥其他方面的优良传统，如爱国、进步、严谨、求实，等等，基本传统实际上要求融合这些方面的传统，并且不断地开拓和发展。明确把握住“兼容并包，思想自由”这个基本传统，就是从教育、学术、文化的视角把握了北大发展的精神命脉，使这个基本传统代代相传，发扬光大，使北大在中国现代化建设中作出更大的贡献。北大的某些传统主要在一定历史时期或某一个侧面发生作用，而“兼容并包，思想自由”则是在繁荣学术、培养人才这个最基本的方面创造最佳环境，开辟康庄大道。它是自蔡元培以来，北大最见成效的办学方针，它具有持久而旺盛的生命活力。

多年以来，许多人特别是北大的某些当权者，对蔡元培和“兼容并包，思想自由”并不是不熟悉，而且往往表示崇敬，定期开会纪念，但正如黑格尔所说：“熟知并非真知”，对其中内涵往往并不深究。而且一旦涉及北大的传统，又常出现似认非认的状况，总想他求。这里的思想障碍大致有三：一是似乎谈北大的传统，就得谈政治，谈“爱国”、“革命”、“进步”，否则就怕不“稳妥”、不“全面”，这是长期形成的观念，终究还是不大理解蔡元培所说大学之“大”和大学是“研究高深学问”的场所这个道理。其实，最好地为祖国的现代化建设繁荣了学术，培养了人才，不就是最大的“政治”与“爱国”么？如果窒息或损害了学术，压抑或糟蹋了人才，而一味标榜“政治”与“爱国”，又有何益？二是怕强调“兼容并包，思想自由”会让错误的思想滋长和泛滥，不好“掌握”。其实蔡元培提出的这个方针，是办教育的方针，是学术、文化领域的方针。试问在学术、文化领域，思想不自由，处处受限制，有禁锢，能有大批创新型的人才和真正学术繁荣的局面出现么？蔡元培坚决贯彻这个方针，正是为了追求真理、追求社会和文化的进步。尽力追求真理的北大人，总是站在进步、发展、创新的方面。真理总是愈辩愈明的。学术上最忌讳的，就是只了解和偏执于一种观点和见解。我们应当相信广大师生在自由讨论和充分比较中分辨是非和主动选择的能力。三是蔡元培对中国现代教育和文化之功绩以及他的人格魅力，固为举世所推崇，若单论政治，则他个人历史上也并非全无瑕疵，这也可能形成一个内在的阴影，掩蔽他为北大奠定基本传统的客观事实。这正需要蔡元培那样“海纳百川，有容乃大”的胸怀与气度。他并不是一个马克思主义者，当年却支持马克思主义的研究，允许李大钊等人在北大成立研究组织，开设唯物史观的课程，创造条件，使马克思主义在中国逐步传播开来。这不正是“兼容并包，思想自由”的硕果么？

如果以上关于北大基本传统的论点能够成立的话，那么，北大的校风、校训似也可顺理成章地表述为：“兼容并包，思想自由”。第一，它集中反映北大长期以来的特色和传统；第二，它可以在学术、文化的深度层面凝聚北大人的精神气派；第三，它具有持久的生机与活力，并且易于把握和铭刻在心。在我看来，珍宝藏身，无需他求。

面向世界，面向未来，北大应当组织新、老各辈学者，从中国近百年教育史、学术史、文化史的广阔视野，重新研究和写作北大的校史，认真总结北大的基本经验和基本传统。在“兼容并包，思想自由”的气象万千的学术氛围中，北大应当更加鲜明地表现自己的特色，逐渐形成和发展北大的各种学派。让北大人以自己独特的音质，气宇轩昂地唱出新的时代的最强音。我以殷切的心愿和浅陋的一孔之见，聊表对北大106周年校庆的纪念。

（原载《北京大学学报（哲学社会科学版）》，2004年第3期）

时代呼唤蔡元培

——蔡元培教育思想的鲜明特色

蔡元培是我国现代最负盛名的教育家，同时也是哲学家、伦理学家、美学家。他的教育创见和特色，都以一定的哲学为依归。在我国现代教育家中，他对哲学最为重视，接触他的教育思想，总感到一种哲学的底蕴和力量。

蔡元培的学识，兼有中、西的深厚根底。他自幼熟读儒家经典，在科举应试中，23岁中举人，26岁中进士，28岁被授职翰林院编修。在西方思潮的冲击下，他认定德国教育最足为效法，于40—45岁期间去德国留学，倾心于哲学、伦理学和美学，对康德的哲学和美学尤有兴趣。后又多次赴欧洲考察和学习。在30多年的教育和学术活动中，他擅长于融合中西，而以吸取西方长处为主；着力于融合以孔子为代表的儒家思想和以康德为代表的德国哲学，而以吸取康德思想的长处为主。

一

蔡元培教育思想的第一个鲜明特色，是凸显一个“人”字。他心目中有一个“大写的人”，或曰“理想的人”。他要培育一种完全的人格。

近现代西方哲学和社会思潮，有两条基本脉络。一是叔本华以来的人本主义潮流；二是孔德以来的科学主义潮流。这两大潮流既相互对立，又相互渗透。“五四”运动以来，二者都在中国产生重大影响。如果说胡适的教育思想主要源于美国的实验主义和杜威思想，表现科学实证的特征，那么蔡元培的教育思想则主要源于德国的洪堡理念和康德哲学，表现以人为本的特征。德国教育家洪堡，是西方近代大学理念的重要奠基者，他主张完全的人的教育，使人的个性充分发展。在德国哲学家康德看来，人作为理性的存在，它本身就不应该只是手段，而永远是目的。这实际道出了教育的本质和哲学的归宿。康德哲学着重诠释了人的主体性，发起西方近代哲学史上“哥白尼式的革命”，使西方哲学的重心从客体转向主体，让人们清晰地反观自身从而发挥主体性的作用。

教育究竟以什么为本？并不是一说就透的。西方中世纪就开始有大学，那时是“以神为本”，崇拜上帝，诠释圣经，服从教义。北京大学的前身京师大学堂仍然保留着浓厚的官僚习气。解放后极“左”路线下的教育，是“以斗为本”，学校成了阶级斗争的场所，教育成了政治斗争的工具。当前虽然有了“以人为本”的说法，但在市场经济的大潮中，有的人兴办学校，是为了自己发财致富，或者以“改革”为名，行“创收”之实。不同程度地“以物为本”、“以钱为本”。清朝末年的武训，以行乞为生，刻苦自励，一心攒钱为穷人兴办义学，虽有自卑自贱的缺陷，却不自觉地表现了“以人为本”的品格。

蔡元培是我国现代教育的主要开创者。他引领了我国高等教育从前现代向现代的转型。真正把人看做目的，以人为本，发挥人的主体性，在蔡元培看来，这是现代新型教育的本质。这体现在他的全部教育思想中，与种种陈旧的教育制度和观念相对立。

首先，在办学和求学的宗旨上，他在 1917 年就任北京大学校长的首次演说，便以崭新的姿态宣布：“大学者，研究高深学问者也。”他要求“入法科者，非为做官，入商科者，非为致富。宗旨既定，自趋正轨”[①]。旧教育制度的宗旨，在于培养为特定社会集团谋利，从事政治斗争，供他人使用的工具，如蔡元培所说：“以养成科名仕宦之才为目的。”[②]新教育的着眼点，则是培养人的独立人格和能力，以便对人类社会作贡献。他说：“教育是帮助被教育的人，给他能发展自己的能力，完成他的人格，于人类文化上能尽一分子的责任。”[③]

其次，在教育和管理的方法上，旧教育往往拘泥于教材、书本与考试，按照机械固定的程式对待学生。蔡元培提出新教育的原则是：“与其守成法，毋宁尚自然，与其求划一，毋宁展个性。”[④]并且他主张以人的个性来促进社会共性的发展。教育上的“展个性”，在哲学上就是发挥人的主体性。德国教

---

① 蔡元培：《就任北京大学校长之演说》，《蔡元培文选》，上海：上海远东出版社，1995 年，第 295 页。

② 蔡元培：《新教育与旧教育之歧点》，《蔡元培文选》，上海：上海远东出版社，1995 年，第 315 页。

③ 蔡元培：《教育独立议》，《蔡元培文选》，上海：上海远东出版社，1995 年，第 352 页。

④ 蔡元培：《新教育与旧教育之歧点》，《蔡元培文选》，上海：上海远东出版社，1995 年，第 316 页。

育家洪堡兴办柏林大学的基本经验是：教学与科学研究相结合，由此提高教师的教学水平，并鼓励学生参加科学研究，培养学生独立思考的能力。蔡元培把这种经验和德国大学的民主管理引入中国的大学，极力倡导校内的各种学术活动，并且主张和实施教授治校，学生自治，广泛调动教师和学生共同办学的积极性。所以他说，学校教育“处处要使学生自动”①。他坚决反对束缚学生的思想，禁锢学生的个性。对于课堂上那种“满堂灌”的方法，他比做注水入瓶，注满了水就算完事。他认为“教者不宜硬以自己的意思，压到学生身上”②，而主张像孔子那样，“陶养性情，发达个性”，并“因材施教”，循循善诱地进行启发和帮助。

更重要的还在教育方针上。对于学校的体育、智育、德育三项，由于主要把学校看做传授知识的场所，人们通常偏重于智育。北京大学第一任校长严复，曾主张智育重于体育，德育重于智育。但他尚未从教育方针上作全面论述。蔡元培立足于国民性格的改造和人的全面发展，把教育看做增长知识又养成人格之事业。他说：“盖国民而无完全人格，欲国家之隆盛，非但不可得，且有衰亡之虑焉。造成完全人格，使国家隆盛而不衰亡，真所谓爱国矣。”③他在当时已有的“军国民教育”、“实利教育”、“公民道德教育”(实即体育、智育、德育)之外，特别补充了世界观教育和美育。他说：“五者，皆今日之教育所不可偏废者也。”④这里既显出他对哲学和美学的高度重视，也体现了他深厚的人文情怀。他进一步阐明了“五育”的内在联系：“夫完全人格，首在体育”，“次在智育”，而“德育实为完全人格之本”⑤，即五育之中心。他说：“若无德，则虽体魄智力发达，适足助其为恶，无益也。”⑥在他看来，一种完全的人格，既有自我修养，又能付诸实施，合乎中国文化传统的“知行合一”，中国教育传统的治学与做人的统一。在蔡元培那里，道德理想更有康德那种“绝对命令”式的地位和约束力。他不但撰写过《中国伦理学史》、《中国修

---

① 蔡元培：《普通教育和职业教育》，《蔡元培美学文选》，北京：北京大学出版社，1983年，第109页。

② 同上书，第107页。

③ 蔡元培：《孑民自述》，南京：江苏人民出版社，1999年，第35页。

④ 蔡元培：《对于教育方针之意见》，《蔡元培美学文选》，北京：北京大学出版社，1983年，第5页。

⑤ 同上书，第36页。

⑥ 蔡元培：《孑民自述》，南京：江苏人民出版社，1999年，第36页。

身教科书》等著述，多次发表倡导德育的演说，并且在北大组织“进德会”，要求在师生中去除各种社会恶习。

蔡元培也像康德那样，把世界区分为现象世界和本体世界，但认为人固然要生活于现象世界，追求现世幸福，却并不是终极目的，人终究要超越现象世界而进入实体世界，即理想世界。道德理想的实现，就是要超越物欲营求和人我差别之得失，达到实体世界。实利教育和军国民教育，是隶属于政治的，属于现象世界，辅助道德教育；德育和世界观教育则是超佚于政治的，属于实体或整体。但就连世界观教育，虽然涉及整个世界，目的也仍然是促进德育，有助于人生理想的实现。美育则是介于现象与实体之间，是通过现象世界而达到实体世界的必不可少的津梁，因而成为德育的有力辅助。蔡元培任教育总长期间，1912 年北京教育部公布的《教育宗旨令》宣布：“注重道德教育，以实利教育、军国民教育辅之，更以美感教育完成其德。”可见实施道德教育，提升人的精神世界，培育健全的人格，是蔡元培制定的教育方针乃至全部教育思想的核心。这种高度重视德育的教育观，在民族振兴上，并不单求经济的富强，而重在民族精神的培育。他希望培养的人才，既是富于学问的人，更是道德高尚的人。其实我们今日所要实现的现代化，不仅有物的经济、技术层面的现代化，更有人的精神、道德层面的现代化。在当今功利至上、道德滑坡、人文精神衰退的社会形势下，蔡元培以德育为重的教育方针更显迫切的现实意义。

蔡元培处处以人为本，全力关注健全人格的培育。他既把人看做目的，更把学生看做教育的主体。这里他既受康德哲学的深刻影响，也是我国儒家人文精神、终极关怀的体现。

二

蔡元培教育思想的第二个鲜明特色，是凸显一个“大”字。他是我国现代“大学理念”或“大学精神”的奠基者。梁漱溟说过：“蔡先生一生的成就不在学问，不在事功，而只在开出一种风气，酿成一大潮流，影响到全国，收果于后世。”[①]这是对蔡元培主要贡献的中肯评价。

---

① 梁漱溟：《纪念蔡元培先生》，《蔡元培纪念集》，杭州：浙江教育出版社，1998 年，第 133 页。

蔡元培善于敏锐地吸取西欧，特别是德国洪堡教育思想的优点，结合本民族的文化传统，提出和贯彻有关大学教育的一系列主张，充分体现了大学之所以为大。诸如主张：体制上的“教育独立”；综合大学的学术研究性质；学术上的“兼容并包，思想自由”；教学上的“沟通文理”，“顺自然”、“展个性”；管理上的“教授治校”、学生自治；教育方针上的五育结合，“以美育代宗教”，等等。这些主张，由北大影响到全国，曾经孕育出20世纪前半叶我国高教事业的几度辉煌。比如他在北大厉行改革后，使北大人才云集，学术繁荣，成为“五四”新文化运动的中心；西南联大在物质生活极其困难的条件下，能“刚毅艰卓”地创造奇迹，硕果累累，人才辈出。

反观我们今日之大学，虽在规模、数量上有较大的发展，却在某些方面与蔡元培的大学理念并不吻合，而且似在发生若干迷误。在多校合并、校名升级、连年扩招、新楼林立的同时，却出现师资短缺、水平下降、质量滑坡、腐败蔓延的问题。这与实质上的大学之大，恰似南辕北辙，反而可能导致我国高等教育的实质性萎缩和高质量人才进一步匮乏的危机。这是关系到我们民族振兴、国家富强的重大问题。我们不能不重新思考和澄清蔡元培有关大学之所以为大的含义。

第一，共同研究高深学问。对于大学，蔡元培首先把目光聚焦在学问、学术上。他一生对高等教育情有独钟、倾心于办好大学。总结近代中国蒙耻受辱之教训，他认为民族之振兴和国家之富强，关键不在兵器与工具，而在科学与学术。学术是立国之本。他的精辟论断是：“一个民族或国家要在世界上立得住脚，——而且要光荣的立住，——是要以学术为基础的。”“学术昌明的国家，没有不强盛的；反之，学术幼稚和知识蒙昧的民族没有不贫弱的。”[①]学术的内涵和容量，正是以大为特征，它没有止境，因为人对世界的认识本无止境。但学术的研究和发展，必须仰赖于教育和大学。大学正是研究学术的重镇。关于大学，他有两句反复提到的名言：一是“共同研究学术之机关”；二是“囊括大典，网罗众家之学府”。前一句说明大学，特别是综合大学的性质，后一句说明大学的特点。总起来都在说明大学之大的真义。他力图澄清对于大学的各种浅见和误解。在1918年北京大学的开学典礼上，他郑重说明：“大学为纯粹研究学问之机关，不可视为养成资格之所，亦不可视为

① 高平叔：《蔡元培教育论集》，长沙：湖南教育出版社，1987年，第481页。

贩卖知识之所。学者当有研究学问之兴趣，尤当养成学问家之人格。”①此外，大学形成学术神圣的风气，尚可抵制各种不良政治或政党、政策的暂时利益对教育和学术的干扰。蔡元培确实把握了高等教育的精神命脉，因为科学发展、学术繁荣既是民族振兴、国家富强的支柱，也是大学水平、人才成长的保证。

第二，学术自由、兼容并包。在学术、文化领域，蔡元培坚决循“思想自由”之通则，取“兼容并包”之主张。这是他最有影响、最见成效的办学方针，对中国现代科学、文化之贡献，是怎么高估也不过分的。它既奠定了北大的基本传统，也在全国开创了一条学术繁荣、人才涌现的康庄大道。这在20世纪上半叶本是功勋卓著的。

蔡元培说：“大学教员所发表之思想，不但不受任何宗教或政党之拘束，亦不受任何著名学者之牵制。苟其确有所见，而言之成理，则虽在一校中，两相反对之学说，不妨同时并行，而一任学生之比较而选择，此大学之所以为大也。”②这就是说，教师的学术见解应不受任何拘束地自由讨论，教师之间也是“一己之学说，不得束缚他人，而他人的学说，亦不束缚一己”③。只有不同学派和观点之间的共同讨论或竞相争辩，方能取长补短，集思广益，并在对立中相互推动而接近真理。这也有利于学生作自由的比较与选择，防止只知道一个学派或一种观点，便奉为金科玉律，从而克服“专己守残”之陋习。这样，便可使广大师生知识、志趣、品性上具备博识通达、左右逢源之学力，以研究学问为第一天职。

蔡元培把“思想自由”与“兼容并包”结合为一个整体，一个引领学术、文化的完整方针，实在是珠联璧合、相得益彰，可谓融合中西的一个典范。思想自由，是源于古希腊精神的西方文化的传统，正是中国千百年来文化专制主义的对立面；兼容并包，则更多地表现中国优秀文化传统讲究“和合”、“会通”的长处，体现了中国哲学中“道”之“圆通广大”、源远流长的特性，通常讲“海纳百川，有容乃大”也是同一个道理。蔡元培在阐述这一方针时，常以《礼记》中的名言为据：“万物并育而不相害，道并行而不相悖。”正因为这一方针

① 高平叔：《蔡元培年谱长编》(中)，北京：人民教育出版社，1996年。

② 蔡元培：《大学教育》，《大学精神》，上海：文汇出版社，2003年，第74页。

③ 梁柱：《蔡元培与北京大学》，北京：北京大学出版社，1996年，第89页。

融合中西文化、有着中国优秀文化传统和辩证思维的深厚根据，所以它显示出巨大的魅力，历久常新，耐人寻味。

第三，学术大师引领学术。一所名副其实的大学，应当拥有一批在专业领域造诣高深的学者。他们是学术水平的代表，学科发展的领头人。世界上的一流大学，都因拥有这样的大师级人物而声名显赫。缺乏这样的人物，大学的教学与科学研究就会失去主心骨和吸引力。曾任清华校长并主持西南联大工作的梅贻琦有一句耳熟能详的名言："所谓大学者，非谓有大楼之谓也，有大师之谓也。"[1]蔡元培深谙此理，他一到北大，便大力解决师资和学术领头人问题。他多方设法，礼贤下士，不拘一格，招揽英才。他曾"三顾茅庐"式地邀请陈独秀任文科学长；胡适在尚未取得博士文凭、尚未回国之时，便受到蔡元培的聘请，任"哲学门"教授；梁漱溟并无大学学历，因一篇文章见功底，便被破格请进北大，讲授印度哲学。蔡元培延聘教师，以"积学"与"热心"为条件，严格审评；引进人才，以真才实学为原则，不徇私情。他不偏持派系观点，而采"网罗众家"的方针。这就在短时期内使硕学鸿儒聚集一堂，盛况空前，面目一新。大师、名师遍布在文科、理科、法科等各个领域：既有年长的，也有年轻的；既有西学派，也有国粹派；既有新派，也有旧派；既有激进派，也有保守派，甚至个别复辟派。这样，学派林立，竞相争鸣，使学术繁荣，并激励后进，造成极其有利于人才涌现的学术环境。

蔡元培推崇学术，爱惜人才，在学术文化领域持"思想自由，兼容并包"的方针，酿成一种宏大氛围，希望在北大和全国各大学培养出一批大科学家、大学问家、大哲学家。学术大师一方面要靠引进，另一方面更靠自身培养，应当从教师、学生队伍中逐渐孕育出来。俗话说："一年树谷，十年树木，百年树人。"这需要领导者长远的眼光和恢弘的气度。蔡元培把大学看做研究高深学问的场所，转变学生升官发财和混取资格、文凭的念头，并对教师有严格要求："延聘教员，不但是求有学问的，还要求于学问上很有研究的兴趣，并能引起学生的研究兴趣的。不但世界的科学取最新的学说，就是我们本国固有的材料，也要用新方法来整理它。"[2]总之，既有学术派别、不同观点之

---

① 梅贻琦：《就职演说》，《大学精神》，上海：文汇出版社，2003 年，第 236 页。

② 蔡元培：《北大一九一八年开学式演说词》，《蔡元培文选》，上海：上海远东出版社，1995 年，第 318 页。

间的自由争鸣，又有教学质量、学术水平的严格要求。这就逐渐形成了一支以名师为主导，严谨治学，自由探讨，吐故纳新，易于流动的教师队伍，十分有利于造就人才，孕育大师。这种教育与学术、严格与宽松相结合的生动机制，基本延续了30年，中国现代教育、学术史上的许多名师、大师，正是培育和涌现于这个时期。

在当前的社会环境和教育体制下，还能出现如王国维、陈寅恪或汤用彤、冯友兰那样学术上的大师人物么？这不能不让人感到疑惑。但是，一所综合性、研究型的大学，若没有一批大师型的学者，要争创世界一流，便会流于空谈。只有培养出一批又一批的学者，既有创新成果，在国内处领先地位，起领军作用，又有国际影响，具有较强的竞争力和吸引力，才有可能逐步接近和达到世界一流大学的目标。大楼易盖，大师难出。如果我们避难就易，只是扩大规模，追求人数，让高楼林立，熙熙攘攘，那么，走进楼里，仍不免感叹："昔人已乘黄鹤去，此地空余黄鹤楼。"因为原来的大师多已纷纷谢世，却又培养不出大师式的新型学者。这是当今国内大学"争创一流"声浪中最为尴尬的一道难题。解决难题的关键，仍在于全面贯彻蔡元培的大学理念和教育思想，扎扎实实地为培养出有真才实学的学者作长年累月的努力。

第四，教学内容广博通达。对于高等教育的本科阶段，蔡元培主张侧重于通识教育。西方现代流行的 Liberal education，可译作"博雅教育"或"通识教育"。liberal 一词，含有"自由"、"宽大"、"通达"之意。蔡元培主张沟通文、理，打破各个学科、专业之间的壁垒，防止学生受狭隘专业知识的限制。这是出于把学问做大做深的考虑：一是要适当处理治学上的通与专或博与深的关系，二是要适当处理理论与应用的关系。胡适曾把做学问比做构筑金字塔，要能广大要能高。只有根底宽实，学问才能上得去。固然不专便不能深，但若基础不宽，知识不广，则难于达到更高层次的专与深。我国教育事业，曾受国际国内实用主义思潮的影响，可谓一浪接着一浪。解放前和"十年动乱"期间且不说它，解放初搬用苏联的教育模式，强调"专业对口"和"专才"培养，把专业和教研室划分得很窄、很细，人为地割裂了各门学科、知识之间的联系；用狭隘的专业教育挤掉了通识教育，严重影响了我国高质量人才的培养。近30年来，我国教育事业有较快的发展，但又受到市场经济大潮的裹挟，表现为急功近利的倾向。专业与课程的设置，较多地适应市场和社会的当前需要，许多实用性课程甚至快餐性内容充斥课堂，人们习惯于重专业轻基础，重应用轻理论，重操作轻思考。这显然严重冲击了基础学科和基本理论的建设，削弱了这方面的教学内容和质量。高等教育的这种状况值得高度关注，长此以往，可能严重影响我们民族的科学、理论思维水平的提高，影响我国高质量、创新型人才的培养。

其实，蔡元培曾区别“学”与“术”。他说：“学为学理，术为应用。”“学必借术以应用，术必以学为基本。”这里把理论与应用的关系说得比较清楚。如果片面地强调应用而轻视理论，就容易迷失方向，并影响这门科学的发展。所以他又说：“但知练习技术，不去研究学理；或一国中，练习技术的人虽多，研究科学的人很少，那技术也是无源之水，不能会通改进，发展终属有限。”①他还在1926年的一次科学家的会议上谈到，一门科学的价值，不在一时之是否有用，今日或无用，至他日或有重大的功用，如爱因斯坦的相对论，科学界公认是极大的创新，但一时并不能说明它的效用究竟何在。而且科学家的研究，往往并不重视效用，而是如孔子所说：“知之者不如好之者，好之者不如乐之者”，只是凭着对科学问题的兴趣和感情进行研究，这正是科学家研究科学之精神。所以他说：“故有用与否，不当以目前为断定，而研究与否，更不以有用为前提。”② 这种力求科学本真的思想很值得我们重视，我们应当正确处理通识教育与专业教育的关系，切实加强基础科学和基本理论的教学与研究，方能培养高质量的创新型人才。

三

蔡元培教育思想的第三个鲜明特色，是凸显一个“美”字。他特别强调美育，用来净化人的心灵，提升人的审美能力和精神境界。

我国近代最早提出美育思想的，可能是王国维，他试图以美和艺术帮助人们摆脱人欲和世界之苦，达到超物欲、超利害的人生境界。蔡元培自觉地将美育纳入教育方针，以美育辅助德育，促进智育，激发人的创造力，实现人类理想。这是他对中国现代教育的一个重要构思，也是他的一项独特贡献。

蔡元培一生倡导美学和美育不遗余力。美育显然以美学为基础。他一生治学的重点就在哲学和美学。他多次出国留学和考察时，便特别关注美学理

① 高平叔：《蔡元培年谱长编》(中)，北京：人民教育出版社，1996年，第398页。
② 同上书，第723页。

论和美术史、艺术史等科目。中文的“美学”一词是他最早从德文翻译而来。他本人在北大开设的唯一课程，便是美学。他曾在学生中发起组织各种文艺社团，如文学会、书法研究会、画法研究会、音乐研究会等，推动美育的实施。这正与中国儒家重视礼乐教化的传统相衔接。孔子曾说：“兴于诗，立于礼，成于乐。”并且称赞韶乐“尽美矣，又尽善也”。所谓“孔颜乐处”之“乐”，兼有天人之乐与世俗之乐。无论古代或近代的儒家代表人物，常常通过填词、吟诗或琴、棋、书、画等活动，来陶养性情，形成天人感通、天人和乐的体验。中国近代思想家中也有将世界分为“现象”与“本体”者，他们试图通过某种心灵道德的修养来回归或达到“本体”，即“道”或“理”。蔡元培显然与这一重要脉络相通。但他的思想的德国渊源，特别是康德美学的影响更深、更直接。在康德那里，现象界与本体界既有相互隔离的一面，也有架桥联系的一面。认识不能超出现象界，道德领域的理想与现实、应当与实际之间也有一道不可逾越的鸿沟。但康德要在美的领域找到一条沟通的桥梁，他提出“审美判断”。审美本来是一种情感性的感性活动，但又被视为“判断”，即具有普遍性。美感是一种自由的愉快感，它有两个特点：一是超脱性，超脱利害关系，人人都会赞同；二是普遍性，对人人都有效。康德把这种具有普遍性的自由的美感，看做必然的现象界与自由的本体界之间的桥梁。德国戏剧家席勒则认为审美的游戏冲动可以连接理性冲动与感性冲动。蔡元培沿着这条思路，结合中国传统的审美意识，阐述美育的重大意义。他的独到之处在于，既没有脱离现实生活，陷入空想的境地，又没有沉湎于现实利益而放弃美好的理想。在审美活动中，人对于现象界既无厌弃，也无执著，既不脱离世俗生活，又能超脱利害关系，超越利益营求和人我之分。这样，现象界与实体界便并不相互隔离或相互冲突，而只是一个世界的两个方面。宗教对人的情感生活有一种强制性的干预，而且企图使人脱离现象界，去达到彼岸的本体界，这就完全否定了现世幸福。蔡元培提出“以美育代宗教”的要求，并不是要让美育或艺术发挥宗教的作用，成为世俗痛苦的避难所，只是现代社会不再以宗教为精神的寄托，而通过德、智、体、美相结合的教育，就可以使人的精神、品格得到自由而健全地发展。在这里，美育并不是一般的补充或辅助，而是一个必不可少的重大环节。

这种“立于现象世界，而有事于本体世界”的美感教育，究竟怎样具体地发挥作用呢？主要是通过具有普遍性和超越性的审美活动，陶冶和强化人的感情，使美好的感情推动高尚的行为；同时，审美活动还可使人摆脱限制，舒展压力，免除烦恼，形成新的生命节奏与活力，激发人的智慧，促进科学思维，因而极其有利于人的真、善、美的和谐统一。蔡元培在 1935 年答《时代画报》记者问时，有一段话把美育的作用表述得颇为生动：“我的提倡美育，便是使人类能在音乐、雕刻、图画、文学里又找见他们遗失了的情感……同时还要使人能在保存生存以外，还能去享受人生。知道了享受人生的乐趣，同时便知道了人生的可爱，人与人的感情便不期然而然地更加浓厚起来。那么，虽然不能说战争可以完全消灭，至少可以毁除不少起衅的秧苗了。”①

应当看到，蔡元培大力提倡美育之时，中国社会和教育刚处于向现代转型之开端，旧的社会制度并未改变，政治纷争，战争频仍。全面实施他的教育方针和加强美育的社会条件并不具备，他的实现人类理想的超前构思难免包含空想的成分。但在 20 世纪后半叶的许多岁月里，阶级斗争又被夸大到极端，社会因政治斗争而激烈动荡。人性论遭到持续的批判，人性遭到扭曲，人格受到摧残。美学和美育本是人性的自身要求，自然遭到鄙视和扔弃，这是一段令人痛心、不堪回首的年代。如今我们已进入新的世纪，中国社会已经大步迈向现代化，和平与建设的社会环境，已经比较有利于蔡元培教育和美育思想的贯彻。当前美育已被正式纳入教育方针，许多学校已经开设美学或各种艺术欣赏的课程，城市里的各种博物馆、艺术馆，校园里的艺术类社团，都在扩展数量和规模。但是，人们对于美育在整个教育中的地位和意义仍然认识不足，美育与德育、智育之间的关系仍然显得分离或松散，难于自觉起到辅助德育、激发智力，实现理想的作用。美育在很大程度上还停留于单纯设置艺术课程。结果德育往往停留于书本和抽象的说理，智育停留于传授知识和对付考试。青年学生中人性扭曲、情感乖戾、道德低沉、理想失落的现象时有可见，这固然与整个社会的风俗密切相关，但认真研究、大力宣传和切实贯彻蔡元培的美育思想，确实是教育领域和相关部门的当务之急。

当然，我们也不必为尊者讳。蔡元培与任何伟大人物一样，也有他的历史局限与不足。比如，他的美育思想中有些过分强调心灵、情感的意义，对物质、经济利益推动历史的作用有所忽视；在 1927 年后的一段时间里，他也

① 蔡元培：《与时代画报记者谈话》，《蔡元培美学文选》，北京：北京大学出版社，1983 年，第 215 页。

并没有始终坚持教育独立和思想自由的主张。但是，从总体上看，他的教育思想显著地体现并推动了中国教育从前现代向现代的转型。他融合中西思想的长处，为中国教育、文化、科学的现代化，奠定了一种坚实可靠的思想基础。他的教育思想的基本特色是：以人为本，发挥人的主体性；推崇学术，以学术之生命为大；倡导美育，提升和完善人的精神境界。他所希望培养的人，是一种大写的人，是一种完美的人格，是一种学问、道德、情感臻于和谐一致的人。这种教育思想蕴含着持久的魅力，我们当前的教育正在大声呼唤着蔡元培。

（原载《北京行政学院学报》，2009 年第 3 期）

必须加强基础学科和基本理论的建设

——我国综合大学的重大而紧迫的任务

一所大学，特别是研究型的综合大学，是研究学问的场所，发展学术、文化的重镇。在教学内容和学科建设上，以什么为重？应当以基础学科、基本理论为重，这是综合大学区别于某些职业技术学院或专科学校的标志。然而，在当前的许多综合大学里，分支学科不断膨胀，基础学科却逐渐萎缩；应用的色彩越来越浓厚，理论的成分越来越淡薄。这关系到国家人才培养的质量和民族科学发展的水平，不能不引起我们的高度重视。

冰冻三尺，非一日之寒。尽快赶上先进国家的科学水平，全面实现国家的现代化，本是我们民族梦寐以求的理想目标。整个20世纪，本是我们国家从前现代向现代转型的一个世纪。然而，一百年的时光已经消逝，现代化的进程却历尽波折与沧桑。本土的诺贝尔奖长期缺位，基础科学的发展水平不尽如人意，甚至仍然落后于亚洲近邻。原因何在？社会政治的激烈动荡与干扰，固然是重要原因，教育领域的重大失误与教训，也不能不令人深思。

一、实用主义思潮的连续冲击

我们这个民族并不是理论思维十分强劲的民族，中国传统思想历来重人伦世事，而轻理论思辨。占主导地位的儒家思想，往往强调经世致用，缺乏逻辑分析。所谓“知之为知之，不知为不知，是知也”，固然表现了对知识的质朴态度，却也包含不加深究的心理。在人类科技史上，中国人不乏技术发明和工艺珍品，却缺少科学体系和理论创造。这种先天性的弱点，需要后天的长期教育来弥补。然而，我国近百年来的教育，却受到国际、国内实用主义思潮的一浪接一浪的冲击。

1. 西方实验主义思潮的影响

正当“五四”运动发生时，美国实验主义的哲学家、教育家杜威(John Dewey，1859—1952)来到中国讲学。在此之前，国内教育主要受从日本传入的以赫尔巴特为代表的德国的教育思想和制度的影响。杜威讲学历时两年多，走遍14个省市，讲演两百多场，主要涉及教育问题。许多学者和报刊介绍和宣传了杜威的思想，并且翻译、出版了杜威的一系列教育和哲学著作。杜威并有一大批中国弟子，如胡适、蒋梦麟、郭秉文、陶行知、陈鹤琴等，分布在各个教育部门，积极推行实验主义的教育主张。由于这种教育思潮标榜科学与民主精神，与“五四”运动的主流相一致，一时便蔚为大观，成为中国现代教育的一条主导线索，其基本观点是：“教育即生活”、“学校即社会”、“从做中学”，这包含合理因素，也与中国传统思想中的“经世致用”、“知行合一”等观念有吻合之处，比较容易为中国人接受，但也包含偏重生活经验，轻视教学规律和理论思维的倾向。不过，实验主义的影响，主要发生在幼儿教育和中、小学里。至于大学，蔡元培着重吸取德国洪堡经验的那种思路和理念，仍占主导地位，一般比较注重系统教学、通才教育以及教学与科研的互相结合。

当然，无可否认，“经世致用”的固有传统和美国实验主义思潮的重大影响，在我国教育领域，终究是一道深厚的烙印。只是这时的“实验主义”，与往后那种为我所用、“立竿见影”的实用主义，仍有重大区别，不可同日而语。

2. 狭隘专业化和工具性思维的支配

20世纪50年代初，向苏联“一边倒”，教育领域取消西方模式，采取苏联在30年代形成的模式。按照这种模式，1952年进行全国高校的院系调整，取消了某些综合大学，或者削弱了原来大学的综合性，建立了许多单科性的学院；取消通才教育，强调专才教育，要求人才培养与工业建设的“专业对口”，把学校中各门专业和专业下的教研室划分得很窄很细。在整个教育体系中讲究“实用性”，人们偏重理工，轻视人文；在理工科中又有重工轻理倾向；在工科中又偏重专业技术，甚至偏重小范围的工艺操作。结果造成狭隘的“隧道效应”，显然削弱了知类通达、融会贯通的通识教育和理论教育，人为地割裂了各门学科之间的内在联系。蔡元培关于沟通文理、避免“专己守残”的主张受到了漠视。那时候的理工科教师热衷于专攻一门；文科教师讲究“一本书”主义；学生则以为“学好数理化，走遍天下都不怕”。按照这种模式培养人才，只能适应社会的短暂需要，而严重影响科学的长远发展和高质量创新型人才的出现。

1953年开展反右派斗争之后，教育领域日益受“左”的思潮支配。阶级斗争与“革命大批判”之风愈刮愈猛，直至“十年动乱”的发生，教育完全成为政治斗争的工具，学校变成阶级斗争的场所。正常的教学与科研完全陷于停顿。这是整个社会陷于学术荒芜、文化萧条的年代。政治思想领域更出现所谓“活学活用，急用先学，立竿见影”的闹剧。粗陋的实用主义可说发展到极致。

3. 商业大潮中急功近利的趋向

改革开放以来，经过拨乱反正，“科教兴国”已成迫切呼声，学校教育走上正轨，并且有了显著的发展。在八九十年代里，出现过教育兴旺、学术活跃的势头。然而，随着市场经济的推开，人们的观念逐渐发生变化，许多人读书、治学的志趣逐渐淡薄，追名逐利的欲望急剧上升。人们常急功近利，产生浮躁心理。财贸、金融、计算机等成为热门学科，而自然人文基础学科(如数、理、化、文、史、哲等)则受到冷遇。曾几何时，有的哲学系，不得不更换门庭，冠以“行政管理”等名称，方能获得生源。大学生中流行的口头禅是：“学好外语、计算机，进入21世纪”。可见工具理性占据上风。各门学科的基础和理论部分不被重视，而实利性、应用型的专业与课程充斥着院系与课堂。吸引学生注意的，往往是迎合时尚的专业和文凭，是满足短期需要的“精神快餐”，而不是逻辑分析和理论提升。久而久之，人们的思维空间不是在拓宽，而是在变窄；理论思维的层次不是在上升，而是在降低；问题探究的兴趣不是在增强，而是在减弱。坚持学术品位和独立风格的学派难以形成，学术上的探讨和争鸣的氛围日见淡薄。这实际潜藏着我国科学和理论发展的某种危机。

所以，纵观我国近百年来的现代教育史，不论是古代“经世致用”的传统观念，还是近代“中体西用”的文化格局；不论是解放前杜威实验主义教育观的深远影响，还是解放初期搬用苏联模式的主要弊端；不论是“左”的思潮把教育政治工具化的严重后果，还是商业大潮中急功近利的强劲势头，都可看到其中贯穿着一条又长又粗的线索。这条线索的基本特点和倾向是：重实用而轻基础，重经验而轻理论，它在不同时期，以不同形式作用于我国的教育事业。这股潮流对我国高等教育中基础学科和基本理论的冲击，可谓波涛汹涌，甚至是一浪高过一浪。这关系到我们民族究竟能否真正兴旺发达，能否攀登科学和理论的高峰。我们应当作认真的清理与反思，从中总结经验、教训，从教育领域尽力弥补和挽回已经造成的重大损失。

二、前辈学者的多次反思和呼吁

几十年来，一些有真才实学的前辈学者，针对实用主义思潮造成的影响与后果，怀着对教育与科学高度负责的精神，多次提出批评意见，直言进谏，希望领导方面和有关部门郑重思考。

1. 部分学者对苏联模式的抵制

1950年召开的全国高等教育会议，有关部门试图按照苏联的模式，在“专业对口”和“理论联系实际”的名义下，要求大学按专科院校的样式进行院系调整，当时便受到一批学者的批评和异议：(1)大学应当繁荣学术，重点加强基础学科，而不是重点进行技术教育；(2)大学应掌握科学理论，提高理论水平，鼓励创造性，而不是一味解决实用技术问题；(3)大学重“学”，专门院校重“术”，“学”贵理论创造，“术”贵实际应用；(4)大学着重于全面的科学训练，而不是狭隘的技术训练。总之，我们的科学和教育要赶上世界先进水平，首先必须保持和加强大学基础学科和基本理论，而决不能把大学降低为专科技校。这时的学者和知识分子是比较敢讲真话的，并且得到周恩来总理的支持。他说：“大学和专科有差别。大学总是要学得广一点，深一点，理论更多一点。”①

2. 哲学家冯友兰的“树立一个对立面”

1958年公布的《关于教育工作的指示》，把“有社会主义觉悟的有文化的劳动者”确定为全国“教育的目的”。经过1957年反右派斗争的知识分子，许多人心有余悸，不敢直言。但在北大哲学系的一次教师讨论会上，仍有冯友兰、朱谦之两位教授提出不同见解。朱谦之认为，大学哲学系的培养目标，既不是一般“劳动者”，也不同于从实际工作中出来的理论家，而应是知识面广，理论水平高，在学识上融会贯通，能够分析回答社会生活的重大问题的哲学家。

冯友兰于1958年在《光明日报》上发表短文：《树立一个对立面》。针对培养“劳动者”的提法，他提出综合大学的哲学系应当培养专搞或多搞理论研究的“哲学工作者”。实际上，他认为综合大学的哲学系所培养的人，首先应当

---

① 《周恩来选集》(下卷)，北京：人民出版社，1984年，第18—19页。

具有系统的理论知识，在此基础上联系实际，进一步提高理论水平。因此，他要求哲学系的学生多学理论，钻研原著，掌握文献资料。

3."高教六十条"的"三基"意向

1958 年以来"大跃进"中的"浮夸风"和"共产风"，既破坏了生产力，也否定了学校和课堂的正常教学秩序，更加忽视了基础学科和基本理论的学习。这不能不引起有学术良知的知识分子的忧虑与反思。1960 年年末全国文教会议上批评了文教领域的"浮夸风"，讨论了教育工作如何贯彻"调整、巩固、充实、提高"的方针。1961—1962 年上半年出现了一个试图恢复教育正轨的条例，即《教育部直属高等学校暂行工作条例(草案)》，简称"高教六十条"。其中提出学校以教学为主，肯定课堂教学为学校教学的基本形成，并强调"切实加强基础理论和基本知识课程的教学，""切实加强基本技能训练"。同时指出："自然科学应该兼顾基础理论、国民经济中的重大问题、新科学技术三个方面，理论的研究应该放在重要地位。"这些要求切中时弊，比较符合教学规律和科学发展的方向。在内部组织教师讨论时，普遍受到欢迎，它实际反应了广大教师的呼声。北京大学的一位教师说：希望把这些条例刻在石碑上。[①] 可是，随后又因"阶级斗争"的人为加剧，"高教六十条"还没来得及正式公布和公开宣传，就中途夭折而被束之高阁了。

4. 物理学家周培源的大声疾呼

周培源是我国著名理论物理学家、教育家，在他执教于北大并曾任校长的 20 世纪 70 年代，正是"左"的思潮已经对高等教育造成严重损失与危害之时，基础课教学被大大地削弱，一些基本理论研究的专业或课题被取消，他深感焦虑而痛心地说："所有这一切，造成理论研究人才培养上的严重脱节，使综合大学理科出现了'理'(科)不讲'理'(论)的怪现象。"[②]他连续发表了《对综合大学理科教育革命的一些看法》、《努力把基础理论搞上去》、《学习自然科学基础理论的重大意义》等一系列论文和讲话，大声疾呼维护和加强基础与理论的教学。

针对关于理论联系实际的狭隘理解，周培源指出，不能仅仅理解为满足

① 程凯：《当代中国教育思想史》，开封：河南大学出版社，1999 年，第 189 页。

② 周培源：《努力把基础理论搞上去》，《周培源文集》，北京：北京大学出版社，2002 年，第 77 页。

当前的实际需要。比如数学，普通数学固然与生产实践、日常生活有联系；一部分高等数学则只在工程技术和物理、化学等学科中得到应用；另一些抽象的数学理论则短期内看不出与生产实际的联系。微积分的出现，是在三百多年前，解决行星运动问题和求曲线的切线斜率的科学实验中发明的，后来才逐渐成为解决生产问题不可缺少的数学工具。

针对重功利轻基础、重应用轻理论的倾向，周培源强调基础学科是应用学科的理论基础。如果我们对应用技术趋之若鹜，而忽视基础学科和基本理论的研究，造成“浅水区拥挤不堪，深水区无人问津”的状况，那么，我们就只能亦步亦趋，永远赶不上先进国家的科学水平。他特别指出：“教学的重点应该放在提高学生的基础知识、基础理论和基本实验技能上，为将来进一步学习和研究，开拓新领域，解决新问题，攀登科学技术高峰准备必要的条件。”[①]他还指出：“系统掌握自然科学基础理论与具备分析问题与解决问题——特别是前人所未能解决的问题——的能力，是理科学生的基本学习任务。”[②]周培源的这些语重心长的呼吁，一直得到周恩来总理的支持。周总理早在1959年的《政府工作报告》中就指出：“基础理论研究对于科学技术的发展具有深远的影响，必须给以足够的重视。”1972年，他又指出，在70年代，大学要培养出一批搞科学研究的人才。只是由于当时整个形势的“右”的思潮的支配和“四人帮”的阻挠，这些指示未能及时贯彻。

三、加强基础学科和基本理论的建设，是我国高等教育的长远大计和当务之急

在当今分类的众多学科中，总有基础学科与各级分支学科之别，在每门学科中，又有理论与应用之分。二者相辅相成，不可偏废，但基础、理论的方面，正是“本”或“主”，分支、应用的方面，属于“用”或“辅”。这种地位与作用的区别，不应混淆与颠倒。蔡元培曾经区别“学”与“术”，他说：“学为学理，术为应用”。“学必借术以应用，术必以学为基本”。[③] 大学只有首先在基

① 周培源：《周培源文集》，北京：北京大学出版社，2002年，第113页。

② 周培源：《学习自然科学基础理论的重大意义》，《周培源文集》，北京：北京大学出版社，2002年，第88页。

③ 高平叔：《蔡元培年谱长编》(中)，北京：人民教育出版社，1996年，第398页。

础学科和基本理论方面建设得比较牢靠和完整，才能使教学、科研与人才培养有切实的保证，并在国际上产生影响。

1. 加强基础学科的建设

什么是基础学科？一般地说，基础学科是按自然、社会、人文的运动基本形式来划分的。自然科学方面如：数学、物理、化学、生物(生命)、地质、天文等；社会科学方面如：政治、经济、法律、社会等；人文科学方面如：中文、历史、哲学、艺术等。如果说整个民族的科学是一座辉煌的大厦，那么这些基础学科便是支撑这座大厦的骨架。他是各个分支学科乃至各种科学技术的基础。基础学科上的突破性进展不仅对本门科学有承前启后、继往开来的作用，而且可能引起广泛的技术革命和技术革新，开创生产大发展的前景。这大概也是诺贝尔科学奖特别重视基础学科上的创造性贡献的原因。因此，在综合大学里，把基础学科的教学与研究放在首位，努力提高其教学与科研的水平，是一项有战略意义的任务。

在我们的大学里，在理科与工科的关系上，历来有一种重工轻理或“理向工靠”的倾向。其实理科是按自然物质运动形式的不同而分类；工科则是按生产部门而分类，如土木、建筑、机械、动力、化工、石油，等等。二者实际上是基础学科与分支学科的关系。工科侧重生产实际问题的研究，培养科学技术人才；理科则侧重科学理论问题的教学与研究，培养科学研究人才。

当前高等教育急功近利的表现之一，就是适应社会的某种需要，为了物质利益的“创收”，便使一些分支学科过分膨胀，盲目设置各种院系，占据资源，广招学生，实际上师资力量不足，教学水平不高。而某些基础学科却出现经费短缺，生源下降，力量萎缩的现象。这是值得重视和大力转变的。切实加强基础学科的建设，努力提高基础学科的教学与科研水平，才是正道，才能保证人才培养的质量，并且关系到整个民族的科学发展和文化素质。

2. 加强基本理论的建设

各门学科的理论的方面，反映事物的本质、事物的整体；应用的方面则反映事物的特性、事物的局部。总之，理论终究是“本”或“体”，应用则是“表”或“用”。理论不能脱离经验，理论也必须最终落实到应用，但理论又是统率经验的，是理论的深度决定应用的张力。只有理论思维才具有综合统一性和预见性的特点。一个民族的理论思维愈是活跃，理论思维的整体水平愈高，便愈是表现民族精神的兴旺发达，有能力攀登世界科学的高峰。

恩格斯曾经阐述科学发展与理论思维的关系。他说："一个民族想要登上科学的高峰，究竟是不能离开理论思维。"[①]这是从总体上看科学的发展总是需要理论思维的指导。他又说："没有理论思维，的确无法使自然界中的两件事实联系起来，或者洞察二者之间既有的关系。"[②]这是从方法上看，只有理论思维才能揭示事物之间的内在联系。

理论思维的特点是：通过抽象，运用概念。这种抽象应当是郑重的、科学的抽象，他便能以感性经验更深刻、更正确地反映客观实际。如何辩证地运用概念和概念之间的关系，是一种逻辑思维的训练。这些都不是天生的，不是与日常意识一起到来的，也不是轻易从事研究、浅尝辄止就可获得的。这需要特殊的培养和锻炼。恩格斯说："为了进行这种培养，除了学习以往的哲学，直到现在还没有别的办法。"[③]他一百多年前所说的这段话，至今仍有启发意义。通过以往哲学的学习，可以吸取和借鉴各个民族在各个时代的理论思维的长处，有利于总结理论思维的经验教训。所以，不论是哪个学科与专业，一方面要学好本专业的基本理论的课程，另一方面在通识教育中学习一点哲学史、学习一点哲学通论或导论的课程，也是十分必要的。

我们的高等教育迫切需要培养创新人才，而创新人才的创新思维又与理论思维密切相关。最重大的创新往往是理论上的突破。局部的技术上的创新，固然有其意义与贡献，而整体的、理论上的创新，则会形成更大范围和更为深远的科技革命。只有在正确的基本理论的指导下，才能全面审视既有的制度、观念和思想，深入开展科学研究，提出创新见解；才能突破现成经验的限制，以广阔的视野，面向未来，不断开拓新的知识领域。

当前我国经济发展较快，但在快速发展中又面临许多新的重大问题，如经济体制改革与政治体制改革的关系问题，文化如何繁荣、发展的问题，"三农"问题，生态环境问题，能源问题，等等。只有进一步解决这些问题，才能保证可持续地发展，这就必须有科学的发展观。所谓科学的发展观，应当以高瞻远瞩的战略眼光观察国内外形势，把握时代的本质，对自然社会和人自

---

① 恩格斯：《自然辩证法》，《马克思恩格斯选集》(第四卷)，北京：人民出版社，1995年，第285页。

② 同上书，第300页。

③ 同上书，第284页。

身的各种问题作全面的理性思考。所有这些，都不能离开理论的思维，都需要各门学科的基本理论的支持。

3. 加强主干基础课的建设

目前有的大学已设置主干基础课，作为教学计划和课程建设的重点，配备学术功底扎实、教学经验丰富，并对教学认真负责的教师，担任各门课程的主持人和主讲教师。这些课程大都属于基础学科和基本理论，定期由各院系申报，经校方审批、调整而有计划地实施。可以通过设置主干基础课，在当前相当庞杂的课程体系中，抓住重心，加强基础学科和基本理论的建设，并且安排教师梯队，充分发挥老教师的专长和指导作用，并锻炼队伍，使后继有人。这方面的经验值得总结和推广。

当然，当前主干基础课的建设，在各个学校和院系还很不平衡。有些领域属基础学科或基本理论的课程，已出现青黄不接、后继乏人的状况；有些院系的主干基础课有“史”无“论”，或有“述”无“论”，即只有历史或情况的陈述，缺乏理论探讨和理论分析。有的名为“××概论”或“××通论”的课程，却充斥零散而琐碎的内容，缺乏理论的色彩。

应当有意识地从加强基础科学和基本理论的角度，加强主干基础课的建设，并设置重点科研项目。在教学与科研的紧密结合中，可以积极地建设出一批教学质量好、讲课水平高，能与国际接轨，并有教师梯队承接的品牌课程来，并在这个过程中努力建设一支高素质的师资队伍。总之，加强基础和加强理论，是两个重点方向。与此同时，各种基本知识的掌握、基本技能的训练和动手、实践能力的增强，如各种实验课、习题课、社会实践等，与加强基础、加强理论相辅相成，同样不可忽视。

（原载《现代大学教育》，2008 年第 6 期）

大学教师的天职

大学不是贩卖知识和文凭的场所，而是培养高级人才的机构。一所大学能否培养出高质量的人才，关键在于学术水平与教师质量，而学术水平也体现在教师的业绩上。所以，办好大学，首要的任务，是要明确教师的基本职责，建设一支富于学术素养并热诚于教育事业的教师队伍。

我国历来是一个教育大国，有着“尊师重道”的传统。源于西方的现代学校制度，在我国虽只一百多年的历史，但近30多年来，学校的规模，数量发展很快，大学教师日益增多，对社会各方面产生重要影响。所谓“天职”，按荀子的说法：“不为而成，不求而得。”[①]这就是本来的自然的职责。教师的本来职责，简要地说，就是“教书育人”。只是大学教师的本来职责，由于历史与现实的种种原因，也蒙上了层层雾障，需要清理多种关系，切实把握几个本质的方面：

一、置教学于首位

大学教师既要通过教学来培育人才，又要不断地从事学术研究，才能保证和提高教学质量。说到底，一所大学，特别是一所综合性研究型大学，它的品位就在它的学术水平、学术氛围上。1810年，德国教育家洪堡与哲学家费希特创建柏林大学后，倡导学术自由，并且首创了大学教学与科研相结合的思想。1918年，蔡元培在北大指出：大学是“共同研究学术之机关”。在校“学者当有研究学问之兴趣，尤当养成学问家之人格”。[②] 德国哲学家雅斯贝尔斯在《什么是教育》中说：“大学是教育新人成长的世界。”又说：“是研究和传授科学的殿堂”，“是学术勃发的世界”。[③] 大学教师无论就教学质量或社会责任而言，都有从事科学研究的重要担当。可以说，教学与科研是大学教师

---

① 《荀子·天论篇第十七》。

② 蔡元培：《北大一九一八年开学式演说词》，《蔡元培文选》，上海：上海远东出版社，1995年，第318页。

③ [德]雅斯贝尔斯：《什么是教育》，北京：生活·读书·新知三联书店，1991年，第150页。

的双重职责。

然而，大学与专门的科研机构，大学教师与专门科研人员的职责，显然又是有区别的。大学的首要任务是培育人才，是组织教学；大学教师的首要而直接的职责，是从事教学和育人。在学校里，教学便是教育的最主要的手段。教育不能离开教学。在现代大学里，教学更是全校的中心工作，其他方面应是围绕教学，并为教学服务的。教师首先要认真对待教学，充分准备，把课讲好，并且利用各种教学环节，尽力激发学生的学习兴趣，调动学生的积极性和主动性。同时结合教学，服务社会与科学发展的需要，还必须严谨地从事科学研究。教学与科研这两个方面，如果处理得好，是相辅相成，互相促进的。教学实践中提出和发现的重要问题，可以促进科研的深入开展；而科研的过程与成果，又可以丰富教学内容，提高教学水平。反之，教学缺乏科研的支撑，教学质量就难以保证；而科研完全脱离教学，也会牵制教学精力的投入。那些学术造诣深，教学效果优异的教师，多半都是成功地挑起这双肩任务，使二者高度结合的。

但是，在当前的某些制度、条件下，教学与科研容易发生矛盾。在许多教师中，轻视或勉强对付教学的状况，经常发生。教师未将主要精力投入教学中，是当前教学质量滑坡的主要原因。造成这种状况的因素是：1. 科研项目的题目往往是上面部署的，教师申报获取不易，教学内容则是由当前课程体系决定的，教师难以合理选择，二者时常脱节。2. 教学的质量与效果比较难以评估，只从课时上计算工作量；科研的著作与文章则可一一记录在案，并可作为提职、评奖的直接依据。一些教师便把科研看做“硬任务”，把教学看做“软任务”。逐渐形成轻此重彼的风气。3. 教学是默默无闻的工作，而科研成果则与名利密切相关。在时间与精力上互相牵制时，有的教师便对教学采取了放松或马虎对待的态度。

教学工作还常与教师的社会活动、社会兼职、校外兼课，以及出国讲学、开会等发生矛盾。有的教师对此处理不当，也有轻视和松懈教学的倾向。比如，经常找人代课，让研究生主讲，上课时迟到或缺席，甚至有个别教师在课程尚未结束时，便中途对学生不辞而别，出国另有安排了。蔡元培在北大任校长时，曾建立限制教师校外兼职，兼课和严格考勤等制度，如今则缺乏制度或执行不严。某些教学管理制度，多半是管学生的，很少严格要求教师。

对学生负责，把教学置于首位，聚精会神地做好教学工作，应是大学教师的首要天职。教师应当正确处理教学与科研等其他任务的关系，努力保证并不断提高教学质量；学校应当严格对教师的教学要求，健全和执行教学管理制度，形成普遍重视教学的风气。只有这样，大学才能真正完成培养高质量人才的任务。如果教师普遍轻视教学，不把主要精力置于教学上，教学质量无法保证，教学和课堂秩序松松垮垮，尽管其他“业绩”不少，并把“创建一流大学”的口号喊得震天价响，也只会流于空谈。

二、把“人”字写端正

中国的哲学和教育，富于人文主义的传统，历来重视治学与做人的关系。古代和现代的两位大教育家孔子和蔡元培，首先是人文主义的大师。一部《论语》的核心思想，可以说是一个“仁”字，“仁”乃“诸德之全”，要求“当仁不让于师”。孔子所要培养的“君子”，也是“博学于文，约之以礼”，是内外兼胜的“文质彬彬”者。蔡元培一直主张高深学问与道德修养的融合。他在北大倡导美育，组织道德促进会，要求德、智、体、美育相融合，培养一种“健全人格”。他是希望从大学里培养出一批又一批学问家、科学家、思想家和哲学家，但他们同时应是道德高尚的人。

中国历史上文人讲究“尊德性”与“道问学”。儒家经典《中庸》里说：“故君子尊德性而道问学，致广大而尽精微，极高明而道中庸。温故而知新，敦厚以崇礼。”[①]达到这两方面的高度结合，正是“君子”或学者的理想境界。1175年在江西鹅湖寺举行过一次学术盛会，正值南宋时期，理学代表人物朱熹与心学代表人物陆九渊，就“尊德性”与“道问学”关系，产生了直接对质与争议。应当说，二人都是既“尊德性”又“道问学”的，只是侧重方面有所不同。陆九渊认为，尊德性，即修身养性，是发自内心；而道问学，即治理学问，则是由外入内，他侧重于尊德性。朱熹则认为，在尊德性的同时，还有许多事要做，他喜欢研究学问，故侧重于道问学。这种争议，持续了好几百年。可见处理好这两方面关系，达到学问与道德的高度融合，臻于完美，并非易事。

我国现代学校的学制，主要来自西方。西方自文艺复兴时期以来，便有人文主义思潮的复兴，近代更有科学主义思潮的盛行。英国思想家斯宾塞在19世纪50年代明确提出“智育”、“德育”和“体育”的概念。从总体上看，西

① 朱熹撰：《中庸》，《四书章句集注》，北京：中华书局，2010年，第35页。

方的教育传统，仍以科学主义为主导。蔡元培的大学理念和教育方针，既吸取了西方的先进经验，又继承了我国文化传统的优秀遗产，要求把科学主义与人文主义、学问与修养、治学与做人高度结合起来。而且他身体力行，达到了学问家与道德家的高度融合。这正是他德高望重，令人敬仰的魅力所在。

六十多年来，我们的教育和大学，在前三十年里，多半成了政治斗争的工具，强调“又红又专”，往往以“红”代“专”。这里的“红”，是个政治概念，并不包含道德成分。在长期反复的政治斗争中，在人际关系上，既冲击了传统的伦理观念，也使许多教师放弃了学术的专攻。在后三十多年里，教育逐渐步入正轨，大学快速发展，学术的元气也在恢复。但在市场经济的大潮中，人们关注物质，经济的增长，却忽视了人文道德的修养，急功近利的风气盛行，教师中许多人动摇了“博学而笃志，切问而近思”的治学传统，校园内普遍出现学术浮躁之风和教学滑坡之势，甚至师德沉沦，步入歧途。试问在那些徒具形式而诸多重复的“研究中心”里，在那些竞相申报而设法谋取的“重大课题”中，在那些名目繁多而官味甚浓的奖项、职位、头衔上，究竟有多少艰辛治学、探究真理和实至名归的成分呢？实际上大都是竞相争取高额经费，争名逐利之举罢了。

大学的学术水平和道德风尚，往往是一个民族文化精神的标志。大学教师的科学精神与文化精神不仅直接导引学生，而且对社会产生重要影响。一个名副其实的大学教师，应当既严谨治学，又认真做人，既有真才实学，又有道德情操。应当力避社会劣俗，官场腐败的浸染，清除浮躁，虚夸之风的影响，直道而行，首先把“人”字写端正，做一个堂堂正正的人，达到德才兼备，德艺双馨。

治学不易，做人实难。二者都需要经磨炼，下工夫，绝不是短期内可以一蹴而就的。有时二者也会发生某些抵牾。有的人在埋头做学问时，也可能迷失自身的价值取向，或者忽视对学生、他人的人文关怀；而有的人在热心于社会公务或社会评价时，又忽视了应有的学术准则或学术功底。当然，对于学者或大学教师来说，严格的治学与做人，是相互统一的：科学精神与人文精神是相辅相成，相互促进的；科学精神与科学态度是实现人生理想和人文关怀的保证，而人生理想和终极关怀又是科学精神和科学探讨的价值目标。

不论是治学或做人，在要求“勤奋，严谨，求实，创新”，严于律己，宽于包容的同时，最重要的，就是独立思考和独立研究的精神品格。一个真正的学者，或者一个有学者风度的大学教师，就当坚持这种学术的尊严和学者的品格。学术是追求真理的崇高事业，具有永久的价值，它不应当受外在力量的干扰，不应当受某种暂时的局部利益的干扰。学术一旦受到这种干扰，一旦成为政治的工具或奴婢，就不再是真正的学术。大学教师就是要以学术、真理为重，坚决克服治学上的某种依附性。不依附于政治，不依附于权威，不依附于他人，甚至不顾迫害与打击，甘受寂寞与孤立，始终坚持学术的独立思考与研究。

大学教师有学者中的佼佼者，可称“独立知识分子”的。陈寅恪在所作王国维纪念碑文中指出：“士之读书治学，盖将以脱心志于俗谛之桎梏，真理因得以发扬。”“惟此独立之精神，自由之思想，历千万祀，与天壤而同久，共三光而永光。”[①]正是揭示了这类知识分子的本质特征。当代中国学界之陈寅恪、熊十力、梁漱溟、马寅初等人，堪称典范。如今大学教师之许多人难免陷心志于“俗谛之桎梏”，要在精神上超凡脱俗，实在是相当艰难的事情。这也是当今大学很难出现“大师”或杰出人才的一个重要原因。

大学教师应当刻苦治学，但绝不是要闭门书斋而完全脱离现实生活，并不是要做困守象牙之塔而脱离政治的纯学究。大学教师的多数仍属于当今所称的“公共知识分子”，应当以公众为对象，能够就政治生活和意识形态的公共性质的问题发表意见，但不是安于陈规陋习，随俗沉浮，不是人云亦云地随声附和，而是维护公民的正当权利，以公民的平等、自由、公平、正义为准则，依法据理地敢于向不合理的规章制度、僵化的观念教条挑战，起着振衰解蔽，启迪思路的作用。同时也可就实现人民的梦想、民族的复兴，积极地提出改革、建设和创新的主张。

总之，大学教师应当既是一个诚实的学者，又是一个顶天立地的公民。

三、视学生为主体

教师与学生，是大学里两支最主要的队伍和力量。教师与学生的关系，是最基本的关系。教学中谁是主体？从教学形式上看，教师讲课，学生听课，教师是施教者，学生是受教者，似乎教师才是教育的主体，学生是教育的对象。但若从教育实质和培养目标上看，教育是要发掘和实现人的潜能，使人

---

① 陈寅恪为王国维纪念碑撰写的碑文。

的个性得到充分的发展。人的潜能与个性愈是得到发掘和发展，创造性活动就愈能激发出来。教学能否达到积极效果，培养创新性人才的目标能否实现，关键就在于能否激发学生的学习兴趣，调动学生学习的主动性。从这个意义上说，学生应是学习的主体。可以说，在教学过程中，教师与学生都是主体，是共同研究学问的主体。

说学生是主体，决不轻视教师的重要作用。唐代文学家、教育家韩愈在《师说》中说到教师的任务是“传道”、“受业”、“解惑”。教师通过讲课来传授知识，传播学问是十分必要的。但知识与能力可相互促进，真正的教育还在于智力的锻炼，即思维能力的锻炼，韩愈也讲到“解惑”。这样，课堂上的讲授，就不能“照本宣科”，不能像注水入瓶式的满堂灌，而应加强引导与启发，善于提出问题，留有余地，给学生留下思维空间。教师可以把自己攻读专业，研究学问的认识、体验和方法，与学生交流，激发学生的兴趣和主动性。这才是视学生为主体。那种满堂灌和照本宣科的方式正好相反。

怎样看待学生的地位？这是教育史上的重大问题。孔子说：“君子不器。”他所看重的“君子”，是不能当做器具的。德国哲学家康德在教育上强调所有的人都是主体，彼此不可将对方当做工具。蔡元培曾指出：“教育是帮助被教育的人，给他能发展自己的能力，完成他的人格，于人类文化上能尽一分子的责任；不是把被教育的人，造成一种特别器具，给抱有他种目的的人去应用的。”①这些话很值得我们警悟。

视学生为主体，就对教师提出了更高的要求。引导、启发，比传授、灌输要难得多。蔡元培对教师的要求是：“积学”与“热心”。一要“积学”，就是积累学问。自己严谨治学，把学问做好，有丰富的积累和深厚的功底，自然就会对讲课内容很熟悉，讲起来就会生动而流畅，游刃有余，富于自信，善于把握要领，提出问题，启发学生思考。如果自己不认真做学问，对所讲内容不熟悉，缺乏见解，东拼西凑的讲稿，拿来照本宣科，显然不会引发学生的兴趣，也无法调动学生的主动性。二要“热心”，就是忠诚于教育事业，对学生满腔热忱。教书的目的是育人，要始终关心学生的成长与成才。现在有些教师，只把讲课当做“差事”上课来得慢，下课走得快。平时视学生为路人，对学生的情况不闻不问。这样的教师，业务水平再高，也并不称职。

① 蔡元培：《教育独立议》，《蔡元培文选》，上海：上海远东出版社，1995年，第352页。

学高为师，身正为范。教师要作科学精神和人文精神的表率，用自己美好、善良的心灵去影响学生，使之形成健全的人格。教师在认真治学，不断提高学术水平的同时，要关爱学生，深入了解学生的兴趣和问题所在，才能把课讲得更为生动，更能因材施教。在学术上要平等地对待学生，共同讨论和研究问题，共同探索真理，而且要有如韩愈在《师说》中所说的那种虚怀若谷的态度："弟子不必不如师，师不必贤于弟子，闻道有先后，术业有专攻，如是而已。"[①]

一所大学，如果有比较浓厚的学术氛围，又有这种富于人文情怀的师生关系，学术水平比较高，教学效果比较好，那么，高质量、创新型的人才就比较容易脱颖而出。学校和各院系领导，应当以身作则，勇挑重担；并且深入实际，认真解决教师中的问题和困难，注重表彰先进，充分调动广大教师的积极性。只有这样，才能使教师积极履行自身的天职。

（原载《现代大学教育》，2013 年第 3 期）

① 韩愈：《师说》，《古文观止》，成都：四川文艺出版社，2001 年，第 155 页。

我国高等教育迫切需要实行的三种转变

中国是一个有着悠久教育传统的国家。在中国的土地上，2500 多年前就诞生过世界颇负盛名的教育家孔子。随后又出现了《论语》、《学记》等教育史上的最早著作。就是在现代，也出现过在中国文化教育史上功绩卓著、影响深远的教育家蔡元培。但是，总的看来，近 300 年来，与西方许多国家相比较，中国不仅在经济、科学技术方面落后了，而且在文化教育方面也落后了。近 100 年来，特别是近 60 年来，中国的教育事业又经历了极为艰难曲折的路程。中共十一届三中全会以来，国内开始出现重大的转折，随着经济建设的迅速发展和改革开放政策的实施，中国的教育事业也呈现出快步前进的态势，在数量、规模上有了较大发展。

中国当前最尖锐、最突出的矛盾之一，就是现代化建设的宏伟目标与整个民族的文化素质相对低落的矛盾。能否把沉重的人口负担转化为巨大的人力资源的优势，将直接关系到中国现代化事业的成败。而实现这种转化的唯一出路，就是卓有成效地发展教育。

人类已经跨入的 21 世纪是科学技术更加迅猛发展，物质生产、精神生产和人自身的生产都更为昌盛的世纪。经济技术与社会生活的信息化是社会发展中的显著特征。在 21 世纪的国际舞台上，各国之间经济、文化上的合作与交流、互补与竞争都会日益加强。这种合作与竞争的力量，来自各个民族的科学水平和文化素质。中华民族要在 21 世纪实现现代化建设的宏伟目标，进入世界先进民族的行列，就必须尽一切努力提高整个民族的文化素质，在普及义务教育、加强中等教育的基础上，特别注重发展高等教育。必须培养和造就一大批学识渊博、富于创新和有献身精神的卓越人才。

中国有句古话：十年树木，百年树人。而百年大计，又以教育为本。“科教兴国”，已是全国上下震撼人心的战略口号。科学的发展，也必须以教育为基础。发展教育，是民族振兴的希望。然而，由于种种社会历史的原因，当前教育领域的矛盾和问题相当尖锐，面临着一系列根本性的改革。转变教育思想，更新教育观念，是首要的环节。我认为，面向 21 世纪，当前中国高等教育的改革，迫切需要从观念上实行三个方面的重要转变：一、从应试教育向素质教育的转变；二、从狭隘的专才教育向加强通识和人文教育的转变；三、从统一模式的教育向发展个性教育的转变。

一、从应试教育向素质教育的转变

近些年来，国际上加强文化素质教育的呼声日益高涨。1996 年，联合国教科文组织领导的“国际 21 世纪教育委员会”发布了一个重要报告：《学习：蕴藏的财富》(Learning—The Treasure Within)。面对新世纪的知识经济和学习化社会的挑战，这个报告明确提出了 21 世纪培养人才的四个支柱：1. 学会认识(learn to know)；2. 学会做事(learn to do)；3. 学会共同生活(learn to live together)；4. 学会生存(learn to be，或译“学会做人”)。这实际上是对加强文化素质教育提出了一个纲领性的要求。

近些年来中国教育界也在热烈讨论素质教育的问题。这是针对长期形成的过于狭窄的专业教育，特别是应试教育而提出并展开广泛讨论的。中国的高等教育，曾经受到苏联 30 年代形成的教育模式的影响，片面地强调适应经济建设的需要，提出“专业对口”，按行业、岗位设置专业，把专业划分得过细过窄，使学生的知识面十分单一和狭窄，缺乏综合素质和应变能力，显然不能适应现代化建设和时代发展的要求。现已作出调整和改进，要求培养宽口径、跨学科的复合型的人才。十分困难的问题，在于转变应试教育的制度和模式。

中国的应试教育的模式是怎样形成的？看来既有历史的也有现实的原因：

1. 中国有过应试教育的传统。从隋朝(公元 6 世纪)开始实行科举制度，就是通过设科举考试选拔官吏。到明、清两朝，考试更要以儒家经典中的文句为题，按照固定的格式写文章，即八股文。这种制度严重束缚人的思想，助长死记硬背的习惯，限制实际能力的发展。虽然，清朝在 1905 年推行学校教育，废除科举制度，但这种制度的弊端和影响还会长期盘踞在人们的头脑中。

2. 中国属于发展中国家，人口多，底子薄，经济和师资等方面的力量不足以使教育，特别是高等教育满足广大群众的要求。适龄青年的大学升学率虽在逐年提升，但仍有相当大的差距。这就逐渐形成了在考试上激烈竞争的局面。学校和教师普遍追求升学率，学生把过多的时间与精力用在对付和通过层层过关的考试上，并且习惯于满足课堂的书本上的知识，满足于现成的概念、公式和答案。考试之前忙于死记硬背，考试之后容易随即淡忘。这种制度和风气使不少学生应试能力强，而独立思考和分析问题的能力、做事和适应变化的能力则偏低，并且排斥和压抑了某些文化素质好、富于学习潜力的青少年。

3. 为了准备和对付考试，学生的课程负担重，课余作业多，不能不用大量的时间去阅读教材、笔记和其他应试性的辅导读物。对古今中外各门学科的名著，人类思想文化史上有重大影响力的原始经典，则很少有时间去直接阅读。这就使学生缺乏基本功的训练，长期游离于人类真正的精神家园之外，很难在人类思想文化的肥田沃土中扎根，因而也就很难在日后的学术研究中登堂入室，开展创造性的探索。这也是教育质量和人才素质下降、长期难以出现在国际上有重要地位的科学家和学术大师的重要原因之一。

所以，如何使应试教育逐步地、切实地向通识教育和素质教育转变，是当前中国高等教育面向现代化的一项关键性的改革。为了实现这一转变，应当讨论和解决以下的几个关系和问题：

(1)如何看待知识、能力和素质的关系？学校教育的重点是什么？人的素质是多方面的，大致包括自然素质、心理素质和社会素质，其中既有先天的成分，又有后天的成分。加强素质教育，就是要促使后天因素与先天因素和谐结合，使人才的知识、能力、品格等方面相得益彰，升华和优化为整体稳定的素质。在学校中，传授和积累知识是必要的，这是培养能力、品格的基础。“知识就是力量”，培根的这句名言，在知识经济的时代会显得更有意义。但是，近代以来的教育实践说明，学校的任务不能停留于传授知识。著名物理学家爱因斯坦曾就学校教育指出：“发展独立思考和独立判断的一般能力，应当始终放在首位，而不应把获得专业知识放在首位。”这就是说，学校培养的人才，不应当是单纯的“知识型”，而是着眼于能力发展的“知识——能力复合型”，因为能力的发展，可以更好地掌握、分析和运用知识。提高素质，就是要使知识与能力达到优化结合和良性循环。在知识和信息迅猛增长的新世纪里，课堂上学得的知识会显得更加有限而容易过时，发展能力、掌握方法就显得更加重要了。中国人在实践中懂得：授人以“鱼”不如授人以“渔”，或者说与其得鱼，不如学会捕鱼，因为学会捕鱼，可以得到更多的鱼。蔡元培曾在《〈社会学方法论〉序》以“点石成金”的神话故事作比喻，他指出：“科学结论是点成的金，量终有限；科学方法是点石的指，可以产生无穷的金。”

(2)如何看待素质教育与考试制度的关系？加强文化素质教育，并不是不要考试或废除考试制度，考试作为检验学生知识、能力和进行教学评估，仍然是必不可少的手段。问题是这种手段应当为提高学生素质、培养高质量人才服务，而不能让学校教育以考试为中心，围着考试转。学校的工作是为了提高学生的整体素质，而不是为了提高学生的应试能力。考试在检验学生掌握知识程度的同时，也要注重检验学生运用知识的能力和方法。这就要求在考试的内容、方法和评判成绩的标准等方面进行一系列的改革。

(3)如何看待学校教育与“终身教育”的关系？学校与社会日益结合，是当代教育发展的一个重要特点和趋势。在“知识爆炸”的时代里，学校内课堂与教材的内容和容量是十分有限的，学生在校学习的时间也是相当短促的。学校中获得的知识，不足以终身享用。广泛而灵敏的信息传播手段，可以使社会成员不仅在学校中学习，而且在家庭、社会生活中学习。应当突破学校教育的狭隘眼界，把教育扩展到人的一生，使教育成为整个生命的重要组成部分。用中国人的一句老话来说，就是：“活到老，学到老。”联合国教科文组织出版的《学会生存》一书，阐发了“终身教育”和“学习化社会”的观念。这就要求教育为社会成员在需要的时候提供各种学习的机会；并且使教育成为包括学校教育、家庭教育、社会教育在内的一个多层次的网络体系。这样的大学就显得更大了。把学校教育置于“终身教育”的体系中，就更不应当局限于知识的传授，而应当着重让学生学会学习，提高整体素质，以便在学校毕业后运用于终身。这样才能更好地适应21世纪知识经济和信息社会的需要。

二、从狭隘专才教育向通识人文教育的转变

在素质教育中有一个最基本的方面，就是人文素质或人文精神的教育。上述联合国教科文组织的报告中提出的“四个支柱”中，后三个都涉及人文素质教育的问题。

20世纪以来，特别是近几十年来，由于科技革命的高涨，在世界范围的高等教育中，科学教育与人文教育的发展很不平衡。人们往往只强调科学教育的作用，而忽视人文教育的意义，只注重科学知识的传授，而忽视人文精神的培育，出现了人文教育和人文基础学科(哲学、历史、文学等)日益萎缩、“工具理性”取代“价值理性”而占支配地位的倾向。

究竟什么是人文精神教育？当然它要求阅读文学、历史、哲学方面的一些原著，学习这些方面的基本知识和理论。但最重要的，是通识基础上引导人们去思考人生的目的、意义、价值，追求人生的理想和完美。总之，它是要从根本上培育或改变人的一种气质，提高人的精神境界，真正实现教育的育人的功能。因此，它不属于工具理性，而属于价值理性。

中国历史上的传统教育，是注重“礼乐教化”，讲究“人伦大义”的，在广泛传授知识的同时要求陶冶情操，使治学与做人相统一。蔡元培在北京大学任校长期间，便特别重视哲学和人文学科的发展，他认为教育者不能单纯地传授知识，更应当养成学问家的人格，潜移默化地影响受教育者。他在注重道德教育的同时，又特别提倡美育，要求通过美育陶冶人的情操，领悟人生的意义和价值，要求德育、智育、体育、美育几个方面相辅相成，使学生得到全面的发展，塑造一种真、善、美相统一的健全的人格。他在北大实行了一系列根本性的变革，使北大成为新文化运动的摇篮和“五四”运动的发源地，成为学术繁荣、人才荟萃的全国最高学府，拥有一大批国内外著名的学者、大师，人文学科方面如鲁迅、陈独秀、黄侃、刘师培、胡适、闻一多、冯友兰、汤用彤、梁漱溟，等等；自然科学方面，如冯祖荀、丁燮林、李四光、王星拱，等等。

然而，在当前市场经济的大潮中，由于功利主义思潮的盛行，教育领域普遍出现了重理工轻人文的倾向，或者人们热衷于从功利性强的经济、财贸、法律、国际金融、国际关系等专业培养专才，使学生知识面狭窄，忽视广阔基础的必要性，并且使哲学、历史、考古、文学等专业备遭冷遇，因而从学校到社会，人文精神出现衰退的现象。要改变这种状况，必须解决以下认识问题：

1. 不能从功利的观点看待人文学科的发展和人文精神的教育

当前社会上有不少人用直接的功利标准来衡量人文学科的价值。他们急功近利地认为人文学科培养的人才没有什么用，或者要求把人文学科尽量实用化，使之变成应用学科。这是对人文基础学科的严重误解。因为人文基础学科的研究对象是人的精神世界，它涉及人格尊严、人生的意义和价值的问题，所以它没有直接的功利要求，但它对于培育人的精神品格，提高人的精神境界，从而促进社会历史的发展，有着积极而深远的意义。

有些人从功利观点出发，只重视专业或科学技术教育，而忽视基础学科和人文精神的教育。其实科学技术的高度发展，既为社会生产的跃进和人类生活水平的提高创造了条件，但也可能破坏生态环境、威胁社会安定，使人的道德沦丧。一个掌握科技专业知识的人，如果精神空虚，目光短浅，人品低劣，人际关系冷漠，不但在科学上难有大的成就，而且可能在政治或道德上走上歧途，从而给社会和人民带来严重的危害。现在，世界范围的生态危机的严重恶果，已经引起人们的重视，越来越多的人认识到，若不采取坚决措施，积极改善，21 世纪人类就会生活在十分可怕的生态环境中；同时，有些学者也已发现，在经济主义和功利主义的支配下，世界性的道德危机也日趋严重，许多人为了个人或小集团的利益，不惜采取各种手段危害社会、侵犯他人的利益。他们逐渐失去对社会和道德的责任感。这种状况如果任其发展，那么，进入 21 世纪后，人类还可能生活在极其危难的社会环境之中。有些学者警告说，全球性的道德危机一旦扩展开来，其恶果会不亚于全球性的生态危机。因此，联合国教科文组织在 1989 年召开的"面向 21 世纪教育国际讨论会"，把会议总结报告的题目定为"学会关心"，把道德教育提到首位，强调从未来世界的道德环境着眼来调节、控制今天人类的行为，要求关心他人、关心社会、关心人类，培养公民的高度的社会责任感和道德责任感。

2. 不能把大学教育看做狭隘的专才教育

中国在新的 21 世纪所要实现的现代化，是全面的、多层次的现代化。它不仅要求在物质、技术层次上，而且要求在精神、文化层次上实现现代化。现代化的建设需要大批的既具有现代科技的知识和能力，又具有高度道德和文化素养的人才去开创、去支持。因此，当今为现代化建设培养人才的高等教育，就不能只给学生一种职业训练或狭隘的专业知识，而要同时拓宽基础，并且注重如何做人的教育，即人文精神的教育。

但是，现在社会上仍然存在着一种观念，把高等教育看成一种狭隘的专才教育，认为上大学就是学一门专业，掌握一种技能，毕业后能找到一个好的职业就万事大吉，别的方面就不大考虑了。按照这种观念培养的人，就可能只是一种科学、技术的工具或奴隶，就可能是缺乏人文素养、胸无大志、趣味庸俗、只谋私利、不讲奉献的人。这绝不是现代化建设所需要的人才。

人文精神的教育，不仅仅是一种专业知识的教育，它实质上是一种素养或气质的教育，它要改变人的气质，提高人的基本素养。人文精神的教育可以渗透在科学教育或专业教育中，培养追求真理、勇于奉献的精神，培养高度的社会责任感和关心、尊重他人的道德品格。与专业教育或职业教育不同，通识教育和人文精神的教育带有普遍性，它关系到每个大学生，关系到社会的每个成员。因此，人文基础学科应当把提高与普及的工作结合起来，逐步地面向全体大学生，面向社会上的广大群众，特别是广大青少年。应当开设各种选修课程，利用各种传媒手段，编写各种深入浅出的读物，积极引导广大青年、干部和人民群众阅读古今中外有关人文精神的名著名篇。

人文精神教育应当将时代的要求与中国优秀的文化传统结合起来，逐步倡导、培育一种积极、进步、坚强的民族精神，形成实现现代化建设宏伟目标的精神支柱。著名东方语言学家季羡林教授曾指出，中国优秀传统中的人文精神，集中地说主要是两点：一是爱国主义；二是“骨气”，即自尊、自强的人格。著名中国哲学专家张岱年教授曾引用《易传》中的两句名言，说明中国优秀传统思想的精髓，一是“自强不息”，指对待自己，表现中华民族自尊、自强、自立的奋斗不息的刚毅性格；二是“厚德载物”，指对待别人，表现对待别的民族，和在待人接物上勇于承担任务、善于吸纳长处的宽阔胸怀。这确实把握了中国传统人文精神中最本质的方面，值得我们高度重视。

三、从统一模式的教育向发展个性的教育转变

发展个性，是教育学中一个带有根本意义的问题。个性就是富于个人特征的潜能、专长、爱好和兴趣。有利于发展个性的教育，就是要提供良好的学术文化氛围与条件，使受教育者能按照自己的特性有充分选择和发展的机会。

中国千百年来的教育传统，总的倾向是维护和强调社会伦理的等级秩序，因而是忽视和压抑个性的。1919 年爆发的“五四”运动，对旧的伦理秩序和传统观念作了猛烈的冲击，追求精神独立、思想自由、个性解放。但“五四”运动以来，由于民族救亡和国内政治运动的连绵不断，“五四”精神遗产的这个方面并没有充分揭示而得到发扬。教育领域内压抑个性的问题，是一个由来已久、积重难返的问题。不过，中国历史上两位最伟大的教育家又都是注重因材施教、发展个性的。孔子有一句名言：“君子和而不同，小人同而不和。”这里所说的“和”与“同”，实质上是指的两种思维方式。由于各种事物和人们的各种观点之间，是千差万别的，孔子主张肯定这些差别和对立，并通过比较、批评、融合而达到“和”，反对那种否认和抹杀差别、对立而强求千篇一

律、千人一面的“同”。孔子的这种观点与德国辩证法家黑格尔区别“具体同一”和“抽象同一”的观点是一致的。用孔子的这种观点对待教育，就应当肯定和发展个性。实际上，从《论语》中我们看到，孔子对有不同性格、特点的学生是区别对待、因材施教的。比如，关于“仁”、“义”、“孝”等基本范畴，当各种不同类型的学生提出疑问时，他并没有下一个固定不变的定义，而是有针对性地作出不同的解释和回答。蔡元培教育思想的宗旨，是要培养学生“独立不拘之精神”。在1918年发表的《新教育与旧教育之分歧》中，他明确提出：“教育者，与其守成法，毋宁尚自然；与其求划一，毋宁展个性。”他要求沟通文科和理科，增设各类选修课，让学生自由选择，教师对讲义应删繁就简，只列纲要，以启发学生的主动钻研。他坚决反对那种“像注水入瓶一样，注满了就算完了”的教学方法。他指出：“教育是帮助被教育的人，给他自由选择，同时发展自身的能力，完成自己的人格，使于人类文化上，克尽一份责任。”在他看来，发展个性与增强社会责任感是一致的，受教育者的健全的个性和人格越是得到充分的发展，就越能为社会作出贡献。

然而，当前中国的学校教育，却存在着束缚个性的方方面面。从小学、中学到大学，学生的课程和考试的负担过重。实行全国统一命题，统一标准答案的大学入学考试，使学生的精力过多地集中于准备和对付考试上，限制了学生自由思维的空间和自由阅读的时间。统一编订的教材，不但内容易于陈旧，而且趋向固定的思维模式，不便于因材施教。在统一安排的课程设置中，往往必修课多，选修课少，学生自由选择的余地不多。课堂上大都是教师讲，学生听，学生参加学术研究和讨论的机会很少，不容易调动学生的积极性和主动性。所有这些不利于发展个性的制度和方式，都是迫切需要大力改革的。

富于创造性，是一个民族兴旺发达的标志。提倡创造性的思维方式和学习方法，应当是高等教育的特点。学生的个性发展，是孕育创造性的重要条件，因为只有个性和求知、探索的潜能得到调动和发挥，才容易发现新问题，提出新创见。随着社会的进步和科学的发展，青年一代也会表现出日益强烈的个性要求。当前高等教育的改革，应当高度重视学生的主体性，使教学制度、教学计划和课程设置等具有较大的灵活度，使学生在所学专业、所修课程、研究方向和论文题目上都有更多的选择和自由度，能够按照自己的志趣、优势和个性特点，及时调整学习的内容，重点和方法。总之，没有个性，就没有特色和创新。如果把具有各种不同天赋、特长、兴趣的人都按同一的规格去要求，按同一的模式去培养，就势必压抑创造性人才的出现，也势必窒息教育的生机与活力。

值得注意的是，创造性人才往往并不是在循规蹈矩、按部就班地学习或者考试成绩门门优等的学生中出现，有时甚至是以个性奇特、兴趣偏执的“偏才”、“怪才”的形式出现。中国唐代著名诗人李白，文学上才华横溢、瑰丽多彩，但性格上却蔑视权贵、傲岸不驯，他在科举考试中曾屡次落榜。中国当代人文学科的著名学者钱钟书、吴晗，在大学入学考试时数学都不及格，但他们在人文学科方面的卓越才华却被清华大学的有识之士看中而破格录取。因此，对于某些不按常规思维和学习，甚至与社会有些格格不入，而颇具独特个性和才能的人，不能轻易地加以歧视或冷漠，而应善于发现、引导和支持。这也是个性教育中不可忽视的一个方面。

（原载《集宁师专学报》，2002 年第 2 期）

通识教育

试论当今大学的通识教育

通识教育，是当今国际高等教育中的一大潮流。由于种种历史的原因，国内通识教育的复兴和推动比较晚，主要是近十年来的事。在大学本科阶段，特别是在综合性的研究型大学里，是侧重培养宽基础意义上的各类人才，还是侧重培养专业性教育基础上的专门人才？国内长期存在着疑问和争议，走过相当曲折的路。20 世纪 80 年代中提出的“拓宽基础，淡化专业，因材施教，分流培养”的方针，已在总结经验教训，体现通识教育的意图。但明确开展通识教育——北京大学设置“元培计划实验班”、全校设置通选课，不过五年的历程。认识上的分歧和实践上的阻力无疑依然存在。这是一场教育理念与课程设置的深刻变革，需要一个加强研究、深入讨论和不断改进的过程。王义遒教授的文章《推进通识教育，催生一种新的教师模式》①，对通识教育的使命和特点作了深入的分析，并对通识教育的师资问题提出了别开生面的建议，颇有启发，但也有可商榷之处。

一、中西通识教育的思想脉络

西方自文艺复兴以来，反对宗教和封建势力对教育的支配，在逐渐发展人文教育的同时，便有通识教育的兴起。举其要者，可列以下数端：

(1) 意大利学者弗吉里奥(Pietro Paolo Vergerio，1349—1420)在率先阐述人文主义教育的同时，主张施行“博雅教育”(英译 Liberal education，中文或译为“自由教育”、“通识教育”)，他设想了包括人文学科和自然知识等多方面的教学内容，使受教育者兼获德性与智慧，以唤起和发展人的多种才能。他把这种“通识教育”与“职业教育”相对立。随后，捷克的教育理论家夸美纽斯(Johann Amos Comenius，1592—1670)在其欧洲近代教育奠基作《大教学论》中，有一句名言：“假如要形成一个人，就必须由教育去形成。”在论及大

① 王义遒：《推进通识教育，催生一种新的教师模式》，《北京大学学报(哲学社会科学版)》，2005 年第 5 期，第 191—197 页。

学时，他说："课程应该真正是普遍的，应有学习人类知识的每一部门的准备。"①

(2) 19世纪，德国教育家洪堡(Wilhelm von Humboldt，1767—1835)按照新人文主义精神，对德国教育进行了卓有成效的改革。其突出贡献在于，使教学与研究相结合，提倡学术自由，重视教师的积极引导和学生的自由选修，鼓励师生在学术方面的独立研究和创新建树。他于1810年与哲学家费希特一起建立的柏林洪堡大学，被称为"所有现代大学之母"。

(3) 20世纪美国的一些著名大学是明确推行现代"通识教育"(General education)的重镇。哥伦比亚大学较早推出两门颇有人文特色的共同必修课(Common Core)：当代文明；文学(即西方文学经典)。该校坚持长期建设这种课程，培养学生宽阔的学术、文化素养。芝加哥大学1929年上任的著名校长赫钦斯(Robert Maynard Hutchins，1899—1977)，尖锐批评了美国流行过的三种教育目标论：偏重职业训练的"适应环境论"、使专业教育过于狭窄的"直接需要论"、局限于社会当务之急的"社会改革论"。针对这些倾向，他提出"自由教育论"，主张侧重培养"通才"。该校为此而设置了六类"核心课程"(Core Courses)。哈佛大学自1971年德雷克·博克(Dereck Bok)任校长后，认定大学教育的基本目标不在职业技能的训练，而在培养一个"受过教育的人"，即培养一个有能力而且有教养的人。该校1973年开始设置一系列"核心课程"，侧重于广泛介绍不同学科的知识体系和研究方法。

应当说，当前国内逐步开展的通识教育，主要是参照西方，特别是美国一些大学的经验和做法。但是，不要忘记，我国教育史上，也有某些通识教育的传统经验。我国早期儒家教育的"六艺"——"礼、乐、射、御、书、数"，质朴地包含了今日所说"德、智、体、美"或"文"与"理"的宽泛内容。儒家经典《礼记》中的《学记》一篇，是我国最早的教育学专著，其中制定的九年计划最后 提出"知类通达，强立而不反，谓之大成"。另一篇《中庸》概括的学习程序是："博学之，审问之，慎思之，明辨之，笃行之。"总起来看，我国古代儒家近乎通识教育的思想主要有两个方面：一是在培养方向上，不论是"君子"、"圣人"或"士"，都是一种完全的人格——知行合一，学思不离，智、仁、勇兼具；二是在教育内容上，要求"博学"，注重广博与贯通。但秦汉以后，两

① [捷]夸美纽斯：《大教学论》，北京：教育科学出版社，2005年。

千多年的文化专制主义和褊狭的“独尊儒术”，可能正是导致近代中国科学落后于西方的主要原因之一。明清之际富于民主性的思想家，如黄宗羲、顾炎武等人，大都反对文化专制，批评科举制度，主张“博学于文”、“行己有耻”。梁启超为京师大学堂草拟的第一个办学章程中便有“中西并用，观其会通，无得偏废”的规定。1902 年，张百熙主持拟定的《钦定京师大学堂章程》中进一步规定：“端正趋向，造就通才，为全学之纲领。”

可见，我国现代大学的建立，虽比西方许多大学一般晚了好几百年，但一开始便吸取西方教育的先进经验，起点并不低。特别是 1912 年京师大学堂改名为北京大学，蔡元培于 1917 年上任校长以后，着重吸收德国洪堡的教育思想和柏林洪堡大学的办学经验，结合中国传统教育的长处，坚决贯彻“兼容并包，思想自由”的方针，主张沟通文、理，要求“德、智、体、美”全面发展，鼓励“顺自然，展个性”，塑造“健全的人格”。这就开创了中国现代高等教育和科学、文化的一代新风，并得到一批国学根底深厚，又从美国特别是哥伦比亚大学学成归来的学者，如蒋梦麟、胡适、马寅初(三人曾先后接任北大校长)、冯友兰等人的鼎力相助和继续弘扬，在北大和西南联大，都曾兴起过通识教育的高潮，造成过学术繁荣、人才辈出、蜚声中外的盛况。

从以上简要脉络中可以看出：第一，“人文”与“通识”，在教育上往往是相应而生、交互作用的，因为健全、合理的人格，需要一种融会贯通的教育，而“广博”、“会通”的教育，也有利于个性、才能的发展；第二，通识教育的推展和成效，往往与教育部门或学校领导者的远见、胆识密切相关；第三，与国外、海外相比较，当前我们通识教育的开展，虽然晚了一段时期，但从古代到现代，我们也有自身传统的经验，北大更有传统的优势，可资继承和发扬。半个世纪以来的曲折进程，也许能激励我们从对比、反思中获得更高的觉识。

二、通识教育的含义和根据

究竟什么是通识教育？为什么要进行通识教育？依据中西通识教育的一般主张，我理解它的首要的含义，用中国的传统术语说，就是“博学”与“会通”；用我们现在的话说，就是“拓宽基础，沟通文理”。

1. 拓宽基础，创造高深研究和卓越人才的条件

按照蔡元培的教育理念，大学特别是综合性大学，并不是职业培训单位，

而是研究高深学问的场所。他特别希望有大学问家在中国出现。

这里首先涉及治学上的“博”与“专”或“宽”与“深”的相辅相成的关系。博而不专，会失之于浅；专而不博，则会失之于陋。胡适曾把学问比做金字塔，要能广大要能高。就是说，只有底基宽实了，才能上得去；金字塔是不能倒立的，底子太窄、太浅，就会立不起来，立了也会垮掉。其次，是局部与整体的关系。孤立于单一的知识结构或专业领域，就容易“一叶障目，不见森林”，若从总体和各门学科的联系上去把握一门学科，则是一种较高的眼光和境界。一般的职业人才与综合型研究人才的区别，往往就从这里发生。这就要求高等教育在开始的阶段，把基础知识、基本理论的学习尽量拓宽一些，为培养高层次的各类人才创造条件。可是，20 世纪 50 年代初期，我们曾照搬苏联的教育模式，片面强调专才培养或“专业对口”。1952 年全国高校院系调整后，出现许多学科单一性的学院，原综合大学的“综合性”也有所削弱。专业和“教研室”(并非来自西方，而是来自苏联的舶来品)的划分过窄过细，人为地割断了学科之间和学科内部的联系。不少教师各抱一门课、一本书或一段史，画地为牢，不免失之于陋。结果在教学承担和科研能力上出现“单面性”或曰“隧道效应”，严重影响教学质量和科研水平，这就很难出现大学问家、大师型人物，学生的知识和视野也往往受狭窄专业的限制，缺乏深造的基础和条件。当前我们贯彻通识教育，就是要逐渐扭转这种状况。近些年来实行的大学合并，尽管出现了一些弊端和问题，受到质疑，但它克服单一性、加强综合性，促使学科设置和教师力量的比较齐全，比较有利于改变师生的知识结构，有利于通识教育的恢复与推进，则是没有疑义的。

2. 沟通文理，融合科学精神与人文精神的培育

通识教育，说到底，就是要尊重辩证法。大千世界，众多方面，尤不相互联系，各门学科之间都有内在牵连。一个高素质的研究人才，必须突破人为的各种专业与学科壁垒，沟通文理，克服门户之见，才能高屋建瓴地进行创造性研究。20 世纪以来科技革命的迅猛发展，各门学科之间更加出现大分化又大组合的趋势，出现许多边缘学科和交叉学科，新成果、新发现常常在结合部或交叉点上形成。这正是现代通识教育蓬勃兴起的历史背景，通识教育正是要促进人文学科、社会科学与自然科学之间的沟通与交流。

人类从 20 世纪进入 21 世纪，西方科学主义与人文主义两大思潮在分流中走向接近与融合。科学精神与人文精神本是人类文明飞升的两翼，二者相

得益彰、不可或缺。科学精神讲究对事物的求实与创新，坚持追求客观真理；人文精神讲究对人的关怀与尊重，坚持实现人的理想与价值。科学的进步可以丰富人文的生命内涵，而人文的提升又可以提供科学的精神支撑。同时，人类历史的发展，是客观规律性与人的目的性的统一；人类精神要求真、善、美的统一；人的心理品格要求知、情、意的统一。因此，通识教育就是要在沟通文、理的同时，克服那些把人当做工具、重理轻文、急功近利、华而不实、轻浮急躁的种种倾向，积极促进科学态度和人文素养的培育，达到科学精神与人文精神的融合，学习正确处理自我与他人、个人与社会、人与自然的关系，养成一种健全的人格。

三、通识教育的意义和作用

通识教育的积极意义何在？有何实际作用？

1. 发挥人的潜能，调动学生的主体性

教育是直接面对人的。其实，文学、医学、心理学等学科也直接面对人。那么，教育的真谛究竟是什么？有学者说是"发现人的价值，发挥人的潜能，发展人的个性"①。这确实把握了本质，说得比较全面。如果说人文教育侧重于发现人的价值，那么通识教育则侧重于发挥人的潜能。人的潜能极其丰富而又有待开发，开发的最好时机是儿童和青少年时代。每个人都像是一座潜力丰富的矿藏，但即使是成就卓著的伟人，也只在自己身上开发了极小的部分。这种潜能往往蕴含于深处，而且千差万别，通过博学、会通和激发、诱导，才能开发出来。这才是教育的奥秘所在。德国哲学家雅斯佩尔斯在《什么是教育?》一书中说，"人类有无限发展的可能性"，"教育只能根据人的天分和可能性来促使人的发展"。② 我赞赏这种观点，虽然它与我们当前流行的说法似乎远了一些，但正如马克思所说：理论的彻底就是"抓住事物的根本"，而"人的根本就是人本身"。③

长期以来，大学里"专业对口"或"职业教育"的狭隘观点，使专业、课程设置过分追求"实用性"或"时尚性"，学生入学后往往固定在单一的专业方向，

---

① 燕国材：《试论教育的真谛》，《解放日报》，1989 年 5 月 26 日。

② ［德]雅斯佩尔斯：《什么是教育》，北京：生活・读书・新知三联书店，1991 年。

③ ［德]马克思：《黑格尔法哲学批判》，《马克思恩格斯全集》，北京：人民出版社，1956 年。

囿于专业知识的局限，视域狭窄，束缚了学生的潜能与个性的发展。通识教育则是通过“拓宽基础，沟通文理”，使学生扩展视野，开阔思路，并且得到科学精神与人文精神的陶冶，便于发现和发挥自己的潜能，培育和展示自己的个性，从而在教学中调动学生的主体性，并且在较为宽实的基础上，有利于培养高素质的各类专门人才。

2. 广泛接触学科，慎重选择专业

人对于自身蕴藏的潜能和适合潜能发挥的专业方向，起初往往是不清楚的，需要一个接触社会和广泛了解各学科的过程，才能有所比较、发现和选择。我国现代著名学者中，不少人都有过改变专业的经历。鲁迅、郭沫若原来是学医的，后发现改变一般人的心灵，比改变个别人的病体，更有利于改造社会，因而改变志愿和专业，从事文学创作，便更好地发挥了他们的才能。胡适与蒋梦麟去美国留学时起初都是学农的，后来改学哲学或教育，分别作出了卓越贡献。抗日战争时期，杨振宁在西南联大、李政道在浙江大学，起初都学化学，后改学物理，结果都作出了杰出成就，获得诺贝尔奖。设想一下，如果当时国外或国内的大学，不允许学生改变专业，或者他们没有作出慎重而自由的选择，岂不使中国现代科学文化事业蒙受重大损失？可是，从20世纪50年代以来，我们的大学，不但把专业分得很窄，而且学生确定专业后，基本没有再选择的余地。实际上，学生在选择专业和填报志愿上，都有一定程度的盲目性，他们对各学科的基本情况并不了解，对自身的潜力和天赋也缺乏足够的认识，在把教育政治化的年代里，学生多半以服从政治需要和组织分配为原则，淡化甚至抹杀了自己的悟性与兴趣；在市场经济的大潮中，又受急功近利的思想所支配，对某些热门专业趋之若鹜。今日的学生填报志愿不少是“父母之命，实利所驱”。这种状况若长期延续，不但会使许多人的潜力与个性泯灭，而且会使一系列基本理论领域和人文基础学科长期受到冷落，势必严重影响整个民族的科学、文化水平，影响理论高峰的攀登。我国在诺贝尔奖上的长期缺位，除了社会政治动荡、“十年浩劫”等历史的原因之外，与教育思想、教育制度上的功利性、实用性不无关系。应当看到，这种功利性和实用性在我国是有长久的历史渊源和深厚的现实土壤的：第一，我国历史上长期占主导地位的儒家思想就有“经世致用”的传统；第二，国际国内实用主义思潮对我国教育路线的重大影响。这种影响主要并不来自西方。“五四”时期有两位来中国作长期讲学的西方著名学者：美国的杜威和英国的罗素。他们既是哲学家又是教育家，对我国教育究竟产生了何种影响，这里姑且不论。但是，就连美国现代实用主义哲学的代表人物杜威，也曾提出警告："事情若过于注重实用，就反而不切实用。"①应当说，西方的实用主义哲学注重社会实际效果，并不等于急功近利。罗素曾经把人的冲动和愿望分为创造性和占有性两类。他认为最好的生活是创造性冲动占主要地位的生活，最好的制度是能够产生最大可能的创造性冲动的制度，而教育则"应该是一种能够启发和加强创造性冲动的教育"②。国内一度流行的典型的市侩实利性术语如"急用先学，立竿见影"之类，究竟来源于何处，是一个值得研究的问题。第三，市场经济中的商品价值法则是"看不见的手"，推动了趋利机制，加上体制转轨中某些不健全的制度，更加激发了占有的冲动。大学里各种专业选择与课程设置的功利性、实用性突出，短期行为加剧。通识教育的重要任务，就是要逐渐克服这种急功近利倾向对人们志愿、兴趣的左右，对人们潜力、个性的束缚，加强基础性、理论性、科学性和人文性，使学生通过"博学"和"慎思"而主动地选定适合自己潜能与天赋的专业，使学生在学习中的主体性得到较充分的发挥。

3. 拓宽专业基础，扩展就业机会

经过通识教育，学生的基础知识比较宽，又有一定的科学素养和人文素养，不仅有利于专业上的提高与深造，而且在就业上可以比较灵活，比较容易转移，在求职上更具有竞争力。这样就能较好地适应社会多方面的需要，不至于因"专业不对口"而无所适从。所以，从总体上、从社会需要的多样性看，通识教育不是降低了而是提高了广泛就业的能力。对于通识教育的认识，当前有几个问题是可以讨论和加以澄清的。

通识教育会不会削弱专业教育？这是一种顾虑，担心学生在大学本科生阶段学不到真东西，得不到专业训练。应当看到，通识教育是为专业教育铺垫较为宽实的基础，从长远看，是有利于培养高质量的专门人才的。当前关于本科教学改革的设想是：在一年级侧重于通识教育，从二年级开始，经导师指导，重新考虑专业，侧重进行宽口径的专业教育。因此，通识教育并不排斥或削弱专业教育，而是为专业教育提供一个广阔的背景，它也决不轻视

---

① 蒋梦麟：《西潮》，长沙：岳麓书社，2000年。

② ［英］罗素：《社会改造原理》，上海：上海人民出版社，1989年。

专业训练，决不否认专业知识和技能对人的一生的意义，而是强调专业的深造要有广阔的基础，要懂得如何做人，防止单纯灌输知识或训练技能的局限和弊端。这对于某些理工科大学或职业院校，也是同样的道理。既重视通识教育，又重视专业教育，务专而失之于隘和因博而失之于浅的两种偏向都应防止，既要加强通选课的建设，提高通选课的教学质量，更要加强专业课，特别是主干基础课的建设，提高主干基础课的质量。二者应当是相辅相成、相得益彰的。

通识教育是不是等于素质教育？通识教育强调拓宽基础、扩大视野，并注重情操的陶冶和方法的训练，当然包含素质教育的含义，但也不宜于把二者看做一回事。素质教育讲究培养人的能力、素养，注重对于方法的掌握和运用，是与单纯灌输知识、对付考试的应试教育相对立的；通识教育要求拓宽基础、沟通文理，融合科学精神与人文精神，是与单纯的职业教育或狭隘的专业教育相对立的。二者的侧重点有所不同。王义遒教授的文章或多或少地把通识教育就看做一种素质教育或道德教育，比如他说“高校通识教育与文化素质教育的基本宗旨实际上是相通的。通识教育可视为是进行素质教育的一种方式”；“简单说来，就是学‘做人’和‘做事’”。[①] 有的学校教务部门称通选课为“本科素质教育通选课”。我个人认为这些说法不够确切，因为我理解通识教育包含两个基本方面的含义：一是拓宽基础，重视基本理论和基本方法的学习；二是沟通文理，融合科学精神与人文精神的陶冶。如果把通识教育就看做素质教育，至少在名称上容易引起误解，似乎素质教育只是通识教育的事，而与专业教育无关，实际上素质教育应当体现在全部教育过程中，专业教育的课程尤应注重素质教育。

有些人认为通识教育无关紧要，专业教育才是过硬的，把通识教育放在次要或低于专业教育的位置，因而轻视它，对它放松要求。有的教师把通识教育课只当做一般“公共选修课”或“科普讲座”来开，对学生要求不高，期末考试只需写几百字的“心得”即可。有的学生感觉中学阶段课程、考试负担太重，上了大学应当轻松一下，便把通识教育课看做“减负”课，专选那些教师要求不严、考试易得高分或可以看看电影、电视的课。其实通识教育是铺垫

---

① 王义遒：《推进通识教育，催生一种新的教师模式》，《北京大学学报（哲学社会科学版）》，2005年第5期。

基础、提高素养、激发潜力、慎选专业的教育，是应当严肃认真对待的。

四、通选课和师资队伍的建设

通识教育首先应当体现在课程上。当今美国一些大学为通识教育设置的课程，多半称为“核心课程”(Core Courses)，即所有大学生必须共同学习的基础课程。几年来，北大设置的“通选课”已从每学期开设 60 多门，扩展到 140 多门，涵盖 5 个基本领域——数学与自然科学；社会科学；哲学与心理学；历史学；语言学、文学与艺术。但如何加强通选课建设和进一步解决师资问题，仍然十分迫切。

1. 通选课的特色

通选课的特色可从两方面看。第一，在课程内容上，它既然要“拓宽基础”，为宽口径的专业教育作准备，并对学生选择专业有启迪，便既不同于一般的“公选课”或“科普讲座”而有一定的专业性，但又侧重于特定学科的基本理论与方法，专业性不能太强。它既然要沟通文理、打破壁垒、融合科学精神与人文精神的陶冶，便应重视各门学科之间的联系与渗透，重视科学态度、科学方法的训练，同时要注重正确人生观、价值观、审美能力、独立人格的培育。第二，在教学方式上，它既然立意调动学生的主体性，而又学时较少，便更要贯彻少而精的原则，课堂上要提要钩玄，讲重点，侧重于思路、线索、方法的引导。应特别强调启发式教学，运用生动灵活的教学环节和多媒体手段，调动学生思考问题的积极性，加强师生之间的对话与交流。那种平铺直叙、面面俱到和满堂灌的讲课方式，效果不会好，更不适宜于通选课。

2. 通选课的位置

通选课在本科生课程体系中的位置应当受到重视。美国哈佛大学给本科生提供的课程体系，是比较明朗的三类课程：专业课、公共必修课、核心课。体现通识教育的“核心课”每年开出 100 门左右，学生上“核心课”的学时约占本科四年总学时的 1/4。当前我国大学本科生面对的却是一个相当庞杂的课程体系：(1)专业课，包括主干基础课、一般必修课和各类选修课；(2)公共必修课，包括政治、德育、军事理论、体育、外语、计算机等；(3)通选课；(4)公共选修课。在这个体系中，公共必修课所占比重很大，而且越来越膨胀，占去学生的大部分时间和精力；主干基础课本应是专业课中的重点，是全校教学质量的标志，学时却一再被压缩，甚至被压缩得难以讲清最基本的内容；通选课是通识教育的阵地，以修满学分计算，约占总130学分的1/8，这个比重并不高，但所用学分与教室有时还得不到充分保证。这种状况和趋势显然不利于学生专业基础的巩固和自由个性的发展。因此，我认为本科课程体系的改革方向是：大力加强主干基础课和通选课的建设，保证学时，提高质量；坚决压缩公共必修课的学时，重点是精简、合并或压缩那些内容重复、不重实效的课程。应当给学生一个既重点明确又便于自由选修的合理而清爽的课程体系。

3. 通选课的课目、课源与师资

通选课究竟如何合理设置才能更好地适应通识教育的要求，值得认真研究。就目前所知，有以下几类是普遍认可并受到欢迎的：(1)一门学科的导论或概论，如“哲学导论”、“心理学概论”、“艺术概论”、“脑科学导论”等，对不同学科作提纲挈领的阐述，有利于学科之间的沟通和理论思考；(2)专门学科史或专题史，如“西方哲学史”、“中国现代文学史研究”、“西方艺术史”、“中国佛教史”等，从中引发问题、争议和兴趣，史论结合，提高分辨能力；(3)经典原著阅读，如“中国名著导读”、“人文经典阅读”、“《论语》、《孟子》导读”、“老庄哲学”等，直接从原著中训练治学基本功，体验人生真谛，陶冶人文精神；(4)人类生活专题研究，如“人类的性、生育与健康”、“人类生存发展及环境保护”、“大学教育与个人及社会的发展”等，开阔视野，有利于正确处理个人与社会、自然的关系；(5)某门科学特色与方法的阐述，如“数学的精神、方法和应用”、“魅力化学”、“自然科学中的混沌与分形”等，从特殊的角度启迪智慧，授以科学思维和科学方法；(6)文学艺术研究与欣赏，如“19世纪欧洲浪漫主义音乐”、“中国美术史及名作欣赏”、“艺术与人生”、“中国古代诗歌选讲”等，通过古典作品陶冶性情，获得美感享受，提高文化素养。

以上几类中的有些课程，既符合通选课要求，又反映教师科研成果，内容精湛、启发性强的，可以通过定期评审，稳定下来，作为“保留节目”，每年滚动开设，使通选课质量不断提高，精品课程逐渐丰富。

通选课课程内容的涵盖面应当比较宽，自然科学、社会科学和人文学科三个方面都不可缺少，才有可能拓宽基础，沟通文理。通选课的课目要有一定的数量，才有可能供学生在确定的范围内自由选修。这不是所有大学在短期内都能做到的，需要逐步建设和完善，需要不断开拓课源。符合要求的通选课，可以是特定的科研成果、教师的个人专长，也可以是专业课中的必修课或选修课经过加工、改造而成。总之，课源可以多样，但不能勉强凑数和对付，必须保证质量，达到通识教育的作用。

加强通识教育的关键在于师资力量。由于通选课对教师的学识水平、教学能力要求较高，当前的教师队伍一时难以适应，但通识教育的实践也更能检验和提高教师的水平与能力。由于通选课每周学时较少，内容注重少而精，教师备课时间比较充裕，有利于精雕细琢、锤炼精品。如果设置、安排得合理，通选课便可成为既调动学生主体性，又锤炼教师队伍的生动课堂。

至于通选课的师资队伍，各校情况不同。综合性大学条件较好，单科性院校困难较多。除立足于挖掘校内潜力、发挥个人专长之外，王义遒教授提出的关于"自由职业"教师制度的设想，是一个值得重视的途径。开辟这条途径，可以突破教师队伍基本封闭的框架，充分调动社会蕴藏的力量，开发利用闲散的教学资源，各校师生在保证完成本校教学任务的前提下，可作适当流动，互相补充，取长补短，因而有利于通识教育的普遍开展，促进高质量人才的广泛成长。

当然，设置一批通选课，还只是通识教育的基本的一步。尚有通选课程的合理分类和安排、通选课的认真评审和精品课程的稳定建设、与通识教育相适应的导师制度的建立和健全、通识教育与专业教育的衔接等等诸项任务。当前迫切需要组织各方面专家，建立学校通识教育的领导或咨询小组，定期总结经验、研究问题、评审课程，不断推动通识教育的发展。

（原载《北京大学教育评论》，2006 年第 3 期）

北京大学通选课的现状、问题和建议

北京大学设置通选课十余年了。

2000 年北大正式设置通选课的目的有二：一是顺应现代国际通识教育的潮流，从根本上克服我国高等教育所受苏联 30 年代狭隘专才教育模式的影响，在北大正式启动通识教育；二是为了贯彻教育部关于开展素质教育的决定。通选课有时被命名为“素质教育通选课。”

十年来，北大的通选课由少到多，逐步稳定。总共开设过通选课达 270 余门，每学期开学时总有 120 余门各类课程，在上万名本科生中掀起选课热潮，盛况空前，并引起社会注目。

然而，如何评估通选课的现状？通选课的连年开设存在什么问题？人们对通识教育和通选课是否达成共识？如何进一步推动通选课的建设和通识教育的开展？结合听课与调研，这里提出我们的若干认识和建议。

一、通选课的由来和意义

所谓“通选课”，就是“通识教育选修课”的简称。通识教育的概念显然来源于现代西方教育。英语本来有两个名称：General education，可译为“普通教育”或“一般教育”；Liberal education，可译为“自由教育”或“博雅教育”。现统译为“通识教育”，大致是恰当的，它基本符合原意，并与中国的某种传统教育观念相接近。我们所说通识教育，是与某种狭隘的专业教育或职业教育相对立。我国高等教育解放后受苏联 30 年代教育模式的影响很深，1952 年全国高校院系调整时，设立许多单科性的大学(学院)，削弱了综合大学的综合性，把专业和教研室分得很窄很细，过分强调人才培养的专业对口。中学到高中便实行文理分科。在这种制度下，培养某些专业技术人才是可以的。但要培养大科学家、大学问家、大哲学家就很难。随后 1958 年提出“教育为无产阶级政治服务”，要求突出政治；改革开放以来，又受市场经济大潮冲击，要求突出实利。结果工具理性居上，急功近利盛行，我国的高等教育很难踏上研究高深学问、培养高级人才的宽广大道。通识教育的开展，像是吹来一阵清风，它讲究博雅通达，重视人的人格和智力的独立发展。通识教育要求拓宽基础，沟通文理，融合人文精神与科学精神的陶冶，为培养各类高质量人才铺垫基础。这无疑是对长期形成的教育观念和制度的一次冲击，一次有深远意义的改革。

那么，通识教育是不是单纯的舶来品，新近从西方、美国引进的东西呢？并不完全是。其实在中国和北大的教育传统中，早有通识教育的渊源。通识教育要求妥善处理两种关系：一是人的知识、智力的博与专或广与深的关系；二是学问与人格的统一，也就是智育与德育、美育的关系。孔子早有“君子不器”的说法。他所理想的人才，不是器具，不是专业性的工匠，而是“博学于文，约之以礼”的谦谦君子。儒家历来重视“治学”与“做人”的完善统一。儒家经典《中庸》提到的为学之序是：“博学之、审问之、慎思之、明辨之、笃行之”，显然把“博学”置于首位。20 世纪 30 年代，北大曾把这几句话用作校训。中国现代大学理念的奠基者蔡元培，特别强调顺自然、展个性，沟通文理，实行德育、智育、体育和美育的和谐结合，要求培养一种健全的人格。曾主持西南联大工作的梅贻琦在《大学一解》中谈到，“通专虽应兼顾，而重心所寄应在于通而不在于专”，理应加强“知类通达”的思维训练。总之，蔡元培、胡适、梅贻琦等那一辈中国现代教育家的理想目标，是要在中国培养一批又一批大科学家、大学问家、大哲学家来的。可惜这个目标的实现在一段时间里中断了。但我们可以看到，中国从古代到现代的教育传统，与通识教育本有吻合的方面，我们不应把当前通识教育的开展看做照搬西方或美国的教育模式，而应当结合中国的传统与现实，走出有中国特色的通识教育之路，培养出当代中国的杰出人才。

至于国内教育部门在 20 世纪末提出的“素质教育”，则是与“应试教育”相对立的概念，意在强调教育不是为了应对考试，而是为了提高人的素质。这是在中国教育的特殊现状下提出的概念。在优化人的素质这个目标上，通识教育与素质教育确有相同之处，但二者的含义并不完全相同，来源也是不同的。

二、通选课的设想和分类

关于通选课的设置，海内外各大学因有不同的设想，便有不同的侧重和分类。大致有以下几种：

(1)“沟通论”或称“综合论”、“均衡论”。这是比较普遍流行的看法。20世纪科学发展的大趋势既是分析的又是综合的。为避免片面看待学科分化所造成的弊端，主张世界和科学是一个整体，应打破文科与理工科之间、各学科之间的壁垒和间隔，做到互相沟通，让通识教育向学生提供比较综合、均衡的视野，将通识教育看做沟通自然科学与人文社会科学之间、各门学科之间的桥梁。

(2)“经典论”或称“精义论”。美国以赫钦斯(R. M. Hutchins，1899—1977)为代表，他从20世纪30年代起，就在芝加哥大学倡导经典教育。应当说，在20世纪之前，我们民族的经典传统教育，是历史悠久、极具盛名的，“四书”、“五经”便是儒家教育最基本的经典。人类自古至今保留了许多经典原著，它们经受了时间的检验和历史的选择，是各民族智慧的结晶，是学术、文化之源。因此，经典论者主张通识教育以经典研读为中心。

(3)“进步论”或可称“前瞻论”。主张通识教育课程的设置以学生的未来事业为目标，注重前瞻性。日本东京大学曾将通识课中的“总合科目”分为六大类：“思想及艺术”、“国际及地域”、“社会及制度”、“人间及环境”、“物质及生命”、“数理及情报”。

(4)多元文化论。主张文化的多元性，允许多元主体的并立。强调通识教育的课程吸纳各民族、地域多元文化之内涵，倡导兼容并蓄之胸怀。以上几种主要观点和做法，都各有利弊，都曾受到不同侧面的肯定与质疑，实际运用上也多有交叉与综合。

我们认为，多元文化的主张和兼容并包的胸怀，是开展通识教育的必要前提。“综合论”与“经典论”可以相辅相成，并重视面向世界与未来。

北大基本采取“沟通论”的观点，将通选课划分为5个领域：数学与自然科学、社会科学、哲学、历史学、语言文学与艺术。2009年后又增加“可持续发展科学”的领域，试图为学生提供一种多学科交叉、互相沟通的大平台，使学生能了解不同学术领域的基本概念、研究方法和主要思路，受到科学精神与人文精神的陶冶。要求本科生毕业时至少修满16个学分(后改为12个学分)，每个领域至少选修2学分，文学与艺术领域至少4学分。文科学生在自然科学与数学领域至少修满4分学分。

北大十年来开设的通选课，若从题材形态上划分，大致有以下几类：

(1)原理、概念类。主要阐述一类学科或一个领域的基本概念与原理。这类课程是比较重要的，理论性、综述性较强，有利于学生开阔视野，拓宽基础，沟通文理，促进跨学科的思考，学习科学思维方法，锻炼理论思维的能力。并且有利于启发学生的兴趣与天赋，重新考虑专业的选择。如“哲学概论”、“美学原理”、“汉语和汉语研究”、“艺术概论”、“小说的艺术”、“心理学概论”、“经济学原理”、“法律导论”、“数学的精神、方法与应用”、“生物进化论”、“普通生物学(B)”等，都是在全校颇受欢迎、选修率很高的课程。北大由于学科比较齐全，这类课程容易从各院、系的必修课，经过一定的提炼、调整，转化而成。因此，课源比较丰富，师资条件有优势。

(2)通史、专史类。有一般世界史或断代史，也有不同国家、民族、地域、学科的通史或专史。与前一类课相配合，也占有相当的比重和地位。如果史料丰富、确凿，而又提炼精当，正确地总结历史和理论的经验教训，这类课程便有利于培养学生的时代感、历史感和民族感，也有利于培养人文情怀和实事求是的学风。这类课程目前大都属于人文学科，如“中国现代文学史研究”、“艺术史”、“中国电影史”、“中国美学史”、“中国古代物质文化史”、“二十世纪世界史”、“中国哲学史”、“中国文化史”、“西方哲学史”、“西方美术史十五讲”、“印度佛教史”等，也有少量自然科学方面的课程，如“科学通史”、“古今数学思想”等，都很受学生的欢迎，普遍引发兴趣。课源也比较丰富，师资力量较强。往后理工科和社会科学也可适当建设这方面的课程。

(3)原著、名著类。忽视经典原著的直接阅读，是我国当代教育领域和教学领域的一大通病。学生为了对付考试、完成学分，往往忙于读教材、看讲义，至于完整地攻读原著，则教师不引导，学生不主动。而这些原著、名著，却是经过时间洗礼和历史检验的人类精神文明的成果，是各民族文化的源头，学者治学探究的依据。直接攻读原著，可以体悟时代转折的重大问题，并且可从原著中领悟先贤、大师的精神风采，增进人文与科学的素养。能对一批原著读懂、读熟，读出自己的见解、体会来，至少是文科学生的一种基本功训练，是在学术上登堂入室的必经之路。这类课程确实是通选课中迫切需要的部分，也是许多学生乐于选修的课程。如“中国名著选读”、“人文经典选读”、“《论语》、《孟子》导读”、“老庄哲学”等。这类课程目前还只限于人文学科的部分领域，为数不多，难以满足学生的要求。由于长期忽视，目前真正能开设原著讲解和导读的教师已经很少。从长计议，认真对待，努力建设这方面的课程十分必要，这对教师也是一种督促和推动。

(4)专项、专题类。这类课程多是关于科学、社会、人生特定领域或重大问题的研究，较能反映教师的研究成果。课程的内容比较富于时代感和现实感，或者有益于一生。学生可从中了解特定的研究进程和特殊科学的思维方法，对分析和研究现实生活中重大问题有特殊意义。如“自然科学中的混沌与分形”、“人类的性、生育与健康”、“中国历史重要问题评析”、“艺术与人生”、“鲁迅小说研究”、“西方文化通论”、“埃及学通论”、“印度社会与文化”、“民族与社会”、“民俗学”、“中国经济专题”等，其中一些课一直成为学生踊跃选修的热门课。这类课程在各院系尚存潜力，有待开发，但需认真选择。

(5)音乐、艺术类。加强美育，实现德、智、体、美相结合，达到知、情、意的统一，培养健全的人格，是蔡元培的一贯主张。开设多种形式的音乐、艺术赏析课，是加强美育的重要课目，是通识教育不可缺少的方面，如“西方音乐史及名曲欣赏”、“中国美术史及名作欣赏”、“基本乐理与管弦乐基础”、“影视鉴赏”、“中国书法史及名作欣赏”、“山水成因赏析”、“中国传统建筑”、“现当代建筑赏析”等，都颇受学生欢迎。但有人认为，含有“赏析”二字，似乎难登通识教育的大雅之堂。其实音乐、艺术的赏析，不单是文化的消遣，而是提高审美的情趣与能力，在艺术美的意境中体会人生的意义与价值，并促进科学思维，激发创造活力，是有利于创新人才的培养的。只是这类课程需要增强美学和人文的内蕴。

十年来的通选课，总起来看，教师是认真投入的，学生是积极选修的，教师讲得比较舒展，学生也学得比较主动。通选课已经成为北大本科教学与课程体系中的一个重要组成部分，是贯彻通识教育的一项重大举措。但是，通选课的数量在理工科与文科之间、新老院系之间很不均衡；通选课的质量也是相当参差不齐的。从质量、效果上看，大致可以分为优秀、良好、较差三类。有些课从内容到方法符合通选课要求，教学质量突出，成效显著，引发了学生较浓厚的兴趣，受到学生的普遍欢迎，比较充分地调动了学生的主动性，可以列为优秀课程一类，约占30%，这类课程应列为基本课目，作为“保留节目”稳定下来，每年滚动开设，并安排接替教师，保证长期开设下去。有些课程基本符合通选课要求，基本概念与观点的表述是清晰的，运用材料、信息较为充分，分析、讲解对学生有启发，运用教学环节或使用多媒体效果较好，得到大多数学生的肯定，可列为良好课程的，约占50%，这类课程尚有改进、提高的余地，有的课程内容比较浮泛或偏窄偏专。有的属科普知识，讲解的论理性不够充分或材料、信息欠缺，不能引发学生兴趣，课堂气氛比较沉闷者，属较差的课程，约占20%。这类课程影响学生的学习效率和学习情绪，应改弦更张，大力革新或考虑作适当调整。

北大学科比较齐全，教学资源比较丰富，有一定学术水平和教学经验的教师比较多，因而有条件设置和优化通选课。在比较简短的学时内，通选课展示学科的方面比较多，可供选择的余地比较大，开拓的思路比较宽，因而能激发学生的兴趣，受到学生的欢迎。每学期开学时，学生们穿梭于各教室之间，紧张而兴奋地选课、听课，还不时地奔走相告，传递信息，有时因选上“名师”、“名课”而欣喜，也因人满为患，被拒门外而惋惜。特别是刚进北大的新生，更能从这里领略大学之所以为大，和北大兼容并包的特点。通选课不仅震动了校内学生，还颇有社会效应，吸引了一批为数不少的“旁听生”，其中不但有进修教师、访问学者，还有一些来自各地而常驻北大的“专业”听课者，他们的“学历”甚至超过本科生。全校通选课的开设，和它所引起的反响，在北大校史上算是一件大事，也是北大本科教学史上的一件新事。

通选课的基本特点是什么？第一，从教学内容上看，它是为拓宽基础、沟通文理，为科学精神与人文精神的陶冶而设置，要让学生更多地了解一些学科的基本概念与思维方法，使学生从与相关学科的联系、比较中更好地理解和研究自己所学的专业，并且便于结合个人的志趣、天赋与能力，重新思考和选择自己的专业。因此，通选课既不同于比较专门的专业课，也不是通俗的科普讲座，或因人而设、随教师专长或兴趣而开的一般公选课，就是说，它有特定的专业性，而又不能专业性太强，它只是为专业学习铺垫一般的基础，而这种基础也应夯实一点，而不能流于浅表。在阐述某一学科(一般指一、二级学科)的基本理论和知识的同时，要特别注重科学思维方法的训练，融汇科学精神与人文精神的陶冶。第二，从教学方法上看，由于通选课学时较少，不容全面展开，就更要注重少而精，主要把最基本的东西讲得很清晰。应当把握要领，突出重点，着重于思路、方法的引导，加强问题意识和启发性，尽力发挥学生的主体性。那种平铺直叙、面面俱到、满堂灌的讲课方式特别不适宜于通选课。第三，从教学效果上看，通选课一般人数多，课堂大。课堂讨论难于组织，课堂秩序不易维持。在注重讲课的科学性、严谨性的同时，还应适当注重生动性和趣味性。灵活调动教学环节，恰当使用多媒体，让学科的魅力和讲课的艺术把绝大多数学生吸引住，吸引到教师的重点阐述上，使学生与教师共同思考，并向教师质疑，与教师商讨，发挥教学相长的作用。由于一般每周只上一次课，教师便必须也有可能充分备课，甚至有利于精雕细琢、锤炼精品，可以为学生的专业选择提供一个良好的契机，为学生的专业深造铺垫一种良好的基础。总之，通选课可以成为学生开阔视野、生长智慧的大课堂，也可以成为教师检验水平、锻炼队伍的大讲堂。

三、通选课的问题和建议

通选课一直存在诸多问题，迫切需要领导重视，认真解决：

(1)未能主动建设，呈现自发状态。

通选课设置后，除头三年的学校教学工作会议曾作为专题讨论以外，往后一直缺乏专门的讨论、研究，对于通选课的指导思想、合理设置、分类选修等问题，缺乏统一认识和全盘规划，缺乏长远设计和主动建设的意识，使通识教育的开展和通选课的设置，基本处于自发状态。

(2)课程数量失衡，教学质量悬殊。

目前理工院系开设的通选课，大约只占总数的1/4，人文社会学科所开设的则约占3/4，并且大多集中在艺术、中文、历史、哲学等少数院系。理工科学生选修文科课程的比较多，而文科学生选修理工科课程的则很少。尤其是数学、物理方面的课程，文科学生不易听懂，选修者极少。这就难于达到沟通文理，融合科学精神与人文精神陶冶的效果。

通选课的质量，各种课程之间，颇相悬殊。少数课程的题目与主旨，便不符合通识教育要求；有的则是教师不够认真，经常迟到或找人代课；或内容浮泛，不得要领；或知识陈旧，了无新意；或照本宣科，索然无味。学生将这类课程称之为“水课”，有学生对话：“你看这课怎么样?”“唉，水！水得很!”就是说，真东西少，水分太多。有个别课程，属基本知识或科普讲座一类，并无理论深度和多少启发，教师却利用录像，电影剪辑或某些物质奖励，吸引学生，并在课堂上穿插不必要的娱乐项目，甚至普遍给高分，迎合学生的某些趣味和要求，缺乏严谨治学之风，却有哗众取宠之嫌。这是值得认真改进的。

(3)宣传力度不够，思想障碍尚多。

我国教育界受实用主义思潮和狭隘专才教育模式的影响颇深。向通识教育的转变，需要一个认识过程。当前对通识教育或通选课，都有心存疑虑者。多数疑虑的焦点，在于通识教育与专业教育的关系：开展通识教育，会不会冲淡或削弱专业教育？会不会影响专业人才的培养？有些教师对专业教育和专业课比较驾轻就熟，对通识教育沟通文理，知类通达的要求不大适应，担心通选课挤掉专业课的学时。的确，当前大学本科学习四年，第四年又被称为“谋职就业年”，实际学习时间不多。有的家长担心通选课学多了，会学不到专长和本事，影响孩子往后的就业与谋生。过去的大学生说：“学好数理化，走遍天下都不怕!”现在的大学生说：“学好外语、计算机，进入 21 世纪!”可见工具性的观念更强了。他们总觉得外语、计算机和专业课是硬功夫，通选课不过长长知识。为了学分，又觉新鲜，虽然愿意选修通选课，却不太认真，大都不记笔记，不看必读书；对于兴趣不大或讲得不好的课，只求对付考试，拿到学分就算了。还有些学生专门打听和选修那些学习轻松，考试不难，教师给分高，学分容易拿的课。以上的疑虑和态度，显然构成障碍，说明以往的教育模式和习惯势力对人们的影响，又受市场经济大潮中急功近利思潮的浸染，对通识教育的实质和意义不甚了解。

(4)定期审核不严，缺乏表彰制度。

目前对通选课的审核，缺乏统一的程序和严格的规范，以至某些不适合通识教育的课程也列入了通选科目；某些经过检验、说明质量、效果很差的课程，也不能及时改进和调整。目前形成的全校通选科目，基本上是一个由各院系自发申报，经过简单审核，拼凑而成的一个科目，缺乏内在联系与有机组合，未能形成一个相对稳定而合理的基本课程结构。如此年复一年地开设下去，看不到通识教育的建设与改进，势必影响学生的学习情绪和通选课的效果。许多优秀课程，有人比喻为“狗熊掰棒子”，抓住一批，又丢掉一批。由于缺乏表彰和稳定的机制，有些优秀课程便易于自动流失。有的因教师出国、退休或其他原因而停开，有的因无适当教师接替而中断或质量下降。由于优秀课程有限，或逐渐滑坡，有的学生因主动选修受到限制，便被迫选修那些兴趣不大的课。结果便是：“好课选不上，只好‘水课’上”。学生选不上中意的课，而为了学分，不得不上那些本来不愿上的课。这种现象，并非个别，有悖通识课的初衷。

因此，我们提出以下建议：

首先，尽快成立通识教育研究中心或研究小组，克服自发状态，加强通选课的规划、建设与审核工作。这个组织的主要任务是：(1)认真开展通识教育的研究、讨论和宣传工作。(2)通盘研究和规划全校通选课的设置；深入研究和解决通识教育与专业教育的关系问题。(3)及时讨论和审核通选课的增设，调整和评估工作。(4)定期组织优秀课程、优秀教师的评定和表彰，推动通选课中基本课程的稳定开设。

其次，加强通识教育的宣传，克服各种思想障碍，正确处理通识教育与专业教育的关系。

应当看到，由于科技革命的高速发展，各门学科呈现大分化又大综合的趋势，许多新发现、新成果往往在学科之间的结合部或交叉点上出现。同时，现代社会的转型，需要各种德才兼备，人格健全，在知识结构与能力上能适应各种转变与转型的人才。通识教育正是要打破各种壁垒与障碍，促进各学科之间的沟通与交流，促进科学精神与人文精神的融合，培养新型的高质量人才。所以，通识教育绝不是要排斥或冲淡专业教育，而正是要处理好学问上的博与专的关系，处理好治学与做人的关系。胡适的那个比喻还是恰当的："学问有如金字塔，要能广大要能高"。基础宽实了，才能向高处发展，否则就会立不住；一时立住了，也容易倒塌。这种博与专的合理关系，在各门学科和各类大学中，原则上都是一致的，但由于培养目标不同，研究型的综合大学与各种职业培训学院，显然又有重大区别。通识教育的本意，正是要为优质的专业教育提供一个比较广阔的背景，铺垫一种比较宽实的基础。所以，我们既要加强通选课的建设，提高质量，注重效果；同时更要加强专业必修课，特别是"主干基础课"的建设，进行扎实的专业教育。二者应当是相辅而行，相得益彰的。这些道理，我们应当加强宣传，澄清误解，克服障碍，把通识教育推向一个新的阶段。

再次，拓宽思路，广开课源，适应通识教育的需要和学生多方面的要求。目前的通选课选题，多半属于各院系教师的专业方向或学术专长；个别属于教师的业余爱好或特殊成果，都可继续发掘。今后还可进一步注视的课源是：(1)经典名著的讲解和导读；(2)国内外新兴学科和交叉学科的评介；(3)某些退休教师的研究成果。继续发挥他们的余热和潜力。

值得注意的是，目前有不少通选课，是直接从专业基础课移植过来，稍加删减而已。有的教师只不过是同一门课讲两次。但是，通选课和专业基础课的教学要求，讲授方法和重点，以及学时安排，都是不同的。应当重视这种区别，下工夫进行改建，才能适应通选课的特点和要求。

最后，通选课中还有几个特殊性问题，需要注意解决：

(1)通选课一般只上一个学期，每周两节课。这就要求主题鲜明，内容精当，重点突出。每一节课都应充分利用，达到比较好的效果。直观性的教学环节，如放映电影、录像等，只能配合原理、概念的讲解，适当安排。不能迎合学生趣味，或图教师省心，漫无节制。通选课往往课时短，而教师准备的内容多，这就容易虎头蛇尾，到最后草草收兵，使学生感到不满足。这就需要通盘计划，作合理安排，既节约时间，又保证质量。在比较短的课时内，把通选课开设得富于学术性、启发性，尽力引发学生的兴趣与思考。

(2)通选课如何考试？这是学生颇为关注，教师煞费苦心的一个环节。目前的考试方式甚多，有闭卷的，有开卷的；有期中交作业，期末考试，成绩各占不同比重的；有用作业，短文或读书报告、讨论发言等代替命题考试的，都各有所长，不必拘于一式；但应作严格而合理的要求，不可松弛。教师与学生一般能正确对待考试。但也确有部分学生，为了轻松拿到学分，侥幸取得好成绩，选课时便不顾教学内容与质量，专门打听和选修那些考试容易，给分高的课。教师中也确有投其所好，并争得高选课率而降低考试要求，大放高分者。这是通选课中的某种不正之风，值得教务部门和各院系领导重视。建议对考试提出明确规范和要求，严格地加以管理。“小说的艺术”课要求学生期中交两篇心得文章，期末考试，是交一篇自己创作的小说，占成绩的大部分，其中优秀者还可集结正式出版。这种考试结合理论与实践，对教师的教学效果，是一种有效的检验，对学生也是颇为实际的锻炼和鼓励。

(3)目前通选课中有“大学语文”一课，缺乏统一的教材和规范。现由中文系现当代文学教研室教师轮流讲授。内容多半依各人的研究侧重而各不相同。学生虽有一定收获，但难以达到提高语文水平和写作能力的要求，与设置这一课程的初衷不符。我们认为，“大学语文”一课，类似于外语、计算机一类的工具课。因此建议列入公共必修课，组织专门的教学力量，以期达到应有的效果。

(原载《现代大学教育》，2011 年第 2 期；
香港中文大学《大学通识》总 7 期转载。
为北京大学老教授教学调研组执笔)

加强主干基础课建设的若干问题和意见

北京大学自1998年开始明确设置“主干基础课”，确定了第一批课程374门，并公布了课程主持人和主讲教师的名单。此后，每两年由各院、系申报，经校方审批调整一次。六年来，全校主干基础课大致保持在课程300门左右，主持人130人、主讲教师750人左右。

为什么要设置主干基础课？主干基础课的质量、效果究竟如何？主要存在哪些迫切需要解决的问题？这些问题是学校老教授教学调研组2004年关注和工作的重心。一年多来，我们在各院、系本科生课程中听课总共近200门/次，经过多次汇报和讨论，认为主干基础课的设置对于发扬传统优势、加强学科建设和保证人才素质等方面都是必要的。近年来的教学实践说明，在课程内容、教材使用和师资配备上，主干基础课的质量是基本稳定并得到学生广泛肯定的。但同时应当看到，当前的主干基础课并未引起各院、系的普遍重视，在力量投入和质量、效果上，各院系的状况是很不平衡的。除医学部的情况不甚了解外，从我们听过课的情况看，某些院、系，如人文基础学科各系(文、史、哲等)，理科的数学、力学、物理、化学、信息科学技术等院、系，外语学院的英语系等，由于师资力量较强和经验的积累，仍然显示出相对的优势；某些院、系则不免有所逊色。目前主干基础课的主持人多半形同虚设，大都没有履行他们的职责，有些课程的内容或效果不大符合主干基础课的要求。总起来看，有以下一些问题，值得研究和解决。

一、主干基础课的地位、作用问题

什么是“主干基础课”？顾名思义，它在各个学科或专业中，应当处于基础地位；在整个课程体系中，它起着主导或支撑作用。这种课程的知识和思想内容，应当是所属学科领域中比较成熟而基本的东西。对一所研究型的综合大学来说，这种课程更应当具有一定的专业上的理论性和结构上的完整性。

一个大学本科生在选择、确定专业后，在一般学制四年的时间内，所要学习的东西很多，他需要掌握外语和电脑等工具，需要汲取多方面的知识营养，并需要接受人文精神和科学精神的陶冶，但这些方面还是一种辅助或铺垫，大学生学习的志愿终归要落实到学科、专业的领域。总之，本科生的学习时间和接受能力是有限的，专业领域的学习应当是精当的，这可能就是设置主干基础课的根据。也就是说，一个大学生在学科领域要立志成才、激发兴趣或作好准备，就必须比较扎实地学好一批主干基础课。这是一条必不可少的基本途径。因此，下大力气建设一批主干基础课，努力保证主干基础课的质量，并不断提高水平，便是各院、系乃至全校教学工作的一个重心，也是决定学校整个工作能否取得重大成就的一个关键性环节。然而，主干基础课的这种地位和作用，至今并没有在各院、系领导干部和教师中形成必要的共识，也没有在整个课程体系中得到应有的体现。

1. 从院、系领导方面看

从院、系领导方面看：不少院、系主干基础课和其他课程未作区别，并没有对主干基础课作重点建设和配备较强的师资；有些院、系在申报、安排主干基础课和主持人、主讲教师时，充分讨论不够；校方在审核时缺乏统一的规章原则，并不严格，因而在各院、系之间出现畸重畸轻、不太平衡的状况：有的院、系图省事，把主干基础课与通选课完全合二为一，忽视了学生专业和接受能力的差别，是不妥当的；有些院、系的教学调研组虽已成立，却并没有着重关注主干基础课。

2. 从当前的课程体系看

从当前的课程体系看：学生面对的是一个相当庞杂的课程体系。在必修课与选修课两大类中，都有名目繁多的各种课程。学生在头三年的课程负担很重，周一至周五的大部分时间奔波于宿舍、饭厅和教室的“三点一线”上，匆匆忙忙地听课、阅读教材，去图书馆自由阅读的时间、在课业上自由思考的空间都不多。压力当然首先来自必修课，必修课有公共必修课和专业必修课之分。公共必修课的内容和名目，像一个怀胎已久并不断膨胀的大肚子。体育、外语和计算机是必不可少的，但外语、计算机的学习、使用与操作，几乎占去学生学习时间的一半以上；另有多门硬性规定的政治课、德育课等。主干基础课属于专业必修课中的主体，但在一大堆必修课和选修课中，它的地位已无形中被冲淡。而且，为了减轻学生的课程负担、调动学生的学习主动性，课程改革的趋势是压缩总学时，并增加选修课的比重。由于上述公共必修课的硬性框架，压缩总学时的任务便在很大程度上落在了主干基础课的身上。这样，课程改革的结果之一便是主干基础课的分量和学时大大地被缩减，如理科的高等数学、基础物理、无机与分析化学等课程，学时差不多都减掉了一半，有的由600多减到300多学时，一些基本概念和基本原理都难以阐明，其中的重要问题更无法展开；又如文科的中国古代哲学史、中国现代哲学史等，都由原来的周4学时改为周2学时，一些有代表性的古文段落或难懂的引文，课堂上教师要略加解释就感到时间不够，学生只能似懂非懂地听过去；再如高等数学方面的习题课，化学、生物方面的试验课，也因学时的压缩而减少，削弱了实践、操作方面的训练，显然会影响主干基础课的质量与效果。

因此，目前庞杂的本科生课程体系迫切需要清理，从学生的实际情况和学科发展的实际需要出发，应当分清主次，把主干基础课与其他课程的关系理顺，恰当地加以改革。该删去的应当果断地删去，该压缩的应当适当地压缩，该充实和加强的还应当充实和加强。真正做到科学而合理地安排，给学生一个简洁明朗的课程体系，尽力发挥他们学习的潜力和主动性。

二、主干基础课的教学质量问题

主干基础课应当充分保证教学质量，这在全校教学工作中有着举足轻重的意义。

1. 注重知识结构的完整与联系

主干基础课应当是有关学科或专业中最重要最基本的课程，使学生专业学习的渴望得到基本的满足。这就需要在专业课中认真进行比较与挑选，把最必需的课程挑选出来，并且考虑到这些课程之间的关系及其在知识结构上的完整性。比如，理科各专业的理论与方法、理论与应用、理论与实践等方面的结合；哲学系各专业的理论与历史、古今中外以及真、善、美等方面的结合；历史系的“史”与“论”、通史与原著、理论与方法等方面的结合。这样的课程使学生对专业知识的把握比较完整而有机联系，不是片面、割断的。从2004年9月公布的课程来看，大致是合理的，但各院、系之间也有偏多、偏少、偏重于“史”或偏重于“论”等不尽适宜的状况。就理科的数学领域来说，现代数学有三大支柱——分析、代数、几何，但目前的数学基础课中，却相对缺乏几何的内容，高等数学(B)中只有一章讲空间解析几何，只占4—6学时；高等数学(C)中几何的内容则更少。这种忽视几何的倾向，影响学生空间想象力的培养，可能对学生数学能力的提高极为不利。此外，解析几何与线性代数是密切联系的，前者重形象直观，后者重抽象概念，二者可以互相促进理解，但目前有些院、系将高等数学中的这两门课同时开设，学生一时很难将二者联系起来，这也会影响到教学的实际效果。所有这些问题都要求教师在主干基础课的申报、审批和讲授中，认真而慎重地加以考虑。

2. 改善教学方法和课堂秩序

目前承担主干基础课主讲任务的，主要是中青年教师，50岁以上的老教师只占少数。应当看到，有一批中青年教师，他们科研工作扎实，教学上颇有见地，并善于表达，因而深受学生的欢迎。但与某些学术功底深厚、教学经验丰富的老年、中年教师相比，有些青年教师仍有较大差距，在教学中比较普遍地存在以下弱点：(1)讲课内容多限于教材、讲稿。缺乏融会贯通和独立见解，因而对学生思想缺少启发，课堂气氛比较沉闷。(2)讲得太满。两节课往往总是满满当当地讲下去，就怕自己准备的东西讲不完，课堂上不留余地，不给学生留下思维的空间。(3)讲得太快。语言表达缺乏适当的起伏和停顿，缺乏节奏感，不利于学生思考和做笔记。此外，中青年教师较多地采用了多媒体的辅助手段。使用适当时，屏幕上图文并茂，字迹清晰，大小间隔适当，有利于形象、直观地接受，既节省了教师写板书的实践，又便于学生做笔记。但有时使用不当，字体太小、模糊不清，或转换太快、一晃而过，或与教师讲述不能对应配合，则反而损害课堂气氛，影响教学效果。多媒体只是教学的一种辅助手段，也是教师备课的一个方面，问题在于是否认真准备、使用恰当。总之，在教学方法上还大有改进的必要。就基本情况而言，我们的课堂教学还没有从注入式转变为启发式。当然，教师之间的差别很大。有的教师由于学识丰富、研究有素，对于教材、资料运用自如，加上善于提出问题，自然富于启发性。有的教师在课堂上采用了讨论式、提问式、对话式等多种方法，与学生进行思想交流，或者采取提纲式进行重点讲授，留下问题和证明让学生去思考，就更加活跃了气氛，加强了启发性。网上公布课程大纲、参考资料和思考题目，与学生对话，也提高了教学效果。但是，据我们了解，当前的讲课，“满堂灌”的现象仍然比较普遍，学生基本上没有改变被动接受的状态。基本的局面仍然是：教师讲，学生听。教师与学生之间的关系，仍然是主体施予和客体接受的关系，而不是主体与主体之间的对话、沟通与交流。这是几十年来教育领域的老问题了，这里我们也只好旧话重提。什么时候能使学生成为教学中的主体呢？什么时候能回到苏格拉底或孔子的教学方式呢？什么时候能少一点灌输、多一点对话呢？这决定于教育领导者的远见，也决定于教师的普遍学识与风度。

与教学质量、教学效果密切相关的，还有一个课堂秩序的问题。某些课程的课堂上迟到、早退和旷课的大有人在，而且常见迟到者长驱直入、早退者扬长而去，唯旷课者不作声响。有些百人以上的教室内，如果说在十排之前还不乏正襟危坐者、有所拘谨者，那么在十余排之后就可能“十面埋伏”、各有千秋了。有学外语和做各类习题、作业者，还有看小说、读各类课外书籍者，甚至有写书信或窃窃私语者，还有喝饮料、啃面包者或伏桌酣睡者。堂上讲课，堂下不时有手机作响。难怪有来自校外的进修教师说：北大很有名，教室内的这种热闹劲也是其他学校少见的。课堂秩序不好的原因是多方面的，一方面，它可能与北大人那种比较自由的传统习惯有关，也与某些具体制度和风气有关。现在大学生都习惯于晚睡，早上起得也晚，8 点开始的第 1 节课，便多有姗姗来迟者；中午 12 点至下午 2 点，本应是午休时间，却因教室紧张而安排第 5、6 节课(教室紧张，也不能不顾学生休息、损害学生的身体健康)，学生此时伏桌酣睡者甚多。另一方面，更主要的是，课堂秩序的好坏，决定于教师的教学质量和对学生是否严格要求。我们发现，凡是教师讲课内容丰富、水平高，富于启发性，能与学生作对话。交流的课，迟到、早退和旷课的人便很少，甚至 300—500 人的教室内，也可以做到很安静，听课者聚精会神，并显出与教师一起思考的神情，下课时还常常报以掌声。如果课堂秩序不好，教师又放任自流，并对自己的讲课不作改进，情形就会每况愈下。所以，解决课堂秩序问题，除了改进某些具体制度和作息时间以外，关键在于提高教学质量。

三、主干基础课的教师队伍问题

目前教师队伍的状况是：解放前过来的那一批学术根底深厚的老一辈学者，校园内已经寥若晨星、屈指可数了；解放后五六十年代毕业的，绝大多数都已退离教学岗位；就是 60 年代后期毕业的那批“红卫兵”们也都已接近退休年龄。眼下活跃在教学岗位、承担主干基础课的教师，主要是 70—80 年代以来毕业的中青年人。他们的主要优点是：思想比较敏锐，旧的框框少，接受新的东西比较快，利用电脑、掌握外语，反映信息及时，并便于国际交往。但一般说来，也往往表现两个方面的弱点：一是学术功底不深，所下“工夫”不够，教学经验不足；二是对教育事业的岗位责任感还不够强。这就是蔡元培先生所说教师条件的“积学”与“热心”两个方面的问题。

目前的主干基础课中，部分专业，特别是理科和后建院、系的某些专业课程，已经出现青黄不接、后继乏人的状况。整个来说，真正过硬、相当出色而深受学生欢迎的课是很少的，这未免与北大在国内的地位、名声不大相称。一个专业的主干基础课，主讲教师应当对课程的内容相当熟悉，理论上比较严谨，风格上比较舒展，方法上能调动学生的主动性。可是大多数课在这些方面都有所欠缺。问题就在于教师的“功底”和“工夫”不够。这绝不是短期内就能解决的，需要从长计议，认真组织梯队，逐步提高青年教师的科研和教学水平。

目前教师队伍中的另一特点是：高级职称膨胀，许多教研室有高级职称的人数已达80%—90%，讲师很少，助教基本上没有。这样，主干基础课中的一些教学辅助工作，如批改作业、辅导答疑、考试阅卷、资料印发以及课堂讨论、多媒体的制作准备等等，没有人去做。理科的某些实验课，如无机化学实验、无机与分析化学实验、物理化学实验以及生命学院的综合实验等，因学生人数较多，需要相应的实验教辅人员，有的院、系只能用研究生做助教，而研究生的数量和质量都不足以适应这种要求，有的研究生虽接受导师分配，却并不努力承担责任或缺乏经验，需要组织更有效的培训和帮助，并明确解决报酬问题。

至于教师的岗位责任感，也有不少问题。当然，大部分教师对教学工作是认真负责的，对学生也怀有热情。但确有少数教师只把教学当做一种“差事”来“对付”，忘却了一个大学教师的天职：既要有丰富的学识，又要有深厚的道德涵养；既要尽力完成教学任务，又要对学生有深切的人文关怀。有的教师只顾上课来、下课走，在课堂上宣讲一通，对学生的情况和问题不闻不问。有的教师忙于对外活动和自己的“私活”，对已经安排的教学任务则随意找人代替，缺了课也不设法补上。有一门社会科学方面的课，一连三次中有两次是请人代课，一次是停课。更有甚者，对已安排的一个学期的课，只上了几周，有人竟擅自离开岗位，置学生于不顾，跑到国外“讲学”去了；有的只向教务部门递了一张请假的条子，有的连条子都没见递。试问这样的行为，难道不应当严肃批评和制止么？这样的教师享有“北大教授”的称号，领着“岗位津贴”，难道不问心有愧么？有的系主任反映，现在最头痛的是对某些教师简直碰不得，没办法管理。所以，我们认为，加强教学管理，既有对学生的一面，更包括对教师的一面。学生有学生守则，教师也应有教师守则，这种守则不应当是一纸空文，而要严格检查和执行。如果对教师中的松松垮垮、不负责任的作风不加约束，任其蔓延，便势必影响学生，并且损害教学质量和学校的风气。

四、加强主干基础课建设的几点建议

北大的主干基础课应当名实相符，从校领导到各院、系，都应当下力气去建设，真正建设出一批教材质量好、讲课水平高，能与国际接轨，并有教师梯队承接的精品课程来，并且在这个过程中建设一支高素质的师资队伍。为此，我们提出以下建议：

(1) 各院系领导普遍重视，把主干基础课的建设作为教学工作的中心来抓，通盘考虑教学质量、教材建设、青年教师培养和教师梯队建设等方面的问题，采取有力措施。

(2) 各院系教学调研组可重点研究主干基础课，及时发现问题，不断总结经验。建立院系领导、教师、学生多方面的教学质量评估制度，并组织教师之间的相互观摩活动，互相学习、互相促进，切实地共同提高主干基础课的教学质量。

(3) 健全主干基础课的申报、审批制度。申报和审批，都宜组织力量认真讨论，严格要求，不走过场。

(4) 学校教务部经过充分研究，可就主干基础课的界定、要求和主持人与主讲教师的职责等，草拟简要章程，经学校学术委员会讨论通过后执行，便于有章可循。主持人和主讲教师应切实履行自己的职责。通过检查、评估，有区别地进行奖励和批评；不宜良莠不分、“一视同仁”地发放奖金。

（原载《北京大学教育评论》，2005年专刊。
为北京大学老教授教学调研组执笔）

当前大学本科教育中的两个问题

本科教育是高等教育的基础阶段。本科教育的质量，是高等教育整体水平的标志。对于综合性、研究型大学来说，尤其如此。尽管我国当前的某些大学，研究生数量已与本科生大体相当，甚至略有超过，但本科教育的基础和主体地位是不可动摇的。试问：若无高质量的本科生，何来高质量的研究生？高质量的人才如何能大量地涌现出来？

因此，充分保证本科教育的质量，不断提高本科教学水平，始终是高等教育的一项中心任务。这就需要大力加强师资队伍的建设，保证优势教学资源的投入，等等。同时，在教育思想上，当前有两个比较突出的问题，值得认真对待。

一、正确处理通识教育与专业教育的关系

开展通识教育，是当代国际教育领域的一个主潮。近些年来，国内各大学也在尝试和逐步推行通识教育，并已引起人们的关注和议论。究竟什么是“通识教育”？英语中有两个词：Liberal education，常译为“博雅教育”、“自由教育”；General education，可译为“普通教育”、“一般教育”。我们现在所说的“通识教育”，大致包含这两个词的涵义。在大学本科教育中，我个人理解，通识教育的基本要求是：拓宽基础，沟通文理，融合科学精神与人文精神的陶冶。这是针对狭隘的专才教育提出的。

通识教育主要来源于西方，但我国儒家教育思想中也早有“博学”、“会通”之说，并且注重治学与做人的结合。我国现代教育家中更多有提倡通识教育者。蔡元培在任北大校长期间，一开始就主张“沟通文理”，“顺自然，展个性”，在进行德、智、体育的同时，又特别强调“美育”，意在培育“健全人格”、“大写的人”。曾任清华大学校长、后在西南联大主持工作的梅贻琦，在讨论教育目标的文章《大学一解》中提出，大学“重心所寄应在通而不在专”。他们都希望培养出大学问家、大科学家、大思想家。实际上，不论是北大、清华，或是西南联大，都曾出现人才辈出、群星璀璨的历史时期。然而，在

大学本科阶段，特别是在综合性、研究型大学里，是侧重于培养宽基础意义上的各类人才，还是侧重于培养专业性教育的专门人才，国内外都有过长期的分歧和争议。国内自 1952 年高校院系调整后，曾搬用苏联教育模式，过分强调专才培养和“专业对口”，出现许多单科性大学，把专业和“教研室”划分得很窄很细，使学科之间和学科内部割断了联系，造成了知识结构和理论视野的严重局限，显然影响了高质量、创新型人才的培养。这段较长时期的弯路和教训，是值得认真反思和切实转变的。20 世纪以来的科技革命迅猛发展，各门学科之间呈现大分化又大组合的趋势，出现许多边缘学科和交叉学科。新成果、新发现常常在结合部或交叉点上形成。因此，现代通识教育蓬勃兴起，并逐渐成为主流，绝不是偶然的。通识教育正是要促进自然科学、社会科学与人文学科之间的沟通和交流，促进科学精神与人文精神的融合。

推行通识教育，首先要求处理好治学上的博与专或宽与深的关系。胡适有过一个比较恰当的比方，他说学问有如金字塔，要能广大要能高。基底宽了，才能向高处发展，否则，就会立不住，一时像是立住了，经不起时间和实践的检验，也会垮掉的。这种博与专的关系，各种类型的大学在原则上都是一致的，但培养目标又有区别。对于研究型大学，它的主要培养目标，不是一技之长的“技师”或短期需要的“专才”，而是高素质、创新型的科学家、思想家、政治活动家、艺术家以及各方面的领军人才。这就更需要加强通识教育，去铺垫一个较为宽实的基础。然而，博与专、宽与深的关系，又是相辅相成、不可偏废的。专而不博，固然会失之于隘，博而不专，也会失之于浅。这种关系的恰当处理，无论是国家的教育部署、学校的教学方针，还是个人的学术生涯，都并不是很容易的事。胡适虽然正确说明了博与专的关系，但纵观他一生的学术成就，也难免有某些博而不专的遗憾。他曾经觉察道：“余失之浅者也，不可不以高深矫正之。”但他最后还是有些难以弥补了。

当前通识教育开展不久，便有人提出疑问，它会不会冲击专业教育，影响专业人才的培养？有的学生家长也心生困惑：“孩子好不容易考上大学，花不少钱读上四年，要是学不到多少专业知识，没啥本领咋办?”这不能说完全没有根据，但对通识教育也多少包含某些误解。

不管人们对通识教育的意义和作用有怎样不同的认识，但通识教育的本意，绝不是要排斥或冲击专业教育，而正是要为优质的专业教育提供一个广阔的背景，铺垫一种较为宽实的基础。目前有的大学关于本科教学改革的尝试是：在一年级侧重于通识教育，从二年级开始，经导师指导，重新考虑和选定专业，侧重于进行宽口径的专业教育。开展通识教育，绝不是轻视专业训练，或否认专业知识和技能对人的一生的意义，而是认为在大学开始的阶段，要把基础拓宽一些，视野开阔一些，并懂得如何做人，防止单纯灌输知识或训练技能的局限和弊端。所以，与通识教育相对立的，并不是通常的专业教育，而是那种过于狭隘而封闭的专才教育。我们在开展通识教育的同时，决不能忽视专业教育。务专而失之于隘的偏向，和因博而失之于浅的偏向，都应当尽力防止。我们既要加强通识教育课程的建设，提高其教学质量，更要加强专业课，特别是其中的必修课、主干基础课的建设，不断提高其教学水平和质量。二者应当是相辅而行、相得益彰的。

二、充分发挥学生在教学中的主体性

在一所大学里，学生不但人数最多，而且是一股最活跃、最富朝气的力量。他们是教学质量、教学水平的验证者，大学教育最终成果的体现者。他们不仅是教育的对象，而且应当是教育的主体。如何充分发挥学生在教育中的主体性，是当前大学本科教育改革中一个十分重要而迫切的问题。

让学生成为教学中的主体，就是说，他是一个学习的主动进取者，而不是一个被动接受者。可是当前学校里的现状和种种迹象，表明学生的主体性或主动性并没有充分调动起来。比如，在课堂上，基本上都是教师讲，学生听，没有从注入式转变为启发式。师生之间的对话、交流，互教互学的生动活泼的局面很少出现。教师很少向学生发问，学生更少向教师提问。总的来看，课堂气氛显得比较沉闷和松散。教师的讲课往往讲得太满，现成的结论、定理太多，没有给学生留下多少思索的空间。教师与学生之间的关系，是一种主体施予和客体接受的关系，而不是主体与主体之间的互动关系。这种状况如不改变，久而久之，学生便会失去兴趣，失去应有的主体性。又比如，走进图书馆，学生主动找书、踊跃借书者，并不多见。笔者在一所著名大学的藏书十分丰富的图书馆里，见到学生们大都满坐在过道上设置的书桌旁，在那里读教材、写作业、做习题，主要是完成教师布置的任务，很少有人进入书库、进入可以找书、借书的阅览室里。日子长了，书库里的某些书籍已经蒙上了灰尘，借书出纳台前常常显得比较冷清。如果学生们大都满足于上课，完成作业、对付考试，拿够学分，获得文凭，而失去探索的渴望和兴趣，不去深入学术文化的殿堂，不想有所进取，有所创新，有所贡献，我们的大学教育，能说是成功的么？再比如，在阅读的书籍上，现在的大学生在本科阶段的四年里，一般要听近30门课，要读一大堆教材、讲义，而很少原原本本地接触古今中外的原著和名著，正是这些著作经过时间和历史长河的洗礼，积淀着人类智慧的结晶，凝聚着文化发展的成果。只有直接攻读这些原汁原味的著作，才能追寻重大思想、理论的源头，才能亲自领略大师们的精神魅力，增强自己的科学和人文素养。特别是在人文、社会科学领域，只有精读一批这样的著作，把它读懂、读熟，读出一些自己的见解、体会来，才是一种基本功的训练，是在学术上登堂入室的开始。笔者并不否认教材的重要作用，某些写作严谨、质量上乘的教材，确能引导入门、启发思考，而且少数教材本身，就属于原著、名著之列。但从当前大学使用的教材来说，一般属于第二手著作，水平参差不齐，并有陈陈相因或辗转抄袭之作；某些全国统编教材，虽一般质量较好，但规范一种观点和模式，也难免有束缚思想的弊端。试问我国近现代人文社会科学的学术大师、著名学者中，有哪一位不是通过攻读原著、原典而深入学术堂奥的呢？笔者认为，在可能条件下，直接接触和攻读原著，越早越有利于培养良好的学术素养，越有利于学术的准备和深造。因此，鼓励和引导学生攻读原著，确是发挥学生主体性一个极具重要的方面。

学生主体性不能充分发挥的原因是多方面的。社会上的不良风气，官场和学术界的腐败现象，对他们都有较深的消极影响。校园内有没有一个真正宽松自由的学术环境，也与他们学习主动性的发挥密切相关。从学校教学的角度看，影响学生主体性发挥的主要原因，可能有以下三个方面：

1. 课程负担的重压

目前大学生的课程负担相当重，本科四年内要学满150左右的学分。从周一到周五，平均每天至少有6节课，有时周六、周日还要加上一些课。理科学生的课程压力更大于文科。课程项目相当庞杂，其中公共必修课名目繁多，内容日趋膨胀，使得专业课中的必修课一再压缩，某些基本理论、基本训练的内容都难以保证，理科学生十分必要的实验课、习题课甚至受到排挤。学生每天背着书包疲于奔命，从一个教室到另一个教室上课。他们缺乏自学钻研的时间，缺少发掘潜能的选修课。当前各大学的课程体系，应当有人专门研究。鉴于学生的不合理的课程负担，压抑了他们的个性和主动性，宜于坚决压缩某些公共必修课的学时，重点是精简、合并或删去那些内容重复、不重实效的课程；大力加强专业课中的必修课，特别是主干基础课的建设，保证学时，提高质量，确保学生在本科阶段受到优化的基础专业教育，同时根据条件设置一些确能拓宽基础、沟通文理，融合科学精神与人文精神陶冶的通识教育课程。总之，一个重点明确而又便于自由选修的合理而清爽的课程体系，才比较适合于发挥学生的主体性。

2. 教师天职的失位

一所大学，特别是一所研究型大学，既是研究高深学问的地方，又是培养高质量人才的场所。教师担负着开展科学研究和从事教学工作的双重任务。科研的成就，促使教学水平的提高，教学中的问题，又推动科研的进展。二者真像鸟之两翼、车之两轮，不可或缺。然而，大学又终究不是科研单位。人才培养始终是大学的第一使命，搞好教学自然是教师的首要天职。现在又是新中国成立后知识分子和教师的境遇最好的时期，激烈的阶级斗争和政治动荡的年代已经过去；物质待遇、生活条件又有显著改善；现代化建设更十分迫切地需要培养高质量人才。大学教师正是恪守天职的大好时机。实际上大多数教师还是坚守岗位、对教学认真负责的，但又确实在许多方面不尽如人意。不少教师并没有把主要精力集中到教学中来。眼下学校的各种制度，如评定职称、选拔人才、授予奖励，多看科研成果的数量，而忽视教学的水平与效果，而且科研成果多与名利相连，而教学质量则常无人过问。前者硬，后者软。这样，使在教师队伍中出现重科研、轻教学，重名利、轻职责的倾向。一句话，没有把主要精力投入到教学中来。有的教师课前缺乏充分准备，到课堂上宣讲一通完事，对学生的情况和问题不闻不问。有的教师忙于对外活动和自己的“私活”，对已经安排的教学任务，或找人代替，或仓促上阵。个别教师甚至擅自离开教学岗位，置学生于不顾，跑到国外“讲学”去了，这种状况竟不受批评和监督。蔡元培当年要求教师的“积学”与“热心”，却是当前大学教师中比较缺乏的。

“学高为师，身正为范”。只有教师充分认识到，搞好教学，培育人才是自身的天职，既有厚实的科学素养，又有深切的人文情怀，在理论上比较严谨、风格上比较舒展、方法上比较灵活，才能激发学生的学习热忱和兴趣，充分发挥他们学习上的主动性。

3. 思维空间的填塞

当前学生的大部分时间是在上课，可是课堂上的基本状况是：比较沉闷，不够活跃。教师讲得太多、太满，有的还讲得太快、太肯定。学生的思维空间都被填满了，自由思考、主动提问的余地就少了。眼下主要承担教学任务的教师，多是20世纪七八十年代以来毕业的中青年人，他们旧的框框少，接受新的东西比较快，是其优点；但一般也有学术功底不深、教学经验不足的弱点。不少教师的讲课，仍然是一种注入式，“满堂灌”的现象比较普遍，他们就怕自己准备的那些东西讲不完，而忽视了学生应当是教学中的主体。讲课应当留有余地，让学生有自由思考的空间。当然，教师之间的差别是很大的。有的教师，由于学识丰富，研究有素，熟谙教材与资料，运用自如，因材施教，善于及时提出问题，自然就富于启发性。有的教师在课堂上利用多种教学环节，适当地采用讨论式、提问式、对话式等教学方法，在讲授内容上比较少而精，重点突出，留下问题和证明让学生去思考，让学生去寻求分析研究问题的方法，这就会更加活跃课堂气氛，在很大程度上调动学生的主动性。金克木先生曾经讲道：教师不仅自己要有十桶水，才能让学生有七八桶水，这是从学识上看的；教师更要用自己的两三个铜板，引发出学生的七八个铜板，这就是从教学方法上讲的，就是要善于调动学生的主动性，善于发掘和实现学生的潜能。

总之，对于高等教育这个至关紧要的基础阶段——本科教学阶段，教师是关键，学生是主体。这是千万不能忘记的。如果我们的教学改革，能把教师的积极性和学生的主体性都充分发挥出来，那就是再大不过的收获。

（原载《高等教育研究》，2007年第1期）

我对大学通识教育的几点认识

通识教育在国际现代教育中甚为流行。国内大陆学界正式开展通识教育起步较晚，只是近十余年的事。十余年来推进通识教育的成绩是显著的，但也难免出现一些疑惑和认识问题。

一、通识教育的渊源和根据

“通识教育”的概念直接来自西方。

对于西方的“自由教育”(Liberal education)和“基础教育”(General education)的概念，我们，综合其要义，一般统译为“通识教育”。曾在西南联大主持校务的梅贻琦先生，1941 年在《大学一解》一文中指出：“……大学期内，通专虽应兼顾，而重心所寄，应在通而不在专。”[①]当前国内逐步开展的通识教育，主要是参照西方，特别是美国一些大学的理念和做法。通识教育与某种狭隘的专业教育或职业教育是对立的。但是，通识教育绝不就是舶来品，并不是单纯移植西方的教育模式。实际上，我国教育史上，历来就有过通识教育的某些举措，或包含通识教育的成分。

儒家早期教育的“六艺”是：礼、乐、射、御、书、数，便大致包含了今日所说的德、智、体、美育的内容，或“文”与“理”的方面。儒家经典的《礼记》中的《学记》一篇，是我国最早的教育学专著，其中制定的九年计划，最后要求“知类通达，强立而不反，谓之大成”[②]。另一篇《中庸》所概括的学习程序是：“博学之，审问之，慎思之，明辨之，笃行之。”这里涉及学与思、知与行的关系，并把“博学”置于首位。儒家教育思想，在培养目标上，所要求的“士”，是“君子”，以至“圣人”，是一种完全的人格：学与思相结合，知与行合一，智、仁、勇兼具的人。在教育内容上，首先要求“博学”，注重广博与“贯通”，或称“知类通达”。当然，秦汉以后，两千多年的文化专制主义和褊

① 梅贻琦：《大学一解》，《清华学报》，1941 年，第 13 卷第 1 期。

② 《礼记·学记》，《黄侃手批白文十三经》(上)，北京：中华书局，2006 年，第 706 页。

狭的“独尊儒术”，又导致了近代中国科学与经济落后于西方的局面。明清之际富于民主性的思想家如黄宗羲、顾炎武等人，大都反对文化专制，批评科举制度，主张“博学于文”，“行己有耻”。在西方文化教育的影响下，梁启超为京师大学堂草拟的第一个办学章程中便有“中西并用，观其会通，无得偏废”的规定。1902 年，张百熙主持拟定的《钦定京师大学堂章程》中进一步规定：“端正趋向，造就通才，为全学之纲领。”更值得我们重视的是：王国维在 1906 年在《论教育之宗旨》一文中提出“全人教育”的要求，使人成为“完全之人物”。他认为人之能力可分为二：身体与精神。若身体发达而精神萎靡，或精神发达而身体凋敝，皆非完全。精神之三部分是：智力、感情、意志，因而有真、美、善之理想，教育便有智育、德育、美育。人之知、情、意交错，故德、智、美育必须兼备，加上体育，使之结合，方可培养“全人”。

我国现代大学的建立，虽比西方大学一般晚了好几百年，但一开始便吸取了西方教育的先进经验。1912 年京师大学堂改名“北京大学校”，首任校长严复，开始发挥并实施了英国思想家斯宾塞提出的德、智、体育相结合的思想，要求全面育人。1917 年蔡元培上任北京大学校长以后，着重吸取德国洪堡的教育思想和柏林洪堡大学的办学经验，结合中国传统教育的长处，主张沟通文理，要求全面实施“德、智、体、美”，他特别重视德育，并强调美育的功能，鼓励“顺自然，展个性”，培育“健全的人格”，在学术文化领域坚决贯彻“兼容并包，思想自由”的方针。这就在我国现代化教育、科学、文化领域开创一代新风，并得到一批富于传统文化素养，又从美国特别是哥伦比亚大学学成归来的学者，如蒋梦麟、胡适、马寅初(三人曾先后接任北大校长)、冯友兰等人的鼎力相助和继续弘扬，在北大和西南联大，都曾兴起过通识教育的高潮，形成过通识教育与专业教育相结合的良好局面，出现过学术繁荣、人才辈出、蜚声中外的盛况。

从以上的简要脉络中我们可以看到：首先，教育的目标是培养人，培育一种健全、合理的人格，使人得到比较全面的发展。这就要求一种“广博”、“会通”的教育，融会贯通的教育，而不是狭隘的“专业”或“专才”的教育所能达到的。也只有这种“知类通达”的教育，才有利于人的个性、才能的充分发展。其次，在教育上，科学与人文往往相应而生、相辅相成，不可偏缺。通识教育是自觉地促使二者“相互沟通”、相互交融，这不但有利于学术的发展，而且有利于高质量人才的成长。最后，与国外、海外的大学相比较，我国大陆学界的通识教育虽然开展较晚，但既有西方的先进经验可资学习和借鉴，又有自身历史悠久的传统因素可供继承与发扬；半个多世纪以来，我们曾因强调学习苏联，受苏联30年代狭隘的专才教育模式的影响而走过严重的弯路，我们也因把教育政治化或把教育实利化而遭遇重大曲折，这可激励我们从对比与反思中更加自觉地认识通识教育的意义，更加自觉地开创一条富于中国特色的培养高质量人才的新道路。

二、通识教育的含义与要求

通识教育是相对于专业教育而言的，但通识教育与专业教育绝不是互相对立或互相分离的，而正是现代大学教育体系中不可分割的两个方面。如果说当前中小学教育中的突出问题是素质教育与应试教育的矛盾的话，当前大学教育中的突出问题则是如何正确处理通识教育与专业教育的关系。

我个人理解，当前国内开展的通识教育的基本含义和要求，主要是两个方面：一是拓宽基础、沟通文理；二是融合科学精神与人文精神的陶冶。为什么需要这种通识教育呢？

1. 从大学的性质上看

大学(university)，从字源上考察，就有联合、全体的含义。蔡元培曾把大学定性为研究学问的场所。他说："大学为纯粹研究学问之机关，不可视为养成资格之所，亦不可视为贩卖知识之所。学者当有研究学问之兴趣，尤当养成学问家之人格。"[①]学术昌盛是民族兴旺、国家富强之本。大学特别是综合性研究型大学应当以学术为重，以学术为首要准则，并且，以培养大学问家、大科学家、大思想家为最后宗旨，这是大学之所以为大的本质所在。从最基本的含义说，通识教育就是要为研究学问，发展学术，培养学问家奠定基础，创造条件。单纯的专业教育或职业培训不可能达到这种要求。

2. 从学问的宽与深或博与专的关系上看

我们发展学术、培养人才，需要正确处理学问上的博与专或宽与深的关系。二者应当相辅相成，但并不容易处理好。博而不专，会失之于浅；专而不博，又会失之于陋。胡适曾把做学问比做金字塔，要能广大要能高。只有

---

① 高平叔编著：《蔡元培年谱长篇》(中)，北京：人民教育出版社，1996年，第120页。

基底宽实了，塔身才能上得去；底子太窄太浅，就会立不起来，立了也会倒塌的。同时还有一个局部与整体的关系，局限于单一的知识结构或专业领域，就容易一叶障目，不见森林。若从总体和各门学科的联系上去把握一门学科，便有一种比较全面而深入的认识。专门的职业技术人才和综合的创新研究人才的区别，往往表现在这里，职业技术学院与综合性大学的区别正与此相关。综合性大学在开始阶段，应当把基础知识、基本理论的学习尽量拓宽一些，为培养高层次的各类人才创造条件。

20世纪50年代初期，我们曾照搬苏联30年代的教育模式，强调"专业对口"，把各种专业、"专门化"、"教研室"划分得很窄很细，形成屏障，互不介入，结果"隔行如隔山"，造成"隧道效应"，使得学生和教师的知识领域和思维视野受到狭窄专业的限制，缺乏深造的基础和条件。这种模式曾经对我们的教育事业和人才培养造成过严重损害，至今仍有影响。我们开展通识教育，就是要根本克服这种狭隘专业教育模式的影响，是教育理念和制度上的一次重大转变与改革。

3. 从学科之间的关系上看

大千世界的众多方面之间，是相互关联的，各门学科之间有着内在联系。只有突破壁垒，克服狭隘眼光和门户之见，从总体上把握局部，揭示各种内在联系，才能高瞻远瞩地展开创造性的研究。在科技革命的迅猛发展中，既发生各门学科的内部分化，又呈现各门学科之间的重新组合，并出现许多边缘学科与交叉学科，而新的学科、新的成果、新的发现，又往往在结合部或交叉点上出现。这正是通识教育蓬勃兴起的科学和时代背景。通识教育正是要大力加强人文学科、社会科学与自然科学之间的沟通与交流，以利于各门学科的创新性研究。其次，从20世纪到21世纪，西方科学主义与人文主义两大思潮在分流中也在走向接近与融合。科学精神讲究求实与创新，重视事实、证据和试验，追求客观真理；人文精神则讲究对人的关怀与尊重，坚持实现人的理想与价值。科学的进步和科学精神的发扬，可以丰富人的生命内涵，而对人的关怀和人文价值的提升，又可赋予科学以内在精神的支撑。如果说20世纪的学术大师多出现于古今贯通或中西融合上，那么21世纪的学术大师则可能多出现在人文与自然或文科与理科的贯通上。

再就当前在校学生的状况而言，由于中学阶段便实行文、理分科，上大学时通过一次高考便定了专业方向，因而往往在知识、能力上比较偏、窄，文科学生一般缺乏严谨、求实的科学态度，说话、著文容易流于空泛；理科学生又比较缺乏人文素养，且语言、文字的表达能力较弱。过去有的大学生说："学好数理化，走遍天下都不怕。"现在有的大学生则说："学好外语、计算机，进入 21 世纪。"由于市场经济和社会风气的影响，当前校园内漫延着急功近利、华而不实、重理轻文，偏重工具理性，忽视价值理性的倾向。这也需要通识教育的综合调整、补偏救弊，使学生兼有科学态度和人文素养，学习正确地自我对待，正确处理人与自然、个人与社会的各种关系。

因此，为开展通识教育而设置的课程，我们称做"通识教育选修课"，简称"通选课"。通选课建设的准则和方向，也不外是这两个方面：拓宽基础、沟通文理；融合科学精神与人文精神的陶冶。凡是符合这个方向的，便可作为通选课大力建设，凡不符合这个方向的，则不宜作为通选课设置。

三、通识教育的意义与作用

育人是教育的基本功能。教育的实质与奥秘，就在于发掘和实现人的潜能，使人得到充分而全面的发展。孔子早就说过："君子不器。"教育就是不要使人成为工具。蔡元培总是着眼于培养"健全的人格"。这是狭隘的专才教育办不到的。要造就卓越的学问家和思想家，也只有通识教育与专业教育的高度结合，才可能达到。通识教育的积极作用还表现在以下方面：

1. 拓宽创新人才的专业基础

在大学本科阶段，尽可能把基础拓宽一些，使各门科学之间，特别是文科与理科之间，不是互相隔离，而是有所沟通，使之互相影响，开阔视野与思路，并且尽力使科学精神与人文精神的陶冶相融合，为高质量的新型人才和复合型创新人才的出现开辟道路。

2. 矫治教育中的实用主义倾向

一百年来，实用主义思潮对我国教育的冲击，十分严重。新中国成立后，前 30 年在"左"的路线干扰下，使教育过分政治化；后 30 年在市场经济大潮中又使教育实利化。不论是照搬"苏联模式"，强调"专业对口"的专才教育；或是"以阶级斗争为纲"，把学校视为政治工具的阶级教育；还是受市场经济大潮裹挟，处处讲究"创收"的实利教育，都比一般的实用主义思潮带有更加急功近利的色彩。本应作为教育主体的人，有着无限发展的可能性，而急于追求功利的教育，由于把人当做工具，便往往压抑或扭曲了人的潜能；通识教育则是要通过多方面的博学、会通，各种形式的启发、诱导，逐渐激发和开掘人的潜能，矫治实用主义教育的弊端。

3. 促进个人志愿的认真选择

当前大学生报考志愿，多半受社会风气和父母意向的影响，对学科分类不甚了解，自身天赋尚处萌动阶段，加上"一考定终身"(经高考录取的专业一般难于改变)。这就可能违背个人志趣，埋没特殊禀赋，造成人才损失。在个人成长史上，却有不少杰出学者是改变过专业选择的。鲁迅、郭沫若原本学医，后来改学文学，成为我国现代文豪；胡适留学美国，开始学农，后转向哲学和人文学科，成为"五四"新文化运动的健将；金岳霖起初在美国学政治，冯友兰进北大原先报考法学，后来都转向哲学，成为自创体系的著名哲学家；李政道起初学化学，在教师影响下改学物理，成为物理学的诺贝尔奖获得者。这类事例，不胜枚举。通识教育力图使学生广泛接触多种学科，了解其基本内容、问题和方向，便于学生结合自身的天赋与爱好，进行比较与思考，慎重选择专业，给予改变专业的机会，防止人才的埋没。

4. 扩展多方适应的就业机会

当前大学生的就业，已成迫切问题。社会的需要是多方面的，而且在不断变动和发展。过去强调"专业对口"的专才培养，由于专业知识过窄，拓展的余地很小，其实难于适应社会的实际需要。只有扩大知识面，拓宽专业基础，并进行宽口径的专业教育，使学生既有科学精神，经过科学思维的训练，又有人文素养，并具备一定的专业知识和研究能力。这样，既可以在学科领域继续深造，进一步攻读硕士和博士学位，又可主动适应社会需要的变动性和多样性，创造就业条件，随时为社会作出贡献。

四、通识教育的问题与趋势

由于长期受狭隘的专才教育模式和实用主义思潮的影响，当前进一步开展通识教育，尚有一定的思想障碍。

首先，许多人的专才教育的观念尚未基本转变。领导方面缺乏自觉意识和长远规划；教师的知识结构和教学经验短期难以适应；家长担心子女学不到专长和本领，学生则急于思考就业或报考研究生的门径。因此，对于通识教育和通选课，普遍存在一般接受，但重视不够，用力不足的状况。

关于通识教育的种种疑虑，集中到一点，仍是“通才”与“专才”、通识教育与专业教育的关系问题。人们最担心的是通识教育会影响专才培养，怕学得太杂，几年过去，没有真才实学，成了“万金油”。其实加强通识教育，正是要处理好两个方面的关系：一是学问上的博与专的关系；二是人生中治学与做人的关系。通识教育的本意，正是要为优质的专业教育提供一个比较广阔的背景，铺垫一种比较宽实的基础。通识教育绝不是要排斥或削弱专业教育，并不是轻视专业人才培养。我们的现代化建设，迫切需要各种高质量的专家、专门人才，我们的民族要自立于世界民族之林，就必须有自己的大科学家、大作家、大学问家、大哲学家，光靠一批批走上岗位的官员，或一批批职业技术人才，是不可能真正振兴中华的。所以，从长远上看，而不是急功近利的话，通识教育与专业教育的关系，也可以说是绿叶与红花的关系，绿叶正是要衬托出更加鲜艳的红花。重要的问题，在于正确、妥善地处理通识教育与专业教育的关系，在教学计划和课程体系中作出合理的安排，使专业基础必修课与通识教育选修课同时加强，使二者相辅而行，相得益彰。

其次，当前的通识教育或通选课的建设，多半呈现自发状态，缺乏长远规划和通盘考虑。通选课究竟如何沟通文理、融合科学精神与人文精神的陶冶，理工科院系如何建设一批适合于文科学生选修的通选课程，如何确定通选课的设置要求、选修准则、考核制度等，都需要加强研究，展开讨论，进行规范。看来在全校建立一个通识教育中心或领导小组，集中一批富于教学经验、对教育问题有兴趣的教师，定期专门研究，开展宣传，推动表彰与批评，实施课程设置的审核与调整等工作，是十分必要的。

最后，我国当前的大学通识教育，虽然主要吸取了西方近现代高等教育的经验，但我国从古代到现代的教育中，也包含丰富的通识教育的成分。我们既要认真学习国外的先进经验，也要深入发掘本国的丰富资源。新中国成立初期照搬苏联30年代形成的狭隘的专才教育模式，是错误的；今天如果照搬欧美的通识教育模式，也会出现弊端。只有根据我国教育的历史与现实，把西方现代教育的先进经验，与中国传统教育的优秀遗产结合起来，走出一条富于中国特色的通识教育的新道路，才是我们培养现代化建设创新人才的正确方向。

（原载《现代大学教育》，2012年第3期）

中学文理分科问题之我见

中学应不应文理分科？近些年来，争论颇为炽烈。我想回顾历史，疏理分歧，并着重从通识教育的角度，谈些个人的看法。

一、历史的回顾与反思

问题的发端早在清朝末年，在我国教育界已提出并争议了一百余年。自清朝末年废除科举制，引入西方教育制度后，便有了小学、中学、大学阶段的划分。1904 年清政府颁布的《奏定学堂章程》(史称"癸卯学制")，规定中学学制五年。1909 年学部奏请实施。当时的"实科"大致相当于现今的理工科。但清末的"文实分科"并未真正实施。辛亥革命后的 1912 年，民国政府教育部公布的《中学校令施行细则》规定中学学制为四年，并在课程设置上取消了"文实分科"，而在 1915 年颁布的《特定教育纲要》又要求"中学校分为文科、实科，以期专精深造"。此后，在 20 世纪的上半叶，文理分科一事，经历分分合合，又有过多次反复。

新中国成立后，虽未见公开文件中明确规定文理分科，但实际上比解放前分得更为明显而持久。在许多学校日益形成固定模式。由于受苏联 30 年代培养专才教育模式的影响，在 1952 年颁布的《中学暂行规程》(草案)中，强调教育为工业建设服务，规定中学的主要任务是为高校和生产建设输送人才。当时的教育领域从上到下出现重理轻文的现象。专业性的工科院校有了较快的发展。如海淀区五道口一带，便出现过"八大学院"(钢铁、矿业、石油、林业、农机、地质、医学，等等)。在学生中出现的流行口号是："学好数理化，走遍天下都不怕。""文革"时期，学校教育停顿，荒废了十年。1977 年恢复高考招生制度，文理科分别设置考试科目。为适应高考，高中阶段文理分科，便日趋明朗，形成模式，难以改变，直至今日。尽管在 1983 年 8 月，教育部曾发布《关于进一步提高普通中学教育质量的几点意见》，特别提出："要注意克服轻视文科的倾向，重视和加强语文、历史、地理、音乐和美术等科教学，课时必须保证。不要搞高考考什么就只开设什么课程的所谓'文理分科'。"80

年代以来，虽然教育部多次发布这类意见，可谓三令五申，社会各界也有种种呼吁，试图扭转重理轻文，忽视人文素质教育的倾向，但收效甚微。由于应试教育的总趋势，文理分科，全力对付高考的风气，一直十分强劲。90 年代以来，全国高校普遍扩招。上普高，考大学，更加成为学生和家长的意愿。高中文理分科的做法也更能符合这种愿望。

总的看来，我国中学文理分科制，在 20 世纪的上半个世纪，是有分有合，时断时续，不分文理仍是主导趋势；下半个世纪以来，领导部门和社会舆论虽有某些批评与质疑，却逐渐形成制度和难以改变的模式。

我国现代化建设日益发展，迫切需要高质量和创新型人才。但我国教育却不能适应这种要求。人们不能不反思六十多年来教育的成败与得失。“钱学森之问”，即为什么我们的教育长期培养不出拔尖人才？温家宝总理也曾提问：我们今日的大学为什么培养不出大师？除了极“左”路线的干扰，政治运动，社会动荡，学术缺乏民主、自由等原因之外，人们不能不考虑到教育体制上的问题。与应试教育密切相关的中学文理分科制，便自然进入反思与探究之列。所以，当《国家中长期教育改革和发展规划纲要(2010—2020 年)》工作小组办公室把这一问题作为“社会关注度高，影响教育改革发展全局”的二十个重大问题之一，公开向社会征求意见时，便引发了一场广泛而热烈的讨论。

二、意见的分歧与争议

讨论主要分成两派：对中学文理分科持肯定态度的，可称“肯定派”；持否定态度的，可称“反对派”。两派各持论据，相持不下，争辩比较激烈。一般说来，“肯定派”主要来自习惯于既定教育模式的部分中学教师，升学心切的部分中学生及其家长。他们的主要论据是：

(1)利于学生报考和升学。大学里本来有文科与理工科之分。作为大学预备阶段的中学，相应地文理科分开，可以集中精力，更好地为报考大学做好准备，并在上大学时，可与大学的教学内容相衔接。中学的文理分科，与大学的文科、理科相对应，似乎是不言自明的。

(2)减轻学生的课业负担。中学的课程本来比较多，学生的负担重。高中一年级未分文理，学生就感到课业负担很重，二、三年级分开文科与理科，学习内容相对集中，课业负担便可相对减轻，有利于把学生培养成专才。

(3)适合学生的志趣差异。学生中有的偏好文科，有的偏好理工科。有的擅长文史哲，有的擅长数理化，有的擅长音乐、美术或语言。文理科分班，正是适应这种差异，有利于学生个性的发展。

(4)本有分科的历史渊源。我们采用西方学校制度以来，早有文实分科的规定，虽有反复，但因袭分科制度的时间较长；西方如德国，也有分科的学制可资借鉴。对于沿袭已久的制度与措施，不宜轻易改动。要取消中学的文理分科，实际上是很困难的。

反对派多半来自大学教师，教育方面的学者，以及兴趣较为广泛的学生。他们的主要论据是：

(1)中学阶段仍属基础教育。民国初年公布的《中学校令》，便曾明确规定中学校“以完成普通教育，造成健全国民为宗旨”。普通高中教育，应面向大众，着重公民素质的养成和基础知识的教育，而不单是为造就专门人才作准备，也不是专以报考大学为依归。高中文理分科与基础教育和公民素质教育的要求是不相符的。

(2)中学应着眼于整体素质。中学应为高质量人才的培养作准备，应培养公民的基本素质，在教学内容上不应偏和窄，而应着力于比较宽实的基础，兼具科学态度和人文素养的陶冶。从长远看，这才真正有利于提高整个国民素质，有利于高质量人才的培养。

(3)区别于中专或职业技校。普通高中作为基础教育的一个阶段，便不同于中专或职业技校。所学内容，应当兼顾自然知识与人文社会知识；所获教养，也应兼备科学与人文两个方面，不应偏于一个方面。

(4)与大学通识教育相衔接。通识教育是现代国际高等教育的一大潮流。我国教育，从古代到现代都有通识教育的渊源和传统。新中国成立后，由于受苏联狭隘专才教育模式的影响和教育的政治化，通识教育有所中断。现逐渐恢复已有十多年。通识教育要求正确处理知识与学问上的博与专或广与深的关系，尽力融合科学精神与人文精神的陶冶。如果在中学阶段就文理分科，使所学知识比较偏窄，到大学后，就不易与大学初期的通识教育相衔接。通识教育应当从中学到大学是贯通的，相互衔接的。如今中学与大学的政治课(如某些哲学原理、邓小平理论等)、历史课(如古代史、近代史等)的某些内容，多有重复之处，影响教学效果。若中学不再分文理科，则更便于作通盘考虑，作适当安排和调整。

(5)加强就业的适应性。作为基础教育的中学阶段，不仅是升大学的预备，合格公民的预备，也是社会就业的预备。并不是所有高中毕业生都能上大学，总有一部分是要就业的。当前就业的门类很多，就业的岗位千差万别。兼具文科知识与理科知识的毕业生，在面对各种岗位的需要上，适应能力比较强，并且能比较灵活地适应各种变动和调整。

三、我主张取消中学文理分科

以上分歧与争议的焦点何在？

有人说，焦点在于高中阶段的性质。高中究竟是基础教育呢，还是升学之预备阶段？若是基础教育，就既要为升入大学作预备，更要按宪法的要求，培养公民的基本素质(包括文化素质和道德素质)，似不宜作文理分科；若是大学的预备阶段，则可与大学的文理科相对应，高中似应分文理科，便于报考，并与大学学习相衔接。

我个人则认为，关键在于对现代通识教育的认识。高中阶段，首先是属于基础教育，同时也是升入大学的预备阶段，二者并不是非此即彼，互相排斥的。孩子和家长迫切盼望升大学的心情是可以理解的，也无可厚非，问题是如何看待这种“升学的预备阶段”：是文科与理科的各自对应呢，还是通识教育的贯通与衔接？所谓“基础教育”，我理解就不是一种专门性的教育，而是一种通识教育(General education)。国内由于长期受专才教育模式的影响，当前仍普遍对通识教育的意义和作用认识不足。就通识教育而言，从中学到人学，不仅德、智、体、美育应当结合，而且在智育上，应当把基础尽量拓宽一些，文科与理科应当有所沟通，而不是相互隔离，科学精神与人文精神应当交相陶冶，而不是分割开来。这样才能为高质量、创新型人才的培养，为升入大学的学习奠定比较宽实的基础，并且与大学开始阶段的通识教育相衔接。今日大学通识教育的基本要求，就是拓宽基础，沟通文理，融合科学精神与人文精神的陶冶。当前大学的一年级一般不分专业，而以通识教育为主，从二年级才进入宽口径的专业学习。所以，高中阶段不分文理科的学习，才是与当前大学开始阶段的通识教育相衔接，通识教育应在中学与大学相贯通。在学生的志趣尚不稳定，天赋潜能还有待发掘的时期，让他们既接触自然科学，也接触人文社会科学的知识内容，了解各门学科的基本概念，主要内容和诸多问题，使他们知识面比较广，视野比较开阔，这就有利于他们发挥天赋，开启潜能，得以重新思考和选择自己的专业，有利于日后在专业上深入探索，作出创造性的贡献。实际上有些大学者并不是一开始就选对了自己的专业的，而是在求学过程中经历对各门学科的接触、比较和磨砺之后，产生兴趣和志愿的转移，从而取得重大成就与贡献。如鲁迅、郭沫若从医学转向文学，冯友兰从法学转向哲学，胡适从农学转向人文学科和哲学，李政道从化学转向物理，等等。这类事例，不胜枚举。在当前市场经济大潮中，社会上急功近利之风甚烈，学生报考志愿，易受家长或社会习俗的干扰和影响，过早或盲目地选择自己的专业，可能对自己日后的学术发展十分不利。对各门学科和知识，应当有一个多方面接触、了解和比较的过程，这正是基础教育和通识教育所要达到的要求。

所以，通识教育的角度，是一个十分重要的角度，在关于中学是否文理分科的讨论中，争议双方似乎都忽视了这一点。从长远着想，为了培养高质量、创造性的人才，使我们的民族真正出现有国际影响力的科学家、学问家、思想家和哲学家(这本是蔡元培从事高等教育的愿望和培养目标)，就不能目光短浅，不能急功近利，必须从中学到大学，把通识教育贯通起来，真正为专业教育，为各门专业、学问的深造打下宽厚的基础，并且培养一种完善的人格，使之成为合格的公民，逐渐提高我们整个民族的科学、文化素质。为此，我坚决主张中学不分文理科。

有些中学教师和部分学生与家长，之所以反对取消文理分科，主要担心三个问题：

第一，长期以来，中学文理分科与应试教育相适应，积重难返，不好改了。其实只要充分认识文理分科的弊端，自上而下地从制度到观念，坚决实行改革，是完全可以转变的。过去几百年，上千年的科举制度和妇女裹足的习俗都立即改变了，为什么一百来年的中学文理分科制就不能改变呢？更何况这一百年来，也是有分有合，始终是一个有争议的制度和问题呢？西方与海外许多成功的教育，并没有在中学实行文理分科，不是发展得很好吗？问题在于把眼光放远，充分认识通识教育的意义和作用，充分认识培养高质量、创新型人才的迫切性，只要领导重视，下决心改革，是完全可以在制度和观念上实行转变的。

第二，学生的课程负担过重，若取消文理分科，负担就更重，无异于雪上加霜。其实课程和考试的负担过重，主要是应试教育的模式造成的，如果下决心改变应试教育的制度和习惯，让学生学得更自由了，学得开阔了，觉悟到学习不单是为了考试和升学，而是为了探究世界，追寻真理，达到真、善、美的结合，并把自己铸造成材，以便为人类和社会作贡献。就可以大大减轻思想的压力和负担，就可以学得更全面、更愉快、更有成效。正如孔子所说："知之者不如好之者，好之者不如乐之者。"这样，也可以为大学输送更加合格的，易于成材的学生。

第三，有些家长怕孩子学得太泛，往后成不了专门人才，就业也会有困难。其实，用高标准衡量，不急于分文理科，让孩子把基础打宽实一些，便有利于他更好地选择专业，将来成为高质量的专门人才。否则，如果过早地选择文科或理科，一开始就学得比较窄，往后选择的灵活性就比较小，并不利于将来的成才与就业。目前文理分科的状况是：男孩子大都集中在理科班，女孩子较多地集中在文科班。北大办文科综合试验班时，1994 年的首届 28 人中，男生只有 6 人，女生多达 22 人占绝大多数。可是属于文科的哲学系、考古文博学院，女孩子并不愿意或不大适合于选择。而理科的生命学院、心理学系等，却又比较适合于女孩子选择。所以，过早地选择文科或理科，不但对学生个人的专业学习与深造，而且对学科的需要与发展，都可能造成一些矛盾或损失。这种情况，有些家长并不了解。

总之，中学是基础教育的阶段，让学生一开始就把路子走宽，有一个比较全面的基础，有利于他们的天赋与个性的发展，在条件成熟时，更好地选择自己的专业；并且有利于公民基本素质的培养，拓宽就业的适应能力。在我看来，中学取消文理分科的制度，势在必行。

（2012 年 12 月）

北大校长

维护北大，实行改革的重要先行者严复

严复(1853—1921)是我国近代卓越的教育家、翻译家和启蒙思想家。他一生处于我国近代社会制度急剧转折和中西文化交汇与冲突的时代。

他自幼接受中国传统文化的熏陶。23岁被派赴英国留学，又熟悉了西方文化。与变法维新的其他代表人物相比，他的优势和特点是：熟谙西方语言文字，能直接考察西方社会文化，直接阅读西方思想家的著作，并熟练地进行翻译和评介。他翻译了赫胥黎的《天演论》、亚当·斯密的《原富》等一系列西方社会科学名著。这不但宣传、引进了西方的重要新思潮，而且更有利于他本人进行中西文化的比较研究和评论。

从戊戌政变到辛亥革命的十三年里，严复全力倾注的实际事业，并不是政治变革，而是教育和翻译。如果说，康有为、梁启超、谭嗣同首先是政治活动家，那么，严复则首先是教育家，这是他在维新派中独树一帜的特点。他的指导思想始终是进化论、唯物论的经验论和政治上的改良主义。这条主线基本没有变化和转折，只是在不同时期、不同的政治形势和体制下，他的思想和主张有不同的侧重和表现而已。对于严复的认识和评价，特别值得重视的，是他在中国近现代教育史上的作用与贡献。

一、严复对中国近代教育的卓越贡献

1. 开创近代“教育救国”的道路

正是在1895年，中国近代史上签订《马关条约》这个屈辱性的转折年头，严复深受列强欺凌的刺痛，愤懑而深思，诉诸笔端，连续发表了一系列重要的政论文章：《论世变之亟》、《原强》、《辟韩》、《救亡决论》等，激烈地批判了专制主义的政治与文化，阐述了他的救亡图存和民主主义思想。这也正是他翻译《天演论》的过程。他信奉达尔文和赫胥黎的进化论，并称赞斯宾塞将进化论原理应用于社会，推崇斯宾塞以民力、民智、民德三者判断民族之高下。他以此考察中国之现状，指出清王朝之腐败不堪、行将灭亡，因而极力主张变法图强。但是，他的变法主张，在方向上与康、梁大体一致，而在手段上有所不同。他并不主张从政治体制改革做起，立即实行君主立宪制，他认为国内“民质”、“民智”条件尚未成熟，因而主张走逐步改良、稳步前进的道路。他既有民族自强的决心，又认为不可操之过急。他的典型言论便是引证斯宾塞的话：“民之可化，至于无穷，惟不可期之以骤”，必须“相其宜，动其机，培其本根，卫其成长，则其效乃不期而自立”。[①] 这种“培其本根、卫其成长”的途径和方式，便是教育，他主张从教育做起。在严复看来，变法维新，救亡图强，首先必须改变国民素质，从民力、民智、民德三方面入手，通过教育“鼓民力、开民智、新民德”，达到“血气体力之强”，“聪明智力之强”、“德行仁义之强”的目标。从理论到行动，他一直坚守教育岗位，努力从事思想启蒙、学习西方科学知识和民主政制，做改变和提升“民质”的工作。在戊戌政变期间，他并未实际参加维新派的政治活动，而与康有为、梁启超、谭嗣同等人保持相当的距离。这正是政治活动家与教育家的区别。严复的救亡图强的主张，与他的教育救国的理念是融为一体的。他是中国近代教育救国道路的重要开创者，这条道路不仅影响了中国近现代的一批又一批知识分子，而且与今日“科教兴国”的战略方针也不无一致或相近之处。

2. 突破“中体西用”的文化模式

在处理中、西文化关系上，严复当时面临的基本格局是“中体西用”。1895年沈毓桂在《万国公报》上已明确使用“中学为体，西学为用”的术语。洋务派思想家张之洞在《劝学篇·设学》中提出：“旧学为体，新学为用，不使偏废。”梁启超在所拟《京师大学堂章程》中规定：“夫中学体也，西学用也，二者相需，缺一不可。”[②]可见不论是早期改良派或洋务派，“中体西用”已是流行的思维模式或惯用术语。这种模式不但为当权的洋务派所倡导，也得到清末朝廷的认可，已成官方模式和教育原则。“中体西用”的原则虽在打破闭关锁国和专制文化统治上起过某些积极作用，但实际上是强调“中学为内学，西学为外学；中学治身心，西学应世事”。表面上主张“中西兼学”，实际上是要维护专制主义的政治制度和儒家的纲常名教，借口学习西方的某些科学技术和政策措施，拒绝学习西方的政治制度和科学理论，企图挽救清王朝的衰落。

① 严复：《原强》，《严复诗文选》，北京，人民文学出版社，1959年，第25—26页。

② 《京师大学堂章程》，见朱有瓛编：《中国近代学制史料》(第一辑)，下册，上海：华东师范大学出版社，1986年，第656页。

在严复看来，“中体西用”，就是治“标”不治“本”。他发起了批评和挑战。甲午战争的残酷现实宣告了洋务运动的破产，也动摇了“中体西用”的原则，从而为严复理论思维的突破提供契机。

严复从进化论和实验科学的根据出发，分别对中学和西学作了认真地审视，并加以比较。他认为，从科学验证和中国救亡图存的切实需要看，中学中的科举、八股、宋学、汉学，以及辞章小道等，属于“无用”、“无实”之类，应当束之高阁。他指出陆王心学貌似研究外物，实际只作“强物就我”的冥思苦想，“其为祸也，始于学术，终于国家”①与中学的这种弊端相反，他认为西学是面向社会和现实的，通过实践，讲究实验，因而使西方国家得以富强。他大力提倡的西学，涉及自然科学、社会科学、各种应用科学以及哲学、逻辑学等。他甚至把“救亡之道”归结为“痛除八股而大讲西学”②。严复的这种思想锋芒，直指传统与潮流，使他在一般政界和学界不免处于孤立地位，但他坚持全面学习西方，视为教育的当务之急，变法图强的正确道路。

在维新变法时期，“中体西用”原则不但没有转变，反而有强化的趋势。到1902年，严复在《与〈外交报〉主人论教育书》这封著名书信中提出体用一致原则，进一步从理论上作了批判。他指出中国近代的学堂教育，“总其大经，则不外‘中学为体，西学为用’也；‘西政为本而西艺为末’也”③。这种模式对中国教育和社会的发展危害甚大。其错误就在于割裂了体、用关系。“体”与“用”本是中国传统思想的两个方面。“体”属于事物的内在、本体的方面；“用”则属于事物的表现、功用的方面。二者不可分离。他引用江苏一举人的话说：“体用者，即一物而言之也。有牛之体则有负重之用，有马之体则有致远之用，未闻以牛为体以马为用者也！”“故中学有中学之体用，西学有西学之体用，分之则两立，合之则两亡。”④“中体西用”论者则将中学与西学各自的体用分开，又企图将中学的“体”与西学的“用”相合，这是不可能的，只会使二者消亡。至于“政本艺末”之说，更是“颠倒错乱”，因为所谓“艺”即“名、数、质、力四者，皆科学也”，应是西学的基本内容，正是西方政治和教育的

---

① 严复：《救亡决论》，《严复诗文选》，北京，人民文学出版社，1959年，第58页。

② 同上书，第56页。

③ 严复：《与〈外交报〉主人论教育书》，《严复诗文选》，北京，人民文学出版社，1959年，第142页。

④ 同上。

基础。中国的政治之所以“日形见绌”，不足以与之竞争，就因不以科学为本，而与社会的通理公则相违背。所以，若“艺”指科学，则“西艺”应是“西政”之本；若“艺”不指科学，则政、艺二者都出于科学，如左右手一般，谈不上本末关系。中国学习西方之所以无效，往往由于当政者对科学一无所通，抓不住根本。这里他不但批判了“政本艺末”的观点，而且强调了科学在社会与政治中的关键作用，表明他把学习西方先进科学作为中国教育的主要方向。这种理论分析动摇了“中体西用”的模式，开创了一种新的教育模式，贯穿着体用一致的原则。同时，对于中国传统文化，他要求“择其所善者而存之”，但新的教育原则应当“求其所本无，非以急其所旧有。中国本无者，西学也，则西学为当务之急明矣”[①]。实际上他是要通过教育改革，建立以学习西方科学为重心的融合中西、贯通古今的新文化，使中国走向富强之路。这就为“五四”新文化运动根本转变“中体西用”模式，启动中国社会从前现代向现代化转型准备了思想条件。

3. 制定“德、智、体”全面育人的方针

严复把变法维新的政治改革的目标转向并落实到教育的层面，便是全面改和和提升国民的素质。他认为，若不改变我国国民的贫、弱、愚的状况，要实现民主政治、救亡图强，是不可能的。他主张竭尽全力，从教育入手，并且接受和发挥了斯宾塞的“德、智、体”三育学说，从三个方面改变和提升国民的素质。

我国传统教育的理想人格是“内圣外王”，培养人才的最高目标是“帝王之师”，因而倡导“学而优则仕”，通过科举制选拔适合做官的人才。这种“官本位”的教育，是以封建政治伦理的价值取向为核心的，在人才的培养和选拔上，偏重于旧的伦理道德，而忽视智力与体质。当然，更加忽视人的自由选择和个性发展。

严复在激烈批判旧的封建政治和教育制度时，便酝酿新的培养目标。他之所以不主张立即实行民主政治的理由是：“民主弗能自治者，才未逮，力未长，德未和也。”[②]他已看到，要增进国民的自治能力，教育应从才、力、德

① 严复：《与〈外交报〉主人论教育书》，《严复诗文选》，北京，人民文学出版社，1959年，第146页。

② 严复：《原强》，《严复诗文选》，北京，人民文学出版社，1959年，第19页。

三方面入手，进行德、智、体三方面素质的培养。这种视角直接来源于斯宾塞的教育思想。斯宾塞于1861年出版其教育名著《教育论》，即《教育：智育、德育和体育》，在西方教育史上明确提出了三育结合的概念。严复从1845年发表《原强》开始，通过各种方式介绍、引进斯宾塞的"三育论"，指出其"教人之术"是"以睿智慧、练体力、厉德行三者为之纲"[①]。并且说："未有三者备而民生不优，亦未有三者备而国威不奋者也。"[②]他得出结论："是以今日要政，统于三端：一曰鼓民力，二曰开民智，三曰新民德。"[③]这便是他改变和提升民质的三纲目，也标志着他的新教育体系的基本建立。三者之中，以开民智为"最急"，占据核心地位，以新民德为"最难"。但他认为"三者皆今日至切之务"[④]。他的这种立足于学习西方科学，以智育为核心的德、智、体三育相互联系的新教育观，是我国近代最早提出使人全面发展的思想。它对梁启超的"新民"教育学说有重要影响。梁启超虽在"三民说"的具体内容上有较多的发挥，但基本沿袭了严复的提法，却是以德育为核心，有着更强的伦理色彩。严复是以进化论和近代自然科学为基础，正是克服了中国传统教育偏重伦理的局限，包含较多的科学与进步的成分。"五四"运动前后，蔡元培提出德、智、体、美相结合，提出"以美育代宗教"，培育完善的人格，与其他方面相联系，形成了一个融合中西教育思想，体现真、善、美相统一的中国现代教育思想体系，显然受到严复的影响，吸取了严复教育思想的合理成分。蔡元培在北大和中国现代教育史上的辉煌成就与贡献，和前有严复创造条件，后有蒋梦麟、胡适、傅斯年等人的协助、继承与发扬密切相关。蔡元培卓越的教育思想及其重大作用并不是偶然或孤立发生的。

二、严复是北京大学的重要功臣

为实现教育救国的理想，严复对北京大学的前身京师大学堂便十分关注与热心。1902年应京师大学堂管学大臣张百熙之聘，他出任大学堂译书局总办直至1904年。他的许多种翻译名著和著名教育论文《与〈外交报〉主人论教育书》都完成于这项任职期内。1912年2月袁世凯委任严复为京师大学堂总

① 严复：《原强》，《严复诗文选》，北京，人民文学出版社，1959年，第15页。

② 同上书，第17页。

③ 同上书，第26页。

④ 同上书，第21页。

监督。同年4月蔡元培任南京临时政府教育总长，旋即向袁世凯建议将京师大学堂改名为北京大学校，并推荐严复为校长。5月3日，严复被任命为北京大学校校长。他任校长为时不过半年多，但他对北京大学的重要贡献却是不可磨灭的。

1. 为北大生存出过大力

从京师大学堂改为北京大学校，是北大从封建官僚型大学向现代型大学的一次重要转折，遭遇曲折和阻挠是难免的。1912—1913年期间，中国的这所最高学府经费奇缺，并曾两次面临被停办的危险。首任校长严复多方设法，筹措经费，并与师生一道反复申辩，奋力抗争，才使北大渡过难关，延续生存。

首先是办学经费的困难。辛亥革命后，学部不再给京师大学堂划拨经费，原存银行的存款也不能提取。严复四处奔波，为维持校务而筹款、借款。历经波折，最后总算向银行借到一笔款项，使北大能维持办学。接着又遇教职员减薪问题。民国初年因财政困难，北京政府曾通令各政府官员和学校教职员，凡薪水在60元以上者，“一律暂支60元”。严复为此给教育部专写条陈，认为“学校性质与官署不同”，教职员薪水本按课时和任务轻重而判定高低，若一律拉平，使之“放弃职任”，则表面节省，贻误实多。严复本人主动减薪至60元，而为全校教职员据理力争，使他们得以维持原薪。这样基本克服经费困难，保持教师的公平待遇，从而保证了北大坚持办学、培育人才的基本条件。对此，严复的重要贡献是毋庸置疑的。

更大的威胁还在于教育部停办北大之议。正当严复在校内一面调整教师队伍，一面使学校工作步入正轨，使北大在国内外发生影响时，北京政府教育部却在1912年7月初，以所谓“程度不高，管理不善，经费困难”为由，提出了停办北京大学之议。这种议论引起北大师生的强烈反对。文科、法科、工科、农科等先后发出各种说帖或请愿书，反对教育部的意图。在广大师生的支持和影响下，严复专向教育部发了《论北京大学校不可停办》[①]的说帖，针对各种议论，从北大校史、教育现状、大学地位与国外比较等方面充分阐明了北京大学不可停办的理由。这份说帖条分缕析，笔锋犀利，可谓义正词严，掷地有声，的确是直接关系北大命运的一份重要文献。教育部接到说帖

① 严复：《论北京大学校不可停办说帖》(抄件)，北京大学档案馆藏。

后，不得不声明“解散之事，全属子虚”。但又于7月7日下达《北京大学结束办法九条》，要求学生一律提前毕业，给予文凭，不给学位，并规定“本年下学期各分科大学一律不招新生”。实际上仍要停办北京大学。这更使全校师生强烈不满，各科学生纷纷草拟说帖，表示抗议，要求研究学问，反对半途而废。

由于严复校长与全校师生的奋力抗争，加上社会舆论的压力，教育部不得不取消北京大学停办之议和“结束办法”。虽然严复因多次违抗部命，造成积怨，在外部压力下，被迫于1912年10月7日辞去北京大学校长的职务，但在北大存亡关头，首任校长严复带领广大师生排除艰险，使北大转危为安，不仅对北大往后的发展，而且对中国现代教育、文化、科学的发展，都有不可磨灭的贡献。

2. 为学科改革奠定了基础

严复还向教育部呈送一份《分科大学改良办法说帖》，提出了一个教学与科学研究的改革方案。

(1) 高度重视大学的学术地位和师资培养。严复在《说帖》中提出：“所聘教习，如非万不得已，总以本国人才为主。”择师条件，应是“本国学博与欧美游学生”，“沈浸学问无所外慕之人”。“优给薪水”使之“一面教授”，“一面自行研究”，“如此则历年以后，吾国学业可期独立，有进行发达之机”。大学将成为“一国学业之中心点”。可见他十分重视大学的师资培养、学术独立和学术水平的提高。

(2)改造文科的方针：兼收并蓄，广纳众流。他建议将经科与文科合并，特别指出：“既为大学文科，则东西方哲学，中外之历史、舆地、文学，理宜兼收并蓄，广纳众流，以成其大。”①这与蔡元培的“兼容并包”的思想显然一致。

此外，对于法科，他主张以国文教授本国法律和现行法律为主课，而以外国和历代法律为参考借鉴；对于理工科与农科，他建议选派学生，赴欧美或日本留学深造，并整顿实验室，清理图书、仪器和药品，等等。这个改革方案，说明他研究有素，区别对待，富于远见并且体现融合中西、贯通古今的设想。对蔡元培往后在北大的改革，作了很好的开端和准备。

---

① 严复：《分科大学改良办法说帖》(抄件)，北京大学档案馆藏。

三、严复思想对当今教育的启示

在维新变法的代表人物中，从政治改革的锐进性说，与康有为、梁启超、谭嗣同相比，严复是比较保守的。在政治体制上，他一开始就比较倾向于君主立宪制，而不是民主共和制。戊戌变法的失败，辛亥革命的流产，使他更加确认自己的主张。他说："天下仍需定于专制。"①又说，"鄙人自始至终，终不以共和为中华宜采之治体。"②以致最后支持袁世凯，幻想强人政治来统一中国。第一次世界大战，更加动摇了他全面学习西方的主张，而返回到中国古代儒家传统："觉彼族(指西方各民族)三百年之进化，只做到利己杀人寡廉鲜耻八个字，回观孔孟之道，真量同天地，泽被寰区。"③以致反对"五四"新文化运动，特别是白话文运动。人们对他一生出现的重大转折表示遗憾、惋惜和不解。严复似乎成为中国近代史上的一个悲剧性人物，往往被低估而冷落于一旁。其实在重大转折中仍有其保持一贯和显示特色的一面，不乏对当今教育和改革的启示与借鉴意义。

1. 思想方法不走极端，保持稳健自强的人生态度

严复一生信奉达尔文的进化论，并积极引进和宣传。他所译《天演论》，对中国人和中国社会的影响极大。《天演论》的显著特点，在于它不是赫胥黎原书的照翻，而是依据中国社会的需要，结合译者的理解，有所取舍和评论。赫胥黎原书名《进化论与伦理学》，严复取其前一半，译名为《天演论》，表明同意其进化论，而不同意其将进化论与人类社会相分割的观点。严复运用斯宾塞的普遍进化观念，强调"天演"是自然和人类社会共同的规律。他在《原强》中也说："达尔文曰，物各竞存，最宜者立，动植如是，政教亦如是也。"但斯宾塞是社会达尔文主义者，强调个体或种族之间的自由竞争、优胜劣败，主张任其自然淘汰、适者生存。这与严复的"救亡图存"的爱国思想相背离。因此，严复又用赫胥黎"与天争胜"、奋发有为的观点来纠正斯宾塞。总之，严复处于中国被帝国主义瓜分的危亡关头，一方面，他要强调进化规律的普遍性，说明中国社会并不例外，防止中国人自以为特殊而麻木不仁；另一方

---

① 严复：《与熊纯如书》，第 1 函，1912 年。

② 同上书，第 68 函，1920 年。

③ 同上书，第 59 函，1918 年。

面，他又要求人们认识这种规律后，力争自强自立，挽救危亡。严复这样翻译并解说《天演论》，便使“中国民气为之一变”，获得了一种新的世界观和人生态度，增强了中国人自主、自强的信念。

在中西文化的关系上，他的倾向在不同时期有不同侧重，但基本态度不显偏颇。他在激烈批判专制主义的文化，揭露科举制、八股文的严重弊端时，并未采取民族虚无主义态度而否定传统文化；他在极力主张学习西方，推崇西方文化时，也并未主张全盘西化。他在比较中西文化的种种差别和特点时，也说：“吾实未敢遽分其优绌也。”① 他又说：西方文化的命脉，“苟扼要而谈，不外于学术则黜伪而崇真，于刑政则屈私以为公而已 。斯二者，与中国理道初无异地。顾彼行之而常通，吾行之而常病者，则自由不自由异耳”②。总之，他认为西方文化之所以能以学术为本，崇尚真理，就在于它能“以自由为体，以民主为用”。或者说，就在于自由与平等。他试图以西方近代的自由、平等观念，以及由此产生的科学与民主，来改变中国的专制政治与文化。但他十分审慎，考虑中国社会的实际状况，特别是中国的“民质”、“民智”状况，是否具备实施民主政治的条件，如果条件不合，急于推行，就可能造成社会的激烈动荡，带来风险与危害。因此他主张渐进性的改良，先作思想启蒙，实施教育改革，大力进行“鼓民力，开民智，新民德”的工作，为施行民主政治创造条件。他的这种观点和主张，在革命与战争的年代，难免被指责为“改良主义”、“保守主义”和“庸俗进化论”，并被加以“空想”、“倒退”、“反动”的罪名。但当革命与战争的风雨过去，和平和建设的主题凸显，当人们冷静地反思百余年来的中国近现代历史时，就会感到：那种不顾生产力水平、客观条件和群众觉悟，急于推行生产关系和政治思想领域的大变革，人为地制造斗争和动荡，不仅欲速则不达，而且给国家和民族造成的灾难、付出的代价实在太大了。这也使我们想到：严复对待社会问题的比较稳健的态度和渐进式改革的设想，他的那种不走极端，寻求平衡，比较符合“中庸”的思维方式，对我们当今的体制改革和现代化建设，不是包含许多启发和借鉴的因素么？

---

① 严复：《论世变之亟》，《严复诗文选》，北京，人民文学出版社，1959年，第5页。

② 同上。

2. 密切关注人，推进国民素质的改造与提升

严复怀着爱国主义情怀，密切关注人，把变法维新、救亡图存与国民素质结合起来思考。他从国民素质的深层结构上剖析中国近代走向衰落的内在原因，并把国民素质的改造与提升看做实行民主政治的前提。

严复从社会心理的角度，结合中西民族特点的比较，曾经揭示国民性格的种种劣根性，如好古忽今、因循守旧；民族自封、排外或媚外：互不信任、猜疑嫉恨；盲目附和、一哄而起，等等。有时他又把国民性格概括为“贫”、“弱”、“愚”的特点，其中“愚”起主导作用，他说：“无学而愚，因愚而得贫弱。”①(把“愚”治好，便是最急要的事。所以他的教育思想以“开民智”为重心。他又认为，民族性格之优劣，主要形成于青少年时期，因而改造国民性格，必须从青少年时期开始。严复有着民族自强、自立的高度信念。但民族的强盛必须表现为“血气体力之强”、“聪明智虑之强”、“德行仁义之强”，他要求在教育体系中通过体育、智育、德育来达到这种目标。在注重传统文化学习的同时，他又特强调引进西方自然科学的内容，从进化论和唯物主义的经验论出发，提倡科学态度和科学的思维方法，改变照本宣科、唯书是从的习气，培养独立思考、辨别是非的能力。

严复对国民劣根性的批判与改造的见解，虽然缺乏经济结构的剖析，理论分析难以深入到本质，而且他也是在传统之内批判传统，在不根本触动社会经济和政治制度的条件下，要从总体上转变和提升国民素质，也是不现实的。但他高度重视国民素质问题，全面批判了国民素质的劣根性，并且把政治变革的设想建立在国民素质的基础上，采取谨慎态度，反对和防止操之过急。这种郑重而缜密的思考，不但对“五四”时期的代表人物陈独秀、胡适、鲁迅等有所启发，而且对当今总结制度变革的经验教训，深化政治体制改革、推进现代化建设，都不失借鉴意义。

在严复看来，政治体制变革的成败，多半决定于民质、民心的是否相适应。历史上管仲、商鞅变法能有所成，而王安石变法所以受阻，不在于法本身或变法者的用意如何，而在于变法与当时的风俗人心是否相宜。他引证达尔文的话说：“物各竞存，最宜者立。”生物如此，政教亦如是。严复的思想难

① 严复：《与〈外交报〉主人论教育书》，《严复诗文选》，北京，人民文学出版社，1959 年，第 145 页。

道不值得我们借鉴和参考么？再看我们当前的现代化建设，它的宏伟目标与普遍较低的民族道德文化素质之间，仍然存在着尖锐的矛盾。“中国的现代化”，是多方面、多层次的现代化，既有物质、经济的层面，又有精神、文化的层面。经济是基础，经济建设是整个现代化建设的中心，但民族精神、文化建设又是现代化建设的动力和支柱。中国社会的现代化，从最深层、最本质的方面看，也就是实现中国人的现代化。单是国民经济生产总值的上升指标，决不意味着整个民族的崛起。而且，整个民族精神的衰退和道德文化素质的下降，正潜伏着更深层次的危机。严复高度关注人，关注国民素质的思想，对当今的现代化建设也是值得高度重视的。

3. 重视人才培养，为人才的涌现创造条件

对于变法图强，严复主张“标本兼治”。“标者，在夫理财、经武、择交、善邻之间；本者，存夫立政、养才、风俗、人心之际。”形势需要，可能先治标，但标是依附于本的，不能徒然治标，必须标本兼治。

严复把人才的发现和培养看做治本的重要方面。中国问题的关键常在人才的缺乏，而人才之不济又是由于民智的低劣。所以中国要强盛，首要的是尽力开民智，普遍提高民众的智力水平，这便是他始终从事教育的目标。他在《拟上皇帝书》中又讲道：“夫人才者，国之桢干也。无人才则所谓标、本之治皆不行。”“臣闻天下非(求)财之难也，而理财为难，又非求才之难也，而知才实难。”的确，民族的兴旺，国家的强盛，必然由于人才与财富的充足，但二者之中，人才更为根本。积聚和使用财富，都需要善于管理的人才，没有这种人才，已有的财富也会失去。在严复看来，不论治标、治本，善于培养、储备和选拔人才，都是头等重要的事情。否则，政治变革、国家富强，都不过是一句空话。

严复重视人才的思想，值得我们反省历史的教训。我国 20 世纪 50—70 年代的极“左”思潮，通过一系列政治运动和意识形态领域的大批判，对许多知识分子、社会精英实行了政治围攻和无情打击，造成了各方面人才的重大损失。“文化大革命”的十年浩劫，是对文化和人才的最大浩劫。改革开放以来，在市场经济的大潮中，由于实用主义、拜金主义的侵蚀，知识分子中又滋长着急功近利和追名逐利的思潮；同时“左”倾路线的压抑虽已解除，但由于学术与政治的界限仍易混淆，学术的禁区、险区、难区依然存在，知识分子学术上自由探讨、自由争鸣的氛围仍然淡薄，学术的不同派别难以形成，

因此高质量的创新性人才难以涌现。

我们的民族要真正崛起于世界民族之林，建立起民主富强的现代化国家，就必须培养和振兴一种自强不息的民族精神，百倍努力地提高整个民族的道德文化素质，认真贯彻兼容并包、思想自由的方针，创造良好的学术文化氛围，使创新型的高质量人才脱颖而出，并不断涌现。只有这样，才有可能在我国出现学术文化的大繁荣和大发展，现代化建设的宏伟目标才有可能实现。

（原载《北京行政学院学报》，2012 年第 3 期）

“兼容并包，思想自由”的伟大开创者蔡元培

蔡元培是一位学贯中西的哲理名家。“五四”运动前后，他在北京大学任校长十来年，厉行教育改革，开创一代新风，使北大人才荟萃、学术繁荣，在我国现代教育史上功绩卓著，写下了光前裕后的篇章。

蔡元培一生的著述与实践活动，都与我国的高等教育事业休戚相关。正如他自己所说：“我的兴趣，偏于高等教育。”他的《对于教育方针之意见》、《以美育代宗教》等一系列文章和言论，曾对我国高等教育事业产生广泛而深刻的影响，他不愧为我国现代的一位最杰出的教育家。蔡元培的教育思想，内容丰富、融合中西，深蕴哲理，至今值得我们认真思索和深入研究。

一、学术研究——高等教育的精神命脉

北京大学的前身，是清末设立的京师大学堂，封建积习很深，师生大都醉心于官途，淡漠于学问。蔡元培就任北大校长时，便决心端正办学思想，根本转变学习。他在1917年的就职演说中就明确宣告：“大学者，研究高深学问者也。”“诸君须抱定宗旨，为求学而来。入法科者非为做官，入商科者非为致富。”①1918年在开学典礼上，他再次申述了大学的这种性质：“大学为纯粹研究学问之机关，不可视为养成资格之所，亦不可视为贩卖知识之所。学者当有研究学问之兴趣，尤当养成学问家之人格。”②

蔡先生的这种论断是针砭时弊而又深思熟虑的见解。他把握了高等教育的精神命脉。

第一，学术研究是民族振兴、国家富强的依靠。在科学迅速发展的时代，尤其如此。他曾精辟地指出：“一个民族或一个国家要在世界立得住脚——而且要光荣的立住——是要以学术为基础的。尤其是在这竞争激烈的20世纪更要依靠学术。所以学术昌明的国家没有不盛强的。反之学术幼稚知识蒙昧的

---

① 《蔡元培选集》，北京：中华书局，1959年，第23页。

② 高平叔编著：《蔡元培年谱》，北京：中华书局，1980年，第44页。

民族，没有不贫弱的。"[1]所以，要改造社会，振兴中华，就必须改造教育，并先从学术方面努力。大学在民族振兴的事业中肩负重任，教员与学生都应以高度的社会责任感，抱定发展学术的宗旨，以研究学问为主要职责。他说："欲求宗旨之正大与否，必先知大学之性质。"[2]他基于祖国富强的要求而极其尊重学问和学术的价值，这与当时孙中山先生的认识是一致的。孙中山曾把学问看做立国之根本，他对陆军军官学校的学生也说："要有高深的学问做根本。"[3]

第二，学术研究是教学水平与人才成长的保证。大学无疑是组织教学、培养人才的机构。民族振兴和国家富强，迫切需要种种专门人才。但是，教学质量的高低，有赖于学术研究的是否深入开展，有赖于教育者学术研究的素养与造诣，各种专门人才，只有在良好的文化与学术研究氛围中，才能如沐春雨，迅速成长。这是高等教育的特点，所以，蔡元培在 1919 年为《北京大学月刊》所写的发刊词中又指出："所谓大学者，非仅为多数学生按时授课，造成一毕业之资格而已也，实以是为共同研究学术之机关。"[4]

第三，学术研究体现了中西教育史上的经验。西方初办的大学，也只是被看做传授知识，通过教学培养人才的场所。19 世纪初，德国的洪堡创办了柏林大学，便倡导教学与研究相统一。蔡元培认为，现代西方高等教育发展的基本途径，就是开展科学研究，而我国以往学习西方，却长时期没有抓住这个根本，造成失误，后来才有所认识。他说："我国输入欧化六十年矣，始而造兵，继而练军，继而变法，最后乃知教育之必要。其言教育也，始而专门技术，继而普通学校，最后乃知纯科学之必要。"[5]这表现了他作为资产阶级民主主义者的教育救国和科学救国的倾向，但是，他并不主张照搬西方经验，对于西方教育的某些合理的先进的方面，他认为我们既不能"专己守残"，也不能"浑沦而吞"，应当"以我食而化之"。实际上他关于大学性质的论断也继承了我国古代办学的某种传统。比如，我国古代的书院，自唐代开始，有

① 高平叔编：《蔡元培教育论集》，长沙：湖南教育出版社，1987 年，第 481 页。

② 《蔡元培选集》，北京：中华书局，1959 年，第 23 页。

③ 孙中山：《陆军军官学校开学典礼的演说》，《孙中山选集》，北京：人民出版社，1981 年，第 923 页。

④ 蔡元培：《就任北京大学校长之演说》，《东方杂志》，第 14 卷第 4 号。

⑤ 《蔡元培选集》，北京：中华书局，1959 年，第 98 页。

一千多年的历史，宋代有所谓“四大书院”（白鹿、石鼓、睢阳、岳麓）。这种书院便既是教学机构，又是学术研究机构。书院的主持人多半是当时的著名学者或某一学派的代表人物。每个书院往往就是某一学派教学和学术研究的基地，但允许不同学派共同讲学，重视学术交流和辩论。这种宝贵的经验和传统，在蔡先生任职的北京大学，是得到了继承和发扬的。

随着当代科学和教育事业的发展，大学的学术研究功能更日益突出，足证蔡先生当年的远见卓识。蔡先生关于大学性质的论断本身似已显得平常，但重温他的这一主张，对于解决当前存在的问题仍是有意义的。我们今日的大学，不可谓不重视科学研究，校内设置的研究所，比比皆是，教师承担的科研任务，也名目繁多。但教学与科研却有因各自分工而相互脱离的状况，有时科研成果不能及时反映在教学中，以提高教学水平，有时教学实践中的经验和问题，也难以促进科学研究的开展。当年蔡先生的论断，是直面学生而言，学生至少是教育和学术研究的主体力量之一，但今日学生往往忙于上课和对付考试，很难实际参与学术研究。目前各学科、各专业之间，特别是文科和理科之间，有日益隔离的倾向，人们常有“隔行如隔山”的感叹。改革开放和市场经济的大潮，有利于更新观念、增强主体性和学术文化的交流，但急功近利之风盛行，升官发财的观念甚为滋长，既损害学术研究的环境，又常常冲击北大严谨治学的传统。所有这些，都是值得研究和需要解决的问题。

人类历史已进入信息时代，我们即将进入一个科学技术更加迅猛发展的新世纪。科学技术是第一生产力，现时代，是各国竞争于科学技术的时代。随着信息流通加快，实用技术虽然日益容易获得，一国的生产发展却贵在争先，假如在科研前沿阵地上毫无建树，只是一味拾人牙慧的话，那么终将影响生产力的进一步提高。培养实用性技术人才固然是大学的任务之一，但大学，尤其是北大这样的高等学府，对于开展人文科学和自然科学“高深学问”的研究有责无旁贷之义务与使命。当代高等教育正在呈现社会化、多样化和要求综合创新的特点，我们应当努力使教育、学术研究和现代化建设更加紧密地结合起来，面向未来，面向全球，使北大真正成为学术繁荣、人才辈出的前沿阵地。

二、兼容并包——学术繁荣的康庄大道

蔡元培教育思想的精华，在繁荣学术、培养人才上最见成效的方面，是他的“兼容并包，思想自由”的办学方针。他认为大学既然是研究高深学问者，而学问的发展，必须集众家众派之所长，允许思想自由、竞相争辩。他在《北京大学月刊发刊词》中指出：“大学者，囊括大典网罗众家之学府也。”[①]又说：“对于学说，仿世界大学通例，循思想自由原则，取兼容并包主义。”[②]

蔡元培进入北京大学，正值西方民主、科学思想的启蒙在我国尚在酝酿，而封建文化专制主义仍极盛行的历史时代，他明确提出：“兼容并包、思想自由”的办学方针，并全力贯彻，足见他的恢宏胆略和卓越智慧。这不但在中国教育史上具有极其重大的开创性，而且为北大成为“五四”运动的发源地和新文化运动的摇篮提供了十分有利的条件。

现在，人们对于蔡元培的这一方针已比较熟悉，并普遍推崇它的历史作用，但似乎并未深入探究它的合理根据和深远意义。有人认为，这一方针已经过时，这是值得商榷的。

蔡元培提出这一方针，固然有其历史的针对性，即针对中国历史上长期实行的政治文化专制主义，反对当时军阀政府对学术文化的控制和干预。他认为，我国先秦时代在思想领域之所以能出现百家争鸣的“空前绝后之伟观”，就是由于“种种学说并兴”、“相竞相攻”的缘故，而到汉武帝采取董仲舒的“罢黜百家，独尊儒术”的主张之后，便使“诸家之说熸矣”。[③] 他坚决反对这种专守一己之见的恶习，要求打破学术思想领域内封建专制主义的束缚。但是，更重要的在于，蔡元培的方针符合学术、教育发展和人才成长的规律，并且有着深厚的哲学渊源和根据，因而有其普遍而深远的意义。

第一，反映学术发展的客观规律。学术的繁荣和发展，正如“海纳百川，有容乃大”。蔡元培所说“囊括大典”，即兼容各种学派、各家学说，以及各种思想、典籍；“网罗众家”，即广纳各派学者、各方面的人才，充分发挥各种人才的专长。

---

① 雷颐编：《蔡元培语萃》，北京：华夏出版社，1993 年，第 104、106 页。

② 同上。

③ 高平叔编：《蔡元培全集》(第 2 卷)，北京：中华书局，1984 年，第 9 页。

从繁荣学术、发展教育的要求出发，他指出："大学以思想自由为原则。……大学教员之思想，不但不受任何宗教或政党之约束，也不受任何著名学者之牵掣。苟其确有所见，而言之成理，则虽在一校中，两相反对之学说，不妨同时并列。"[①]又说，"一己之学说，不得束缚他人；而他人之学说，亦不束缚一己。"[②]应当看到，蔡元培在贯彻这一原则时，绝不是良莠不分、放任自流的。在学术水平、学术规范上，他有严格的要求。在选择和聘任教员时，以是否有真才实学为准。只要有学术水平，有从事研究的兴趣和能力，不问资历和年龄，就予以聘任；反之，对于那些学术水平低、教学态度差的，不论其资历有多老，后台有多硬，也坚决解聘，不徇私情，不畏权势。这就在我国教育史上树立了一种高度尊重学术、尊重知识、尊重人才的典范。

蔡元培的办学方针，使北大在严谨治学和自由探讨上开创了一代新风，使北大校园之内学派林立，名流荟萃，并且潜移默化地形成了一种严谨而活跃的学术传统。

从世界上不同类型和脉络的文化来看，正如蔡元培所说："综观历史，凡不同的文化相互接触，必能产生一种新文化。"[③]不论是欧洲文化还是中国文化，都是在与外来文化的接触、交流中，不断吸取外来文化，经过综合创新而得到发展的。从本民族的文化来看，不同学术派别的相互比较和争辩，也是学术文化发展的动力。因此，蔡元培的这一方针，不仅总结了我国历史上自先秦以来学术文化发展的经验教训，而且吸取了西方自古希腊以来学术文化传统中的合理成分（所谓真理孕育于辩谈之中等等）。人类几千年的历史表明，科学、文化的进步，有赖于学术研究为基础，而学术研究的繁荣、发展，必是允许兼收并蓄、尊重学术自由的结果；如果实行文化封闭和专制主义，压制不同学派和观点，就会导致科学、文化的停滞和枯萎。这是一个不以人们的意志为转移的规律。实际上，北京大学历经百年沧桑，在学术、文化上，也经历了相当曲折的路程，正、反两个方面的经验都向我们说明，是否坚持和贯彻蔡元培先生的这一方针，对学术文化水平的兴衰起伏，有着关键性的作用。

---

① 高平叔编：《蔡元培教育论著选》，北京：人民教育出版社，1991 年，第 574 页。
② 转引自梁柱：《蔡元培与北京大学》，北京：北京大学出版社，1996 年，第 89、91 页。
③ 高平叔编：《蔡元培全集》(第 4 卷)，北京：中华书局，1984 年，第 50 页。

第二，适应人才成长的迫切要求。培养人才是教育事业的一项基本任务。培养各种高级专门人才，更是我国高等教育的紧迫任务。蔡元培先生一生从事教育事业，以其多年孕育的学术功底，费尽心力，都是为了营造良好的学术环境，促进国内英才的成长。

蔡元培注重培养学生独立思考、从事学术研究的能力，对于同时并列的各种学派和学说，他说："一任学生之比较而选择，此大学之所以为大也。大学自然为教授学生而设，然演进既深，已成为教员与学生共同研究之机关。"①在这里，蔡元培并不是不问政治或放弃指导。事实上，他历来是倡导改革、支持先进，反对复古和倒退的。对待学术问题，他是以一种开放的心态、民主的作风和辨证的方法来进行指导的。从教员和学生两个方面，都表现了他对人才的高度重视、爱护和培养。从教员方面说，确实有一个政治与学术的关系问题，他把政治与学术作了适当的区分。在教学的要求上，主要看学术水平与能力，至于某些政治观点与态度，在不影响专业教学的前提下，可以姑且不论，因为"人才至为难得，若求全责备，则学校殆难成立"②。从学生方面说，主要是防止学生只知道一个学派、一种观点，便奉为金科玉律，而把其余的学派和学说置之不顾。让不同学派和观点相互并存、自由讨论、竞相争辩，"令学生有自由选择的余地"，就不会囿于一己之见或一家之言。

这样，蔡先生就在北大吸收和容纳了各种不同类型的富于专长的学者，使他们汇聚一堂、冶于一炉。比如，在史学方面，既有信古派，也有疑古派；经学方面，既有今文学派，也有古文学派；文学方面，既有提倡文言的，也有提倡白话的。有的主张文学革命，有的大讲国粹，主张复古；有的讲马克思，有的讲凯恩斯。总之，在讲台上可以充分表述自己的见解，相互批评，唱对台戏。这种学术上的民主，不但使教员敢于进行独创性的研究，敢于追求真理，而且也使学生扩展了思维空间，培养了独立思考的兴趣与能力。北大出现的这种自由探讨、百家争鸣的生动活泼的学术环境，调动了广大师生研究学问的积极性，对于培养高素质的人才是十分有利的。

发展人的个性，是教育学中一个十分突出的问题。历史上许多有重大成就的学者，都是在学识、能力、品性上富于鲜明个性的。我们的教育应当是

① 高平叔编：《蔡元培教育论著选》，北京：人民教育出版社，1991年，第574页。

② 转引自梁柱：《蔡元培与北京大学》，北京：北京大学出版社，1996年，第89、91页。

有利于发展个性而不是损害个性的教育。蔡元培曾明确指出："与其守成法，毋宁尚自然；与其求划一，毋宁展个性。"[①]发展个性，就是要有所选择。一种好的教育，就是要为受教育者的兴趣、爱好、专长等提供选择的机会与条件。兼容并包、思想自由的方针，在某种意义上就是为了启迪和发展学生的个性。蔡元培采取各种措施，尽量沟通文科和理科，沟通各个专业，打破过于狭窄的学科界限，在学制上改年级制为选科制(相当于现在的学分制)，并且在校内组织各种研究会和学生社团，都是为了使学生扩展视野，在广阔的学术、文化生活领域里能够自由选择，便于发展个性。他吸取西方教育思想中的合理之处，主张把受教育者看做教育领域中的主体，"体验其在世界、在社会有何责任，应受何种教育"。他坚决反对专制主义的教育驱使教育者来迁就自己的主义，"使受教育者皆富于服从心、保守心，而受政府驾驭"[②]。同时，我们看到，他并不是片面地主张发展个性，而是主张个性与群性的统一，要求学有专长的学生富于高度的社会责任感，为社会尽力。在方法上他主张因材施教。在这方面，他推崇孔子，认为孔子作为中国第一个平民教育家，其教育主张的特点，就是陶养性情，发展个性，以适应社会。孔子的教学方法就是因材施教，而不是拘泥形式，固守答案，专讲划一。对于不同对象、不同场合的问"仁"、问"政"，孔子的回答都不一样，不过，孔子的"述而不作，信而好古"的说法，和强调长幼尊卑等级秩序的主张，对学术文化的创新和人的个性的发展，也是有严重束缚的，这一方面，蔡元培当然是坚决反对的。总的说来，"兼容并包，思想自由"的方针，从多方面调动了教育者和受教育者的积极性与主动性，并且为发展个性提供了广阔的天地，从而有利于高效率、高质量地培养各种专门人才。

第三，蕴含辩证思维的传统哲理。"兼容并包，思想自由"，既是办学方针、教育决策，又是辩证思想的深刻体现。蔡元培曾引证《礼记・中庸》的话作为依据："万物并育而不相害，道并行而不相悖。"并且作出了一番说明："如人身然，官体之有左右也，呼吸之有出入也，骨肉之有刚柔也，若相反而实相成。各国大学，哲学之唯心论与唯物论，文学、美术之理想派与写实派，计学之干涉论与放纵论，伦理学之动机论与功利论，宇宙论之乐天观与厌世

---

① 张汝伦编选：《蔡元培文选》，上海：上海远东出版社，第316页。

② 雷颐：《蔡元培语萃》，北京：华夏出版社，1993年，第93、104页。

观，常樊然并峙于其中，此思想自由之通则，而大学之所以为大也。”[①]

这种相反相成的思想，即事物的对立面相互依存的思想，在我国传统哲学中一般表述为“有对”之学。这在《周易》中已有萌芽，而在《老子》、《孙子兵法》、《易传》等著作中都有特定的表述。如老子所说：“有无相生，难易相成，长短相形，高下相倾，音声相和，前后相随。”[②]北宋时期张载又把这种“有对”表述为“一分为二”。南宋时期朱熹更明确地概括为一个原理：“天地万物之理，无独必有对。”[③]明清之际方以智则表述为“合二为一”。蔡元培敏锐地继承了这一传统，他说：“吾人所处之世界，对立之世界也。”[④]这种源远流长、愈来愈概括而明确的辩证思维，即一分为二或对立统一的思想，揭示了事物发展的源泉和动力；对立统一导致一切事物的变易和相互转化。这是中国传统哲学与西方自古希腊时期直至近代黑格尔辩证思维所共同具有的一条基本脉络，表现了人类基本智慧的贯通之处。中国传统哲学更有一显著特点，即所谓“会通”之学，讲究和善于吸收并综合各种不同流派的思想，来丰富和发展自己的思想。孔子提倡“和而不同”。司马迁强调“天下殊途而同归，百虑而一致”。蔡元培也指出：“中国民族富有中和性。”[⑤]中国传统思想的这种“会通”精神，不仅善于通过不同派别的相互接触、相互比较而相互吸收、相互促进，并且能够融会和吸收各门具体学科的思想成果，融会外来文化的合理成分，从而达到综合创新的发展。

由上可见，蔡元培的“兼容并包，思想自由”的方针，有其深刻的辩证思维的依据，并且充分体现了中国优秀的传统思想和文化的特色。从这个意义上说，它也将在教育和学术文化事业的发展中显现出永久的魅力和生命力。它是不会过时的。

三、美育代宗教——健全人格的全面塑造

在中国近代思想史上，有四个人对于美感教育作出了卓著的贡献。他们是梁启超、王国维、蔡元培和鲁迅。王国维受叔本华哲学的影响，认为美与

① 雷颐：《蔡元培语萃》，北京：华夏出版社，1993年，第93、104页。

② 《老子》第2章。

③ 《朱子语类》，北京：中华书局，第95页。

④ 雷颐：《蔡元培语萃》，北京：华夏出版社，1993年，第105页。

⑤ 高平叔编：《蔡元培政治论著》，1986年，第320页。

艺术可以帮助人们摆脱人欲和世间之苦，从而达到超功利、超利害的人生境界。在中国近代教育史上，王国维第一个提出将美育列入教育方针，并且反对封建社会“文以载道”的政治美学观，力主美育与德育、智育并立。在这四人当中，美育思想较为接近的是王国维与蔡元培。蔡元培不仅从本体层次上来评价审美的功用，而且将美育与培育理想的人、完美的人乃至完美的社会联系到一起，认为美育是实现这一社会改造的关键要素。在蔡元培那里，美育与德育共同构成一种“世界观”教育。与王国维、梁启超相比，蔡元培的美育观不仅更为系统，而且在实践中造成了相当的影响。

与王国维一样，德国的“哲学美学”传统对蔡元培的影响较大。在《美学的进化》(载于 1921 年 2 月 19 日《北京大学日刊》)这篇演讲中，蔡元培梳理了西方美学史上的两条治学之路：从鲍姆加登到康德、谢林、黑格尔直至哈特曼，皆属于“哲学的美学”一脉，是用演绎法的；从费希纳开始的实验美学则重归纳、重经验，多采用自然科学的研究法，属“科学的美学”一脉，蔡元培认为，虽然科学的美学至今还未完全成立，却是极有可能成立的，蔡元培虽然受康德先验美学的影响很深，但并不排斥经验论美学，他曾专门研究过人类学，感兴趣于美术的起源问题，其“兼容并包”之态度，由此可见一斑。不过，经验论美学并没有从骨子里影响到蔡元培的美育观。蔡元培作为一个有着几千年“礼乐”传统影响的人文知识分子，在骨子里是和德国古典美学相亲近的，这体现在：把审美功能先验化，将审美提升到本体论、宇宙论的高度，把美育的终极目的视为达“道”、悟“道”，即超越现象界达至本体界。

在近代中国思想史上，许多思想家都自觉或不自觉地将世界分为现象界与本体界，倡导通过某种修养回归或达到宇宙本体即“道”，这绝非偶然。无论是原始儒还是宋明儒，对于天人和乐的境界，或悠然神往，或孜孜以求。而通过某种审美活动来陶养性情，获得天人感通、天人和乐的体验，在中国历史记载中也屡见不鲜。佛教和道家更是强调通过身体的精神的修炼，澄心去欲以达道。蔡元培将现象界和实体界(即本体界)析为两片，以康德思想为凭依，联系中国传统哲学思想，认为“前者(现象界)范围于因果律，而后者(实体界)超轶乎因果律……前者可以经验，而后者全恃直观。故实体世界者，不可名言者也……强为之名，是以或谓之道，或谓之太极，或谓之神，或谓之黑暗之意识。或谓之无识之意志”①。

蔡元培认为，现象、实体本为一世界之两方面，人们之所以沉溺于现象界而无法观照到世界的本相，是由于人在生存活动中不自觉地形成了两种意识：①人我之差别；②幸福之营求。军国民和实利主义教育，即体育和智育，可以“补自卫自存之力之不足”，增强一国的实力，但是这种为政治和国民生计服务的教育囿于现象界，仅凭此不足以使人们获得真正的幸福。要获得真正的幸福，只有破人我之见，“泯营求”，以成“天下为公”的大同世界。和康德、席勒之重理想一样，蔡元培心目中一直是有一个大同世界的理想的。20世纪初，蔡元培试图以政治上的直接暴力行为来救国和实现大同世界，辛亥革命后，他转入教育和美育，希望教育和美育带来中国的希望、人类的希望。在1935年答《时代画报》记者问时，蔡元培针对第一次世界大战带来的苦难与罪孽，谈到了他在美育上倾注的理想：“物质愈发达，情感愈衰颓；人类与人类便一天天隔膜起来，而且相互残杀。人类制造了机器，而自己反而变了机器的奴隶，受了机器的指挥，不惜仇视同类。我的提倡美育，便是使人类能在音乐、雕刻、图画、文学里又找见他们遗失了的情感。我们每每在听了一支歌，看了一张画，一件雕刻，或是读了一首诗、一篇文章以后，常会有一种说不出的感觉；四周的空气会变得更温柔，眼前的对象会变得更甜蜜，似乎觉到自身在这个世界上有一种伟大的使命。这种使命不仅仅是要使人人有饭吃，有衣裳穿，有房子住，他同时还要使人人能在保持生存以外，还能去享受人生。知道了享受人生的乐趣，同时便知道了人生的可爱，人与人的感情便不期然而然地更加浓厚起来。那么，虽然不能说战争可以完全消灭，至少可以毁除不少起衅的秧苗了。”②

大同世界，从(康德)哲学上来讲，就是“合现象世界个别之意识为浑同，而得与实体吻合焉”③，即普遍理性与个人的私利、私欲融合无间；从人的状态上来讲，大同世界之人是理性与肉欲协调起来的人，是理想的人、完美的人。古希腊有培养完美的人的社会理想，处于上升期的英法资产阶级继承了这一理想，德国的启蒙思想家们则赋予这种思想以一种思辨的形态，德国的

① 《蔡元培美学文选》，北京：北京大学出版社，1983年，第3页。

② 同上书，第215页。

③ 同上书，第4页。

康德和席勒回应了18世纪法国哲学，以一种更为美学化、更为温情的方式来阐述关于人和社会的理想。蔡元培作为中国进步资产阶级的代表，在通过教育来培养完美的人与理想的社会这一点上，与欧洲上升期的资产阶级思想家是一致的。

正是由于蔡元培心目中有一个“理想的人”、“大写的人”，他在改革北大学制和中国教育制度的过程中，便不满足于“富国强兵”的教育路线，而是强调“养成健全的人格”，培养自由、全面发展的人，强调学校教育相对于政治的独立性、自治性。而要实现这一理想，蔡元培认为关键在于从人的情感入手的美育。

康德认为，具有普遍的自由性的美感，是必然的现象界和自由的本体界之间的桥梁。席勒则认为，审美的游戏冲动能连接理性冲动和感性冲动。蔡元培沿着这一思路指出，在审美活动中，人对于现象世界无厌弃也无执著，既超越又不脱离现象界，于是能够脱离现象界中的人我之分和患得患失、爱恶惊惧喜怒悲乐之情，“与造物为友”，从而达到实体世界之观念，达到实体世界之观念的人即理想的人。蔡元培认为，宗教固然可以使人脱离现象界，但“现世幸福”却不可以完全否定，这是因为“现象实体，仅一世界之两方面，非截然为互相冲突之两世界”，故教育应“立于现象世界，而有事于实体世界”，审美恰好能沟通现象、实体这两个世界，因此，美育在培养理想的人的过程中功用是极大的。①

欣赏美、创造美，在蔡元培这里，不是对尘世烦恼的暂时遗忘和逃避，也不是一种新的宗教和自我解脱之道，而是一种积极的社会改造手段。这是蔡元培高于叔本华、王国维之处。在近现代西方艺术发展史上，随着宗教的没落，价值中心失落的人们有一种将艺术宗教化、神秘化的趋向，蔡元培的思想与之不同，“以美育代宗教”不是要让艺术发挥宗教的功用，成为现世苦难的避难所，而是说，宗教在现代社会已无存在之必要，智育、德育、美育不依赖于宗教也完全能够发挥自己的独立作用。蔡元培继承的是资产阶级启蒙思想，美育在他这儿是实现社会理想的一种积极手段，因为美育直接影响人的情感，进而影响人的意志，所以美育能起到其他教育手段所起不到的作用。“美育者，应用美学之理论于教育，以陶养情感为目的者也。人生不外乎

① 《蔡元培美学文选》，北京：北京大学出版社，1983年，第3—4页。

意志；人与人互相关系，莫大乎行为；故教育之目的，在使人人有适当之行为，即以德育为中心是也……所以美育者，与智育相辅而行，以图德育之完成者也。”[①]能时常为美好事物所感动，则必有美的性情，有美的性情，则必有善良的意志，这样一种推论虽然离马克思主义的立场观点尚有许多距离，但是它是有一定现实依据和现实意义的。

蔡元培的美育思想，有些过分强调心和情感的力量在改造社会中的作用，有些过分强调对超越利害得失的高尚人格的培养，比较忽视物质利益在历史进步中的基本作用，这些都是值得我们注意的局限与缺陷。但是，作为资产阶级理想的“完美的人”，在无产阶级那里仍然不失其进步的意义，无产阶级打破了经济必然性对人的束缚与奴役，更加有条件来实现“完美的人”的理想。在社会主义建设中，如何通过情感教育来培养心灵美好的公民，在教育事业中如何加强美育的方面，使受教育者达到德、智、体、美的全面发展，这是一个值得重视的课题。蔡元培提倡美育之时，国家不稳定，教育状况极为落后，如今全国的艺术专门学校已不计其数，许多大学都开设了美学课和艺术欣赏课，中小学的美育也提到议事日程上来，首都北京的艺术馆、博物馆的质量与规模、城市美化与文明程度等等都有一定的发展。蔡元培当年提出的一些具体建议也多有实现。但是，与欧美国家相比，中国的社会美育与学校美育仍然非常落后，蔡元培当年在美育中所追求的那种理想，并没能在当今社会中达到。

蔡元培的美育思想，上接中国的礼乐传统，又与西方美学、教育学融会贯通，在中国的美育思想发展史上具有里程碑式的意义。如何更好地继承这笔宝贵的文化遗产，值得我们深思。

以上三个方面是相互联系、相互促进的。学术研究的繁荣是国富民强的根本，是教学水平与人才成长的保证，突出大学的学术研究功能，符合高等教育发展的规律。学术的繁荣有赖于良好的学术环境，良好的学术环境包括：社会物质条件的保证；百花齐放、百家争鸣的局面。如果没有宽松的思想环境，学术研究的繁荣也就无从谈起。从教育和文化发展的视角看，“兼容并包，思想自由”乃是北大之所以为北大的基本传统和基本经验。做学问与做人的结合，是中华学人的优良传统，教育不应当片面地培养谋生之技能，还应

---

① 《蔡元培美学文选》，北京：北京大学出版社，1983年，第174页。

以培养全面发展的人为目标。中国自古以来就注重礼乐教化，读书明理往往和审美趣味的培养结合在一起。蔡元培提高了美育在教育中的地位，将美育视为陶冶性情、培养理想的人的途径，使美育与德育、智育相结合。在他看来，学术繁荣与人的健康、全面发展是不可分离的。然而，服务于工业化大生产、受市场调控的现代教育，在现阶段必然体现出学术的技术化、工具化以及学术资源的分配受资本控制的特点，蔡元培在他的那个时代，不可能充分认识到工业社会的性质和现代教育的特征，因此他的教育思想必然会带有一定的空想色彩，但是，蔡元培在美育中寄予的大同世界的理想，理应融会到我们的共产主义理想中来。

高等教育，尤其像北大这样的资深学府，应该放眼未来，为孕育百家争鸣的文化大繁荣，为培养更多的有学识、有道德、有趣味的人才而作坚忍不拔的努力。为此，继承和发扬蔡元培的珍贵的教育思想，便是当务之急。

（原载《蔡元培研究集》，北京大学出版社，1999）

尊重学术，共度时艰的大力支撑者蒋梦麟

一所大学，校长的作用，举足轻重。就北京大学而言，更因有“大德垂后世”的蔡元培校长而大显光彩。蔡元培是中国现代大学理念和北大基本传统的奠基者。但是，蔡元培在校任职十一年(1917—1928)中，因多次出国考察、出席各种会议，以及辞职出走等缘故，他实际在校时间不过五年多。他的基本思想的形成与贯彻，与前有开明先行者严复的创造条件，后有积极继承与发扬光大者蒋梦麟、胡适等人的鼎力相助、薪火相传，是密不可分的。

蒋梦麟在北大校长中，是任职时间最长的一位。他于 1917 年在美国哥伦比亚大学获哲学和教育学博士学位后回国，1919 年 7 月受蔡元培委托代理北大校长职务。1923 年和 1930 年又两次被当时政府正式任命为北大校长。1938—1945 年的西南联大期间，因设校务委员制，他任北大方面的校务委员。可见他在北大前后共 26 年，除去西南联大那一段，他主持北大校务，也长逾 17 年之久。

可是，长期以来，我们几乎把这位老校长淡忘了。许多纪念性的活动与文章很少提到他，就在《北京大学校史》中偶尔提及时，也以负面的色彩呈现，一笔抹去他的积极作用与贡献，这是极不公平的。为什么会出现这种状况？既有客观的原因，也有主观的因素。我想，大致有三个方面的“遮蔽”：(1)相对地位的遮蔽。蔡元培在位时，蒋梦麟多以“辅佐”、“助手”的角色出现，而蔡元培的地位、贡献和影响力实在太突出、太显著了，这便不能不在客观上遮盖或冲淡其他人的作用和影响。人们在高度评价蔡元培的历史功绩时，往往对蒋梦麟、胡适、傅斯年等人的贡献有所忽视，这种状况既难以避免，也实欠公允。(2)务实作用的遮蔽。蔡元培是中国现代最卓越的教育家。他的教育思想和理论，相当完整，富于创新，并极具成效。蒋梦麟常以支持、贯彻蔡元培教育思想的面貌出现，他曾任总务长，以实干、务实和善于解决实际问题而闻名。蔡元培的思想光辉多少遮蔽了蒋梦麟的思想建树。(3)政治因素的遮蔽。蒋梦麟有过参与国民党政治活动的经历。1928 年任浙江大学校长期间，他曾被国民党中央政治会议议决为中央政治会议委员；1945—1947 年他

曾出任国民党政府行政院秘书长。1948 年去台湾，主要从事农业复兴和土地改革的工作。另外，出自教育和学术救国的视角，他不赞成学生参加罢课、示威等政治活动，认为这过多地影响了正常的教学秩序和学生的学业。但当爱国学生受到当时政府的迫害或军警逮捕时，他与蔡元培一样，是尽力保护和援救学生的。而且他在北大主持校务期间，与国民党政治的瓜葛甚少，对待日寇的侵略，他的坚决抗日态度十分鲜明。1935 年，日本侵略势力策划“华北五省自治运动”，蒋梦麟与梅贻琦等人坚决反对。他并坚持留守北平，主持北大校务。11 月底在日军严厉威胁下，一次日军司令部约定与之面谈，蒋梦麟正气凛然，只身前往应对，他勇敢而机智地回驳了日军的诱惑与挑衅。后来罗家伦对此评论说：“蒋梦麟先生是郭子仪第二，大有单骑见回纥精神。”①因此，总的来看，他是一位有独立精神品格的教育家、学者和大学校长。我们应当撇开成见，揭开遮蔽，如实地评价蒋梦麟在北大校史和中国现代教育史上的地位和作用。

一、蔡元培大学理念的坚决实施和积极发扬者

蒋梦麟与蔡元培成为北大校史上最亲密的志同道合者，绝非偶然。二人同为浙江绍兴人，蒋在 12 岁入绍兴中西学堂时，便是蔡的学生。往后二人都把一生的大部分精力投之于中国现代高等教育和北大的建设。蒋对蔡的精神品格及其来源有深切的把握。1919 年蒋梦麟在初到北大的演说中就谈到，蔡先生的为人，既有中国固有文化之优点，又受西洋文化之陶镕。他说：“蔡先生平时待人接物，大度包容。温厚可亲，但一遇重要大事，不肯丝毫改变其主张，所谓富贵不能淫，威武不能屈。”②在他看来，这是由于蔡先生把三种精神熔于一炉：(1)温良恭俭让，具中国最好之精神；(2)重美感，具希腊最好之精神；(3)平民的生活态度，相信和尊重别人，具希伯来最好之精神。有了这三位一体的精神，事业中的困难和危险便可排除。他指出，这种精神又来自学问，蔡元培首先是一位大学问家。所以他希望学生把学问当做莫大的任务。救国之道和增进文化之道，皆在学问，北大师生应以自己的学问功夫为立脚点。

---

① 《历史的先见——罗家伦文化随笔》，北京：学林出版社，1997 年，第 97 页。

② 蒋梦麟：《过渡时代之思想与教育》，上海：商务印书馆，1933 年，第 393 页。

蒋梦麟与蔡元培完全一致，把大学看做研究高深学问的场所，学校之生命在于学术水平。因为发展科学，繁荣学术，是立国之本、强国之基。蒋梦麟说："学术兴，则中国之精神必蓬勃发展，日进无疆。"①因此，蒋梦麟总是把营造学术中心，作为治理北大的理想目标，他的工作，就是要克服困难，创造条件，为提高北大的学术水平而竭尽全力。1928年他提出振兴北大学术的大致蓝图是：输入西方文化；整理国学；注重自然科学。他并且提出了实现这一蓝图的种种具体措施。

为了繁荣学术，培育人才，就必须实施"兼容并包，思想自由"的方针。这是蔡元培融合中西思想，在北大提出的最有深意和最见成效的办学方针，并为北大奠定了基本传统。由此，北大便成为不同学派鸣放和竞争之中心，蒋梦麟在1919年便预见道："自蔡孑民氏长北京大学以来，网罗国中新旧人物，主讲大学。……高屋建瓴，其势将弥漫全国，……，犹文运之澎湃全欧也。"②1923年，他又把这一方针表述为"北大之精神"，即"大度包容之精神"和"思想自由的精神"。他指出，学术思想的自由，乃是欧美各著名大学中神圣不可侵犯之事，又是从中国儒家"道并行而不相悖，万物并育而不相害"的原则推演出来的。而大度包容中的这个"容"字，"已在本校的肥土之中，根深蒂固了"③。正是蒋梦麟等人长期坚持这一方针，维护北大的基本传统，才在20世纪的20—40年代，铸就了北大和"西南联大"的几度辉煌，并在国内外产生重大影响。

蒋梦麟与蔡元培在大学理念和办学方针上保持一致，不等于二人在教育模式、学科重点规划等方面没有差别。蔡元培较长时期观摩、考察了德国柏林大学和洪堡的教育模式与经验；蒋梦麟在美国哥伦比亚大学师从杜威，着重学习并考察了美国的教育制度与经验。他们个人的经历与素养也有所不同。因此，他们所推崇和吸取的方面是有差别的。在学科建设的重点上，蔡元培比较侧重人文学科，特别重视哲学、伦理学和美学；蒋梦麟则比较侧重自然科学，他认为20世纪是科学的时代，因而尽力发展理学院，希望以基本的自然科学为骨干，进而扩展到其他领域。在吸纳人才上，蔡元培招聘了大量人

① 蒋梦麟：《过渡时代之思想与教育》，上海：商务印书馆，1933年，第124页。

② 同上书，第449页。

③ 蒋梦麟：《北大之精神》，见曲士培主编：《蒋梦麟教育论著选》，北京：人民教育出版社，1995年，第259页。

文学科的人才；蒋梦麟则大批招聘理学院教授，人数大约是文学院的两倍，法学院的四倍。在培育健全人格的方式上，二人都主张德、智、体、美育的全面结合，但蔡元培比较重视世界观和道德教育，并强调通过美育，陶冶人的情感，因而侧重人文精神方面；蒋梦麟也主张以理导情，使情与理在人性中和谐发展，但又比较强调科学思维和科学方法的训练，即侧重科学精神方面。在管理体制上，蔡元培主张教授治校、学生自治，实行民主管理，尽力调动教师和学生的积极性。蒋梦麟把这种主张进一步具体化，发展成教授治校的原则。他吸取美国一些大学的管理经验，强调层层分工，各司其职。他提出"教授治学，学生求学，职员治事，校长治校"的管理方针。原属各学院的教务和事务等工作，改由学校秘书处和课业处负责，改变了过去教授兼任各种事务的现象，使教授得以专心治学与教学。同时，他严格限制教师在校外兼课，使教授有充分时间研究和积蓄学问。此外，北大在蒋梦麟的具体实施中于1920年便首倡了评议会(司立法)和行政会议(司行政)，使众多教授在教学、学术研究和学校大政方针上发表意见，发挥积极作用，以利于更好地贯彻教授治校的原则。也许正是这种"和而不同"的差别、相辅相成的作用，使得北大的历史更加丰富多彩、熠熠生辉。

二、北大师生历经沧桑、共渡难关的重要支撑者

蒋梦麟代理或正式主持北大校务，主要在20世纪二三十年代，这是北大校史上相当艰难困苦的时期，国家或值北洋政府执政，军阀混战，政局动荡；或值北伐后的国民政府执政，极不稳定，且面临日军侵略的严重威胁。总之，教育经费短缺，又经常被官吏挪用，教工薪水长期被拖欠，基本建设资金难以筹措。身任总务长的蒋梦麟，东奔西忙，有时为躲避建筑公司的讨债，还不得不陷入仓促"外逃"至西山的狼狈境地。

在这种条件下，蒋梦麟处变不惊，沉着应战。他以善于办事而著称，冷静而妥善地处理各种关系和事件，逐步解决各种难题。他深知"北大不仅是原有文化的中心，而且是现代知识的源泉"①。他对北大有着很深的情结，愿与北大共命运、任劳任怨、甘挑重担。每日所思，皆如何建设北大的问题。在极其困难的条件下，他也决不退缩，而愿与全校师生共同奋斗，"至少也要维

① 蒋梦麟：《蒋梦麟自传：西潮与新潮》，北京：团结出版社，2004年，第248页。

持北大的生命，绝不让他中断”[①]。

尊重学术、尊重人才，是蒋梦麟主持北大工作的显著特点。在胡适、傅斯年、丁文江等人的协助、配合下，他采取多种措施，想方设法，筹集资金，修建图书馆、实验室，添置图书和仪器设备，做好后勤服务工作，改善办学条件，营造良好的学术氛围，稳定教师队伍，并且多方吸引优秀人才，如理科的丁文江、李四光、汪敬熙、曾昭抡等，文科的汤用彤、徐志摩、周作人、赵乃抟等。同时，不拘一格，唯才是举，还破格聘用了如吴晗、钱穆、千家驹等人。这样从20年代初至30年代，蒋梦麟与蔡元培、胡适、傅斯年等人一道，艰苦地致力于北大中兴，使北大由乱到治，由衰至兴，逐步成为全国学术之中心。使北大人才云集，学术繁荣，推动教学与研究达到国际先进水平，一些教授的科研成果已在国内外学术界处领先地位，并且逐年培养出大批高质量人才。蒋梦麟在这段校史上的重要作用与贡献是无可否认的。

蒋梦麟做事的一种基本风格是：坚持原则、敢于担当。他曾对各学院负责人说：“辞退旧人，我去做；选聘新人，你们去做。”可见他敢于碰硬，不怕得罪人。胡适也曾说他是一位“有魄力、有担当”[②]的校长。

在《忆孟真》一文中，蒋梦麟谈到傅斯年一次演说对北大主要人物作出评价：“他说蒋梦麟先生学问不如蔡孑民先生，办事却比蔡先生高明。他自己的学问比不上胡适之先生，但他办事却比胡先生高明。……他走下讲台以后，我笑着对他说：‘孟真你这话对极了。所以他们两位是北大的功臣，我们两个不过是北大的功狗。”这当然是他们之间的某种调侃。他们四人都当过北大的校长或代理校长，都是北大校史上的重要功臣。应当分别作出合乎历史实际的评价。我们不能因高度评价蔡元培而完全忽视或淡忘其他三人的功绩。孤零零的蔡元培在历史上并不真实存在。

三、崇尚学术、张扬个性的大力倡导者

蒋梦麟校长既以“务实”著称，是否在教育思想上无所建树呢？不，他同时又是一位勤于探索、多有建树的教育思想家。他在美国多年师从杜威，钻研哲学与教育，以论文《中国教育原理之研究》获博士学位。回国后在《教育杂

① 蒋梦麟：《北京大学开幕词》，曲士培主编：《蒋梦麟教育论著选》，1995年，第257页。

② 智效民：《胡适和他的朋友们》，昆明：云南人民出版社，2004年，第97页。

志》上发表一系列推动教育革新的文章，随后又任《新教育》月刊主编。1933年出版《过渡时代之思想与教育》，汇集从各个侧面阐述教育问题的文章。1943年在西南联大他以英文撰写历史回忆兼自传性的《西潮》一书，1947年由美国耶鲁大学出版英文版，1958年在台湾出版中文本。该书包含了他长期结合实践对教育问题所作的深沉思考与探索。

蒋梦麟有深厚的国学基础，在美国学习、考察8年后回国工作，正值因中西文化激烈冲突而掀起的"五四"新文化运动时期。他主张直接学习西方的先进文化，特别是西方的先进科学，同时他积极主张中西文化的融合，从而创造中国的新文化。他说："中西两者融会贯通，如蜂酿蜜，蜜成即是创造出了新文化，花不见了。"[①]他认为，中国文化的吸收力是很强的。中国传统文化，如儒家学说，就与西洋人文主义有相互沟通的方面，故而容易合流。"五四"新文化运动和文学革命，表现了中国文化自觉吸收西方思想的开端(过去的努力只限于政治和工业方面)。他看到："我们吸收西方思想的能力愈强，我国的文化亦愈见丰富。"[②]在他看来，我国的现代化运动与西化运动，虽不完全相同，但却是无法分开的。

从中西文化、思维的比较中，蒋梦麟着重探讨了中国人为什么未曾发展自然科学的问题。他认为中国人的理智活动常局限于道德与实用的范围，满足于乐天知命的生活，追求安定，而从来不想对大自然作深入的探讨。中国人的发明，也往往止于实际的用途，而不像希腊人那样去作原理原则的探讨，也不像现代欧洲人那样从个别发现中归纳出普遍定律。中国人太重实际，缺乏逻辑思维和科学思维的训练。这是发展自然科学的主要障碍。因此，蒋梦麟的教育思想中特别强调自然科学，强调科学思维和科学方法的训练，试图切实改变中国人只重道德关系和实际用途的心理状态，"从运用科学进而研究纯粹科学，从纯粹科学进而接触到新的思想方法"[③]，使大自然不再仅仅是道德家或诗人心中的大自然，而且是纯粹科学家心目中的大自然。另一方面，认真整理和研究中国的学问，也会对现代科学与世界提供重大的贡献。中国人所建立的道德体系和道德观念，如忠、孝、仁、义、诚、信、中庸、谦虚，

---

① 蒋梦麟：《西潮》，沈阳：辽宁教育出版社，1997年，第221页。

② 《蒋梦麟自传：西潮与新潮》，北京：团结出版社，2004年，第336页。

③ 同上书，第345页。

等等，曾使中国人诚实可靠，使中国社会安定平静，并使中国文化历久不衰。所以，他认为："道德宇宙与理智宇宙将和在西方一样在中国平行并存，一个保持安定，一个促成进步。"[①]问题在于能否使二者"觅得中庸之道"，即和谐地结合。

所以他在1920年指出面向将来应做的三件事便是：(1)全力注意输入西洋文化；(2)用科学的方法整理国学，出一部北大的"国学丛书"；(3)注重自然科学，尽力添置仪器设备。他认为在当今时代，只有学兼中西，才能把学问做好。他说："讲中不讲西，终觉孤立。讲西不讲中，终觉捍格。能学兼中西，方知吾道不孤。"[②]而且，他认为中国文化和西方文化是相互促进、相互推动的，所以他又说："凡愈懂中国文化者，愈能懂西洋文化，愈懂西洋文化者，也愈能懂中国文化。"[③]这也说明，越是在相互比较中，越能理解各自的短长与渊源。

蒋梦麟是蔡元培的亲密合作者、继承者。他们都十分尊重中国的传统文化，又力主学习西方先进的教育理念和制度，融合中西教育传统和经验，他们有许多共同的方面，二人可说是中国现代大学制度的共同制定者。同时，蒋梦麟在教育思想和理念上又有其突出而独到的见解：

1. 教育是什么？

教育究竟是什么？这历来是一个有重大争议的问题。教育是不是一门科学或学问？有人认为，教育是一项工作、一项事业或一项职业，但它没有确定的研究对象，因而不是一门科学或学问。蒋梦麟的回答是：教育是一门科学，但它不属于纯粹科学或基础科学，而属于实践科学或应用科学。它不能离开其他科学而独立。

那么教育作为一门科学的基本特点是什么呢？他指出三个方面：(1)教育为全生之科学。目的在享受人生之完满幸福，或达到人类生活之丰富。(2)教育为利群之科学。利群是达到全生目的的方法，即儒家所说："明德新民"、"己欲立而立人"。(3)教育为复杂之科学。教育以人生为主体，而人生不论个人或社会，均有繁杂的学科需加以研究。

---

① 《蒋梦麟自传：西潮与新潮》，北京：团结出版社，2004年，第349页。

② 蒋梦麟：《谈学问》，台北：世界书局，1954年，第31页。

③ 明立志等编：《蒋梦麟学术文化随笔》，北京：中国青年出版社，2001年，第413页。

2. 教育以学术为准则

他认为学术是社会进步、国家强盛的基础，一个社会或国家之落后，其根本原因就在于科学、学术不发达。要使社会进化，首先就要提倡科学和学术。他指出我国传统学术的三大弱点是：①无系统；②太重应用；③太重古文字，知识不易普及。因此，他提出教育要改变这种弱点的方向是：(1)重视"论理学"(即逻辑学)和科学之方法，这是学术系统的基础。(2)提倡探究学问的精神上的兴趣。西方的种种新理论之发明，多出于精神上的兴趣，而不以实际应用为限。(3)革新文学。先求言文之接近，教育方能普及。

他认为，教育既为复杂之科学，必有赖于他种科学，有赖于这些科学的高等学术之发明。从中外教育史上看，大教育家必首先是大学问家。所以他说："有真学术，而后始有真教育，有真学问家，而后始有真教育家。""今不先讲学术，而望有大教育家出，是终不可能也。无大教育家出，而欲解决中国教育之根本问题，是亦终不可能也。"①蒋梦麟本人始终把学术置于首位，尊重学术、尊重人才，这是他从事教育、建设北大最具特色、最为成功的方面，也是今日的大学校长和从事教育的领导者最值得深思的地方。

3. 教育对政治的态度

教育很难与政治相脱离。但蒋梦麟认为，教育对政治应采取分析和区别对待的态度，不能笼统地说"但管教育，不谈政治"。关于政治，可以从两方面看：一是政党与政事，教育界不应当涉足与干涉，因为这类政治是经常变动的，若涉足于内，会影响教育和学校的稳定性；二是政论，这关系政治理论上的是非问题，应当辨明是非，主张正义，开展启蒙，养成民主政治之习惯，这是教育责无旁贷的天职。因此，他认为教育绝不是培养不问政治的书呆子。但是，从历史的长河上看，政党、政事之类的政治，终究是过眼烟云，转瞬即逝的历史陈迹，而学术、文化，才有恒久的价值。政治又可区分为维持现状者和从事改革者两类，前者是保守的，持这种态度的人很多，从事教育的人不必参与；后者是改革或革命的，则有参与的价值，因为只有经过改革才能推动社会前进。总之，蒋梦麟认为，学者和知识分子应当展望未来，关注现实政治的重大问题，但却不能忘记自身的本职，是繁荣科学、发展学

---

① 蒋梦麟：《高等学术为教育学之基础》，《过渡时代之思想与教育》，上海：商务印书馆，1933年，第98页。

术。若不在学术上站住脚，那就不配谈什么改革政治。这些论述，现在读来，仍富于启迪和现实感。

4. 教育的中心任务在发扬人的个性

教育的对象是个人，个人不能离社会而生存。教育既不能离开社会，也不能离开个人。他说："离社会则不能言教育，舍个人则更不能言教育。"[①]他特别强调个性教育的中心地位。这可概括为两个方面：

(1)尊重个人价值。教育的目的是要增进人类的价值。但社会由个人组成。社会要进步，必须有强健之个人。他说："一社会中，各个人之价值愈高，则文明之进步愈速，教育为增进文明之方法，则当自尊重个人始。"[②]所以，他认为新教育之效力，就在于尊重个人之价值，养成有价值的个人，这是做人之道的根本。

(2)发展个人特性。他说："个人各秉特殊之天性，教育既当因个人之特性而发展之，且进而至其极。"[③]这种发展个性之教育，他又称之为"人格教育"。所谓"人格"，即个人所固有之特性。这种特性"具独立不移之精神，其蕴也如白玉，其发也如春日"[④]，有着巨大的潜力和灿烂的前景。个人有促进社会进步的责任，必须养成负此责任的能力："一曰能行，二曰能思。"即敢于肩负重担，勇往直前；能独立思考，生发新的思想。这就是人格教育之目的。

他经常强调，新教育就是要培养"活泼泼的个人"。这有三方面要求：(1)养成独立不移之精神；(2)养成健全之人格；(3)养成精确明晰之思考力。

总之，尊重个人价值，发展个人天赋之特性，是蒋梦麟教育思想的核心，它体现在各个方面，是蔡元培"顺自然，展个性"思想的重要发挥，至今值得我们高度重视。

此外我们看到，蒋梦麟在强调尊重个人价值、发展个人特性时，也重视个人对社会的责任和促进社会的进化；在涉及教育与政治的关系时，区分了

---

① 蒋梦麟：《高等学术为教育学之基础》，《过渡时代之思想与教育》，上海：商务印书馆，1933年，第97页。

② 蒋梦麟：《个人之价值与教育之关系》，《过渡时代之思想与教育》，上海：商务印书馆，1933，第103页。

③ 同上书，第102页。

④ 蒋梦麟：《进化社会的人格教育》，《过渡时代之思想与教育》，上海：商务印书馆，1933年，第104页。

不必参与和应当关注的不同方面；在阐述北大精神的大度包容和思想自由时，也重视弥补纪律和群治之不足；在实施学生自治时，兼顾“自”与“治”的两个方面，如此等等。可见蒋梦麟的教育思想在处理各种关系上的重要特点，是比较稳重、比较周全，因而比较能减少阻力，得以顺利实施。这也是蒋梦麟人生态度和思想方法上值得我们记取的优点和经验。

（原载《北京大学校报》，2011 年 11 月 5 日）

张扬个性，培养兴趣的积极倡导者胡适

胡适在中国现代史上是一个有重大争议的人物，但他在现代学术文化史上的突出地位，又是无可否认的。他是“五四”新文化运动的开创者和主将之一，同时又是文学革命、白话文运动、中国哲学史研究等方面的开拓者。不过，就其身体力行、言传身教，对青年发生直接而广泛的影响而言，更有他作为教育家的一面。然而，胡适本人并没有专论教育的著作。他的教育思想，散见于一系列文章、讲演之中，也体现于他的行为、活动之中。1954—1955年在全国开展的空前规模的批判胡适思想的运动中，教育思想也是批判的一个重要方面。其实，这场批判是出于政治的分歧与动机，基本上是一场政治的清算，没有多少学术的成分；除去那些上纲、上线和政治讨伐性的言词之外，属于教育思想本身的并不多，而且多半指向杜威为代表的实验主义教育观。

半世纪前的政治风雨已经平息，胡适先生作古已有四十多年。拂去历史的风尘，恢复学者和教育家的原貌，我们不妨平心静气地来考察他的教育思想，有分析地吸取其合理或可资借鉴之处。

一、胡适教育思想与活动的两个基本方面

从幼年到青年，胡适同时受到中、西传统思想的熏陶。但他的教育思想的现代性特征，主要来自西方，其中有两个方面十分突出而明朗：

1. 杜威实验主义教育思想的热诚宣传者

在《实验主义》一文中，他全面介绍了美国实验主义思潮的来龙去脉，并着重介绍了杜威哲学的根本观念。胡适认为，杜威在哲学界的影响力很大，而他的教育学说的影响力则更大。胡适用“杜威的教育哲学”一节专门加以评介。“哲学就是广义的教育学说”，这是杜威的名言，为胡适所信奉。他的解释是“哲学便是教育哲学”。“我们试问古往今来的哲学家哪一个不是教育家？

哪一个没有一种教育学说？哪一种教育学说不是根据于哲学的？”[①]仔细想来，这话不无道理，因为哲学无非是要尝试解决人生的根本问题，提升人的精神境界，这与直接以人为对象的教育岂不是息息相通的么？

胡适把杜威教育思想的要旨归结为一句话：“教育即是继续不断的重新组织经验。”在杜威那里，经验即是生活，生活即是应付四周环境，改变所接触的事物。人生的这种活动各有教育的作用，每一种活动即是增添一点经验，即是“学”了一种学问。所以杜威强调“教育即是生活”，要求“从做中学。”胡适最后概括杜威办学的两大主张是：学校自身便是一种社会的生活；校内学业与校外生活连贯一气。胡适认为，在阶级社会里，社会贵贱、劳心劳力，是泾渭分明的，杜威教育哲学的重大贡献就在于对传统的教育理论与制度一齐改革，“使教育出的人才真能应平民主义的社会之用”[②]。所以杜威的教育学说可称为“平民主义的教育”（democratic education，或译“民主主义的教育”——本文作者）。

杜威在“五四”运动时期曾来我国讲学两年多，遍及十一个省，大都讲教育问题，对我国教育界的影响十分广泛而深远。胡适曾亲自接待杜威，并作翻译。杜威的教育学说的实际影响，主要发生在中、小学领域。笔者个人认为，杜威的教育学说有其合理的一面，但实验主义思潮，出现于美国，并在美国占主导地位，在现代西方思潮中，它是一种比较缺乏理论深度的思潮，经验主义的倾向十分明显。杜威的教育主张有忽视正常教学秩序，特别是忽视系统知识和理论教育的片面性。应当看到，这种倾向对我国教育事业的影响是深重的，至今值得认真清理。胡适的评介，因当局者迷，有只知其一、不知其二的缺陷。不过，胡适一直从事高等教育，他的教育思想与活动还有更主要的一面。

2. 德国洪堡经验和蔡元培教育思想的积极贯彻者

19 世纪的德国哲学家洪堡，按照新人文主义精神，对德国教育进行过卓有成效的改革。其显著特点是：促使教学与研究相结合，提倡学术自由，重视学生的自由选择，鼓励师生在学术方面的独立研究和创新成果。洪堡于 1810 年与哲学家费希特一起建立的洪堡大学，被称为“所有现代大学之母”。

---

① 胡适：《实验主义》，《胡适文集》(第 2 集)，北京：北京大学出版社，1998 年，239 页。

② 同上书，第 248 页。

蔡元培曾赴德国着重考察和吸取了洪堡经验，并且融合中国教育的优良传统，在北京大学明确提出并坚决贯彻了“兼容并包，思想自由”的方针，要求大学成为“网罗众家，囊括大典”，研究高深学问的场所。同时蔡元培主张沟通文理，实行学生自由选课制，并强调美育，促使学生“德、智、体、美”全面发展，培养健全的人格。

对于蔡元培的教育思想和办学方针，胡适鼎力支持，积极配合，使之付诸实现。他放眼全国，以振兴中国的高等教育为己任。他曾协助蔡元培和蒋梦麟，与傅斯年等人一道，极力为北大物色和引进人才，作出过重要贡献。在高度重视教学的同时，他特别强调学术研究，力求把北大办成研究重镇，办成高质量的现代型大学。在他任北大校长期间所写的《争取学术独立的十年计划》一文，集中体现了他的努力方向和意图。所谓“争取学术独立”，就是说，争取不依赖外国，中国有自己的大学可以充分担负“世界现代学术的基本训练”，而受过基本训练的人才，又可以在国内继续深造，从事科学研究，而本国需要解决的科学问题，国内有专门人才和研究机构寻求解决，并且与世界各国的学人和研究机构分工合作，“共同担负人类学术进展的责任”。他提出的“十年计划”，就是希望在十年之后建立这种中国学术独立的基础。为此胡适提出了两项重要建议：第一，在十年之内，集中国家的最大力量，培植五个到十个成绩最好的大学，使它们成为“第一流的学术中心”、“国家学术独立的根据地”。第二，大学生教育应该朝着研究院的方向发展。他说：“凡能训练研究工作的人才的，凡有教授与研究生做独立的科学研究的，才是真正的大学。”他提出大学生体制改革的方向是：“多多减除行政衙门的干涉，多多增加学术机关的自由与责任。”他特别强调：“学术的发达，人才是第一要件，我们集中第一流的人才，替他们造成最适宜的工作条件。”[①]这样的五至十个最高学府就可以“成为学术研究的大本营”。可见在胡适那里，大学、学术、人才，是一而三，三而一的东西。这是一个富于远见卓识的计划，可惜中断了几十年。这个计划与今日“争创世界一流大学”的目标不无吻合之处，胡适在五十多年前就提出来了，而且义无反顾地以学术研究为中心，而今日体制多有障碍，积重难返，且在学界领导层中，有如胡适这样尊学术、重大才、

① 胡适：《争取学术独立的十年计划》，《胡适文集》(第 11 集)，北京：北京大学出版社，1998 年，第 807 页。

富胆识者乎？何中国之争取学术独立如此艰难？

二、胡适是现代通识教育的有力倡导者

胡适出身安徽绩溪的经学世家，自幼熟读“四书”、“五经”等经典，后进中学学习各门新式学科。1910 年去美国留学，先入康奈尔大学学习农科，后转入文理学院，最后入哥伦比亚大学攻读哲学。在典籍阅读上，经、史、子、集，他无不涉猎，在治学范围内，他贯通义、史、哲，跨越多种学科的研究。他一生获得过三十多个名誉博士学位，数量之大，居华人学者之冠。对于学问的博与专或广与深的关系，他作过一个浅近而恰当的比喻：“我们理想中的读书人是又精又博，像金字塔那样，又大、又高、又尖。”[①]就是说，做学问只有底子宽了，才能立得住，上得去；而如果单有广博，不向高深发展，也难有重大成就与贡献。他深知博而不专，会失之于浅，专而不博，则会失之于陋。他本人就是现代通识教育的力行者。留学美国七年期间，他在《留学日记》中写道：“以哲学为中坚，而以政治、宗教、文学、科学为辅焉。”确实作了多方面的学识积累，以便“他日国人导师之预备”。回国后他积极支持蔡元培“沟通文理”的主张。他说：“目的是要使文科学生多懂得一些科学，不致流为空虚，使理科学生多研究一点人生基础观念，不致流为陋隘。”并说，“这种制度是世界最新的制度，美国之大学以‘文理院’为基本，即是此意。”[②]20 世纪 50 年代中对胡适的那场批判，涉及政治、哲学、文学、历史、教育，以及哲学史、文学史、《红楼梦》研究等，最后汇集出版《胡适思想批判》共八辑，达数百万字。这固然说明当时批判声势之浩大，也更说明胡适研究领域之广阔。不过，我们纵观胡适一生的学术成就，也可看到他有偏重通博而专深不足的方面。由于他的兴趣十分广泛，且主攻方向不时转移，有的研究成果未能善始善终，有的学术著作只见上卷，未见下卷。我们可以肯定他是“五四”新文化运动的领军人物之一，肯定他是人文学科方面的大师，但我们还难于称他为大哲学家、大历史学家或大文学家。他自己到晚年，对究竟从事的是什么专业，也有点怀疑起来，虽试图有所弥补，似乎为时已晚，不免留下某些遗憾。可见完善处理博与专或广与深的关系，正确处理通识教育与专业教

---

① 胡适：《怎样读书》，《胡适论教育》，合肥：安徽教育出版社，2006 年，第 133 页。

② 胡适：《论大学学制》，《胡适文集》(第 11 集)，北京：北京大学出版社，1998 年，第 26 页。

育的关系，并非易事，应当认真对待，不宜简单而表面从事。

三、胡适力主在教育中培养兴趣，发展个性

胡适的自由主义，在学术和教育领域表现得最为彻底。在他看来，学术本身就是一种追求真理的崇高事业，它决不应受权势的驾驭或其他思想的钳制。他极力主张学术自由、思想解放。人们常说："五四"时期的代表人物要"打倒孔家店"。为避免误解，他说："是的，打倒孔家店并不是打倒孔子。""我们批评孔子，只要去掉孔子一尊，使与诸子百家平等。如果不打倒一尊的孔家店，没有法子使得思想解放，思想自由。"①又说："我不赞成拿某一种典型的思想来笼罩一切。"②不论哪个时代，社会上总有各种思潮，学术上就会出现各家各派。如果只把一家一派定为至尊，而罢黜其他，则势必使思想阻塞，学术停滞。这是胡适最担心出现的"万马齐喑"的局面。

在学制和修业年限上，不论中学或大学，胡适都主张富于弹性，可以有长短的适当差别，对于升级或转学，都比较灵活。弹性制的特点是有利于因材施教，"发展青年个性，使得选择自由"。他说："当缩短而不缩短，不但耽误了天才的发展，还可以减少求学的兴趣，养成怠学的不良结果。"③所以，他主张宁愿要那种"五花八门"的弹性学制系统，而不要那种追求形式划一的统一学制，这比较适合中国各个不同地区、各种不同学生的特点。

胡适特别尊重学生个人的兴趣，他认为教育制度的改革，就是要注重兴趣。大学之所以提倡选课制，就是要让学生减少必修课，增加选修课，"让他多暗中摸索一点，扩大其研究兴趣"④。这就是要"注重训练学生本能天才的发展，使他的知识能力有创造性"⑤。

学生毕业后，如何就职择业或升学选科？所谓"社会标准"，即社会的需要或风尚，而"个人标准"，便是个人的兴趣、性情和个人天才所近的方面。

---

① 胡适：《关于教育问题的答问》，《胡适论教育》，合肥：安徽教育出版社，2006年，第173、174页。

② 同上。

③ 胡适：《对于新学制的威望》，《胡适论教育》，合肥：安徽教育出版社，2006年，第3页。

④ 胡适：《教育学生培养兴趣》，《胡适论教育》，合肥：安徽教育出版社，2006年，第187、189页。

⑤ 同上。

如果二者不一致，他主张首先考虑后者。在他看来，若不顾个人的兴趣与天赋，而硬是选择社会吃香的热门，结果就可能使社会国家少了一个天才的专家，而多了一个饭桶，到头来对社会与个人均不利。所以他主张择业选科，“不要太注重社会上的需要，更不要迁就父母、兄弟、爱人的所好”，而只按自己的兴趣、性情和天赋能力去做。

这里涉及社会责任心与个人兴趣的关系问题。胡适把个人兴趣置于社会需要之上，似与一般伦理原则不符。他在评介杜威教育思想时分析了这个问题。他指出，历来的思想家有偏重责任心者，说你“应该”如此做，不管你是否愿意，如中国的董仲舒和德国的康德；也有偏重兴趣方面者，说我高兴这样做，我爱这样做，如孔子所说“知之者不如好之者，好之者不如乐之者”。但有些哲学家把兴趣看做偏向自私自利的行为，便把它与责任心对立起来。胡适支持杜威的看法，责任心与兴趣并不互相反对。“兴趣并不是自私自利，不过是把我自己和所做的事认做我自己的活动的一部分。”[①]这样，真正的责任心就会是一种兴趣，兴趣不但与责任心不相冲突，并且可以补助责任心。胡适说：“没有兴趣的责任，如囚犯做苦工，决不能具有责任心。况且责任是死的，兴趣是活的，兴趣的发生，即是新能力发生的表示，即是新活动的起点。”[②]他把个人兴趣与社会责任感统一起来，由此看到道德教育的一项重要任务，在于培养和提升人的兴趣。他说：“若是学校的生活能使学生天天发生新兴趣，他自然不想做不道德的事了，这才是真正的道德教育。”“真正的道德教育在于使人对于正当的生活发生兴趣，在于养成对于所做的事发生兴趣的习惯。”[③]这对我们今日的学校教育是有启发的，从这里似可看到把德育与智育、美育贯通起来的结合点，并且避免德育成为脱离实际的抽象说教。

人的天赋才能和兴趣并不是一开始就会显露的，往往需要在实践和摸索中逐步发现。胡适常以意大利天文学家伽利略为例。伽利略进大学时，他父亲是数学家，却要他学医，他对医学毫无兴趣。朋友们以他绘画不坏，像有美术天赋，劝他改学美术，他也颇以为然。但因一次偶然偷听了一位教授的几何课，兴趣勃发，便既不学医，也不学画了，改学他父亲不愿他学的数学。

---

① 胡适：《实验主义》，《胡适文集》(第 2 集)，北京：北京大学出版社，1998 年，第 245—246 页。

② 同上书，第 246 页。

③ 同上。

日后他在天文学和物理学上的重大成就，都建立在数学的基础上。胡适又以自己的求学、治学的经历为例。他考取官费留学时，因家道中落，其兄要他学铁路或矿冶工程，一可复兴家业，二可为国家振兴实业，但他不感兴趣，便决定选读农科，想做农业科学家，以农报国，且美国大学生农科不收费，可节省经费，寄补家用，便进了康奈尔大学农学院，开始作洗马、驾车、剪树、接种等实习、训练，还略有兴趣，成绩尚可。后来在一次苹果分类实验中，因当时中国并无苹果种子，学了无用，学习效果差，发现与自己性情不相近。以此决定改学文科，学哲学、政治、文学等。在没有回国时，便与朋友们讨论文学问题，后来引起了中国的文学革命运动。由此他深有感触地说："我没有依社会需要的标准去学时髦。我服从了自己的个性，根据个人的兴趣所在去做，到现在一无所成，但是我生活得很快乐……"①他向青年学生提出的希望是："要向自己性情所近，能力所能做的去学。"

国内的高等教育，曾经把专业划分得比较"专"和"窄"，学生入学，一经安排选定专业，便很难改变，往往失去再选择的机会。不少人的兴趣、天赋所向，得不到重视和发挥，实在是莫大的损失。在今日市场经济的大潮中，人们容易急功近利。学生选择专业，家长亲友鼓励，大都趋向效益高、收入多的社会热门，实际上使许多人的性情、兴趣呈现"异化"状态，有些人的天赋、爱好被压抑和埋没。这是我们教育领域值得重视的大问题。当前在一些大学逐步推行的通识教育，目的是要为更好的专业教育铺垫宽实的基础，并且让学生广泛地接触了解各基础学科，便于发现和唤起自己的兴趣，从而重新考虑和选择自己的专业。胡适的观点和经历，值得参考和借鉴。希望教育部门循着蔡元培提出的"顺自然，展个性"的方向，敢于进行制度与课程的改革；青年学生也应克服因循随俗习惯，勇于发现和发挥自己的兴趣、性情和天赋。

四、胡适在现代教育中重视传统教育的长处

胡适在学问上是"中西俱粹"，蔡元培曾评价他"旧学邃密"，又"新学深沉"。他有能力融合中西。在北大工作期间，他总是不遗余力地要把北大办成高质量的现代型大学。他常常把国内的大学与西方的大学作比较，注重学习

① 胡适：《中学生的修养与择业》，《胡适论教育》，合肥：安徽教育出版社，2006年，第68页。

欧美大学的先进经验；同时他也把现今的大学与历史上的办学作比较，看到中国传统教育制度的某些长处，注意继承和发扬其合理因素。

胡适多次谈到，中国现代型大学的创立，比欧美国家的一些大学，要晚数百年至一千余年。欧美的许多大学为什么能长期延续下来呢？胡适的概括是："因为人家的大学有独立的财团，独立的学会，有坚强的组织，有优良的图书保管，再加上教授可以独立自由继续的研究……所以能历代相传，悠久勿替。"[①]其中独立自由研究和坚强的组织（如董事会、教授会、校友会等）两条最为重要。至于我国的第一所大学，胡适认为可追溯至汉武帝时所设的大学，起初只有学生50人，后发展到一万多人，鼎盛时期达3万多人。但这种学校没有延续下来。同时在汉代也有私人讲学，如郑玄所创者，可看做我国私立大学的起源。历代私人讲学的场所，如各地的书院和学派盛行，是传播和阐扬学术的重要基础。学校的公立与私立，历来就有并存的，二者各有所长。胡适认为私立学校的优点是："比较自由，更少限制。"对于历代的书院制度，胡适似更是情有独钟，因为中国一千多年的教育史，可以说是书院制度的沿革史，历来"研究学问，代表时代思潮，提高文化"，全在书院里。他甚至认为毁书院，办"学堂"，这种革新家的所为，难免有些"盲目"。撇开教学内容不谈，单就学习的主动性而言，胡适作了一个生动的描述："所谓'学堂'，——那挂着黑板，排着一排一排的桌凳，先生指手划脚地讲授，学生目瞪口呆地听讲的'学堂'，——乃是欧洲晚近才发明的救急力法，不过是一种'灌法'知识的方便法门，而不是研究学问和造就人才的适当办法。"我国一千多年演进出来的书院制度呢？注重自修而不是注重讲授，提倡自动的研究而不是"被动的注射"，因而真有独到的精神。"可以培养成一种很有价值的教育制度。"胡适的这些言词，包含某些感情色彩，可能有偏颇之处，但他在尽力办好现代大学的同时，不忘传统办学的历史经验。他要求把现代教育的科学性与传统教育的某种主动性结合起来。此外，那始于隋唐，废于清末的科举制度，虽有内容陈旧、形式刻板、思想禁锢等种种弊端，但胡适认为作为一种文官考试制度，不但有一千多年的历史，更重要的是其严格性和平等性，是其他民族和国家所少有的。在胡适看来，这也是中国文化对世界的一大贡献，并先后对印度、缅甸、英国、德国和美国等国家发生过重要影响。

---

① 胡适：《谈谈大学》，《胡适文集》（第12集），北京：北京大学出版社，1998年，第541页。

在实现教育现代化的过程中，要不要尊重和继承我国教育传统中的某些优秀遗产？我们教育事业的改革与发展，要不要在融合中西思想的基础上进行创新？是长期存在着分歧与争议的。在现代化问题上，胡适曾经表示同意“全盘西化”的主张(后改称“充分现代化”)，受到过激烈的批判。其实，他不过是要通过一种比较极端的说法，实际达到一种合适的调整。说“打倒孔家店”么？其实胡适对中国古代教育家孔子、朱熹等人，是十分尊敬的，他的骨子里总是保持着一道中国传统文化的血脉。

20 世纪 50 年代，我们曾经“一边倒”，照搬苏联的教育模式，搞了不少教条主义和狭隘的专才教育，严重影响了高质量的创新人才的培养。改革开放以来，我们又引进了西方的某些教育学说和教育模式，对我国教育的传统经验似已淡漠、如何结合我国民族传统的优秀遗产，走出一条既有现代化水平又有中国特色的教育新路，是一项必须高度重视而逐步完成的任务。

五、胡适是“学而不厌，诲人不倦”的典范

胡适一生尊仰孔子。孔子所说“学而不厌，诲人不倦”的精神，胡适是一位典范。

他服膺易卜生主义，首先立志把自己这块材料“铸造成器”。成器的途径便是读书、治学。不过，这种“器”，在他看来，主要是通才，而不是专家。他对读书、治学十分勤奋，认为只有这样，才能把自己铸造成器，才是真爱国和对社会负责，才能充分利用有限的生命，在世上做些建设性的事业，达到人生的“不朽”。因此，他曾对青年说，抛弃学问，便是毁了你自己。

胡适要求身为教师的理想目标是：人格上讲究自由与独立；知识上寻求问题与真理。他喜欢说“但开风气不为师”，实际上他既开一代新风，又是青年的良师益友。他性格开朗，容易与青年人接近，并打成一片。他对待学生既仁慈又严格，讲究治学做人的态度和方法。他曾沿用并发挥宋代思想家张载的话说：做学问要于不疑处疑，待人则要于疑处不疑。这实在是治学做人的至理名言。他曾对大学生提出中肯见解和诚挚希望。首先，上大学，掌握科学的态度与方法，有如戴上一副眼镜，可以看到过去未见过和别人见不到的东西；大学生应该“是多少受过训练的脑筋”，对于偏见、武断和盲目接受传统与权威的陷阱，有所戒心和疑惧，对种种思潮和事件，采取一种评审的态度，做一个不受人惑的人，培养一种独立的精神品格；大学毕业时不能带

走教授、实验室、图书馆等，但应带去几个难题，借助难题可以不断思考与开拓，争取达到科学的高峰。毕业后走上社会，可能遇到种种困难和阻挠，便容易放弃理想与追求。胡适提出防止这种放弃的三种“药方”：1. 时时寻找一两个值得研究的问题；2. 多发展一点非职业的兴趣，费了时间与工夫，是“功不唐捐”(不会白费工夫)的；3. 总得有一点信心，“信心可以移山”。对于如何读书，他不但开过国学书目，而且结合自己的切身体会就读书的习惯与方法，向青年朋友提出过许多中肯、有益的意见。

胡适在北大工作期间曾规定每周星期日上午为接待时间，各种人物，不论老少，来者不拒，热诚相待，“以谈会友”。可见，他不是以权位和名声，而是以学养和热诚，对广大青年和普通百姓有着特殊的吸引力。

胡适，尽管有缺陷，他确实是一位富于远见而生气勃勃的教育家。

（原载《现代大学教育》，2007 年第 3 期）

关注民生、追求真理的爱国者马寅初

马寅初(1882—1982)是我国著名经济学家、教育家和爱国民主人士，出生于浙江嵊县。1914年在美国哥伦比亚大学获得经济学博士学位。1915年回国后，因厌恶官场劣习，并避免官僚、军阀的笼络、利用，便公开宣称“一不做官，二不发财”，与蔡元培的办学宗旨相吻合。

马寅初在北京大学前后工作约20年，他对北大有过重大贡献，并一往情深。然而由于学术与政治的纠结，他与北大有过“两进”、“两出”的曲折经历。第一次是1916年经蔡元培推荐，他受聘为北京大学教授，后兼经济系主任，1919年被推选为北大首任教务长。1927年，军阀张作霖杀害李大钊等革命师生，并取消北京大学，成立京师大学校，且另派校长。马寅初于1927年9月愤而离开北大，于1929至1940年在南方各大学任教。但他仍念念不忘北大，在1927年12月20日杭州举行北大建校29周年纪念会上，他又作了《北大之精神》的讲演。第二次是1951年5月，他从浙江大学校长岗位调任解放后北京大学首任校长。6月1日在沙滩红楼前的就职大会上，他激动地说：“我回到娘家了，见到了红楼，心里有一种说不出的感情。”他要求师生“团结一致”，“发扬北大光荣的革命传统，保持学术地位”，“为国家造就建设人才”。不料时至1958年，由于来自上层的“理论家”陈伯达、康生先后来到北大的煽动，马寅初经过充分调查研究，富于真知灼见的《新人口论》，受到长达两年之久的批判。他不得不于1961年年初辞去北大校长职务。直到1979年9月才为他彻底平反，恢复名誉，并被授予“北京大学名誉校长”称号。

一、石破天惊的《新人口论》

马寅初是一位爱国主义的应用经济学家。他的理论与教学活动的显著特点是紧密结合中国社会实际，以解决中国社会发展重大问题为归宿。他认为发展中国经济最关键的问题有二：一是人口问题；二是农业问题。他晚年研究和著述的重点正是集中在这两个方面。

他关注中国的人口问题由来已久。早在1928年的《现代之新经济政策》的演说中，他就讲到中国人的家庭、家族观念重，以多子多孙为福，生育漫无节制，人口因以大增，导致田地分散，经济破产。1943 年在《经济学概论》中，他分析了人类进化的两个主要动因：生产与生殖。二者的发展，应有所平衡，生产超过生殖，固可促进人类文化的向上开展；生殖若超过生产，则社会就会出现灾祸，难以安宁。可见《新人口论》早有渊源和准备。

1955—1956 年，他作为全国人大代表，多次深入浙江各村镇，访问各户各家，组织座谈，发现我国人口增长率每年约净增千分之二十二。当时我国人口基数是六亿，每年净增人口的一千三百万，相当于一个中等国家人口。我国人多地少。人口增长的速度大大超过生产增长的速度，长此以往，国家断难富强。他心急如焚地向中央反映情况，在全国人代会上设置提案，发表意见，虽得到某些支持与合作，但阻力重重，甚至被当做马尔萨斯观点而受到批判。他毫不气馁，继续在各地开展调查研究。待人们对人口问题的认识略有转机，毛泽东在 1957 年初到 1958 年初也曾多次谈到人口和节制生育的问题，马寅初以为时机逐渐成熟，便在 1957 年 4 月在北京大学接见《文汇报》记者时，多方面地阐述了他的见解和主张，随后他便亲自在北大校内贴出《关于人口问题和科学研究问题》讲演的海报。届时全校几千名师生济济一堂聆听他的讲演。他以大量调查研究获得的材料为依据，反复说明我国人口增长率过快的严重性。为发展经济，就必须实行计划生育，控制人口的增长。他主张避孕和适当地推迟结婚年龄，而反对人工流产。听讲的人们大都赞同马老的主张。对于讲演中个别不妥当的提法，他本着坚持真理，修正错误的态度，随即做了自我批评。1957 年 7 月，他在全国人代大会上作了提为“新人口论”的书面发言，更充分地阐述了控制人口的理由。鉴于我国人口增长太快，从资金积累、工业原料、粮食问题，以及促进科学研究等方面看，非加控制不可。他辨明了他的观点与马尔萨斯观点的原则区别。他向政府提出的建议是：定期进行人口普查；大力宣传节制生育，控制人口数量；实行计划生育，普遍宣传避孕。最后他严肃指出：“控制人口，实属刻不容缓，不然的话，日后的问题，愈加棘手，愈难解决。”这是我国人口问题的科学论断，它包含了一系列切实可行的方针、政策和措施，极其有利于发展经济，提高人民的物质文化生活水平。然而来自最高层面的两位“理论家”陈伯达和康生，却先后来北大煽动师生批判马寅初。竟有两百多篇文章，近万张大字报向马老扑来，进行极其无理的批判和围剿。尽管如此，在当时的政治压力下，从上层领导、知识分子，到普通百姓中，马寅初的观点仍有众多支持或同情者。他始终不渝地坚持自己的主张，据理反驳错误的批判。但在1960年1月他不得不辞去北大校长职务。由于“新人口论”经过反复调查研究，充分占有资料，创造性地分析现实问题，提出符合中国国情的方针、政策和措施，因而经得起时间和历史的检验。但在“左”的路线下，竟造成“错批一人，误增三亿”的严重后果，造成我国人口负担的巨大压力。经过拨乱反正，重新采纳马寅初的某些主张和建议，才使我国急剧增长的人口得到一定的控制。1979年，马老已98岁高龄，在轮椅上听到为他平反的通知时，他只是十分淡定地向某领导干部说：“二十年前中国的人口并不多，现在太多了，你们就不要再误事了。”①这里包含的种种经验教训，至今作过认真的反思与总结么?

二、毁于一旦的《农书》巨著

1962—1965年，马寅初赋闲在家，便集中精力进行另一关键问题的研究与写作，即研究农业问题，撰写他心仪已久的《农书》，试图总结我国历代农民宝贵的生产经验。他说过：“除了人口问题外，农业问题应及时研究，要早为之图，要花大力气，下苦功夫!”②他早已积累资料，并写过一些片段，需要继续搜集新的资料，进行整理、加工、研究、创造一项完整的工程。年逾八十的他，不因《新人口论》遭受挫折而停步，决心开创新的领域，不辞劳苦，默默耕耘。他的著书习惯是：用毛笔写在宣纸上，成张成卷，日积月累，年复一年，据说《农书》初稿已达百万字之多。一部有利于国计民生的鸿篇巨制即将完成，正组织家人分工誊抄，准备出版。不料国内很快掀起对“三家村”的批判，马老预感到又一场灾难的来临，因而立即停止了书稿的誊抄与出版。果然接踵而来的，便是“十年动乱”时期。家中几个年幼无知的孩子，在动乱之初，便慑于抄家和批斗，将马老多年积存的书信、字画，连同《农书》手稿一并付之一炬。马寅初长期积累，晚年辛勤劳作的学术成果，就这样毁于一旦。《农书》若能出版，对我国解决积重难返的“三农”问题，可能大有裨益。所以这不仅是马老或北大学术成果上的重大损失，而且是我国国民经济和农业发展上的重大损失。谁来承担造成这种损失的责任呢?

① 杨勤民：“马寅初对胡耀邦说：你们不要再误事了。”参见《今日参考》2007年第4期。

② 邓加荣：《马寅初传》，上海：上海文艺出版社，1986年。

三、恪守北大的精神与传统

什么是“北大精神”或“北大传统”？历来有不同的看法与表述。笔者认为，有两个基本的层面或角度：一是社会政治的层面；一是学术文化的层面。

（一）北大爱国主义传统的阐发与力行

从社会政治的层面看，北大的精神与传统可以说有爱国主义的一面。北大是“五四”运动的中心和发源地。五四运动本来就有爱国政治运动和新文化运动的双层内容与涵义。北大的仁人志士正是继承和发扬了这两个方面。关于北大的爱国主义传统，鲁迅在1925年有过表述：“北大是常为新的，改进的运动的先锋，要使中国向着好的，往上的道路走，……”[①]鉴于当时军阀统治的政治腐败和对爱国青年的迫害与镇压，马寅初也正是从社会政治的角度阐述北大精神。他在《北大之精神》的演说中指出：“回忆母校自蔡元培执掌校务以来，力图改革，五四运动，打倒卖国贼，作人民思想之先导。此种斧钺加身毫无顾忌之精神，国家可灭亡，而此精神永久不死。既然有精神，必有主义，所谓北大主义者，即牺牲主义也。服务于国家社会，不顾一已之私利，勇敢直前，以述其至高之鹄的。”[②]这里他强调了北大精神的爱国主义，为人类的发展而不惜自我牺牲的一面。他不但把这概括为“北大之精神”，而且他一生的活动都体现出这种精神。1940年因激烈批评国民党政府和官僚家族的贪污腐败而被监禁四年之久，他始终坚贞不屈。1958—1959年因《新人口论》的主张而受到来势凶猛的批判和围剿，他始终坚持自己的基本观点，不作任何妥协性的自我检查。可见他正是北大爱国主义精神的积极阐发和身体力行者。

（二）北大学术自由传统的贯彻与弘扬

同时，蔡元培曾反复强调，大学是研究高深学问的场所，是“囊括大典、网罗众家”的学府。作为全国学术、文化的重镇，北大有自己更基本、更深厚的学术文化传统。北大的这种传统，是由蔡元培为代表的、传承“五四”新文化运动精神、融合中西文化的学者共同奠定的。笔者认为，这方面的基本传

---

① 鲁迅：《我观北大》，《鲁迅全集》（第3卷），北京：人民文学出版社，1981年，第158页。

② 马寅初：《北大之精神》，《马寅初全集》（第44卷），杭州：浙江人民出版社，1999年，第16页。

统，便是蔡元培所反复申明的“兼容并包、思想自由”的方针。正是这个方针，开创了北大学术繁荣、人才涌现的康庄大道。半个多世纪以来，这个方针虽备受歪曲和践踏，但只要有蔡元培的遗风在，只要有马寅初、胡适、蒋梦麟、傅斯年、汤用彤等老校长、老一辈学者的影响在，这种基本传统就仍然是校园内的一种气象、一种氛围、一种挥之不去的力量。1940 年，马寅初为蔡元培逝世所做的悼文中说：“孑民先生道德文章，万流宗仰，而吾所最钦企者，为先生主持北大时对于思想言论力主自由。”“先生于各派兼容并蓄，绝无偏袒。”“故各派对于学术，均能自由研究，而鲜摩擦，学风不变，蔚成巨观。”[①]马寅初不仅钦佩蔡元培的宽阔视野和所定方针的巨大威力，而且他本人正是这方针的积极实施者。在北大他曾配合、协助蔡元培全力贯彻、培育一种严谨治学，善于包容，自由探讨的学风。1939 年他任重庆大学商学院长时，一面严于教学管理，对师生严格要求；一面实行民主办学，学生自治，提倡学生自由阅读各种书籍，包括马克思主义的书刊。1950—1951 年，他任浙江大学校长时，更加强调民主办学，要求“人人提方案，个个想办法，办好新浙大”。1958 年当《新人口论》受到政治性大批判时，他义正词严地表明自己的观点是学术问题，而不是政治问题，他要求说服而不是压服，要求自由的讨论和争辩，而不是强制的批判和围剿。他力求把“兼容并包，思想自由”的方针贯彻在一切学术领域，包括自己的学术探讨之中。

四、坚持学术的独立与自由

学术与政治的关系在我国当代学者和知识分子中，长期形成难解的纠结。在“以阶级斗争为纲”，强调“政治挂帅”的时日里，学者和学术往往成了政治的仆役和工具。其实政治、政策的需要是短暂的、局部的；真理、学术的是非才是长久的、全局的。学术是立国之本。政治应当服从学术，而不是相反。沦为政治工具的学术，失去独立和自由的学术，绝不是真正的学术。在解放后头三十年的历次政治运动和意识形态的大批判中，许多知识分子，甚至包括某些有真才实学的学者，或者违心的自责、自怨地进行“自我检查”，或者很快卷入对他人的批判，失去冷静的实事求是的学术本色。当然，这里有各

① 马寅初：《蔡先生思想之宽大》，《马寅初全集》，第 11 卷，杭州：浙江人民出版社，1999 年，第 175 页。

种不同类型和情况。政治斗争的客观形势，知识分子被改造的地位，是难以超脱的境遇，我们不宜做过多的责难。在这种境遇下，能保持学者本色，坚持学术独立的人，只是极少数，像陈寅恪、马寅初、梁漱溟、熊十力、顾准等人，便是其中的佼佼者，他们既不依附于政治权力，参与强词夺理、随声附和的批判，也不屈服于政治压力，做违心地“自我检查”，始终保持学术独立的精神品格。这种傲然挺立的风骨，正如宋庆龄对马寅初的评语：“中华民族难得的瑰宝”。也正是鲁迅所说“民族的脊梁”。这种风骨，使马寅初在独立的思考与研究中能高瞻远瞩、洞察是非、敢于直言，并且能言一般人所不能言。解放前，他敢于揭露和批判国民党政府与官僚买办的贪污腐败；解放后，他又敢于提出并坚持不同凡响的《新人口论》。这表现了“五四”运动以来我国现代知识分子的一种文化觉醒与文化担当。面对近两百篇批判文章，上万张大字报的批判浪潮，他的积极回应是：“我虽年近八十，明知寡不敌众，自当单身匹马，出来应战，直至战死为止，决不向专以力压服不以理说服的那种批判者们投降。”当朋友劝他认错、退却时，他的观点、态度仍十分鲜明：“学术问题贵乎争辩，愈辩愈明，不宜一遇袭击，就抱‘明哲保身，退避三舍’的念头；相反，应知难而进，绝不应向困难低头。我认为在研究工作中事前要有准备，没有把握，不要乱写文章。既写之后，要勇于改正错误，但要坚持真理，即于个人私利甚至于自己宝贵的性命，有所不利，亦应担当一切后果。”[①]这段浩气长存的文字，充分表现了一个正直学者的精神品格和当代知识分子的文化担当，也表现了马寅初的教育思想：培养严谨治学，敢于承担责任的合格人才。

五、关爱学生的学习与健康

马寅初与汤用彤、周培源等学者一道，力图在解放后的北大树立一代优良学风，后来被称之为“三严”（严密的教学计划、严格的基础训练、严谨的科学作风）与“三基”（基本理论、基础知识、基本技能），他要求研究工作直接掌握原著或原始资料。他本人七十一岁开始学习俄文，经过两年坚持不懈的努力，能独立阅读俄文版学术原著。他勉励学生勤学、快学外语，并且语重

① 马寅初：《附带声明》，《马寅初演讲与论文集》，北京：北京大学出版社，2005年，第263页。

心长地对学生说："研究学问要靠自己努力，只有埋头苦干，别无捷径，否则不会成功。"[①]结合自己的体验和观察，他还向学生指出治学上的两种弊端："学习和钻研，要注意两个不良：一个是营养不良，一个是消化不良，所谓营养不良，指的是没有一定的文史基础，没有科学理论上的准备，没有第一手资料的收集。这样搞出来的东西，不是面黄肌瘦就是畸形发展。所谓消化不良，指的是对于书本知识，对古人、今人或某个权威学说缺乏深入研究和独立思考，只是囫囵吞枣，人云亦云，浅尝辄止。有这两种毛病，都是不能做好学问的。"现在看来，马老提倡和树立的学风正在淡化，而他所反对的现象却有所滋长，学术浮躁之风蔓延已久。这是令人担忧并且愧对马老前辈等学者的。

马老对学生平时的学习、生活与健康倾注着满腔热忱，关怀备至，不论是在教室、在宿舍、在食堂、在操场，或者在路边、在湖畔，都可能见到马老的身影。他是一位极具亲和力的校长。经常与青年、学生见面聊天，有时他悄悄地到教室去听课，反对学生埋头记笔记，考试背笔记，鼓励学生思考问题，要求学生成为生龙活虎的人，他特别关心学生的身体健康，经常向学生介绍自己练体强身的经验，说到兴奋时还会趴在马路边，做上几个俯卧撑，给学生示范。他常到学生食堂了解伙食情况，要求学生每人每天能吃到三两肉，到学生宿舍发现学生被子单薄，便要求总务部门给学生补发一床被子，有一年国庆节，学校师生去天安门游行庆祝，淋了雨，马校长便部署食堂做准备，让师生回校时都能喝上热喷喷的姜糖水预防感冒，使学生感到学校大家庭的温暖，试问这样关爱学生的大学校长，在如今的大学里还好找么？

深切的怀念，应当引起我们郑重的思考。

（原载《现代大学教育》，2012 年第 6 期）

---

① 彭华：《马寅初的最后 33 年》，北京：中国文史出版社，2005 年，第 99 页。

应当怎样纪念蔡元培？

蔡元培无疑是我国现代最负盛名的教育家，他一生对高等教育情有独钟，高瞻远瞩，影响深远。他曾任北京大学校长，功绩卓著而蜚声中外，但他的作用绝不限于北大，他是在我国开创“五四”新文化运动和现代新潮流的主要代表人物之一。

一百年来，我国教育界、学术界对蔡元培无不十分尊重，人们推崇他的教育思想和大学理念，希望长期付诸实施。但在新中国成立以后的头三十年里，由于政治和教育领域日益滋长的“左”的思潮，意识形态领域愈演愈烈的大批判，蔡元培和他的教育思想实际受到排斥和冷漠。

改革开放的三十多年来，人们对蔡元培思想和地位的认识，已经发生显著的变化，关于蔡元培的研究团体、纪念场馆和研讨活动时有出现，如今《蔡元培全集》和年谱已经出版，研究性的著作和文章也陆续问世。然而，由于长期以来“左”的思潮的影响，和对于蔡元培思想缺乏深入的研究，形成了某些误解和隔膜；关于蔡元培思想、地位的估价，仍然心存障碍，包含分歧。

在这所与蔡元培名声紧密相连的著名大学里，其他名目繁多的纪念与研讨活动十分频密，而对蔡元培的纪念与研讨，却十年才有一次，令人困惑不已。那么，认识上的分歧与障碍主要在哪里？

一、怎样评估蔡元培思想的性质？

过去流行的说法是：蔡元培是我国社会从封建主义向资本主义转型时期的人物，属“资产阶级教育家”。20 世纪 50 年代初蔡元培的教育思想被当做“资产阶级思想”进行过批判。至今仍有人坚持这种观点，只不过认为“资产阶级”在旧中国是进步的。这实际上只是肯定蔡元培的“历史作用”，而忽视其思想的当代价值和深远意义。其实这种观点值得商榷。对中国现代的许多教育家，要硬性划分阶级属性，往往是简单而牵强的。更何况教育是否属于上层建筑的范畴，学术界也有过讨论和争议。就像中国哲学史上的人物，由于中国传统哲学侧重于社会伦理与政治，各种思想成分复杂交错，或不同时期有不同倾向，便难于笼统地划分“唯物主义”与“唯心主义”派别，若硬要定性划分，就容易削足适履，流于简单化。

如果不拘泥于既定的社会形态的划分，我国自辛亥革命特别是“五四”运动以来，社会历史的总进程，是从前现代向现代的转型。在教育方面，蔡元培把西方现代大学的教育体制和理念引进中国，结合中国教育传统，提出了一系列建设中国现代大学的方针与原则。他主张基本体制上实行教育独立、教授治校；学术文化上实行思想自由，兼容并包；培养方针上实行德智体美全面发展，养成健全人格；教学内容上主张沟通文理，实行选科制，并且顺自然，展个性，促进高素质人才的涌现。在文化方面，他既反对妄自菲薄的全盘西化，也反对因循守旧的国粹主义，提倡以西方文化输入东方，以东方文化输入西方，东西文化结合，以创造世界新文化；或者提倡“介绍西洋艺术，整理中国艺术，调和中西艺术，创造时代艺术”①。在科学方面，他重视科学教育，提倡怀疑的科学精神和实证的科学方法。他认为科学方法比现成结论更重要，“因为得了结论，不过趁他人的现成；得了方法，才可以引起研究的兴趣”。“科学结论是点成的金，量终有限；科学方法是点石的指，可以产生无穷的金。”(《〈社会学方法论〉序》)可见蔡元培是中国现代教育、文化、科学的重要开创者。他曾任中华民国首届教育总长、国立第一所综合大学北京大学校长、第一个国家科研机构中央研究院院长，他的作用与贡献和他的职务、地位是一致的，而他的能力与兴趣又多在学问的研究上，这是他对前面两项职务多次提出辞职的深层原因。

“五四”新文化运动，是一场伟大的思想启蒙运动，也是中国走向现代化的一次重要启动。在此之前，国内中西文化关系基本保持“中体西用”的格局。接着严复的倡导，蔡元培与陈独秀、胡适等人一道，开始突破这种格局，他们举起科学与民主的旗帜，以批判的方式，反对旧的道德、思想和文化，提倡新的道德、思想与文化，要求通过人的思想的改变，来改造中国社会。这里的主题是呼唤思想自由、精神独立和人的现代化。作为新文化运动的主将，陈独秀主要通过《新青年》，倡导科学、民主和文学革命；胡适提倡白话文，主张“充分世界化”，并宣传实验主义和自由主义；蔡元培主要办教育，建设新型的现代大学，为现代化奠定思想、人才基础。他们三人的关系和地位，

---

① 蔡元培：《二十五年来中国之美育》，《蔡元培美学文选》，北京：北京大学出版社，1983年。

梁漱溟有过一段评述，说陈、胡等人的工作，蔡先生皆未必能做，但若没有蔡先生，他们“却不得聚拢在北大，更不得机会发抒。聚拢起来，而且使其各得发抒，这毕竟是蔡先生独有的伟大”①。可见蔡元培在“五四”新文化运动中的独特作用。应当说陈独秀、胡适的思想中包含明显的激进成分，陈独秀对政治尤有兴趣，1920 年后的言行更加明显地从文化转向政治。蔡元培的思想则比较持和、渐进、兼容，坚守文化、教育和科学阵地，因此唯独他能视大学为“囊括大典，网罗众家”之学府，通过改造和建设北京大学，使学术繁荣，人才辈出，并且推广和影响到全国，促进中国社会从前现代向现代的转型。那种把蔡元培视为“资产阶级教育家”，而对之轻视、冷漠的观点，是缺乏根据的，并且不符合时代的潮流。

二、怎样认识北京大学的基本传统？

北大的传统，或称“北大精神”，是一种气势恢弘的力量，历来为人津津乐道。但北大传统究竟是什么？又往往不是一下子就说得上来、说得清楚的。北大的传统是多方面的，人们可以从不同的角度去理解和表述它，当前在报刊上使用，或者比较流行的说法，是从稳重妥当、力求全面的角度，比如北大校刊上曾多次刊出 16 个字：“爱国为民，开放求真，民主科学，改革进步”，把这说成“北大传统”念起来都有些绕口，后又有简要、明确的表述：“爱国、民主、科学、进步。”或者从提倡优良学风的角度，概括八个字：“勤奋、严谨、求实、创新”。这都不能说有错，不能说与北大传统没有关系，而且确实显得比较“全面”、“稳妥”。但由于面面俱到，放在哪个学校都可适用，只是失去了北大的个性与特色。这便缺乏那种真正扣响心扉的力量，难以成为北大人的精神默契。问题在于北大是一所综合性的“最高学府”，是“研究高深学问”的重镇。应当从发展学术、文化的角度，把握北大诸多传统中的基本传统。这应当是北大之所以成为北大、最能体现北大特色的那种十分厚重的传承力量。这种基本传统是由蔡元培奠定的，就是他在北大明确提出并坚决贯彻的“循思想自由原则，取兼容并包主义”。这是蔡元培的一个最见成效和影响深远的办学方针。它反对文化专制主义，吸取西方文化的先进经验，结合我国文化的优良传统，运用辩证思维，使大学教育从理念到制度上升到一

① 梁漱溟：《纪念蔡元培先生》，《追忆蔡元培》，北京：中国广播电视出版社，1997 年。

个新的境界，以适应学术兴旺、人才成长的客观规律，使北大出现学者云集、学派林立、观点纷呈、竞相争鸣的盛况，并且成为“五四”运动的发源地和新文化运动的中心。正是由于这个方针，如梁漱溟所说，蔡元培“开出一种风气，酿成一大潮流，影响到全国，收果于后世”[①]。也如胡适转述美国哲学家杜威所说，蔡元培领导一所大学对一个民族、一个时代起到转折作用，这是世界上其他大学校长不能比拟的。继蔡元培之后任北大校长时间最长的蒋梦麟，也曾把北大精神表述为“大度包容，思想自由”。可见这是由蔡元培奠定的一种卓越的传统，是在北大长期发生作用的一种恢弘的气势和力量。

我们说“思想自由”、“兼容并包”是北大的基本传统，尚有以下主要根据：1. 它与“五四”新文化运动的基本精神一脉相承。“五四”追求的目标是精神独立、思想自由、个性解放。北大基本传统与此互相衔接，正是“五四”基本精神在教育、学术领域的体现和保证。这是北大之所以成为“五四”新文化运动中心的根本原因。2. 它是中西文化教育思想的完美融合。把“思想自由”与“兼容并包”并称，使二者结合为一个完整的原则、方针，可称珠联璧合，是中西思想融合的一个范例。“思想自由”，本是西方文化的优良传统，吸取这一长处，正是针对中国文化专制主义的弊端；“兼容并包”，则较多地表现中国文化的包容性特色：《中庸》里说：“万物并育而不相害，道并行而不相悖。”庄子说：“鱼相忘于江湖，人相忘于道术。”中国传统思想历来讲究“和而不同”与多种思想之“会通”，等等。善于博采众家之长，也正是中华文化绵延不断、持久不衰的重要原因。思想自由是兼容并包的前提，兼容并包是思想自由的保证，二者互相融合在一个中国现代文化、教育的理念之中。3. 它是北大兴旺发达的一条血脉。北大一百多年来，饱经沧桑，走过相当曲折的路。但北大的兴衰起伏，总与是否实现“思想自由，兼容并包”密切相关。不管北大怎样遭遇曲折和磨难，不管蔡元培的思想怎样受到误解和干扰，北大人的那种雍容大度的胸襟，校园内那种和谐自由的氛围终究不会完全消失，或隐或显地总是一种挥之不去的力量，这就是基本传统的作用。冯友兰曾充满自信地说：“学问之道，各崇所见，当仁不让。”4. 它是现代化宏伟目标的必然要求。在20世纪初，北京大学的出现，就是中国走向现代化的一个重大事件。到21世纪，北大肩负着新的历史使命：为实现我国现代化宏伟目标而繁荣学术、

① 梁漱溟：《纪念蔡元培先生》，《蔡元培纪念集》，杭州：浙江教育出版社，1998年。

培养人才。现代化建设迫切需要大批高质量的创新型人才。争创世界一流大学，必须有一流的师资和学术水平。这些要求的基本前提是：广阔开放的思维空间、自由探讨的学术氛围。

然而，北大传统在各个历史时期的作用，显然是很不均衡的，随着政治、文化的形势和气候的变化，或因领导、管理者的觉识水平的不同，会呈现强弱起伏的差异，并且直接关系着学术和人才的命运。不能不看到，这个基本传统若长期遭遇挫折或冷漠，也会逐渐变形或萎缩，这是不能不令人警觉的历史事实。

多年以来，有关部门或有关人士，对蔡元培和“兼容并包，思想自由”的方针，并不是不了解，不肯定，但对其内涵与意义，却不深究、不领悟。在实践中，对北大的这一传统，常常出现似认非认的状况，或者有意无意地加以回避。这里的思想障碍是：一谈北大的传统，似乎就得谈政治，谈“爱国”、“革命”、“进步”，否则就怕不“稳妥”、不“全面”。这是长期形成的观念，终究还是不大理解蔡元培所说大学之“大”和大学是“研究高深学问”的场所这个道理。他们总不习惯于从学术、文化的角度来把握北大的传统。其实，尽力地为祖国的现代化建设繁荣了学术，培养了人才，不就是最大的“政治”与“爱国”么？如果窒息或损坏了学术，压抑或糟蹋了人才，而一味标榜“政治”与“爱国”，又有何益？另一个疑虑，就是怕强调“兼容并包，思想自由”会让错误的思想滋长和泛滥，不好“掌握”。其实蔡元培提出的这个方针，是办教育的方针，是学术、文化领域的方针。试问在学术、文化领域，若思想不自由，受到限制和禁锢，能有大批创新人才和真正学术繁荣的局面出现么？蔡元培坚决贯彻这个方针，正是为了崇尚科学，探求真理，促进社会和文化的进步。立志追求真理的北大人，也总是站在进步、发展、创新的方面。真理愈辩愈明。学术上最忌讳的，就是只了解和偏执于一种观点和见解。我们应当相信广大师生在自由讨论和充分比较中分辨是非和主动选择的能力。要使北大真正肩负新时代的历史使命，使北大人攀登新的科学高峰，就应当自觉地继承和弘扬北大的基本传统。

三、怎样把握蔡元培教育思想的要义

蔡元培的教育思想十分丰富，涉及许多方面，但至今并未引起足够的重视。有些人肯定其“历史作用”，便当做历史遗产，束之高阁；有的人心存敬意，却敬而远之；有的人时有谈论，似不得要领。如何把握蔡元培教育思想的基本特色，笔者愿略呈管窥之见，就教于学界同仁。

第一，是切实“以人为本”。蔡元培心目中有一个“大写的人”，或曰“理想的人”，他是真正“以人为本”的。他致力于发展人的能力，培育一种完全的人格。教育究竟以什么为本？这是教育的首要问题。西方中世纪就开始有大学，那时是“以神为本”，崇拜上帝、诠释圣经、服从教义。中国历代教育，多是“以官为本”，苦读圣贤书，只为通过科举考试而做官。新中国成立后极“左”思潮下的教育，是“以斗为本”，学校成了阶级斗争的场所，教育成了政治斗争的工具。在市场经济的大潮中，有的人兴办学校，是为了自己发财致富，或者以“改革”为名，行“创收”之实，看来是不同程度地“以物为本”、“以钱为本”。蔡元培确实“以人为本”，把人看做目的，充分发挥人的主体性，在他看来，这才是现代新型教育的本质，这体现在他的全部教育思想中，与种种陈旧的教育制度和观念相对立。比如在教育方针上，人们通常把学校看做单纯传授知识的场所，往往偏重于智育，他则要求德、智、体、美育全面结合。他特别重视道德教育，并以美育相辅助，提升人的精神境界。他希望培养的人才，既富于学问，更具道德修养。在当今功利至上、道德滑坡、人文精神衰退的社会形势下，蔡元培以德育为重的教育思想更显迫切的现实意义。

第二，体现气势恢弘。他是我国现代“大学理念”或“大学精神”的奠基者。他善于敏锐地吸取西欧，特别是德国洪堡教育思想的优点，结合本民族的文化传统，提出和贯彻有关大学教育的一系列主张，充分体现了大学之所以为大的特点。首先，他把大学看做“共同研究学术之机关”和“囊括大典，网罗众家之学府”，从性质和特点上说明大学之大的意义；他特别提出循“思想自由”之通则，取“兼容并包”之主张，这既奠定了北大的基本传统，并广泛影响到全国，开创了一种新的潮流；同时，他在北大十分重视聚集名师，发挥专长，引领学术，激励后进，造成极其有利于学术昌盛，人才涌现的环境；此外，他重视通识教育，主张沟通文理，打破学科壁垒，防止狭隘专业的限制。总之，在蔡元培看来，大学之所以为大，一在于研究高深学问之为大；二在于“学术自由，兼容并包”之为大；三在于学术大师引领学术之为大；四在于教学内容广博通达之为大。反观我们今日之大学，虽在规模、数量上有较大的发展，却在某些方面与蔡元培的大学理念并不吻合，而且似在发生若干迷误。在多校合并、校名升级、连年扩招、新楼林立的同时，却出现师资短缺、水平下降、质量滑坡、腐败蔓延的问题。这与实质上的大学之大，恰似南辕北辙，甚至可能导致我国高等教育的实质性萎缩和高质量人才进一步匮乏的危机，这是关系到我们民族振兴、国家富强的长远大计，不能不认真反思，从长计议，如何回到蔡元培，复兴一个真实的蔡元培的大学理念。

第三，注重心灵之美。他特别重视美育，用来净化人的心灵，提升人的审美能力和精神境界。他本人在北大唯独开设的课程，便是美学、美育，并在学生中倡导组织文学会、书法研究会、画法研究会、音乐研究会等，推动美育的实施。他沿着德国哲学家康德的思路，结合中国传统的审美意识，进一步阐述美育的重大意义。蔡元培把审美能力与活动看做世俗现象界与理想本体界之间的桥梁。他的独到之处还在于，既不脱离现实生活而陷入空想的境地，又不沉湎于现实利益而放弃美好的理想。在审美活动中，人对于现象界既无厌弃，也无执着，既不脱离世俗生活，又能超脱利害关系，超越利益营求和人我之分。这样，现象界与本体界便不相互隔离或相互冲突，而是一个世界的两个方面。那么，美感教育究竟怎样具体发挥作用呢？主要是通过具有普遍性和超脱性的审美活动。所谓“普遍性”，就是这种美感对人人都有效，不论人我，都能享受到；所谓“超脱性”，就是超脱利害关系，人人都会赞同。这就可以陶冶和强化人的感情，使美好的感情推动高尚的行为。同时，审美活动还可以使人摆脱限制，舒展压力，免除烦恼，形成新的生命节奏与活力，激发人的智慧，促进科学思维，因而极其有利于人的真、善、美的和谐统一，有利于人与人之间和谐关系与和谐社会的建立。

如今的中国社会已大步迈入现代化，和平与建设的社会环境更加有利于蔡元培教育和美育思想的贯彻。当前美育已被正式纳入教育方针，许多学校已经开设美学或各种艺术欣赏的课程，城市里的各种博物馆、艺术馆，校园里的艺术社团，都在扩展数量和规模。但是，人们对于美育在整个教育中的地位和意义仍然认识不足，美育与德育、智育之间的关系仍然显得分离或松散，难于自觉地起到辅助德育、激发智力、实现理想的作用。美育在很大程度上还停留于设置艺术课程。结果德育往往停留于书本和抽象的说理，智育停留于传授知识和对付考试。青年学生中人性扭曲、情感乖戾、道德低沉、理想失落的现象时有发生，这固然与整个社会风气密切相关，但认真研究、大力宣传和切实贯彻蔡元培的美育思想，确实是教育领域和相关部门的当务之急。

蔡元培当然也有他的历史局限与不足，他的美育思想有些过分强调心灵、情感的意义，对物质、经济利益推动历史的作用有所忽视；在 1927 年后的一段时间里，他也并没有始终坚持教育独立和思想自由的主张。特别是若单从政治上看，他个人历史上并非全无瑕疵，有些人正是由此而形成一个内在的阴影，一叶障目，掩蔽他为北大奠定基本传统，为促进中国教育、文化、科学从前现代向现代转型的巨大贡献。这里正需要蔡元培那种“海纳百川，有容乃大”的胸怀与气度。他并不是一个马克思主义者，当年却坚决支持马克思主义的研究，允许并帮助李大钊等人在北大成立研究组织，开设唯物史观的课程，创造条件，使马克思主义在中国逐步传播开来。这不正是“兼容并包，思想自由”的硕果么？今天我们为什么不能以蔡元培的胸怀对待蔡元培和他的思想整体呢？郑重纪念蔡元培，就应当复兴一种真实的蔡元培的形象与理念。

（原载《书屋》，2008 年第 9 期）

胡适对青年读书治学的希望

胡适是我国新文化运动的领军人物之一，他是人文学科方面的大师，也是一位卓越的教育家。他在北京大学工作二十多年，曾任教授、文学院院长、教务长、教授会主任等职，1946—1948年任北大校长。但是，正如他自己所说，他并没有什么教育方面的专门著述。他的教育思想散见于他的一系列演说和文章中，并贯注于他的大半生的教育实践活动中。他的政治思想主张改良主义，教育哲学信奉杜威的实验主义。他毕生不忘科学和教育救国。胡适教育思想与活动的一个鲜明特点是：满腔热忱地对待青年学生，他以青年导师和朋友的身份，一生喜好与青年人接触，以他亲身的体验与认识，语重心长地勉励和告诫青年学生，如何治学与做人。

一、有益社会莫如铸造成才

胡适的一生，难于摆脱政治，并且他在某些阶段与场合，是参与政治的。他在政治上功过是非的诸多争议，我们姑且不论。从总体上看，他毕竟是一介书生和学者。他是坚定的科教兴国论者，这是没有疑问的。他最喜欢的工作是教学与学术研究；他最喜欢去的地方是大学课堂与图书馆。他深知国家要富强，民族要兴旺，就必须大力发展科学事业，在科学水平上赶超先进国家，并占领高峰。为此他与蔡元培一样，高度重视并全身心地投入我国的高等教育，切实规划和认真推行我国大学的发展方略。还在1914年他留学美国期间，便发表《非留学篇》一文，指出振兴国内大学教育方是“长远之计”；到1946年他任北大校长期间，又发表《争取学术独立的十年计划》一文。三十余年的基本思想一脉相承，为我国的大学教育和科学发展献计献策，并且高瞻远瞩地规划了一个宏伟而可行的蓝图。

许多青年学生都是爱国的，但在祖国处于落后或发生危难时期，怎样才能实现爱国或救国的愿望呢？在胡适看来，悲观苦闷不能救国，单纯呐喊也不能救国，责备别人而自己不努力更无济于事。因此，他多次向青年朋友引用挪威剧作家易卜生的一句话：“你要想有益于社会，最好的法子莫如把自己这块材料铸造成器。”[1]就是说，只有使自己培养成材，才有资格为社会、国家尽力。

胡适的这个思想与他的积极人生观、“社会不朽”论紧密相连。他对历史上的两种“不朽”观作了分析。一种是神不灭论，即灵魂不死论，早就受到我国魏晋南北朝时期范缜的《神灭论》的批判。范缜把形体与灵魂的关系比做刀刃和锋利的关系。没有刀刃，何来锋利？灵魂随着形体的消失而消失。这种神不灭论对实际生活不会有多大影响。另一种是《左传》中所说的“三不朽”论：“立德”、“立功”、“立言”的不朽。胡适指出这种不朽论的三层缺陷：只限于极少数有道德、功业和著述的人；单从积极一面着想，对消极的一面缺乏制裁；所说“德”、“功”、“言”，范围很含糊。胡适提出第三种不朽论，即“社会的不朽论”。他认为社会是有机的组织，个人与社会、历史是不可分离、相互制约的。他说“个人造成历史，历史造成个人”，“个人造成社会，社会造成个人”。个人作为“小我”是会死、会消灭的，而作为“大我”的社会、历史则是永远不死、不朽的。由此胡适得出结论说：“我这个现在的‘小我’，对于那永远不朽的‘大我’的无穷过去，须负重大的责任，对于那永远不朽的‘大我’的无穷未来，也须负重大的责任。我须要时时想着，我应该如何努力利用现在的‘小我’，方才可以不辜负了那‘大我’的无穷过去，方才可以不遗害那‘大我’的无穷未来？”[2]

正是从这种“社会不朽”论和个人对社会、历史的责任出发，他认为一个人要对社会作贡献，为祖国出力，就必须努力把自己铸造成器(才)。这与我国古人所说：“天下兴亡，匹夫有责”，知识分子当“以天下为己任”的思想是一脉相承的。胡适把这一思想具体落实到教育实践中，不仅从积极的人生观上对青年学生有重要的启迪和鼓励，而且对我国教育和人才培养的事业，也有重要的参考价值。

二、升学择业首依个人标准

在教育的理念和体制上，胡适倾向于自由主义，强调青年学生的个人兴趣和自由选择。对于大学的修业期限，他主张随各人的天赋与能力而有伸缩

① 胡适：《易卜生主义》，《胡适文集》(第2卷)，北京，北京大学出版社，1998年，第486页。

② 胡适：《不朽——我的宗教》，《胡适论教育》，合肥：安徽教育出版社，2006年，第229页。

性，即具有弹性，防止千篇一律的刻板要求。对于大学课程，他主张减少必修课，增加选修课，让青年人去摸索，扩大他们研究的兴趣。他主张“发展青年个性，使得选择自由”。在这方面，他认为私立大学的优点，倒是“比较自由、更少限制”的。他也反对盲目地搬用西方的教育体制，要求继承我国书院制的某些优良传统。书院制是我国一千多年来逐渐演化成的高等教育制度。如果说近代西方学校是以灌输知识为主的话，那么，中国的书院制则主要是自由讲学，并以自学为主。“是自动的研究，而不是被动的注射”①。在他看来，“只有在自由独立的原则下，才能有高价值的创造”②。

在升学择业上，他概括为两个标准。一个是“社会标准”，即社会上需要或时尚的热门专业，往往成为社会上收入高或易于发财的职业。比如胡适当年提到的电机工程、机械工程等，今日社会的财贸、金融、计算机、法律、外语等，人们热衷于报考这类专业。前不久见报载某艺术院校和某国家机关公务员招考，竟有数万人角逐数个名额者。另一个是个人标准，就是个人的兴趣、天赋所接近的学科或专业。胡适对中学生说：“父母、兄长、爱人都希望你学工程，而你的性情志趣，甚至天才，却近于诗词、小说、戏剧、文学，你如迁就父母、兄长、爱人之所好而去学工程，结果工程界多了一个饭桶，国际社会失去了一个第一流的诗人、小说家、文学家、戏剧学家，不是可惜了吗?”③所以，他认为个人标准比社会标准重要。他劝告青年学生在选择专业时不要太注重社会时髦，也不要被父母、兄长、爱人所支配。实际上社会所需要的行业很多，一个人不可能都去学。胡适说：“只问你自己的性情近乎什么？自己的天才力量能做什么？配做什么？要根据这些来决定。”④

胡适的个人兴趣很广泛，他学习与研究的方面很多。虽然，在回首自己的学术生涯时，他发现自己学的东西太广，无所专长，但他感到一生很快乐，因为他没有随社会的标准去学时髦，而是服从了自己的个性，依个人的兴趣去做。所以，他奉劝青年学生在选择专业时，一定要向自己的性情所近，能

---

① 《胡适遗稿及秘藏书信》(第5册)，《胡适论教育》，合肥：安徽教育出版社，2006年，第28页。

② 胡适：《谈谈大学》(1958年5月7日在台中东海大学的讲话)，《胡适论教育》，合肥：安徽教育出版社，2006年，第11页。

③ 胡适：《中学生的修养与择业》，《胡适论教育》，合肥：安徽教育出版社，2006年，第66页。

④ 同上。

力所及的去学、去做。这样才能有所创造和贡献。他在晚年还对一个青年说："你现在的志愿还不是最后的志愿，你要多方面去摸，才能摸出自己觉得最相宜的一种。"①

三、读书治学不忘四字秘诀

胡适是人文学科方面的大学问家。喜欢读书，爱书成癖。他终身手不释卷，勤奋治学。他与青年朋友交谈时，也是读书治学方面的话语最多。他把读书、治学看做把自己铸造成器(才)的必经途径。在他看来按照自己的性情和兴趣选定专业之后，就应当下工夫读书、做学问。趁自己年富力强时，努力做一种专门的学问，坚持不懈地做下去，确定做出成绩，才会对社会有所贡献。②

在读书、治学上，要处理好博与专(或广与深)的关系，使二者相互促进、相得益彰。只博不专，就会流于"浅"，像一张薄纸，轻飘飘的，没有分量；只专不博，就会流于"陋"，像一根杆子，孤零零的，无所凭依。只有既博又专，像埃及的金字塔，又大又高又尖。所以他说："为学当如金字塔，要能博大要能高。"③

至于读书、治学的态度和方法，胡适在台湾大学的一次演讲中，把宋朝一位前辈人物所讲做官的"四字秘诀"看做做人、做事、做学问的秘诀，即"勤、谨、和、缓"。

"勤"就是不偷懒，不走捷径，要切切实实，辛辛苦苦地去做。做到眼勤、手勤，勤求材料，勤求事实，勤求证据。他做学问，是从来没有假期的，常常不知寒假、暑假，甚至不知星期几。到晚年他还说过："凡是有大成功的人，都是有绝顶聪明的而肯作笨功夫的人。"如孔子说："吾尝终日不食，终夜不寝，以思，无益，不如学也。"④宋代朱熹讲到治学、做人的十六个字："宁详毋略，宁近勿远，宁下毋高，宁绌毋巧。""谨"，就是谨慎，不粗心，不苟且。举一例，立一证，下一结论，都不苟且。到晚年他还反复叮咛："引用别

---

① 胡适：《中学生的修养与择业》，《胡适论教育》，合肥：安徽教育出版社，2006年，第66页。

② 胡颂平编著：《胡适之先生晚年谈话录》，台北：台北联经出版事业公司，1984年，第226页。

③ 胡适：《怎样读书》，《胡适论教育》，合肥：安徽教育出版社，2006年，第133页。

④ 《论语》(卫灵公篇第十五)。

人的句子，一定要查过原书才可靠。”[①]“作文章切莫要借题发挥。”“和”就是要“平心静气”、“虚心体察”。不要发脾气，不要武断。抛开成见，服从证据，舍己从人。到晚年，他还说：“做学问切不可动感情。动感情，只看见人家的错，就看不见自己的错处。”[②]“缓”，就是从容研究，不要赶任务，不要轻易地下结论。他喜欢讲：“拿证据来！”“无证不信”、“言必有据”、“九分证据，不讲十分话”。他发表的东西虽然不少，但落笔千钧，实际上他写文章是很慢的。有时证据不够，就应该悬而不断，姑且挂在那里。到晚年他又讲到写文章的难处：“我的文章改了又改，我是要为读者着想的。我自己懂了，读者是不是跟我一样的明白？……所以我写文章是很吃力的。这是一种训练，这种训练是很难的。”[③]对于文稿的写字，他的要求也是很严的。他说：“写字不可潦草，不可苟且，写文章必须字字清楚。”“我十几年写的毛笔字文稿，给了我最好的一种训练。”[④]我们现在写文章都用电脑打字。很少用笔，更少用毛笔写字了。但胡适有关治学、写文章的严格要求，对于当前学术上的浮躁之风，确是十分对症的方剂。

四、毕生成就在于思考问题

除了学术上继续深造者以外，青年人从学校毕业进入社会之后，胡适指出有两种失落或“坠落”的危险：一是容易抛弃学生时代的求知欲望；二是容易抛弃学生时代理想的人生追求。应当怎样防止这种危险呢？胡适依据亲身的观察和体验，提出了三种预防的“药方”，都可以用一句话来说明：1.“总得时时寻一个两个值得研究的问题”；2.“总得多发展一点非职业的兴趣”；3.“你总得有一点信心”。这里最基本的还是第一个方子。胡适说：“问题是知识学问的老祖宗。”“古今来一切知识的产生与积聚，都是因为要解答问题。”一般地说，总是由于实用上或理论上出现疑难，才有科学研究的追求，即使是“为知识而求知识”，也还是出于好奇心而追求某些问题的解答，只不过这种追求不一定是直接为了应用的。离开学校之后，可能失去学术的环境和氛围，脑子里如果没有值得研究的问题在盘旋，就很难保持继续追求学问的热心，而

① 胡颂平编著：《胡适之先生晚年谈话录》，北京：新星出版社，2006年，第239、280页。
② 同上书，第5页。
③ 同上书，第69页。
④ 同上书，第234页。

只要有问题，就会推动你去思考和研究，会殚精竭虑地去寻求问题的解决。这样你也就会发展某些非职业的兴趣，保持做学问的兴趣，并且培养起为人类社会服务的信心。有的青年可能说，离开学校，离别了师友，又没有图书馆和实验室，怎么能继续做学问呢？在胡适看来，只要有了盘旋于脑际的重要问题，你就会想尽办法，甚至变卖家私，去买书、弄仪器，就会不远千里(现在更可以通过网络)去寻师访友，去寻求问题的解决。试问当年伽利略和牛顿有多少藏书？有多少仪器？他们主要是善于提出问题。没有问题的人们，关在图书馆里也不会用书，锁在实验室里也难于有什么发现。所以，问题才是兴趣和治学的关键。胡适说："脑子里没有问题之日，就是你的智识生活寿终正寝之时！"①

胡适始终强调学术独立、自由思考。他经常引用宋代哲学家张载的话："学则须疑"，又引用清朝龙门书院的格言："学者先要会疑，要能于无疑处有疑，方能进步。"胡适是"五四"时期新思潮的倡导者，这种新思潮的特点便是评判性，要求对一切现成的制度、观念进行理性的评审，要求人们疑而后信。所以，他总是鼓励青年们大胆地提问，独立地思考，不要为书中的说法或古人的解释所蒙蔽。这对于我们今天习惯了应试教育的青年学生来说，实在是太重要了。

(原载《北京大学教学促进通讯》，第 21 期)

① 胡适：《赠与今年的大学毕业生》，《胡适论教育》，合肥：安徽教育出版社，2006 年，第 53 页。

大学校长应当是怎样的？

——谈谈北大五位校长的共性与个性

大学的水平和培养人才的质量，往往是一个民族或国家科学、文化的标志。大学的性质是什么？并不是升官牟利的养成所，主要也不是出国留学的预备所，按照蔡元培的说法，是“共同研究学问的机关”。学术的准则和品味，是一所大学的灵魂。要办好一所大学，特别是综合性的研究型大学，除了客观的物质条件以外，一支“积学”而“热心”的师资队伍，有学问的积累与造诣，并努力引发学生的兴趣，是关键性的部分；素质较好的学生群体，有自觉学习的要求，也是重要的基础；但以正校长为首的领导集体，在把握导向、健全制度、培育校风上，更有举足轻重的地位和作用。

在我国现代教育史上，一些著名的大学校长，常为人们所景仰，如北京大学的蔡元培、清华大学的梅贻琦、南开大学的张伯苓、浙江大学的竺可桢，等等，早已彪炳史册。他们的学问、风度与能力，是人们乐于称道的。就北京大学而言，“五四”新文化运动之后至20世纪二三十年代，和抗日战争中的西南联大时期，堪称学术繁荣、人才辈出的两段黄金时期。前一时期，校长蔡元培厉行改革，坚决实施“兼容并包，思想自由”的办学方针，吸纳和聚拢各门学科、各种学派的杰出人才，让他们自由探讨，竞相争辩，让学生“顺自然，展个性”，自由选择。这就酿成了一股新的潮流，奠定了北大的基本传统，并且影响到全国，扩展到整个教育、科学和文化领域。说蔡元培是现代中国最卓越的教育家和大学校长，是毫不过分的。后一时期，梅贻琦主持西南联大校务，集中三校优势师资，在极为艰难的物质条件下，倡导同仇敌忾、收复河山的民族气节，培植“刚毅艰卓”的校风，认为大学“通专虽应兼顾，而重心所寄，应在通而不在专”，主张“治学贵谨严，思想忌偏蔽”①，因而追随蔡孑民先生兼容并包之态度，以恪尽学术自由之使命。诚如冯友兰所撰《西南

① 梅贻琦：《大学一解》，参见杨东平主编：《大学精神》，上海：文汇出版社，2003年，第51、48页。

联合大学纪念碑文》中所说："内树学术自由之规模，外来民主堡垒之称号，违千夫之诺诺，作一士之谔谔。"[①]这正是西南联大出现"奇迹"的基本原因。

一百多年来，在北京大学担任正校长的，不下二十人，就我管窥所及，其中功绩显赫、影响深远者，还是首推这五位：严复、蔡元培、蒋梦麟、胡适、马寅初。列出五大校长，并不是贬低其他校长的作用与贡献，比如周培源、丁石孙等，也很有学问与胆识，在危难时期，积极维护北大精神；为推进学术，提出过不少真知灼见，但终究没有赶上好时候，为形势与环境所限，他们的作用未能充分发挥。

以史为镜，为凸显大学校长的基本条件与品格，下面略述五大校长的共性与个性。

一、北大五大校长的共性

所谓"共性"，就是他们共同具有的长处，特别适宜于做大学校长。

1. 他们都是真正的学者兼教育家

五位校长都是特定领域的著名学者，是下工夫真正做学问的。他们懂得怎样使治学与做人相结合，教书与育人相结合。这就为从事教育，当好大学校长造就了最大优势。

严复是我国近代著名启蒙思想家、翻译家兼教育家。他的翻译不是一种单纯的文字功夫，而是有选择、有评论的翻译。他创造性地提出"信、达、雅"的翻译标准，并且通过翻译，比较全面地引进、评介了西方的进化论和其他学说，在我国哲学和科学领域发生广泛的重大影响、由于信奉进化论，他认为变法维新、救亡图强的政治变革，只能逐步改良，稳步前进。他主张从教育做起，首先改变国民素质，通过体育、智育和德育，做"鼓民力，开民智，新民德"的工作，并从事思想启蒙，学习西方的科学知识和民主政制，在提升民质的基础上达到政治改革的目标。可见他的学术观点、政治主张和教育思想是一致的。这也是他始终不离开教育岗位的主要原因。

蔡元培是哲学家兼教育家，他在青年时代便有志于教育，同时对哲学、伦理学特别是美学富于兴趣。1908 年他在德国莱比锡大学哲学系学习哲学与

---

① 冯友兰：《西南联大纪念碑碑文》，《冯友兰文集》，（第一卷），长春：长春出版社，2008 年，第 225 页。

哲学史，重点攻读美学和艺术史，曾出版《中国伦理学史》一书。1912 年 5 月出版《中学修身教科书》，长期被定为中学教材，可见其影响之广泛。他多次在国外着重关注和探究艺术和艺术史。他的教育思想与他深厚的哲学和艺术素养密切相关，他在北大唯一开设的课程便是美学。他在阐述教育方针时，除了德育、智育、体育之外，还补充过世界观教育，并特别强调了美育的作用。由于他很重视哲学，当时的北大哲学系，是一个人数很多，阵容很强的系。他的宽阔的胸怀和春风化雨式的气质，正是他深厚的哲学和艺术、道德素养的表现。正如后来蒋梦麟所说：蔡先生的精神“是从学问来的”①。

蒋梦麟是一位忠诚的教育工作者和教育家，教育是他的专业和职业。他在美国哥伦比亚大学获哲学和教育学博士学位，他主持北大校务达十七年之久。他是蔡元培的得力助手和继承者，总是把学术水平看做大学的生命。把营造学术中心作为治理北大的理想目标。他总是为提高北大的学术水平而埋头工作，竭尽全力。

胡适是一位人文学科的大学问家兼教育家。他是“五四”新文化运动的主将之一，在提倡白话文，中国古代哲学史、古典文学、现代诗歌等方面，他都有开创性的研究和著述。他特别重视在大学中开展学术研究，形成学术中心，并且强调学术研究的科学性和实证性。他师从杜威的实验主义教育思想，又是蔡元培大学理念和现代通识教育的大力倡导者和积极实施者。他鼓励青年学生读书治学，把自己铸造成才，发展个人兴趣，对一切现存的观念、制度采取思考和评审的态度。

马寅初是经济学家兼教育家。他在应用经济学的研究和教学中密切联系实际，着力于分析、解决中国社会生活中的重大问题，如解放后的人口问题、农业问题等。他追求真理的决心、刻苦治学的毅力、生动活泼的教学，以及对青年学生满腔热忱的关怀，都给人们留下了深刻的印象。

正是由于他们既是真正的学者，又是真诚的教育家，学术与教育便成为互相支撑、互相促进的两个方面。他们有真才实学，很自然地以学术为生命，把学术准则、学术氛围看做大学里最重要的东西。

2. 他们都了解北大的历史与现状

他们在就任校长之前，都在北大工作过，或者对北大情况早有了解。他

① 高平叔编著：《蔡元培年谱长编》，北京：人民教育出版社，1996 年，第 231 页。

们虽然也都经过政府的委任或授命，但并不是一种单纯的“外派”，不是外在因素的“安排”或“调整”，而是有内在渊源的水到渠成。比如北大的前身是京师大学堂，京师大学堂是戊戌变法的产儿，严复正是变法维新的代表人物之一，而且他在 1912 年 5 月上任北京大学校首任校长之前，便对京师大学堂十分关注与热心。早在 1902—1904 年他曾出任京师大学堂译书局总办，1912 年 2 月又被任命为京师大学堂总监督。由于他对教育的高度重视，又对北大的使命和改革任务了然于胸，他在校长任内便能针对当时有关部门的错误意向，坚决发出义正词严、铿锵有力的《论北京大学不可停办》的说帖，后又提出《分科大学改良办法》的说帖，为北大的生存立了功，为北大的改革开了路。

蔡元培在 1917 年 1 月初到任北大校长之前，曾于 1912 年 1 月出任中华民国教育总长，对京师大学堂情况已有所了解，1912 年 5 月便呈报将京师大学堂改名为北京大学校，并推荐严复任校长。蔡元培不久虽辞去教育总长职务，但自认其兴趣倾向于高等教育，他是抱着改革的决心和愿望到北大就职的。

蒋梦麟于 1923 和 1930 年两次被正式任命为北大校长时，已在北大工作多年，曾任总务长、代理校长等职，在积极协助蔡元培的工作实践中，他对北大情况是十分熟悉的。他任职校长的时间最长，为北大付出的辛劳甚多。

胡适于 1946—1948 年任北大校长之前，曾于 1917—1938 年在北大工作二十余年，曾任中文系系主任、英文系系主任、文学院院长等职，只是到抗日战争期间他才离开北大。他熟悉北大，对北大是很有感情的。

马寅初更是一位“老北大”人，他于 1916 年经蔡元培推荐，便受聘为北大经济系教授，后兼系主任，1919 年被推选为北大首任教务长。1929 年后虽有十多年在南方各大学任教，但到 1951 年，又被任命为新中国成立后北大首任校长时，出于对北大的熟谙与深情，他郑重提出“发扬北大光荣革命传统，保持学术地位”的要求。

长期以来，我们的大学校长，一般都由领导部门调遣、委派，他们对所去学校的历史与现状往往不甚了解，或有先入为主之定见，若不深入实际，虚心体察，就难免只做表面文章，或容易形成主观主义的判断与决策，不利于调动广大师生的积极性。笔者比较倾向于从本校教授中通过竞选和无记名投票方式产生大学校长，使上任的校长不但了解本校情况，有利于科学决策，而且对学校的发展富于责任感，能不遗余力地去肩负重任。

3. 他们都尊重学术，爱惜人才

由于他们都是造诣很深的学者，他们能切身体验到学术的重要、治学的艰辛和人才的可贵，懂得只有学术自由，才能学术繁荣，因而他们都尊重学术，爱惜人才，在学术上能坚决实施“兼容并包，思想自由”的方针，并且善于吸纳和包容各种不同观点、不同学派、不同风格的人才。这就为学术繁荣和人才成长创造了良好的氛围和条件。

作为启蒙思想家，严复的思想是比较开明的，他相信“天演”或“进化”是自然与人类社会的共同规律。他主张教育救国，实施教育改革，提升国民素质，为施行民主政治创造条件。他认为中国问题的关键常在人才的匮乏，因而把人才的培养、发现和选拔，看做头等重要的事情，所以他始终不愿离开教育岗位。

蔡元培宽容大度的胸襟、春风化雨的情怀，是众所周知的。他的这种人格魅力，就是吸引人才的天然条件。他又善于吸纳各种人才，使他们在学术上互相切磋，共同探讨，并有不同学派、观点的竞相争鸣，为学术繁荣和人才成长开辟一条康庄大道。

蒋梦麟认为教育要以学术为先。他说：“有真学术，而后有真教育，有真学问家，而后有真教育家。”[①]他总是设法克服困难，创造条件，努力发展学术，培养真学问家。

胡适曾极力为北大物色和引进人才，他力求把北大办成全国学术研究的重镇。在他看来，大学、学术、人才，这三者是不可分离的。他在任北大校长期间所写的《争取学术独立的十年计划》，就是要使我国有自己的大学，不依赖外国而可以充分担负“世界现代学术的基本训练”。受过基本训练的人才，又可以在国内继续深造，从事科学研究，解决本国需要解决的科学问题，并且与国外学者或研究机构分工合作，“共同担负人类学术进展的责任”。他提出大学体制改革的方向是：“多多减除行政衙门的干涉，多多增加学术机关的自由与责任。”而且他特别强调：“学术的发达，人才是第一要件，我们集中第一流的人才，替他们造成最适宜的工作条件。”[②]这是一个争取民族独立自强的富于远见的计划，可惜这个计划未能实现，并在以后中断了几十年。

---

① 蒋梦麟：《过渡时代之思想与教育》，上海：商务印书馆，1932 年，第 98 页。

② 黄裳：《胡适论教育》，合肥：安徽教育出版社，2006 年，第 265 页。

马寅初力图在北大培植一种严谨治学，善于包容，坚持真理，自由探讨的学风。他自己身体力行。当他的经过充分调查和反复研究的《新人口论》受到批判和围剿时，他一方面冷静地听取善意的批评意见，另一方面则严词拒绝各种无理的政治批判，始终以坚持真理的态度，不作任何屈辱性的自我检查。这在当时的政治高压的态势下，是相当难能可贵的。同时，为了培养高质量的人才，他严格要求学生在学习上克服"消化不良"和"营养不良"的弊端，要求所有学生具备一定的文史基础和科学理论的准备，搜集和掌握第一手资料，深入研究古今各种学说，善于独立思考。他对学生平时的学习、生活与健康，也倾注着满腔热忱，关怀备至。

以上关于五位校长的某些共性，虽很粗略，难免以偏概全，但也大致可以看到杰出大学校长的一些基本品质和条件，这是我国现代教育史上值得深入发掘的资源，是值得我们认真学习和借鉴的。

二、北大五大校长的个性

分别来看，五位校长又各自具有鲜明的个性与特点，也十分值得我们体察和玩味。

先说首任校长严复，那时京师大学堂改名"北京大学校"，蔡元培推荐他出任校长。严复在西方留学多年，擅长于翻译，是西方进化论在中国的主要传播者。他虽是变法维新派代表人物，却很少参与维新派的政治活动，一生始终在学校办教育，是我国教育救国道路的先驱。由于信奉进化论，在政治体制的改革上，他主张渐进式，逐步推展。他的思维方式的特点是：比较稳健，不走极端。看来比较接近于中国传统思想中的"中庸"，对这种思维方式，我们不宜轻易批判或否定。在以和平与发展为主题的年代，或者在生产力水平与群众觉悟程度不够的历史条件下，不应急于推行生产关系和政治制度的激烈变革，避免社会大动荡造成的严重破坏和损失，这也是我国几十年来值得认真吸取的经验教训。

关于蔡元培成就与贡献的特点，梁漱溟有一段精辟的论述："蔡先生一生的成就不在学问，不在事功，而只在开出一种风气，酿成一大潮流，影响到全国，收果于后世。”[①]这固然与时代、形势的要求相关，也是由于蔡元培个人非凡的气度与胆识。他对哲学有浓厚的兴趣，并有多方面的爱好，因而在天性上就乐于包容各种人物和各种不同的学问与见解。他刚到北大，就三顾茅庐式地聘请陈独秀为文科学长，聘请尚在美国的胡适为教授，聘请学历不高，年方 24 岁的梁漱溟讲授印度哲学。他还聘请了章行严(士钊)、刘半农、钱玄同、周作人、陶孟和、马寅初、李大钊等。他聘请教授，只问学问，不问背景，只求功底深厚，不论学派或政见。这样，在传统经学方面，既有今文学派的崔适，也有古文学派的刘师培；在旧诗方面，既有主唐诗的沈尹默，尚宋诗的黄节，也有宗汉魏的黄侃；在法学方面，既有英美法系的王宠惠，也有大陆法系的张耀曾；在文学革命方面，既有新派人物胡适、陈独秀、钱玄同等，也有旧派人物刘师培、黄侃等。在学术上，蔡元培本人又特别能容纳异己的观点和人物，有关《红楼梦》的研究，他与胡适各主一派；对孔子的认识与态度，不仅胡适与梁漱溟相左，他自己也与梁漱溟有分歧，但这不仅不影响他对胡适、梁漱溟的聘请，也不影响他们之间的合作与共事。蔡元培并不是一个马克思主义者，但他尽力支持马克思主义研究会的活动，支持李大钊在北大开设唯物史观的课程。这就很自然地形成一种自由探讨、竞相争鸣的学术传统和氛围，是极其有利于学术的繁荣和人才成长的。梁漱溟曾说蔡先生的伟大在于“一面有容，一面率真”[②]。冯友兰曾说：“蔡先生的教育思想有两个大端，一个是春风化雨，一个是兼容并包。”[③]春风化雨出自其精神境界，是很自然的，没有一点矫揉造作。他们两人对蔡先生性格特点的揭示是一致的。

蒋梦麟是蔡元培的亲密合作者和继承者，在具体贯彻与弘扬蔡元培教育思想的过程中，他的特点是：特别能办实事，善于处理各种关系，能逐步解决各种难题，同时他坚持原则，敢于担当。凭着这种坚韧的性格，他与广大师生一道，历经沧桑，共渡难关。在教育思想上，他一面崇尚学术，一面倡导个性的张扬，他要求学生都成为“活泼泼的个人”。

胡适兴趣广泛，作风潇洒。他极力主张学术自由，思想解放。他特别尊

① 梁漱溟：《纪念蔡元培先生》，《蔡元培纪念集》，杭州：浙江教育出版社，1998 年，第 133 页。

② 同上书，第 139 页。

③ 同上书，第 148 页。

重学生个人的兴趣，在选择志愿和职业上，他主张把个人兴趣置于社会配置之上。胡适在人文学科方面涉及的领域很广，成就卓著，曾获得国外授予的三十多个博士学位。他爱书成癖，终身手不释卷，勤奋治学。在处理博与专的关系上，他的名言是："为学当如金字塔，要能博大要能高。"作为青年的导师与朋友，他极具亲和力，曾规定每周接待来访者时间，不论年龄、职务和身份，来者不拒，以谈会友，热诚相待。他经常语重心长地勉励和告诫青年学生如何治学与做人。他主张治学时在无疑处有疑，待人时在有疑处不疑，这实在是他治学做人的重要秘诀。

马寅初是一位坚定的爱国主义者，对社会有着高度责任感的经济学家。他的人格特点是：认准了的真理与正义，便百折不挠地坚持到底。新中国成立前，他揭露国民党政府和官僚家族的贪污腐败，虽坐牢，被软禁，他也义无反顾；新中国成立后他的《新人口论》遭受无理的批判和围剿时，他毫不妥协，不作检查。在尖锐复杂的政治生活中，我们看到一个正气凛然的真诚学者马寅初；在日常平静的教学生活中，我们又看到一个和蔼可亲的大学校长马寅初。

五大校长的个性，鲜明地表现了他们的特殊魅力。

当今的大学校长，不妨用五大校长的共性与个性对照自己，从而获得学习与借鉴的教益。我们大学里的广大师生也可从五大校长的身上学习许多可贵的品质，更加自觉地治学做人，攀登科学高峰，为人类社会作出更多的贡献。

（原载《重庆高教研究》，2013 年第 2 期）

原著攻读

迫切的问题，是要读名著、原著

最近看到4月4日人民网《读书周刊》栏目文章《与其读经，不如读史》，不由得也想谈点看法。

当前大学里的文科教育，主要引导学生读什么？几年前笔者曾经问过一所著名大学哲学专业四年级的学生，是否读过古希腊时期柏拉图、亚里士多德的著作，德国古典哲学中康德、黑格尔的著作，我国先秦时代诸子百家的著作，以及马克思主义的哲学原著？他们普遍的回答是：几乎没有完整地读过一本。中国哲学史、西方哲学史和马克思主义哲学史都学过了，考试通过了，学分完成了，可是，对于古今中外哲学家们的原著呢？却只接触过教材中引用或“选辑”中选编的某些零散的片断。笔者最近接触某些师范学院的文科方面的学生，情况同样使我吃惊。思想政治教育专业将要毕业的一个班，几乎没有人完整地读过一本政治理论或人文学科方面的经典原著。

显然，我这里所说的名著或原著，并不限于中国儒家的“四书”、“五经”之类的经典，而是包括古今中外对人类社会历史、思想文化发生过重大影响的著作，是经过长期历史选择和时间检验的，往往提出或回答了时代的重大课题，凝结着人类或各民族的卓越智慧。直接攻读这些著作，是文科师生的基本功训练，是从事学术研究、登堂入室的必经途径。而且，阅读这些著作，只要积极体味，往往可以启迪智慧，陶冶情操，增进人文素养。它的意义，也绝不限于文科的学生。话再说回来，就是对于中国文化思想史上的经典，如《论语》、《孟子》、《老子》、《周易》、《孙子兵法》、《诗经》、《楚辞》、唐诗、宋词、《红楼梦》等等，也是每一个中国的大学生、知识分子首先应当重视和阅读的。因为这些著作，正是集中反映了我们民族的风格与特色，读懂、读熟这些著作，正是继承和弘扬我国传统文化的必要环节，也是我们与其他国家、民族开展平等对话、进行文化交流的思想根底。现在，有些侈谈中国传统文化的人，其实他连“四书”、“五经”都没有认真地读过一遍，甚至没有认真地读过一本。这岂不是盲人摸象或隔靴搔痒么？说得重一点，这又难道不是学风浮躁的表现么？

我自己一生的一个重大遗憾，也是没有真正读懂、读熟、读通一批人文学科原著，学术上根底浅、水平低的主要原因就在这里。我愿把这个难以弥补的教训寄告青年同学。我曾经呼吁教育领域重视原著的学习，并曾在一个文科综合试验班里尝试着进行文、史、哲的综合训练，倡导直接攻读原著，但看来收效不大。问题在哪里？我看很难责备学生。长期形成的教育制度和习惯势力，难以改变。

我们都说反对应试教育，提倡素质教育。考试，本来是教育的一种环节或手段，而且是检验、衡量教与学的不可缺少的手段。应试教育的弊端首先在于把考试当成了目的，一味追求考试成绩，追求升学率，对学生层层加压，使学生失去主动学习的兴趣和能力；同时，为完成考试，就必须规定考试范围，统一标准答案。这种范围和答案从哪里来？往往就从教材、讲义中来。这就形成了应试教育的另一个或许是更为严重的弊端：使学生的时间和精力过多地集中在阅读、背诵教材上，逐渐地疏离了人类文化史上的名著或原著。本来，在中、小学的语文课本里，学生还接触到一些古文和唐诗、鲁迅作品一类的原著，不少中学生也在课余读过中国古典文学的四大名著。上大学后，必修课程塞得很满，一般都有教材、讲义，加上外语学习、电脑操作占去很多时间。紧张之后的课余，大都向往消遣，于是“时尚”读物和网络小说炙手可热。这样，四年过去，许多文科学生主要是听了20多门课，读了一大堆教材、讲义。这种状况，如果长此以往，只会使青年一代逐渐远离人类精神文化的家园。从长远看，还会使人文基础学科(文、史、哲等)萎缩，助长整个社会人文精神的衰退，势必影响整个民族的科学、文化素质。因此，我认为这是我们教育领域的一个重大误区，尤其是文科教育改革中一个迫切需要解决的问题。是决不应等闲视之的。关键在于教育部门的指导思想，把青年学生的时间、精力引向何方？当然，我并不否认合理而优秀教材的积极作用，但要分清主次，与名著、原著相比，第二手性质的教材终究处于辅助地位。我也决不轻视学习历史的重要性，但我认为学习历史也一定要与学习原著相结合，而且读原著应当重于读教材。试问一个学习中国历史的大学生或研究生，如果不读《史记》、《资治通鉴》等原著，能说是合格的么？至于鲁迅关于“读经不如读史”的说法，是在20世纪20年代针对章士钊等人的“读经救国”论而说的，不能不加分析地引以为据。

(原载《中国教育报》，2002年6月6日)

中国人首先要读的两本书:《论语》和《老子》

中国人本有读书、藏书的风气，但过去极“左”思潮的“读书无用”论，当今世俗商潮的“急功近利”热，都把读书的气氛大大地冲淡了。为实现现代化建设的宏伟目标，我们民族要攀登科学的高峰，自立于世界民族之林，就必须依靠“科教兴国”，而科学和教育，都要求勤奋主动地读书。书卷记录了人类的历史，反映了人类的经验和民族的智慧，是人类进步和民族自强的有力见证。韩愈说过：“人之能为人，由腹有诗书。”(《符读书城南》)一个民族的读书情趣和风尚，关系着一个民族的兴衰强弱。经济的崛起，必须伴随着政治的昌明和文化的繁荣，才能真正使民族振兴，社会和谐。勤奋读书，掌握知识，改造社会，振兴中华，这是时代赋予我们的责任。

那么，在当今的时代和社会，作为中华儿女，首先应当读什么书？干部、职工有工作实践的需要，教师、学生有各类课程的布置，市民、百姓也有世俗生活的安排，对于读书，都会有所选择。人各有志，不可强求一律。我们正面临知识经济和信息化的时代，知识更新和科技革命，都在日新月异地进行，电脑网络的下载，层出不穷，但也泥沙俱下、良莠难分，我们都有应接不暇之势。在这种形势下，人们还顾得上去阅读中国传统文化的典籍么？人们对古书似已逐渐陌生和疏离。然而，在某些热心人士的倡导下，仍有古典学校的兴办，少数中、小学里，也在传来古典著作的琅琅读书声。于丹关于《论语》的讲座和著述，不论人们的评价如何，也在文化古典和普通百姓之间起了一点桥梁作用。实际上，改革开放的三十年来，文化、学术界不同层次的“国学热”已经多次兴起。这说明绵延了数千年的中国传统文化的线索不容中断，自古流传、溶入血脉的某些文化典籍的意义不会消失。炎黄子孙在现代化建设过程中，不能数典忘祖，不能割断中国传统文化的源头，应当共同守护民族文化的原典和基因。那么，在浩如烟海的中国文化典籍中，究竟首先或主要读什么书呢？历来有不少学者开列过“国学书目”，一般都在几十本以上，今日的专门研究者或尚可参考利用，广大读者多半望而生畏。梁实秋先生曾说：“作为一个道地的中国人，有些部书是非读不可的。这与行业无关。理工科的，财经界的，文法门的，都需要一些蔚成中国文化传统的书。”（《雅舍小品选》）钱穆先生曾说：“《论语》自西汉以来，为中国识字人一部人人必读书。”（《论语新解》）。1978年，他在香港中文大学的一次讲座中又提出七本“中国人所人人必读的书”：《论语》、《孟子》、《老子》、《庄子》、《六祖坛经》、《近思录》、《传习录》。近来也有学者建议读《论语》、《孙子兵法》、《老子》、《周易》。我则主张更集中一点，先把《论语》和《老子》读好，然后逐步扩展。理由如下：

1. 这是两本中国传统文化最主要的代表作

《论语》是儒家思想的主要代表作；《老子》则是道家思想的主要代表作。先秦诸子百家中，儒家和道家，是影响力最大的两家，而儒家和道家正是中国传统文化的两条主线，相互区别又相互影响。把这两家思想的源头抓住了，就比较容易把握中国传统文化的来龙去脉，还可以避免对中国传统文化的单向理解，易于进行儒、道两家思想的比较，铺垫一个较为开阔的思想平台。《论语》和《老子》在问世以来的两千余年间，对中国的政治、哲学、伦理、教育等方面，无不产生极其广泛而深远的影响。要继承和弘扬中国的传统文化，首先就要读懂、读通《论语》和《老子》。这是没有疑问的。

2. 这是两本有利于开展中外文化交流与比较的书

正因为《论语》和《老子》分别为儒家和道家的最早代表作，那么，熟读了这两本书，就为传播中国文化，进行中外文化的交流与比较打下一个初步的基础。胡适、冯友兰等老一辈学者，当年出国留学时，已有国学的深厚根底，这是他们融合中西文化，进行综合创新的基本条件。近百年前，胡适在美国就发现中国某些留学生忽视传统文化，不读中国文化典籍，胡适为此感到羞耻和焦虑。今日的情况更为严重，不少留学生、“海归派”，确实连《论语》和《老子》都没读过，试问他们怎么传播中国文化，在文化的交流与合作中有多少发言权？又怎能比较与融合中西文化，进行文化的综合创新呢？此外，据我所知，国内有一些热衷于讲“国学”或“中国传统文化”的人，他们对“四书”“五经”或《论语》、《老子》，都没认真地读过一遍，这不是徒有其表和哗众取宠吗？这不仅不能真正推动国学和中国传统文化的研究，而且还会败坏学风，损害传统文化的声誉。这不正是孔子所说：“巧言令色，鲜矣仁”（《论语·学而第一》）么？又正如老子所说：“天下难事，必作于易，天下大事，必作于细。”(《老子》第六十三章)“九层之台，起于累土；千里之行，始于足下。”(《老子》第六十四章)我们应当老老实实地打点基础，先把《论语》、《老子》读懂、读熟，然后才能对国学研究和中国传统文化的继承与弘扬，有点发言的资格，做点扎实的工作。

3. 这是两本在教育上体现人类精神家园的书

国内长期以来的应试教育，不仅引导学生围着考试转，而且引导考试围着教材、讲义转。一些大学生学了四年，上了二三十门课，考试通过了，文凭拿到手，却主要读了一堆教材、讲义，而很少直接接触原著、经典。因为对付考试，读读教材就够了，殊不知优秀教材，固然有重要参考价值，不可不读，但终究是第二手的辅助性读物。大学生要培养独立思考和研究问题的能力，提高科学精神和人文精神的素养，就必须直接攻读原汁、原味的原著和名著。只有这些著作才是经过时间检验和历史淘洗的人类智慧的结晶，是从事学术研究的可靠来源或依据，从中不仅可以学习思想观点，而且可以学习研究方法，还可体验学者、大师的品格与魅力。所以，攻读原著是基本功的训练，是学术上登堂入室所必经的途径。应试教育和沉重的课程负担，让学生只读教材，不读原著，实际上是让青少年一代逐渐离开了人类精神的家园。这是我们教育领域的一个重大误区。这与中国的传统教育，与西方的教育体系都是不一致的。《论语》和《老子》就是中国传统文化最基本的原著，国学研究的本源性著作，它应当是每一个有条件学习的中国人，首先是每一个中国大学生的必读书。可是，我问过十多个大学生(包括文、理科)，是否完整地读过一遍《论语》或《老子》？都说没有。这个触目惊心的事实，让我感到困惑。西方有的大学生都读过这两本书，中国的大学生却普遍地没有读过，这是说不过去的事情。我认为，不论功课怎么忙，事情怎么多，在大学本科的四年里，一定要抽时间认真地读一读《论语》和《老子》，没有这方面的课程，就自觉地把它作为必修的自学课。书中的有些段落，可以背诵下来，并运用于实际的生活与思考。可以让《论语》、《老子》中的思想首先在大学师生中普及，然后在国家公务员、机关干部、企业家和企业工作人员，中、小学教师中普及，并逐步在市民、百姓中普及。这是可能做到的传统文化的普及工作。经过这种普及，全民族的传统文化素养和人文素养，就可以在精神的层面，得到普遍的提升。在这种普及的基础上便可以逐步提高，从各个方面展开比较深入的研究。这种研究又可以推动更为广泛的普及。

4. 这是两本最富智慧并有广泛国际影响的书

《论语》与《老子》既是中国的珍贵典籍，又是人类的精神财富。其中蕴含的高度智慧，受到世界的瞩目，早已译成多种文字，在世界范围内发生广泛而重大的影响，影响所及，可与西方基督教的《圣经》相比。现在许多国家成立了孔子学院，主要读《论语》，由此研究中国的传统文化。有的西方学者认为，《论语》中的某些人伦思想，开启人类发展的前景，具有普遍价值。近十多年来，国际上进一步掀起“老子热”。物理学上的宇宙大爆炸学说，在宇宙的时间源上，追索极点以前的无，十分重视老子的观点：“天下万物生于有，有生于无。”(《老子》第四十章)所以，我们自己要把这两本书读懂、读好，正确地传播其中的基本思想，更好地发挥其人类精神财富的作用。

5. 这是两本篇幅较短并便于朗读和背诵的书

《论语》是一种语录体，又多是孔子与其弟子和弟子之间的对话，比较形象、生动；《老子》(又名《道德经》)则是一部富于诗意的散文。两书内容丰富，深蕴哲理，篇幅较短，言简意赅。《老子》只有五千字，《论语》也不过一万两千字。两书都既含高度的智慧，又带语言的韵味，许多地方读起来朗朗上口，不少语句早已成为人们耳熟能详的成语。两书可说是中国古代文献中最便于朗读又最触动心灵的原典。《论语》中的一个“仁”字，《老子》中的一个“道”字，便是世界、人生的大智慧。至于孔子所说：“己所不欲，勿施于人”(《论语·卫灵公第十五》)，“己欲立而立人，己欲达而达人”(《论语·雍也第六》)；老子所说：“生而弗有，为而弗恃，功成而弗居”(《老子》第二章)等等，不正是可以大大净化人的心灵、改变人的气质么？所以，先读这两本最基本、最简短的书，既容易理解，又容易引起兴趣，提升人的精神境界，效果最好。

先读《论语》和《老子》，并不是只读这两本书。有了一个好的开头，打好一个基础，就可以逐步扩展。比如，从《论语》就可以扩展到《孟子》、《大学》、《中庸》，或整个“四书”、“五经”。从《老子》可以扩展到《庄子》、《淮南子》等道家的其他著作。先读《论语》和《老子》，并不是要限于儒家和道家，而是可以逐步扩展到兵家、法家、墨家、医家等等，比如《孙子兵法》，也很简短、精辟，有国际影响力，宜于接着读。总之，首先熟读《论语》和《老子》，好比垫下两块传统文化的基石，在人类精神文化的海洋中，一石可以激起千层浪。由此出发，依据个人的兴趣和需要，可以向不同的方向扩展，扩展到古今中外各种原著和名著。

《论语》与《老子》虽然比较好读，但终究是古代典籍，难解和易于发生歧义的地方是有的。首先要尽量读懂，必要时可适当参考某些学者的注解或评论性著作，但我们不能满足于读别人的“心得”或“讲解”，而要自己直接把原著读懂，在读懂的基础上还要读熟，并且进一步读出自己的见解、体会来。这就必须勤于思考，勇于提问，还要善于分析和批评，看到它的局限性。对原著、名著，是必须反复阅读、反复提问和体味的。像熊十力先生所说：“沉潜往复，从容含玩。”这既要下工夫，又是一种精神自由而愉悦的活动。孔子说过一句很值得玩味的话：“知之者不如好之者，好之者不如乐之者。”(《论语·雍也第六》）这里像是道出了学习、教育的三个层次：“知之者”，大致是获得或传授知识的层次；“好之者”，则是从学习中引发了兴趣，激发了提出问题和研究问题的动力；“乐之者”则更进一步，从学习和探讨中形成思想的升华，产生高度愉悦的心情，或对研究“欲罢不能”的迷恋状态。这是读书、学习可以达到的精神境界。我们读《论语》和《老子》，或读其他原著和名著，以及从事各项学习和研究，都可以追求这种精神境界。如果在我们的大学生、知识分子和国家干部中，这种精神境界能比较普遍或在一定程度上达到，那么，民族的振兴和国家的兴旺发达，就是很有希望的事情。

（原载《光明日报》，2008 年 11 月 10 日）

从直接攻读原著入手

——关于哲学教学改革的一项建议

新中国成立以后，马克思主义成为全国的指导思想，马克思主义哲学是我国高等教育和干部理论教育的必修或重要课程。但是，这门课程的教与学，究竟从什么著作入手？或者说，以什么著作作为入门的基本的教材？这是一个值得总结经验、认真加以解决的问题。

一

半个世纪以来，我们的马克思主义哲学课程，一般是学习哲学原理、使用一种哲学原理的教材。在前 30 年里，这种教材的内容，多半是沿袭或参照苏联理论界在 20 世纪 30 年代出版的哲学教程，除《联共(布)党史简明教程》第四章第二节的“论辩证唯物主义和历史唯物主义”外，主要还有米丁著或主编的《辩证唯物主义》、《辩证唯物论与历史唯物论》、《新哲学大纲》，西洛珂夫等著《辩证法唯物论教程》等。这种教程在宣传、讲解马克思主义哲学上起过一定的历史作用。但它所固有的缺陷也逐渐显露出来，比如，将马克思主义哲学分成几大块，分别叙述唯物论、辩证法、历史唯物论的若干特点或规律，缺乏内在联系和有机整体的把握；在表述哲学内容时，大都从某些既定的原理、概念出发，而马克思主义哲学的文本原貌和历史进程却被淡漠了；所依据的哲学原著，多是论战性著作，而对马克思的某些哲学著作、恩格斯的《路德维希·费尔巴哈和德国古典哲学的终结》和列宁的《哲学笔记》等，则有所忽视。这种缺陷显然不同程度地影响到我国的哲学教材。长期以来，虽试图有所改进，但并没有显著的变化，因而常使人们感到哲学教材的结构模式化，内容比较陈旧，甚至语言、概念的表达也有某种八股味，不能引起读者的兴趣。当然，国内的哲学教材中，也有比较受欢迎的，如艾思奇著《辩证唯物主义纲要》，李达主编的《唯物辩证法大纲》等。不过，从总体上看，前 30 年教材的结构和内容，基本保持一贯，没有超出苏联哲学教程的框架。

在我国的教育制度中，长期形成了应试教育的模式，师生围着考试转。

学生升学，要通过哲学(或政治)课的考试，而考试主要是考教材和课堂讲授的内容，学习者为了对付考试，便习惯于背诵教材、讲义，往往并不直接阅读哲学原著。这样学习和考试的结果，究竟是不是真正理解了马克思主义哲学，显然是有疑问的。记得有一个学生对我说过："学习辩证唯物主义，背来背去，不过就是：'世界是物质的，物质是运动的，运动是有规律的，规律有三条，还有五对范围。'"这可能有点言过其实，但哲学教材中把马克思主义哲学简单化、模式化的问题是确实存在的。

应当看到，在近二十年里，哲学领域的研究呈现出复兴和繁荣的景象，有创新见解的论文和著作时有出现。马克思主义哲学方面的教材也有若干突破的尝试，适应新实践的要求，表现不同体系结构的哲学教程已经开始出版或使用，这是不同思路展开探索和争鸣的结果。但是，不可否认的事实是：极少量富于新意的哲学教程，尚未得到比较普遍的认可，存在的争议甚多，而就目前普遍使用的教材来看，也仍然基本保持原来的结构和内容。已经出版的哲学原理教材，全国范围内不下数百种，其中内容新颖、质量上乘者不多，多为大同小异，甚至不乏辗转抄袭、粗制滥造者。学生、干部和广大读者之所以对马克思主义哲学产生某种疏离和冷漠，看来也是与哲学教材中的这种状况有联系的。

鉴于当前马克思主义哲学理论教育的迫切性和哲学教材中存在的问题，我认为应当倡导直接攻读原著，从学习马克思主义哲学原著入手，把一定的原著列为基本教材，而把一般的哲学原理教材只作为参考读物，改变长期以来的"喧宾夺主"的状况。原著是马克思主义经典作家亲自撰写的著作。这些著作批判地吸取了人类文明史上的重大成果，深刻地回答了时代、历史的课题，集中地反映了时代精神的精华，因而是后人学术探讨的可靠依据，也是学习、把握马克思主义哲学的第一手资料。下工夫读懂几本哲学原著，才可能在掌握马克思主义哲学方面真正入门，也只有读通读透一批哲学原著，才可能在研究马克思主义哲学方面登堂入室。舍此没有其他基本途径。

二

但是，马克思主义的创始人和他们的主要继承者，都是无产阶级的革命家兼理论家。他们的哲学理论活动，与某些职业哲学家、大学教授有所不同，至少有两个显著的特点：他们一般没有专门撰写过教科书或教材之类的著作；

由于马克思主义哲学在本质上是革命的、批判的，他们的很大一部分著作便带有批判性和论战性。大致说来，马克思主义哲学原著有以下几类情况：

第一类，早期著作。主要是马克思主义理论成熟之前的某些著作。如马克思的博士论文、《黑格尔法哲学批判》、《1844 年经济学—哲学手稿》、《神圣家族》，等等。这些著作往往带有过渡性和两重性的特点，包含某些旧的哲学的因素或痕迹，或者某些观点的表述还有不够确切和规范的方面。这类著作，应当在研究马克思主义的哲学来源或思想历程时认真阅读，但不宜于作学习马克思主义哲学的入门著作或基本教材。

第二类，部分读书笔记、札记、手稿。马克思主义经典作家在理论探索过程中写下的摘要、批语、评论等，往往是供个人使用的酝酿和准备材料。如马克思的《1857—1858 年经济学手稿》、《人类学笔记》、《历史学笔记》，恩格斯的《自然辩证法》，列宁的《哲学笔记》、《马克思主义论国家》，等等。这些笔记和材料，虽然在写作形式和加工程度上各不相同，但一般都未作系统整理，因而在表述上是不完备的。这类著作是马克思主义哲学的可贵资源，是马克思主义理论和历史研究的重要对象，但显然也不适于做学习马克思主义哲学的入门或基本教材。

第三类，论战性著作。马克思主义哲学在形成、发展过程中，必然与各种资产阶级、小资产阶级思潮，形形色色的机会主义思潮进行斗争，与各种有原则分歧的哲学观点展开论战。马克思主义经典作家写下了一系列论战性的著作，如马克思的《哲学的贫困》、《哥达纲领批判》，恩格斯的《反杜林论》，列宁的《唯物主义和经验批判主义》，等等。这类著作在论战中也往往形成了有内在联系的正面论述，在对各种错误观点的批判中多方面地发挥和发展了马克思主义哲学。比如《反杜林论》中关于马克思主义辩证法的论述和发挥，《唯物主义和经验批判主义》中关于马克思主义认识论的论述和发挥。但是，由于论战侧重方面的需要，也由于论战对手的水平和观点的限制，在这些著作中，马克思主义哲学并没有充分深入地展开，不大可能在已有的成就上作全面而历史的阐述。而且，由于论战、批判的色彩过浓，不容易被初学者深入理解和把握。在国内的干部理论教育和学校政治课教育中，也曾规定学几本马列主义原著，哲学方面多为论战性著作，如《反杜林论》、《唯物主义和经验批判主义》等，一般初学者都感到困难，效果并不甚好。至今研究生的报考，仍指定《反杜林论》为基本教材，一般报考者有些望而生畏，有的只好硬着头皮背诵。因此，这类著作一般也不适于作学习马克思主义哲学的入门和基本教材。

第四类，成熟而比较完整的论著。马克思主义在理论上达到成熟以后，比较全面而完整地涉及哲学的著作。如马克思的《关于费尔巴哈的提纲》，马克思、恩格斯的《德意志意识形态》、《共产党宣言》，马克思的《资本论》，恩格斯的《社会主义从空想到科学的发展》、《路德维希·费尔巴哈和德国古典哲学的终结》，列宁的《国家与革命》等等。这类著作多是正面的清晰的论述，比较适合于初学者阅读。但是，这些著作中，阐述的重点和篇幅又是有差别的。《德意志意识形态》已经基本形成和表述了唯物史观的内容，只是有些概念还有待进一步规范和作出确切的表述，而且全书的篇幅比较大，并包含某种清理过去哲学信仰的性质。《共产党宣言》、《社会主义从空想到科学的发展》、《国家与革命》，都贯穿着鲜明的唯物史观和辩证法，但理论内容上仍基本属于科学社会主义。《资本论》是一个严整的理论体系，如列宁所说，是一种“《资本论》的逻辑”，蕴含着辩证法、认识论、逻辑三者的同一。但它终究是马克思主义的政治经济学的一个科学体系。

比较起来，我认为还是恩格斯的《路德维希·费尔巴哈和德国古典哲学的终结》和马克思的《关于费尔巴哈的提纲》，最适合于作为学习马克思主义哲学的首先的基本教材。

三

《路德维希·费尔巴哈和德国古典哲学的终结》出版于1888年，在恩格斯的几本哲学著作中，这是写得最晚的一本。我觉得这是一本很有特色的哲学著作。

第一，这是恩格斯晚年的一本总结性的哲学著作，它全面地阐述了马克思主义哲学的丰富内容，同时又重点地展开阐述了历史唯物主义的基本观点。这就使读者既避免了片面性或主观附加的部分，又可以立即把握马克思主义哲学的基础与核心。在这里，恩格斯对马克思主义哲学思考得很完备，而对旧哲学的信仰和影响的清理又十分透彻，使学习者对原汁原味的马克思主义哲学可以获得深切的理解，可以避免和克服某些哲学原理教材先入为主所加的误解或误读。

第二，这是一本体现了逻辑与历史高度统一的著作，它既陈述了马克思主义哲学的基本原理，又表明了马克思主义哲学的形成历史。它不是孤立静止地讲述哲学观点，而是在历史的自然表述中得出逻辑的结论。比如，它在论述哲学基本问题时，就把思维与存在关系的各种历史形态叙述得十分清楚。它在揭示马克思主义哲学的来龙去脉的过程中给读者以理论武装，使读者不感到抽象和牵强，而是水到渠成，入情入理，易于接受。它既是一本精辟的理论著作，又是一本扼要的思想史，也像一篇抒情的散文，读来像行云流水般的自然、顺畅。这样史论结合、生动活泼的哲学著作，在整个人类思想史上，也是不可多得的。如果舍弃这样的著作，而去硬读某些枯燥、板滞的哲学教材，实在是损失太大了。

第三，它是一本富于启发性、引导性的著作。它不是从概念出发，没有预定的框架。它向人们提供的，不是几条原则结论，而是一种方法，一条思路。匈牙利思想家卢卡奇曾经针对教条主义的弊端指出："正统马克思主义并不意味着无批判地接受马克思研究的结果。它不是对这个或那个论点的'信仰'，也不是对某本'圣'书的注解。恰恰相反，马克思主义问题中的正统仅仅是指方法。它是这样一种科学的信念，即辩证的马克思主义是正确的研究方法，这种方法只能按创始人奠定的方向发展、扩大和深化。"①随着时代、历史的向前推移，马克思主义的某些现成的、具体的结论可能会过时，但马克思主义创始人奠定的基本方向和方法是不会过时的。一般的哲学教程和教材热衷于提供一堆结论和原则，让人们去硬记，恩格斯的这本著作着重于提供方法，把握线索，给人们以思维的训练和智慧的启迪。在我看来，这就是最大的区别。这也是我主张把《路德维希·费尔巴哈和德国古典哲学的终结》作为哲学基本教材的主要理由。

第四，篇幅适中，层次分明，一气呵成，比较好读。结合以上其他特点，我认为它是一本最适于做入门的哲学基本教材的著作。由此可以在哲学教学领域逐渐形成一种直接攻读原著的风气。

四

怎样使《路德维希·费尔巴哈和德国古典哲学的终结》成为基本的教材呢？

首先，应当与马克思的《关于费尔巴哈的提纲》结合起来阅读和学习。本

① ［匈］卢卡奇：《历史与阶级意识》，北京：商务印书馆，1992年，第48页。

来，恩格斯于1888年出版《路德维希·费尔巴哈和德国古典哲学的终结》时，就是把马克思的这个提纲作为附录一起出版的，并称它为“包含着新世界观的天才萌芽的第一个文件”，指出它是“非常宝贵的”。后来，在1893年，又把它称之为“历史唯物主义的起源”①。《关于费尔巴哈的提纲》十分鲜明地体现了马克思主义哲学在人类思想史上形成的根本变革，它表明了马克思在创立自己的哲学时所达到的思想深度，它以实践观点为基础，把马克思主义的整个哲学，把认识论与历史观高度统一起来。虽然它只是一个提纲，许多内容没有展开论述，因而并不适宜于单独作为哲学教材，但它观点鲜明，立论精辟，语言简练，同样十分富于启迪性。同时，从这里我们也可以看出，马克思与恩格斯，作为马克思主义的共同创始人，他们的基本思想是一致的，但也有某些差别，有理论个性的特点。把马克思的这个提纲与恩格斯的那本著作一起作为哲学基本教材，可以相辅相成，达到珠联璧合的效果，并且便于进一步澄清某些教程或教材所造成的误解和歧义。

其次，选定入手的基本教材，并不是要忽视其他哲学原著，首先把这两篇著作读懂读好，有一个良好的基本训练和基础，就可以进一步阅读或研究其他哲学原著；同时，也并不是完全排斥一般哲学原理的教材，内容新颖、语言生动的哲学教材，理应作为重要的参考读物，而且，一旦有既表现马克思主义哲学思想实质，反映新的时代的精神特点，又富于中国作风和气派的哲学教材出现，就可以同时用作马克思主义哲学的基本教材。

最后，《路德维希·费尔巴哈和德国古典哲学的终结》和《关于费尔巴哈的提纲》，虽然读来比较好懂，入门比较适宜，但要深入理解、准确把握，也并非易事。学习者需要下工夫。哲学教师更应具备哲学史，特别是德国古典哲学的基本训练，具备人文学科和马克思主义哲学史的基本修养，并且适应新的时代、现实的需要。总之，学习马克思主义哲学，只有从严要求，辛勤劳动，结合现实，分析问题，才能达到提高理论思维能力和精神境界的目标。

（原载《北京大学学报(哲学社会科学版)》，2000年第5期）

① 《马克思恩格斯全集》(第21卷)，北京：人民出版社，1965年，第412页。

我对文科综合试验班的认识和设想

在人类两个世纪之交的历史时刻，我国正处于经济体制转轨、经济结构转型的深刻变化之中。历史又一次给我们提供了实现经济腾飞、振兴中华的大好机遇，但由于各种利益、矛盾互相交织，各种思潮、文化相互激荡，因而在改革开放、市场经济的大潮中，既有蓬勃发展的势头，又呈现错综复杂、积重难返的局面。

市场经济的发展就像一把双刃剑，它一方面解放生产力，为社会主义的精神文明建设提供物质前提，促进人们思想观念的变革，有利于文化和理论思维的创新；全面开放和多方竞争的市场，也为文化的繁荣和文化多元的格局以及人才的锻炼与选拔开创了空前有利的形势。另一方面，市场的广泛开拓和价值规律的作用，又推动人们疲于奔命地追逐物质利益，猛烈地冲击着社会主义的精神文明建设，人们思想深处的各种自私、庸俗、卑劣的欲望都可能被调集到商品买卖和市场竞争中来，败坏民族精神和社会风尚。在这种形势下，我国人文基础学科(文、史、哲)的教育和发展，常常引起人们的焦虑。本来，国内人文学科就曾受到极“左”路线和历次政治运动的严重干扰，而近些年来，文、史、哲各基础学科又不同程度地受到冲击和冷落，面临着生源不足、教学质量下降、师资队伍不稳等问题。

改革和建设人文基础学科，加紧培养适应21世纪社会发展和我国现代化建设需要的高质量的人才，是关系到提高民族文化素质、振兴中华的重大任务。目前除在部分大学建设文科基地外，国内已有若干所大学设置了文科综合试验班，正在积累经验，有待总结和交流。北京大学于1994年开始设立文科综合试验班，到目前为止，已有五届学生入学，第一届学生已经结业。几年来，一般地说，学生的专业思想比较稳定，学习勤奋，风气良好，由于在师资配备和课程安排上发挥了一定的综合、集中的教学优势，学生在知识的增长和素质、能力的培养上已初见成效。但是，目前校内外对设置文科综合试验班的必要性存在着各种不同的看法，同时试验班的培养目标、教学体制、课程设置、管理方式等方面，都存在着迫切需要研究和解决的问题。这里就我在工作实践中的体会和认识，提出若干初步意见和设想，以便促进交流和讨论。

一、设置文科综合试验班的根据何在?

设置文科试验班，是近几年来人文基础学科条件较好的某些大学试图培养高质量人才的一项新举措。它的出现并不是偶然的，而是适应了国际范围教育领域加强人文素养的呼声日益高涨、我国现代化建设目标对提高民族文化素质的要求日益迫切的形势。因此，它有一定的合理根据。

1. 从我国现代化建设的要求看

现代化的目标是多方面、多层次的。它不仅要求在经济基础、物质技术层面上实现现代化，而且要求在民族精神、文化建设层面上推进现代化。说到底，人自身的现代化，是最基本的方面。社会主义的精神文明建设，在我看来，其基本内涵至少包含两个方面的任务：一是努力培养和振兴一种自强不息的民族精神，塑造一种既体现时代本质又具有民族气派和特色的民族魂，这是实现经济腾飞、振兴中华的精神支柱；二是切实提高整个民族的科学和文化水平，这是现代化建设必不可少的条件。然而，当前我国社会主义现代化的宏伟目标与人的文化素质的普遍低水准之间，却是一个相当尖锐的矛盾，而且，与经济发展的速度相比较，民族的道德文化素质在总体上还有下降的趋势。在跨向21世纪之际，这是我们面临的一个很大的难题。人们常说，21世纪世界各国的竞争，将是“综合国力”的竞争，而经济实力、科技实力竞争的基础，仍是民族的文化水平、文化素质的竞争。更何况当前社会上出现的一系列问题，如官僚腐败、道德沦丧、享乐主义、缺乏民主意识、科技落后、管理水平低下，等等，都与整个民族的文化水平、文化素养的状况密切相关。可见，我国的现代化建设，迫切要求提高整个民族的文化素质，同时也迫切需要培养一批又一批人文学科的高水平的学者、人才。这两个方面，即提高和普及的方面，是相辅相成、相互促进的。我们必须看到，一个文化素养低落、人文基础学科水平低落的民族，是很难真正富强起来，是很难真正屹立于世界民族之林的。人文基础学科(文、史、哲)直接关系到人的精神世界、人生的价值和意义，人对真、善、美的追求，为社会提供正确的人文导向，也直接关系到整个民族的文化素养，因而是绝不能有所忽视的。文科综合试验班的设立，正是为了更好地发展人文基础学科，更好地培养和输送高质量的教学骨干和科研人才而创造条件。

2. 从文、史、哲融合、贯通的要求看

文科综合试验班的“综合”，就是有意进行文、史、哲的综合培养、综合训练，这也是“试验”的一个重点。文、史、哲融合、贯通，本是中华文化元典、中国传统思想的一个重要特点，这也是中国文化典籍在思想内涵上比较浑厚、深蕴的一种优点。继承和发扬这种特点，有利于继承和发扬中国文化的优秀遗产。同时，当今不论是自然科学、社会科学或人文学科的发展，愈来愈呈现综合、交接的趋势，多在交叉点和结合部出现边缘学科、新兴学科，而鼓励在这种交叉点和结合部育人才、出成果，又正是国际范围教育改革的新潮流。因此，文科综合试验班尝试打通文、史、哲，使学生的知识面比较广、基础比较宽厚，这既有利于贯彻“加强基础、淡化专业、因材施教、分流培养”的教改方针，也比较适应中国传统思想的特点和当今学科交叉、综合创新的发展趋势，是比较有利于高质量人才的孕育和成长的。

当然，着重进行文、史、哲的综合培养，并不排斥更多方面、更多课程的学习和选修。长期以来我国学校教育中，就存在着文科与理科、文、史、哲之间以及文科各专业之间互相分割的状况，专业划分过细。20 世纪 50 年代初又从苏联搬来划分教研室的做法，更加加剧了人为的分割，真使人有“隔行如隔山”的感觉。这种状况应当在教育改革中逐步改变。蔡元培先生就曾主张沟通文科与理科，同时，他在北大也更着力于文、史、哲的融合与发展。文、史、哲是人文学科的命脉，是人文素养的基础。就人文学科的发展来说，首先应当把握文、史、哲的综合培养这个重心，然后可以考虑逐步扩展。

大学教育，特别是人文学科的教育，应当具有自己的民族特色，文科试验班如果以文、史、哲的综合训练为重心，以继承和弘扬中国传统文化为主线，着力培养综合型的创新人才，也就能表现一定的民族特色。

3. 从综合性大学，特别是北京大学的有利条件看

综合性大学一般具有综合培养的学科门类和师资力量。北大是一所历史悠久、学科比较齐全、师资力量比较雄厚、图书资料丰富、国际交往频繁的综合性大学。北大曾经培养出许多人文学科方面的杰出人才，特别是在蔡元培任校长期间和西南联大时期，涌现出一大批奠定学术基础、蜚声国内外的大师和学者。文、史、哲是北大的传统优势，北大培养人文学科人才的基本

经验值得认真总结，这方面的优良校风和办学方针需要认真恢复和发扬。文科综合试验班可以而且应当为此作出努力和贡献。

鉴于北大在国内科教兴国事业中的地位和它的国际影响力，它绝不能故步自封，满足于过去的经验和成就，而应当面向世界、面向未来，争取办成世界一流大学。在继承、发扬北大基本传统的同时，还应适应国际新潮流，吸取国际教育领域的新经验，在人文学科方面拓宽视野，突破狭窄的专业界限和陈旧的框架，逐步扩展综合的领域。赵敦华教授在他的文章中提到的牛津大学的综合课程班，也是值得我们参考、研究的。

4. 从文、史、哲当前的生源上看

在市场经济大潮中，对于文科人们多热衷于经济、法律、外语等方面的有关专业，对文、史、哲(尤其是哲学和历史)比较冷漠。近些年来，以第一志愿报考哲学系本科的学生已寥寥无几，研究生的质量更加呈现下降的趋势。在这种条件下，除通过一般途径培养文、史、哲人才之外，设立文科综合试验班，首先进行文、史、哲的综合培养和训练，发挥比较集中的教学优势，力图为培养一批教学和科研骨干、输送较高质量的研究生创造条件，也不失为"两条腿走路"中的一条颇有试验和探索意义的补充途径。

二、文科试验班的培养目标是什么?

在刚设立文科试验班时，社会上有人把它称为"大师班"，以为试验班是以培养"大师"为目标的。这可能是受宣传媒体的影响而发生的误解或误传。其实，在预先拟定的北大文科综合试验班的《条例》(草案)中就培养目标提到两个方面：

"试验班的直接目标是，在本科低年级阶段，培养德、智、体全面发展的、知识面宽、基础扎实、有志于文史哲基础学科研究的学生，为三系本科各专业输送高质量的高年级学生，为各系输送高质量的研究生作准备。"

"试验班的长远目标在于培养21世纪的学术带头人和骨干，努力造就一批学贯中西、博古通今的文科研究和教学人才。"

现在看来，这里所说的直接目标是切实可行的，简要地说，就是为输送高质量的研究生作准备；这里所说的长远目标也是可以争取实现的，或者说，就是为培养高水平的学术带头人和教学骨干创造条件。

我们通常所说的"大师"，一般是指在特定领域的专业造诣达到一定高峰而德高望重的人物。“大师”是客观条件和个人天赋、勤奋等综合因素长期积累的结果。人文学科的“大师”的学术水平和学术地位是由学术界、舆论界公认的。这样的大师怎么能由一个什么班来培养呢？文科试验班的培养目标应当是比较明确的：一是为直接输送高质量的研究生作准备；二是为今后造就高水平的教学骨干和学术带头人创造条件。当然，今日文科试验班的学生，经过长期的实践和努力，在 21 世纪的上半个世纪内，若能出现几位人文学科的大师级人物，不是完全不可能，也正是我们翘首而望的事情。

三、招生的途径和方式能够广纳英才么？

招生的质量是一个关键问题，这个问题不解决，其他问题都难办，令人遗憾的是，至今并没有认真解决。文科试验班的学生应当是思想、文化素质好，有志于人文学科的学习和研究，并确有培养前途者。如果招生的途径过于狭窄，学生的质量缺乏保证，甚至不如一般高考入学的学生，那么，试验班的必要性就难以成立，试验班的培养目标也就难以实现。

要下工夫办好文科试验班，首先必须尽力广纳英才。目前的招生，主要靠少数地区的少数几个重点中学推荐、保送的途径，使生源过于狭窄，择优的余地比较小，而且在特定的社会环境和社会风气下，容易出现某些弊端。近两年来，在高考入学的三系学生中，选分一部分到试验班，在生源不佳的条件下，这种方式显然不理想。在我们这样一个人口众多的大国里，对人文学科有兴趣、有志向，天赋高、素质好，适合于培育成才的中学生是大有人在的，问题在于我们往往缺乏合理有效的途径及时发现，并真正把他们招到手。我主张组织专门的招生小组，在安民告示、广泛征召的基础上，采取从严择优，经过重点考核与面试而最后定榜的途径。这种途径虽然比较费时、费力，却有利于更好地发现、挑选和培育人才。这个问题最终取决于学校领导的决心和招生部门的放手。

四、如何实行连贯性的教学体制？

从目前若干所大学设立的文科试验班来看，在教学体制上存在两种类型：一种是将本科生与研究生打通，实行本科生与硕士研究生的连贯教学制，学制为 7 年或 6 年；另一种是本科生制，学制为 4 年。

北大现在实行的是本科生制，在四年学习的头两年里，主要安排文、史、哲三个系的主干课程，进行综合教学；在后两年里实行分流，在教师指导下，由学生自愿选择主修一个系的某一专业的课程，并鼓励辅修另一个系的某一专业的课程。在四年内规定的阅读书目，特别是由教师指导写作的学年论文和毕业论文，都要求在思想内容上打通文、史、哲，力求做到综合训练和综合运用。所有这些安排和要求，都是为输送较高质量的研究生、开展专业方向的科学研究进行准备，铺垫比较宽厚的基础。

据我们所知，采取本科生、研究生一贯制的学校，文科试验班的教学计划中也只安排了头两年或四年的课程，后三年或两年(硕士研究生阶段)的课程设置，仍将由各个系定向安排。

为了使教学计划、课程设置以及管理工作成龙配套，看来比较理想的体制形式是将本科生阶段与研究生阶段(包括攻读硕士和博士学位)打通，实行一贯制，这有利于人才培养的稳定性和连续性。北大哲学系在80年代曾经试办中西文化比较的硕士、博士研究班，即在本科毕业生中挑选一部分学生，实行五年制的教学计划(连续攻读硕士和博士学位)，成效显著，培养了一批高质量的博士生。后来大都成为各教学、科研岗位上的重要骨干。这种经验值得吸取。但这只是在一个系的特定专业方面实行的。

以文科综合试验班的形式，究竟能否实行本科生与研究生的连续一贯制？统一的教学计划如何制订？取得学位的专业方向如何归属？仍是一个需要认真研究的问题。

五、课程设置和教学环节如何体现文科的改革？

课程设置是教学计划的核心部分，它是直接为培养目标服务的。文科试验班的课程设置应当具有比较鲜明的特点，它可以在人文基础学科的教学改革中积极主动地发挥作用。

目前的课程设置，头两年里除政治课和外语课外，主要是三个系的专业基础课中的主干部分。它的优点是：首先让学生获得文、史、哲三个方面的基础知识，有利于开阔视野和思路，在师资配备上也发挥了比较集中的优势。但同时也比较普遍地存在以下问题：

(1)头两年的课程塞得太满，学生的课程负担重，自学钻研的时间少，课堂灌输的内容多，学生思考的空间小，这就难以调动他们的积极性和主动性。

(2)属于基础课的主干课程，大都是一般性的通史和原理课程。通史从古代讲到现、当代，原理也是全面铺开。学生基本接受教材的内容和教师的讲解，很少有机会直接接触和攻读经典、元典一类的著作，这就不能使学生在掌握基础知识的同时，一开始就锻炼独立思考和研究问题的能力。

(3)在课程设置上，总的来看，还是必修课多，选修课少，特别是在头两年里，基本上都是必修课，这也不利于学生多样性的爱好和个性的培养、发挥。

文科试验班的课程既要使学生的知识面比较广、基础比较扎实，又要着重于注意素质、能力的培养，努力提高学生攻读原著、掌握资料、分析和研究问题的自觉性。这才有利于高质量人才的成长。为此，可以提出以下三个方面的要求：

1. 文、史、哲综合训练、综合运用

这是继承中国古典思想的传统，发扬中华文化优秀遗产的要求，也是培养学生多方面的文化素养和分析与综合的思维能力的要求。

贯彻这个要求，不能满足于三个系的主干课程一齐上，但也并不就是要开出“中国思想史”、“中国文化史”一类的课，因为这一类课如果缺乏研究、准备不够，也并不能真正使学生在综合训练上确实受益。文、史、哲的综合训练和综合运用可以体现在一系列教学环节和教学方法上。比如，文学、历史课可以加强理论分析；哲学课则可以结合历史分析、富于文学色彩。在专题讲座、学术讲座、文化沙龙以及论文、作业、考试题目中，都可以有意识地进行综合训练和综合运用。

某些比较富于特色的课程，如“文学作品赏析”、“治学与写作”等，不但有利于发挥一些教师的专长，讲课的内容比较生动，还采取了交流治学经验和对话讨论等形式，并要求学生实际写出考证和理论性的文章，达到了综合训练的目的，这也是受到学生欢迎的。

2. 引导攻读原著与掌握语言工具相辅相成

对于人文学科的教学，我想把这两方面的关系比喻为“主体”与“两翼”的关系。“主体”就是原著，即经典、元典一类的著作，人文基础学科的学生在专业学习上必须把握这个“主体”，认真攻读原著，这是基本功训练。由于这些著作经过历史的选择和时间的检验，既是一定时期重大社会思潮的典型代表，又是后人学术探讨的可靠依据。从攻读原著入手，并紧紧地把握住原著，

这是高效率高质量地培养人文学科人才的一条基本途径。长期以来，我们的文科教育，基本上是一种以教材、讲义为中心的应试教育。从中学到大学到研究生阶段，一直使学生的时间、精力困守在一般的教材、讲义上来对付考试，离开了人类思想文化史上的原著、元典。在我看来，这是我国当前教育领域的一个重大误区，应当尽快走出这个误区，回到精神的家园，在人类活生生的大树上开花结果，培育人才。攻读原著，需要引导，除精选一批基本的必读书目外，还应尽早地开出如《论语》、《老子》、《周易》、《诗经》、《红楼梦》、《史记》、《资治通鉴》等著作的导读或选读课。对于西方的某些名著也应适当考虑。

攻读古今中外原著，要求掌握古代汉语和外语，而在攻读原著的过程中，又可以更好地掌握和实际地运用古代汉语和外语。所以，这两方面是相互促进的。应当使学生逐步地读懂、读通一批原著，读出自己的体会和见解来，做到融会贯通，结合历史分析，研究现实问题。这看来是人文基础学科领域出人才、出成果的一条基本经验。在这个攻读原著的过程中，尽快地熟练地掌握古文和一至两门外语，就更是如虎添翼，如鱼得水了，就可以在一定的专业领域内自由驰骋，发挥作用。这个主体与两翼的关系，是在我们的教学计划和课程设置中应当始终把握并对学生着重加以引导的。

另外，面向 21 世纪，运用现代化工具，无论收集、整理资料，扩大信息交流，从事研究和写作，都需要计算机基础知识的学习和训练。学会运用电脑，适当地采用电化教学的手段，在课程设置中也应当尽早合理地加以安排。

3. 以国学为重点，但应注意中西融合

我们的人文基础学科，应当办出自己的民族特色，应当以继承和发扬中华文化的优秀传统为己任。我们培养出来的人，绝不能数典忘祖而只是言必称希腊，或言必称英美。他们应当熟悉自己民族的数千年的历史，熟悉本民族传统思想、传统文化的精品和代表人物。因此，文科试验班的课程设置和基本书目中，以国学的内容为重点是必要的。但是，我们能不能就把文科试验班办成一种“国学班”，或者在课程设置中只安排国学的内容呢？我认为，建设有中国特色的社会主义的新文化，应当以继承和发扬中华优秀文化传统为基础，但同时又必须以马克思主义为指导，并且善于吸收、融合外国的、西方的文化中先进、合理的成分，进行综合创新。“全盘西化”论和把马克思主义的指导变成“代替”都是不对的，但不能因此而排斥或忽视西方文化的有

益的东西。所以，在以国学内容为主的同时，对于西方人文学科中有价值的内容，也要作适当的安排，特别是其中包含的民主性、科学性的因素，逻辑分析方法，理论思维结构等，更应当注意认真借鉴和吸取，倡导中、西思想文化的比较与互补，努力培养综合创新的思维能力。

总之，为了高效率、高质量地培养人文基础学科的教学骨干和科研人才，文科试验班的教学计划和课程设置应当尽力调动学生的积极性和主动性，培养他们独立思考和研究问题的能力；引导攻读原著，同时尽快地掌握语言、思维工具；以国学内容为重点，同时重视中西思想、文化的融合；在文、史、哲的综合训练、综合运用中培养知识面较广、基本功较好、富于开创性思维的人才。

既然是试验班，就应当敢于试验、敢于探索，在文科教学改革的道路上迈出较大的步子。比如，在专业课的教学上，能否把目前以一般史、论课程为纲的计划改变为以原著为纲的计划？至于一般的通史、原理，课堂上可以只讲基本线索、疑难问题和学术争论，某些平铺直叙的内容，应当发教材，让学生自己翻阅。这样，可以节省许多"灌输"式的学时，有利于学生直接阅读原著，加强主动钻研。当然，这种改革，需要教师付出更多的时间与精力，需要逐步进行探索，不断总结经验。

六、管理工作怎样有利于个性的发展？

个性教育，在人文基础学科的教育中十分重要。个性的发展，人才的孕育，特别需要良好的氛围和环境。管理工作的基本要求，就在于努力创造一种有利于人才成长的文化环境和学术氛围。在正确政治方向的前提下，应当鼓励学生勤于思考、勇于探索，在学术上展开不同观点的自由讨论。

从中学到大学，是青年学生的一个重要转型时期，生活上从家庭到社会，从个人到集体；学习上从被动到主动，从机械记忆到独立思考，都在发生重要的转变；整个人生观和世界观也在逐渐地走向定型。我们的管理工作应当积极适应和正确引导这种转变。

概括说来，试验班的管理工作，要求达到两个方面：一是"严"，二是"活"。首先，要严字当头，从严要求。俗话说："严师出高徒。"应当培养勤奋学习的风气，并且从阅读原著、撰写论文到定期考核，都应当有一定的学术规范和数量、质量的要求，任意放松要求，只会损害人才的培养。但是，另一方面又要活跃自如，要尽量保持和发挥青年学生从中学时代带来的某些灵性，不能用刻板划一的要求去束缚青年人的个性和特点，而要积极地开拓思维空间，为个人爱好、个人才能的发展提供广阔的天地。可以多设一些可供选修的课程，定期举办富于启发、活跃思想的学术讲座和文化沙龙，提倡和促进学生的各种形式的写作，鼓励学生参加各种类型的社团活动，自由发表各种学术见解．并且注意组织丰富多彩的文化生活，保护青年学生的身心健康。只有提供这种良好的学术文化环境，才能更好地促进人才的成长。

此外，在特定的学术规范和要求上，还需要建立良性的竞争机制和某种淘汰机制。对于文化素质、思想品德特别好，成绩优异或全面发展而有突出表现的学生，应当准予提前毕业当研究生或给予特殊奖励。在学习上达不到一定要求者应及时转系或在毕业时分配工作。

总起来说，作为培养人文基础学科人才的一种补充思路和新举措，文科试验班与文、史、哲各系各专业的本科生班相比较，应当具有自己的特点。总括以上关于培养目标、招生方式、教学体制、课程设置、教学环节和管理工作等方面，大致可以看出几个方面的特点：

(1)在培养目标上，它为直接输送较高质量的研究生进行准备，同时它也为将来造就一批高水平的学术带头人和教学骨干创造条件。如果说，一般本科毕业生只是少数继续读研究生的话，文科试验班的本科毕业生则是大多数直接上研究生。

(2)在招生方式上，应当力求广纳英才，采取有效措施，保证学生是在文化素质、文化基础上确实比较好，有志于长期从事人文基础学科的教学与研究而确有培养前途者。

(3)在教学体制上，应当力求本科生阶段与研究生阶段互相衔接，争取以合理的体制形式打通本科生与研究生阶段，探索如何实行本科生与硕士研究生、博士研究生成龙配套的教学体系一贯制。

(4)在课程设置和教学环节上，要贯彻文、史、哲综合训练、综合运用的要求；以国学为重点，又注意中西思想文化的融合；尽力引导学生直接攻读原著，同时使学生较快、较熟练地掌握外语和古代汉语，并且学会利用电脑。总之，使得学生的知识面比较广、基础比较宽厚而又富于思维的开拓性，并且在学术功底和研究效果上显出特色。

(5)在管理工作上，尽力创造良好的学术氛围和文化环境，促进人才的较快成长。

以上意见和设想，只是初步实践中的一些体会和认识，还很不成熟，愿今后不断总结经验，继续探索，为发展人文基础学科和培养人才而贡献自己的绵薄之力。

最后，我认为不能不提到的是，以上涉及的一系列重要问题，特别是招生途径、课程设置和教学管理体制的问题，是必须认真解决、及时改进的。如果解决、改进得好，使文科试验班办得有生气、有活力，就可能达到培养目标，并逐步培养出一批较高质量的人才；反之，如果问题长期不解决，年复一年地重复老样子，甚至失去原先的优势，那么，这样的试验班还可能带来某些弊端，产生某种副作用。这是学校的有关领导部门不能不郑重考虑的。

（原载《育才之路新足迹》，北京广播学院出版社，1999）

北大文科综合试验班的一个基本书目

学生是否直接阅读原著？这是当前大学人文学科教育中的一个值得重视的问题。特别是人文基础学科（文、史、哲）的学生，或者有志于学习、研究人文学科的青年，在合适的条件下，应当着力于攻读原著，这是基本功训练中最重要的环节，是在学术领域登堂入室的必要条件。我国历来的国学大师和著名学者，大都是较早地通过深入、扎实地攻读原著入手从而奠定学术基础的，舍此似乎没有什么捷径可走。

可是，当前大学文科的一些学生，由于课程和考试负担重，自学钻研时间少，原著阅读难度较大，加上缺乏必要的引导，往往容易满足于阅读某些教材和一般参考书，课余时间又常常猎奇式地翻阅各种名目繁多的“热门”书籍，因而不同程度地忽视了原著的阅读。近两年来，笔者问过一些哲学专业四年级的学生，大学四年学习期间都读过哪些哲学原著。他们说，除各种教材外，只读过一些中国哲学或西方哲学的片段性的“原著选读”，对于从古希腊时期到德国古典哲学的西方名著、从先秦到近代的国学名著，几乎没有完整地读过一本。又据笔者所知，目前人文学科的研究生中，也有不少人忽视基本功训练和原著的钻研，主要靠第二手的著述和材料撰写学位论文，而这种论文也往往能顺利地通过答辩。这说明我们当前人文基础学科的教育缺乏严格的质量要求和明确的学术规范。长此以往，这种状况和风气若不改变，就会严重影响当前人文学科的教育质量和人才培养，甚至会影响到我国整个人文学科的水平和民族的文化素养。

所谓攻读原著，就是要求直接阅读、钻研基本属于经典、元典一类的著作。这类著作大都是文化传统的积淀和历史经验的结晶，它凝结了人类和民族的卓越智慧，蕴含着人文精神的丰富内涵，它对重大历史课题的提出和回答，往往反映时代的本质，具有普遍的思想意义或持久的艺术魅力。由于经过历史的选择和时间的检验，它既是一定时期重大社会思潮的代表，又是后人学术探讨的可靠依据。所以，对于经典性的原著，应当下工夫反复阅读，深入品味，首先读懂，继而读通、读透，读出自己的体会和见解来。这样读通原著一本，就会胜过读一般书籍几本、十几本，甚至几十本。一个人若能真正精读原著十几本或几十本，肯定会在学术水平、文化素养，以至精神境界上发生某种质的飞跃。

为了引导攻读原著，我国近现代的一些国学大师或著名学者，如张之洞、梁启超、胡适、钱穆、胡道静、蔡尚思、屈万里等人，都曾就中国传统文化的古籍名著开列过书目。这些书目先后在一定范围内发生过重要作用，至今仍有启导和参考价值。同时，这些书目也受一定历史条件的制约，反映了不同的视域和角度。

北京大学自1994年设立文科综合试验班，着眼于高效率、高质量地培养一批人文基础学科的教学和科研人才。这一工作受到社会舆论的关注，也有青年来信询问所开课程和所读书目。试验班在教学实践中也遇到了一般史、论教学与原著教学的关系、学生阅读教材与阅读原著的关系问题。最近，文科综合试验班教学研究组经过酝酿和征求意见，为这个班在本科生四年期间的原著阅读开列了一个“基本书目”。书目如下：

1. 马克思、恩格斯：《共产党宣言》(见《马克思恩格斯选集》中文第一版，第一卷)

2. 马克思：《资本论》第一版序、第二版跋、第一章和第二十四章(人民出版社)

3. 毛泽东：《新民主主义论》(见《毛泽东选集》第二卷)

4.《诗经选》(余冠英选注，人民文学出版社)

5.《楚辞选》(马茂元选注，人民文学出版社)

6.《唐诗选》(中国社科院文研所选注，人民文学出版社)

7.《唐宋词选》(中国社科院文研所选注，人民文学出版社)

8. 曹雪芹：《红楼梦》(人民文学出版社)

9. 王国维：《人间词话》(徐调孚注，人民文学出版社)

10.《鲁迅选集》(人民文学出版社)

11.《柏拉图文艺对话集》(朱光潜译，人民文学出版社)

12. 亚里士多德：《诗学》(人民文学出版社)

13. 莱辛：《拉奥孔》(朱光潜译，人民文学出版社)

14. 司马迁：《史记选》(人民文学出版社)

15. 司马光：《〈资治通鉴〉选》(山西人民出版社)

16. 赵翼：《〈廿二史劄记〉选》(中华书局)

17. 顾炎武：《〈日知录〉导读》(巴蜀书社)

18. 希罗多德：《历史(希腊波斯战争史)》(商务印书馆)

19.《四书》(可用朱熹《四书章句集注》本)

20.《老子》(可用陈鼓应《老子注译及评介》，中华书局)

21.《周易》(可用高亨《周易古经今注》，或周振甫译注，中华书局)

22.《孙子兵法》(巴蜀书社，或上海人民出版社)

23. 梁启超：《清代学术概论》(中华书局，或参阅《中国近三百年学术史》)

24. 冯友兰：《中国哲学简史》(北京大学出版社)

25. 黑格尔：《小逻辑》(贺麟译，商务印书馆)

26. 罗素：《西方的智慧》(上海人民出版社)

这个书目的特点和要求是：

一、古今中外的名著都要求读一点，但以国学为主。

国学名著大都是中国传统文化的代表作，在书目中所占分量最大，也是阅读的重点部分。继承和发扬中国的优秀文化传统，是人文基础学科工作者的基本任务。

二、文、史、哲综合阅读、综合训练。

文、史、哲融会贯通，是国学传统的重要特色。书目中着重选择了这种特色鲜明的著作。比如《红楼梦》，既是中国古典文学中思想艺术成就极高的作品，又是封建主义晚期和资本主义开始萌芽的上层社会的形象缩影，同时全书蕴含着深刻的人生与社会哲理。又如《史记》，既是我国第一部纪传体通史，并确实“究天人之际，通古今之变，成一家之言”，鲁迅还曾誉之为“史家之绝唱，无韵之离骚”。再如一部《老子》，不过五千言，却是我国道家思想的主要经典、古代辩证法的名著，同时也无异于一篇言简意赅的哲理诗。

在人文学科领域，当今国际、国内也有在文、史、哲或其他方面的结合部或交叉点上出现新成果、在跨学科研究的基础上创立新学科的趋向。

因此，在基础学科和基本训练中，提倡文、史、哲综合阅读、综合运用，可能有利于培养思路宽、视野广、理论强的人文学科的创新研究人才。

三、贯彻少而精的原则。

大学本科期间，攻读原著有一定困难。不可不读，也不能要求过高，应由浅入深，逐步扩展，并考虑重点开设原著选读课。因此，“基本书目”只要求在四年内将二十余篇原著基本读懂、读完，但需写若干篇读书报告，毕业前检查，适当地记入学分，并且要求在毕业论文中较充分地反映读书心得与收获。总之，既要严格要求，又要切实可行。

开好书目，绝非易事。这个书目，只是初选，尚在试行，还很不成熟，存在的问题和缺点一定不少。将它公布出来，意在广泛地征求意见，恳切地接受社会各界的指导和帮助，以便不断地有所改进和完善。

（原载《中国教育报》，1996 年 9 月 6 日）

谈谈孔子教育思想的现代价值

孔子是我国古代最卓越的教育家，《论语》是孔子的代表作，其内涵极为丰富，体现中国传统文化的精华，对人类思想文化的发展有着恒久的不可磨灭的影响。我国“五四”运动时期，虽然出现过“打倒孔家店”的口号，但那时的主要代表人物，如蔡元培、陈独秀、胡适等人，他们高举科学和民主的旗帜，却并不是主张打倒孔子或《论语》，而主要是反对把孔子或儒家定于一尊，反对文化专制主义，实际上他们都深受孔子和《论语》的影响，并且心怀敬意。完全否定孔子和传统文化的，是在“十年动乱”时期发展到顶峰的那股极“左”思潮。

经历重大曲折和磨难的中华民族，在经济崛起的今日，又反复出现“国学热”，人们要求恢复和弘扬中国的优秀文化传统，必然对孔子和《论语》产生广泛的兴趣。于丹的一部《论语心得》在广大百姓中掀起热潮，并非偶然。对于《论语》，人们可以从各个侧面，不同层次去阅读和理解，正是“仁者见仁，智者见智”。于丹凭其知识与悟性，向群众传播自己的心灵与感受，是值得鼓励和欢迎的，尽管有某些层次不深或领会不准之处(这当然可以批评)，但她在古代典籍和当今文化之间，在孔子与广大百姓之间重新架起一座桥梁，这种沟通作用无可否认，是不必求全责备的。

孔子是一位政治家、哲学家和教育家。如果说《论语》中的他在政治上并不成功，哲学上未成体系的话，那么在教育上他却是开天辟地，震古烁今的。其实，一部《论语》的基本思想是尊重文化，倡导教育。我们不妨侧重于教育的角度解读《论语》，或者说，首先把《论语》看做一本教育经典。这看来是于丹比较忽视的一个方面。在加速现代化建设和科教兴国的今天，我们无疑要学习西方的先进经验，但却不可一味仿效西方，不可忘掉自己的老祖宗，割断渊源已久的人文和教育传统。我们既要学习西方之所长，来补自己之所短，又要发掘中国传统教育的丰富资源，形成既符合现代化要求又富于民族特色的教育体制。

一、《论语》语言的现实魅力

大约三千年前，我国便有“行礼乐，宣教化”(班固：《白虎通》)，并多与军事、政治相关的公立学校。但从孔子开始，便转向平民社会，实行开门授徒，私家讲学，顿开民办教育之新风。孔子的教学，既没有固定的学校，也没有统编的教材，幕天席地，随寓而教，郊游际会，即兴而讲。那时以“礼、乐、射、御、书、数”六艺为内容，培育人才的行业，便名之曰“儒”。孔子阐述和发挥了一系列见解，不仅奠定了儒家思想的基础，而且开创了我们民族重视教育的传统。

《论语》作为中国文化的一部首要典籍，是由孔子的弟子整理、编撰而成的对话集。无独有偶，与孔子大致同时代出现的古希腊大哲学家、教育家柏拉图，也有多种对话集。辩证法的原初含义，乃是一种思想对话的艺术，这一点，看来古今东西是相通的。《论语》的对话形式，表现了孔子教学的启发诱导，平等讨论，并洋溢着辩证思维的气息。

《论语》中的论述，既恢弘开阔，又实际生动。这里不用大题目，不发空议论，多半从社会的实际交往入手，提出问题，发表意见，进行对话，展现睿智。令人惊叹的是，两千多年前的谈论，如今读来，仍然富于现实感，让人玩味，使人惊悟。我们惯用的“学习”二字，便来自《论语》的头一句话：“学而时习之，不亦说乎?”(《论语·学而第一》)我们常用的成语、格言或俗语，有许多便从《论语》中来：如教学上的“三人行，必有我师”、“学而不厌，诲人不倦”、“循循善诱”，道德上的“见利思义”、“以德报怨”、“当仁不让”，方法上的“三思而行”、“不耻下问”、“举一反三”，等等。可见《论语》的思想内容，对我们民族的文化与生活，早已打下广泛而深刻的烙印。

《论语》中的人物各有特征，个性鲜明。孔子的弟子中如子路的勇敢憨直，子贡的机敏灵活，曾参的谨慎迟缓，宰我的尖刻古怪，都显得逼真，至于孔子本人，既是受人尊敬的谦谦君子，也是生活于社会的普通教师，并非让人顶礼膜拜的神者或偶像，因而也有常人的喜怒哀怨或缺点。《论语》中叙述人物和运用语言的这种形象性，是其他古代典籍中少见的。两千多年前使用的语言文字，有些与今日并无多大差别，有的若译成白话，都属多余。比如“温故而知新，可以为师也”，“己所不欲，勿施于人”，“知之为知之，不知为不知，是知也”，等等。我国汉字、语言的魅力与《论语》思想内容的魅力交织在一起了。这是《论语》历来为广大群众喜闻乐读的重要原因。时至21世纪的今天，《论语》仍然是中国人所最需要也最可读的一部经典。

二、治国人才的全面培育

孔子生活于春秋末期的社会剧烈变动时期，思想文化呈现诸子争鸣的局面，历史的趋势要求由乱到治。孔子提出“为政以德”，即以德治国的主张。他的典型言论是：“道之以政，齐之以刑，民免而无耻；道之以德，齐之以礼，有耻且格。”（《论语·为政第二》）就是说，只用行政和刑罚的手段来统一人们的行为，百姓可能因畏罪怕罚而不去做坏事，但不会有羞耻之心；若用道德来引导，以礼来约束人们的行为，百姓才懂得什么是羞耻，知道是非善恶的界限，从而自觉地维护社会的统一与安宁。所谓“齐之以礼”，是要恢复周代的社会制度和秩序，这种复古倾向，政治上未免保守，而且偏重德治，忽视法治，也会出现弊端。但他所主张的以德治国，仍可看做以法治国的重要辅助，在强调法治的现代社会，仍可借鉴孔子的德治思想。

实现德治，需要既有宽厚学识又有高尚道德的治国人才，培养这种人才，正是孔子办学的宗旨。他要求弟子既“博学于文”（《论语·雍也第六》），“多识于鸟兽草木之名”（《论语·阳货第十七》），又尊奉孝、悌、信、爱，注重道德的自我修养。他主张律己宽人，“修己以安人”，“修己以安百姓”（《论语·宪问第十四》）。他主张“见贤思齐焉，见不贤而内自省也”（《论语·里仁第四》）。在道德修养上，他有两句最浅显而又最能打动人心的话。从律己而言：“己所不欲，勿施于人。”（《论语·卫灵公第十五》）从利人而言：“己欲立而立人，己欲达而达人。”（《论语·雍也第六》）这实在是刻骨铭心而又有民族特色的道德箴言，也是现代社会切中时弊的道德教育的宝贵资源。

《论语》中屡次谈到“君子”，谈到“君子”与“小人”的区别，这不是简单的“好人”与“坏人”的区别，而首先是德高望重者与常人的区别。在义与利、公与私、群体与个体的关系上显示这种区别。平时“君子喻于义，小人喻于利”（《论语·里仁第四》）；到关键时刻，君子更“无求生以害仁，有杀身以成仁”（《论语·卫灵公第十五》）。同时也有思想风度和思想方法的区别，如“君子和而不同，小人同而不和”，“君子泰而不骄，小人骄而不泰”（《论语·子路第十三》）；“君子周而不比，小人比而不周”（《论语·为政第二》），等等。郑国的子产，颇有“仁”者的风度，在郑国执政期间善于治理国家，孔子便肯定他有

“君子之道”。

从孔子开始，我国的教育便注重治学与做人的统一。一个真正有学问和才能的人，应当具有高尚的道德修养。只有德才兼备，方能以天下为己任，肩负起“治国”、“平天下”的重担。我国的现代化建设，迫切需要大批高质量的人才。当今世界各国之间的竞争，既是经济、文化、军事实力的竞争，更是高质量人才之间的竞争。教育是培养人才的基本途径，但当前的教育事业，往往受市场经济的左右和工具理性的影响，偏重智育，轻视德育和美育；只重知识、才能的增长，忽视道德、情感的陶冶，往往使人才单面发展，缺乏健全人格的培育。若长此以往，不但影响杰出人才的大量出现，而且会降低人才的质量，造成高素质人才的缺位、失衡，最终会延缓或阻碍我国现代化的进程。应当认真借鉴《论语》中的育才思想和道德资源，更好地培育我国现代化建设的卓越人才。

三、精神境界的美的追求

一部《论语》的核心，是一个“仁”字，或者说，是一个大写的“人”字。“樊迟问仁。子曰：‘爱人’。问知。子曰‘知人’。”(《论语·颜渊第十二》)孔子的教育思想体现了对人的关怀、爱护和认识、理解，是以人为本的。孔子又说：“君子不器。”(《论语·为政第二》)君子不是器具。教育不是培养一种机器或工具，而是以人自身为目的。孔子不要求一种固定的模式去培养人才，而是在教育中追求人的精神自由而怡悦的世界。他有一句意味深长的话：“知之者不如好之者，好之者不如乐之者。”(《论语·雍也第六》)这里似涉及学习的三个层次，或三种境界。“知之者”，是一般地获得知识；“好之者”，是在学习中产生兴趣，形成爱好；“乐之者”，是因学问的深切理解，融会贯通而达到的精神自由与怡悦。近代学者王国维所谈读书、治学的三种境界，与此相仿，看来是对孔子思想的发挥。他说的第三种境界是：“众里寻他千百度，蓦然回首，那人却在灯火阑珊处。”这是要通过刻苦磨炼才能达到的，由此就会产生一种强烈的学习渴望，“学如不及，犹恐失之”(《论语·泰伯第八》)，便有“欲罢不能”(《论语·子罕第九》)的不尽追求。孔子一生便能做到“发愤忘食，乐以忘忧，不知老之将至云尔”(《论语·述而第七》)。孔子的这种“乐”，或所谓“孔颜乐处”，既有“天人合一”，如孟子所说“上下与天地同流”之乐，又有人伦和谐，如孟子所说“得天下英才而教育”之乐。这是长期治学达到的境界，也是高度人文精神的表现。

孔子又说：“兴于诗，立于礼，成于乐。”(《论语·泰伯第六》)这里的“乐”，似既指音乐，也指一种精神的怡悦。就是说，诗文使人奋起，礼制使人立身，音乐使人完美。似可理解为真、善、美或智育、德育、美育的三个层次，是融知识、道德和审美于一体的感悟。孔子本人爱好并擅长于音乐。音乐不同于一般知识与技术，而直接作用于心灵，陶冶人的性情。孔子高度评价《韶》乐：“尽美矣，又尽善也。”(《论语·八佾第三》)好的音乐、艺术，应当是善与美的统一。孔子重视音乐的教化作用，他的教育思想也包含着审美要求。那些概念化、公式化的作品和说教式的诗文，即使完成了宣传任务，却未必是美的。孔子对优美的音乐甚至达到了迷恋的程度：“子在齐闻韶，三月不知肉味。”(《论语·述而第七》)他是把知识学习、道德修养和艺术鉴赏结合起来了，达到一种高度的精神境界。所以，《论语》中的教学，不是单纯的传授知识或讲解义理，而是整体人格、人性的培育。我国现代教育家蔡元培，也特别重视美育与音乐，提出“以美育代宗教”，要求“德、智、体、美”的全面结合。他在北京大学唯独亲自开设的课程，便是“美育”，目的就在于培育一种健全的人格，一种大写的人。反观我国当代教育，美育却是一个缺项或弱项。近十多年来，好容易把美育纳入教育方针，却并未引起足够的重视，人们似乎已不大习惯于情感和审美领域的春风化雨，潜移默化的工作。有些大学即使设置了音乐等艺术类课程，也并未与智育、德育相辅助，发挥陶冶情操的作用。青年学生中屡屡发生的情感扭曲的问题，不能不说与人文精神和美育的缺失相关，在市场经济和物质利益的种种诱惑中，这是我们的教育应当高度重视的方面。

四、教学方法的个性张扬

孔子的教育观，在可不可受教育上，他认为教育是平等的，即人人应当受教育，因而主张“有教无类”(《论语·卫灵公第十五》)，即人不论性别、种族、群体、阶层等如何不同，都可给予教育。至于他说“唯上智与下愚不移”(《论语·阳货第十七》)并不是说上等的智者与下等的愚人是不能变动的。似可这样理解：只有最聪明的人和最愚蠢的人才不改变自己。换句话说，除了绝顶天才和白痴以外，所有的人，包括孔子自己，都需要受教育。那么，重视教育的根据究竟何在？孔子的说明是：“性相近也，习相远也。”(《论语·阳货第十七》)就人的本性或天赋因素来说，是大致相近的，由于后天环境、教育的不同，造成的差别就大了。所以受不受教育、教育质量、水平的高低，对人的重大影响是应当高度重视的。

同时，在如何实施教育上，孔子又是区别对待、因材施教的。教育的使命，是启迪智慧，发掘人的潜能。智慧的特点是变动而常新，所以他说："知者乐水，仁者乐山；知者动，仁者静。"(《论语·雍也第六》)这样，孔子本人始终保持谦逊好学的态度，要求"敏而好学，不耻下问"(《论语·公冶长第五》)，并且在教学中十分重视启发的作用。他决不固守现成的结论，决不要求教条性地背诵，也从不摆出唯我独尊的姿态，而是说："温故而知新，可以为师矣。"(《论语·为政第二》)又说："毋意，毋必，毋固，毋我。"(《论语·子罕第九》)。防止自己的主观揣测、武断、固执。他特别提出："不愤不启，不悱不发"(《论语·述而第七》)就是说，不激励便不能启发，没有疑问便没有发现。他要求"举一而反三"，鼓励"闻一以知十"。所以，在与弟子的对话中，他总是循循善诱，不把话讲满，而留有余地，对问题不求说破，点到为止，让弟子自己去思考、体会。由于对各个弟子的性格、专长和缺点都有所了解，孔子便能区别不同情况，就同一问题可作不同侧重的回答，做到有的放矢，激发思考，并且采取不同的态度，有的激励，有的批评，有的促进，有的劝告。对话的方式也是多样的，如正面阐述，反面诘问，侧面诱导，等等，甚至行无言之教。比如对子贡的"多言"，孔子说："天何言哉？四时行焉，万物生焉。天何言哉？"(《论语·阳货第十七》)既委婉地批评了子贡的缺点，又鲜明地表明了他自己的自然主义的宇宙观。

我们当前的学校教育，热衷于统编教材，统一考试和答案，容易束缚学生的思想，课堂上教师往往讲得太多、太满，满堂灌的现象长期难以改变。蔡元培曾把这种讲课比喻为往瓶子里注水，注满为止。学生很少提问，若有提问，教师也常直接给予答案，缺少启发与交流，给学生留下的思维空间不多，学生被动接受的东西太多，主动思考的东西太少。长此以往，高素质、创新型人才是很难涌现的。更何况我们已进入知识经济和信息化时代，科技革命日新月异，课堂讲授的局限性很大，必须加强启发式、探索性的教学，充分调动学生的主体性，促使学生主动学习和进取，才能使人才培养适应现代化建设的要求。孔子的对话式、启发性和因材施教的方法，更加显示它的积极作用和意义。

试看孔子的两段话：

“饭疏食，饮水，曲肱而枕之，乐亦在其中矣。不义而富且贵，于我如浮云。”(《论语·述而第七》)

“莫春者，春服既成，冠者五六人，童子六七人，浴乎沂，风乎舞雩，咏而归。”(《论语·先进第十一》)

多么富于诗情画意，多么让人流连忘返！这样活泼自如的精神状态，这么亲密无间的师生关系，不正是令我们“仰之弥高，钻之弥坚”而心驰神往的么？

当然，孔子和《论语》的思想，有些方面也有历史的局限和不足。比如：重自身内省而轻向外探索；重实用和情感，轻理论和思辨。这种缺陷也可能对我们民族的科学与哲学的发展带来不利影响，这是我们不可忽视的。

（原载《攀登》，2008 年第 5 期）

课堂记述

让经典的魅力吸引年轻人

——记王余光教授的“中国名著导读”课

当前大学生的学习，听课太多，读书太少，直接攻读原著、名著尤其少。这是长期以来本科教学中的一项通病。文科各院系的必修课中也是讲通史、通论的较多，讲原著、名著的很少，不能不说是一个重大缺陷。

现代生活中的网络、手机的使用和俗文化的渲染，对大学生的经典名著的潜心阅读也是很大的冲击，而久经历史和时间检验的各类原著、名著，正是文化之光、学术之源。如果不读或者疏离这些名著和原著，就意味着疏离人类精神文化的家园，这是我们教育事业中值得认真反思和解决的一个问题。

北京大学信息管理系王余光教授，以他对中国历史、古籍的长期研究和形成的深厚素养，为北大通史教育开设“中国古代名著选读”已达十余次，颇受学生欢迎。正如他在“绪论”中所说，开设这门课程就是要激发读书的兴趣，播下读书的种子，使学生远离消费主义和平庸趣味的习染。就是说，要使古典名著的魅力，吸引莘莘学子，推进育才事业。这与通史教育的拓宽基础，扩大视野，陶冶人文和科学精神的目的是正相吻合的。就人生的修养来说，王先生的感悟是：名著的阅读，可以带来心灵的宁静，应对社会的无常。这不正是对社会上庸俗、浮躁习气的抵制和矫正么？

读书以识字为先。书籍和文字不可分离。阅读中国古籍，应当了解汉字的起源和释义。王先生在绪论中开列的参考书，第一本就是朱自清的《经典常谈》，而《经典常谈》首先谈到的便是东汉许慎的《说文解字》。古时所称“小学”，即研究文字、音韵、训诂的学问。胡适很重视这门学问。以前的国学推荐书目中，多半都有《说文解字》，可惜近六十年来不再推荐此书了。汉字是人类最早的一种民族文字，从荀子到许慎所说的仓颉造字，距今大约五千年，甲骨文则是迄今发现的最早的古文字。甲骨文的发现，把我们民族有文字的历史推前了五百年。甲骨文被确定为商代文字，是中国古籍的源头。这种最古文字的发现、甲骨文片的发掘和辨认、盗卖与争执等，流传着许多奇特有趣的故事，王先生打开头就津津乐道于这些故事，使同学们不由得发思古之幽情，叹文化之沧桑。由此整个课程就被紧紧吸引住了。

一、显示经典魅力

何谓经典名著？在现代生活中阅读经典名著有何意义？这是王先生首先阐明的问题。所谓经典，并无定论，也受历史条件的制约。但总的来说，是指那些具有重大影响力而经久不衰的著作，其思想内容被大众普遍接受，或在特定领域具有典范性和权威性。如此说来，就一般意义而言，经典名著便有三重要素：

(1)影响力。体现著作的深刻意义和重大吸引力，如《论语》、《周易》、《孙子兵法》等，无不具有持久的影响力。当然影响力有积极和消极之分，长期和短暂之别。著作对个人阅读的影响，也由多种因素决定，如政治形势、意识形态、媒体炒作、家庭环境、个人爱好等。有些作品，虽名噪一时，却如过眼烟云，不能成为经典名著。

(2)时间性。著作的思想内容具有持久、深远的意义，经得起时间的检验和历史的淘洗。那些只在短期被人看重，时过境迁便被抛弃的著作，不能成为经典名著。

(3)广泛性。著作涉及的问题是人民大众普遍关心，或为大众普遍接受。如《论语》中的许多话，千百年来都是人们耳熟能详的成语。《诗经》三四千年来一直被看做民族的史诗、爱情的乐章而广泛传颂。

中国人历来有尊重甚至崇拜经典的传统，如“学而优则仕”的观念、勤学苦读的习惯以及买书、藏书、借书、抄书的风气。总之攻读经典已成为中国文化人生活的重要组成部分。然而，对中国古籍、名著的态度，近百年来，也与西方影响、政治运动、国力兴衰、现代化程度密切相关，并且在学界和知识分子中存在分歧和争议。不过，大多数学者是推崇经典阅读的重大意义的。梁启超曾在《最低限度之必读书目》后附言指出：中国学人不仅需读必要经典，那些“最有价值的文学作品”和“有益身心的格言”也需要熟读成诵。朱自清在《经典常谈》中指出：经典训练的价值不在实用，而在文化。中国人在走向世界时不应该忘掉本民族的文化。作为这个民族的知识分子，更有传承民族文化的责任。1973 年在香港中文大学的一次学术讲座中，时年 84 岁的钱穆提出中国人必读的七本书：《论语》、《孟子》、《老子》、《庄子》、《六祖坛经》、《近思录》、《传习录》。钱穆的弟子余英时在《怎样读中国书》一文中说：

“中国知识界似乎还没有完全摆脱殖民地的心态，一切以西方观念为最后依据。……这不是中西会通，而是随着外国调子起舞，像被人牵着线的傀儡一样，青年朋友们若不幸入此魔道，便断送了自己的学问前途。”这些论述显然发人深省。

究竟主要阅读哪些名著呢?

王先生引述了从唐代开始，到 20 世纪 90 年代的各类推荐书目，比较了它们的短长，它们都有追本溯源、重视经典的一致倾向，但因受意识形态、中西文化之争和个人偏好等影响，不同程度地有失书目的客观性和公正性。从时间的先后看，各类推荐书目一般有由深到浅，由文言到白话，由原本到节本，由专辑到选本的大众化趋向。

为了客观、准确地了解和选择，王先生收集了 80 种中外推荐书目，将其中的中国著作大致分为八类，向大家作了重点推荐和介绍：

(1)四书五经。《诗经》、《论语》收入次数最多。二书影响重大，并明白易懂。

(2)前四史与《资治通鉴》。《史记》与《资治通鉴》收入次数最多，前者被鲁迅称为“史家之绝唱，无韵之离骚”。后者属于古代著名编年体，试图为君王治国提供借鉴。

(3)先秦诸子。《老子》、《庄子》、《荀子》、《韩非子》、《孙子兵法》收入次数最多。

(4)其他子部书。《论衡》、《坛经》、《颜氏家训》、《明夷待访录》收入次数较多。

(5)唐宋诗文。朗读和背诵古诗文，是弘扬民族精神，激活传统，继往开来的有力之举。

(6)其他诗文。《楚辞》、《文选》、《陶渊明集》、《世说新语》收入次数较多。《楚辞》和《诗经》有风格上的差异，但同为后世韵文之祖，堪称我国远古先民的绝唱。

(7)古典小说。《红楼梦》、《三国演义》、《水浒传》、《西游记》收入次数较多。

(8)其他。《说文解字》、《左传》收入次数较多。《说文解字》是古文字学的古典，也是古典阅读的工具和入门书。《左传》是最详备完整的早期编年史，对我国历史文学起过开山作用。这些著述都形成于古代，经受了长时间的历史考验，显示出持久的魅力，不但是我国学术之源，而且塑造着我们民族的灵魂与性格，始终激励着炎黄子孙自强不息。

二、贯穿民族精神

在讲课中，王先生洋溢着一种民族自豪感，我们民族有着悠久的文化传统，这种文化绵延的薪火从未熄灭或者中断，这在世界各民族中是十分独特的。人们历来重古训、尊先法，特别敬仰先辈、圣贤的品格和他们所讲的人生哲理，所谓“尊师重道”是也。在中国古典这块色彩斑斓的文化园地里，正如王先生在一篇文章里所说：“大道名儒，各树一帜，诗词典调，连峰迭起。”在一篇一卷、一诗一文的背后，都有深厚的民族传统和底蕴。

王先生在叙述中国最古文字甲骨文发现的历史过程时，在讲述中国古籍材质由竹简、木简、帛书到纸质文书的变迁时，在介绍清朝的古籍总汇《四库全书》的不同版本和分阁收藏的历史状况时，以及在重点阐述《周易》、《尚书》、《诗经》、《论语》、《史记》等中国古代名著的内容和意义时，都怀着民族团结的心理和爱我中华的情怀，让同学们了解中国文化的源远流长和博大精深。比如王先生讲到从甲骨文到现代汉字的一脉相承，甲骨文的发现与研究，不但造就了一大批学者，如王懿荣、罗振玉、王国维、郭沫若等人，而且提供了有关夏、商、周三代的某些历史资料。甲骨文中已有兵器、战车、商业甚至旅馆的记录，这与司马迁记录商代的历史基本吻合，看来司马迁是另有所据，只是这种依据我们已无法知道。民族的统一是要靠文字来维系的，汉字有着极强的民族凝聚力。可是对于汉字的作用和意义，历来也有不同的看法。“五四”新文化运动中，就有激进主义者贬低甚至主张废弃汉字。20 世纪 70 年代开始使用电脑时，有些人以为这种现代化工具难以接受方块字，又有人主张放弃汉字，一度造成学者的忧虑，后经集中研究和实践，电脑和汉字有了完善的结合，神奇地显示了汉字的灵活性。实际上同样的内容，英语文字的书写比汉字的书写更长更慢，而且全世界以汉语为母语的有 14 亿人，以英语为母语的不过 7 亿人。

在古代学者和名著中，王先生十分推崇司马迁和他的《史记》，历史的某些不同观点的记载，他主张以司马迁和《史记》为准。他认为中国文化的发源地是黄河流域，黄河两岸诞生了两位大史学家。东岸是司马光，西岸则是司马迁。出现两部历史巨著：《资治通鉴》和《史记》。司马迁有严肃的治学态度、独特的写作风格和高尚的道德情操。王先生认为中国人的许多优点都集中反映在司马迁身上。可是他看到一部电视剧，竟把司马迁描述为不长胡须的文弱书生，严重歪曲了司马迁的真实形象，这使他十分气愤。可见这部电视剧的编剧和导演根本不研究、不理解司马迁。因此，王先生认为应当深入研究司马迁，重新编写关于司马迁的电视剧，把司马迁表现为堂堂须眉、风度翩翩的民族精英。这种看法获得了同学们的一致赞赏。

《尚书》是一部争议甚多的古籍。是经过整理的国王讲话稿，相传经孔子整理，约100篇。历代对尚书包含和流传的篇目，发生过纷繁复杂的争端。汉朝人以隶书所写为界，凡以隶书形成以前的文字所写为古文，隶书以后的文字所写为今文。凡以篆书所写的《尚书》，称为《古文尚书》。后来逐渐形成古籍研究今文经学和古文经学两个学派，直到清朝仍存在。两派在学术方向上发生分化，互相批评和攻击。今文经学派重政治倾向，强调为现实服务；古文经学派重历史倾向，强调经典的本来含义。在讲到《尚书》的影响时，王先生特别列出其中的《禹贡》篇，谈论“九州”的山川、地势、物产和命名。所谓“九州”，是冀、衮、青、徐、扬、荆、豫、梁、雍，中心地带可能在黄河中游一带。“九州”一词也可泛指，指一种归宿，后成为中国的概念。中国人统一的观念很强。可以说，《尚书》给了中国人一个统一的基因，是统一的观念的一种来源，产生着巨大的影响。陆游的诗句：“死去元知万事空，但悲不见九州同。”可见“九州”已成为民族团结、国家统一的一种情感符号。只要中华文化存在，世代相传，国家就会统一，民族就会兴旺。王先生的这番议论风生的讲课，感染了在场的学生，获得了一片热烈的掌声。

三、倡导个性阅读

人在社会中生活，阅读活动总与社会条件相关。但对书的阅读、选择和理解，终究是个人的精神活动，应当由个人自主，发挥个性化的特点。特别是对于经典名著，更要依据自己的需要，深入钻研，独立思考，读出自己的见解和体会来。王先生鼓励个性化的阅读，他自己就经历过依据兴趣而独立苦读的阶段。对于中国的四大古典名著，他毫不掩饰自己对《三国演义》的偏好，对于《水浒传》则不甚赞赏，特别是对《水浒传》中女性人物的描写和处理，更是直率批评，认为看不到什么正面形象。他还特别喜欢《聊斋》，认为《聊斋》中的许多女性，不但形体外貌美，而且心地善良。对于历史人物和名著作者，他也有独自的比较和评论。人们常把《史记》的作者司马迁和《汉书》的作者班固相提并论，甚至有“班马”之称，他认为这是一种历史的误解或曲解。司马迁写《史记》是“究天人之际，通古今之变，成一家之言”，这种宏大的气象，远非写《汉书》的班固所能比拟。无论就贡献、风格、人品来说，班固都远远不如司马迁。这些独特见解对年轻学子颇有启发。

（原载《中国大学教学》，2010 年第 12 期）

一本原著，引进哲学的殿堂

——记吴增定教授的“哲学导论”课

“哲学导论”，是北大哲学系的专业基础课，而且是开门重头戏。它又是全校的一门重要通选课，不论学哪个专业，都需要哲学思维的锻炼，体悟宇宙、人生的真谛。哲学系先后约请国内著名学者张世英、叶秀山、余敦康、张祥龙开设此课，内容各有侧重，风格各具特色。但都普遍受到欢迎，产生重大影响。张祥龙的课，博古通今，融合中、西、印。直接攻读原著，让人心领神会，曾使许多学生如醉如痴。我曾提前六小时进入教室，都找不到座位(早被隔夜贴条占满)。近几年来，又有中年新秀李猛、吴增定开设此课，都立足于讲解原著。李猛主要讲西方古代和近代的几本有代表性的原著；吴增定则只讲古希腊时期柏拉图的《理想国》一书。由于时间的方便，我听吴增定课的次数较多。

就一本原著，能否把“哲学导论”讲好？教师首先说明，虽讲过几次，仍是一种尝试，但他向学生许诺：通读《理想国》，把握思路，认真思考，定有收获。《理想国》是古典名著，西方哲学的一个重要源头。英国哲学家怀特海说过，西方两千多年哲学的发展，都可以从柏拉图那里找到注脚(大意)。《理想国》并非哲学专著，它既是政治学，又是教育学，也是社会学和伦理学，还涉及天文、物理、数学，几乎是古代的一本百科全书式的著作，全书贯穿着富于智慧的哲理，而且采取对话体，形式活泼，逻辑层次分明，中译文流畅，比较好读，容易入门。对于青年和非哲学专业的学生，它较具可读性和吸引力。

《理想国》共分10卷(相当于章)，结合古希腊社会背景和书中人物特点，教师向学生逐卷解读。一面用英文板书要目和名词，一面用中文讲解内容和认识，娓娓道来，由浅入深，不时讲出体会，有所发挥，更加激起学生的兴趣。

古希腊哲学的代表人物苏格拉底与柏拉图是师生关系。柏拉图通过苏格拉底与其他人物的对话来阐述自己的思想。全书由讨论生与死，正义与善等问题入手，逐渐达到对哲学的直接阐述。从哲学的角度看，要到第 5、6、7 卷，才是高峰。前面一系列对话与讨论，像是哲学的铺垫。教师指出，柏拉图是最善于思考的哲学家，通过各种问题的讨论和争辩，逐步引向哲学的思考和解决。

柏拉图生活于古希腊城邦民主制衰落时期，城邦既有的政治制度，道德原则等广受质疑，处于激烈争议和变动的状态。面对时代问题，《理想国》作出分析和回答，寻求智慧和真理。柏拉图认为，由于人的生存的需要，解决衣食住行问题，要求分工与合作，并统一规范与管理，便有城邦与国家的出现。由于人的欲望的增长和自然，社会资源的有限，城邦之内会发生矛盾，城邦之间也会发生战争。各种天赋素质不同的人，有的适合于做统治或管理者，有的适合于做护卫或辅助者，有的适合于做农民或技工。只有他们各得其位，各尽其责，才能维护社会的和谐与城邦的稳定。柏拉图并不是血统论者，如果管理者层的后辈渗入了较差的素质，就应调整做农民或工人，而农工后辈中发现较高素质者，也可提升做护卫或管理者。柏拉图也并不歧视妇女，妇女中天赋较高并努力学习者，也应受到良好教育，并可加入护卫或管理者行列。但柏拉图是优生论者，主张天赋素质优秀者互相结合，多生孩子，十分关注城邦与国家的人口质量。

教育和哲学是全书密切相关的两个方面，也是教师讲课的两个重点。

一、教育

柏拉图讲究人的天赋素质，又特别重视人的后天教育。《理想国》是西方教育史上的一本奠基性著作。柏拉图首先强调护卫者的教育，挑选那些爱好智慧并品质优良的人，使他们“有最多的知识和最多的训练”。这主要是一种精英教育。教师特别指出，这是一种低成本的教育，值得我们重视。

(1)教育的任务。柏拉图认为，教育就是要使天赋的优良素质实现出来。他强调教育不是灌输，被迫进行的学习是不能在心灵上生根的。

(2)教育的方式。总的说，就是用体育来训练身体，用音乐来陶冶心灵。二者皆以简单质朴为重，而音乐又应当先于体育。人在幼年可塑性很强，应注重心灵的陶冶。利用希腊神话，《荷马史诗》，经过审编，类似孔子的删改《诗经》：“一言以蔽之，思无邪。”儿童教育不宜多讲道理，而需多讲故事，但要杜绝谎言，让儿童听到最优美高尚的故事。这种音乐教育，使刚健与柔和相结合，节奏与曲调相一致，使形象符合理念，注重内在心灵的美。体育则是政治、军事教育的一部分，主张清淡的饮食和严格的训练，提倡全民运动，对于疾病，预防重于医治。这种音乐与体育相结合的方式，就是要培养能文能武，既明智又勇敢的城邦护卫者，使他们以出生的土地为母亲，讲究正义，爱护同胞，富于爱国主义的情怀。

(3)哲学家的教育。城邦应当有最好最稳定的管理，而那些热衷于权力的统治者对城邦的管理必定是最恶的。理想的国家，应当由真正富有的人来统治，但这种富有不是金钱的富有，而是善和智慧的精神富有。这种管理或统治者的人才如何造就出来呢？比对护卫者的教育更进一步，要使人的认识从外部多变的世界进入内部实在的世界，需要理性思考，使受教育者对事物的“意见”提升到“理念”。为此，柏拉图提出了一系列循序渐进的学习科目：数学、几何学、天文学，等等，引领认识逐步上升，有利于逻辑思维的训练，像是学习哲学的准备。

然后，到心智比较成熟时，大约在30岁以后，便应学习辩证法。辩证法的原意是对话、辩论。柏拉图这里将之看做高级的认识能力和方法。前面的学问都还不能摆脱形象与假设，只有辩证法才能让人看到事物的实在，真正进入理念世界，找到事物的可靠根据。柏拉图也把辩证法看做一种提出和回答问题的能力，能从相互联系中认识事物的方法。他把学习辩证法置于教育和学科的最高层，看做整个学习的完成。

在35岁到50岁期间，最优秀的人可一面学习辩证法，一面熟悉政治事务，管理城邦。他设想理想国的国王，应当由最具智慧的人即哲学家来担任。那么，究竟什么是哲学，什么是哲学家呢？

二、哲学

“哲学”，原义就是“爱智慧”。由于爱智慧，就必定要探究智慧，追求真理。柏拉图把世界分为两个：可见世界和可知世界。可见世界是人们通过影像或假设看到世界的外部表现，好比囚禁在洞穴中的人，只能看到对面墙上的影子，而看不到本来的光和光源。可知世界是人们通过思维或理性看到世界的内部实在。在可知世界中最后看到的，是善的理念，它是一切事物中真和美的原因，也就是可见世界中光和光源的创造者。在柏拉图看来，这种探究内部实在的学问，便是哲学。他有时又把哲学看做追求世界的永恒的东西，内在的相互联系的东西，也就是辩证法的探究。这种从可见世界转向可知世界的探究，从“意见”转向“理念”的探究，不是轻而易举的，需要一种艰苦的学习和积累的过程。所以他认为，哲学和辩证法，是只有到心智比较成熟时才可学习和掌握的。

三、哲学家

哲学家便是真正的爱智慧者，坚定追求真理的人。对于智慧，不是单纯地好奇，不只是爱看、爱听，而是始终地全身心地爱；不是只爱智慧的一部分，而是爱智慧的全部。一般人只是认识事物的表面的、变动的东西，哲学家是认识事物的内在的、永恒的东西。一般人只有关于事物的“意见”，哲学家则把握事物的“理念”。一般人只看到美的东西(影像)，哲学家则看到美本身。从柏拉图的论述中，可以概括哲学家的本性、特点和作用是什么。

(1)哲学家的天然本性。哲学家是时时处处追求真理的人。爱智慧，就是爱真理。柏拉图说：“哲学家是眼睛盯着真理的人。”所以，哲学家是严肃认真地追求真理，而且是追求全部真理，不达目的是不肯罢休的。

(2)哲学家的认识能力。善于分辨事物的外在表现与事物的内在本身。不为外在的东西所迷惑，不因事物形态的多变而迷失方向，而能把握永恒不变的事物的理念。对事物不仅知其然，而且知其所以然。

(3)哲学家的性格特点。哲学家应当有的天赋品格是：“良好的记性，敏于理解，豁达大度，温文尔雅，爱好和亲近真理、正义、勇敢和节制。”这也是从事哲学学习的条件。

(4)哲学家的主导作用。哲学或哲学家有什么用？这是从古到今人们容易提出的问题。柏拉图以航海为例，作为城邦统治者的哲学家，好比作为舵手的真正的航海家，他必须注意年份、季节、天空、星空、风云，以及一切与航海有关的事情。不管别人赞成不赞成，不管别人怎样攻击，甚至骗取权力，只要具备哲学家的品质、素养，就能稳定地把握城邦的正确方向。在柏拉图看来，国家和城邦都是有机的整体，作为优秀的爱智慧者的哲学家为数极少，应当成为城邦的统治者、理想国的国王，使政治权力与聪明才智合而为一。应当把那些贪图权力，不知研究哲学，但知追随别人的庸碌之辈排除在领导者、管理者之外。

哲学和哲学家为什么会被视为无用呢？教师指出，柏拉图谈到两方面原因：一是城邦不用；二是某些伪哲学家把哲学的名声搞坏了，群众也会对哲学产生恶感。

(5)哲学家的防止腐败。哲学家需要最佳的天赋，但也需要好的环境和教育的培养。如果受到坏的环境和教育的影响，天赋因素也可能背离哲学，造成更坏的结果。哲学家只有在一个合适的国度里，才能充分地成长，取得最大的成就。在不合适的制度下，哲学和哲学家便可能保不住自己的本性而败坏变质。在柏拉图看来，一个国家或城邦的政治制度与哲学家的职责是相辅相成的。哲学家的天赋品格需要好的政治制度来培植和保护，而好的政治制度也需要哲学家和护卫者来创造和坚守。

柏拉图在两千多年前，为理想国的政治制度和社会生活提供了一个完满的构想，为哲学家的天赋因素和神圣职责设想了一个完美的境界。如今读来，虽感空想色彩，却依然让人憧憬。读完这本书，听完这门课，教师与柏拉图一起把学生引进哲学的殿堂，获得精神的提升。

这门课的不足之处是：哲学的概括和集中的阐述仍嫌不够；与学生的对话、交流较少。这是需要改进的。

（原载《中国大学教学》，2012 年第 6 期）

揭开小说创作的奥秘

——记曹文轩教授的“小说的艺术”课

小说是人们青年时代阅读最多、感染颇深的文学形式。小说的魅力何在？小说创作的奥秘是什么？如何选读古今中外的小说名著？是大学生普遍感兴趣的问题。我校中文系教授曹文轩，是我国当代著名作家。他的短篇小说和长篇小说曾多次获得各类大奖，并译成多国文字，产生重大影响；同时他深具理论素养，有多种理论著作出版。“小说的艺术”是曹文轩承担国家教委“八五”规划的一个科研项目，2003 年有《小说门》一书问世。作为通选课多次开设的“小说的艺术”，是他结合小说创作的深切体验，对其中的一系列基本范畴和理论问题，全面展开，条分缕析，深入浅出，娓娓道来，把学生引入小说探究和赏析的一个新天地。

一、加强小说理论的内部研究

在绪论部分，曹先生首先区分了文学的内部研究和外部研究。所谓外部研究，就是文学作品与政治、历史、社会的关系，作品所反映的社会内容，以及作品的生产与消费等方面的研究；而内部研究，是就文学与文学性本身，深入文学作品的文本，对文学的审美特征，文学创作的方法、技巧和语言的节奏、旋律等方面的研究。外部研究无疑也是必要的，内部研究与外部研究应当同时开展，二者相得益彰。“小说的艺术”是小说创作论的研究，是关于文学与文学性本身的内部研究，这种研究更有其必要而迫切的意义。

首先，在中外文学批评史上，往往是诗论占主导地位。中国古代的几部经典文论，主要阐发关于诗的见解，诗学也几乎成为西方古典文艺学的代名词。小说这种文学体裁历来被轻视，身份卑微，似乎难登高贵风雅的文学殿堂。在中国，“小说”二字作为文体的名称，本含轻蔑之意，就是讲些提供消遣、无关紧要的话，多属“闲谈奇事”之类。小说家也因而受到调侃和嘲讽。由此，小说的理论与批评，历来是空缺或薄弱的方面。不过，自 20 世纪以来，西方的情况有所转变，大约 90 年代以后，由于小说美学、小说修辞学等不同角度的建构，西方的小说理论与批评已逐渐兴盛而达到极高水平。然而，中国的小说理论与批评，至今未能系统展开。究其原因，固然与国内现代小说创作不够发达、缺乏有关的理论思考与评论有关，但主要还是由于对小说理论与批评缺乏自觉意识，力量十分薄弱。因此，“小说的艺术”，是为建设中国的小说理论与批评出力，这在国内文学理论领域是一件开创性的工作，是系统研究的开端，正如曹先生在《小说门》的“绪言”中所说：“我只能站在西方同仁的肩上而不是站在我的同胞的肩上。”他是立足于自己对创作经验的总结，参照西方学者的研究成果，展开对文学和小说创作理论的阐述。

其次，曹先生认为，国内文学界长期以来流行着一种“大潮”和“时尚”，即以外部研究为特点而脱离文学本身的文化批评，可称之为“大(或泛)文化批评”。由于这种“大而无当”的批评的过分运用，就容易形成批评上的独断与霸道，而且容易导致学风的浮泛化。由于这种倾向的注意力不在文学本身，而只在文学的泛文化意义、文学与环境的外部关系上，久而久之，也会造成对作家劳动价值不公正的评估：“一些实无文学价值可言的作品，由于被过度阐释而走俏，而一些颇具文学价值的作品，却因为没有得到应有的阐释而被遗忘和冷落。”①

然而，不论是马克思、恩格斯关于文学的言论，或者俄国19世纪一代文学大师别林斯基、车尔尼雪夫斯基等人的论著，还是我国一些有成就的文学批评家的著述，都始终没有离开文学的内容，却正是围绕文学本身而展开的。“小说的艺术”正是要使文学的理论与批评回到文学本身，“做一番本来意义的文学研究”②。

二、尊重小说艺术的民族传统

小说是怎样诞生的？长期以来，由于西方中心主义的影响，落后国家的文学研究多以西方的原则为尺度，形成某种背对本民族历史、文化而“眺望西方”的姿态，以为小说的近现代形式，多是来自或得力于西方小说的创作，甚至是直接模仿西方小说的结果。这显然夸大了西方小说的影响与作用。曹先生以日本和中国的小说创作为例。日本的长篇小说《源氏物语》，被视为“孤立

① 曹文轩：《小说门》，北京：作家出版社，2003年，第7页。
② 同上书，第9页。

的”杰作，前后左右未见与之相当的作品。它写于1001—1008年间，比中国的《水浒传》、《三国演义》和西方最早的小说集《十日谈》都要早三百多年。当时的日本，主要是受中国文化的影响，与西方文化尚无接触，《源氏物语》可称为世上“最早之散文长篇小说”[①]（中文译者丰子恺的论断）。它确是地地道道的小说，并且是具备近现代形式的小说，书中第41回的“空缺”（只有题目，没有内容），与现代小说的相关概念吻合，看来是作者有意留下不写的。书中某些感情、心理描写之细腻，也不亚于现代小说。又如川端康成，他的小说属现代形式，受到西方小说的影响，但从传统的角度看，却更容易发现他的小说与《源氏物语》以及清少纳言的《枕草子》之间的血缘关系，可见仍是日本精神和文化的产物。我国的《红楼梦》，是小说史上出现的巅峰之作，它与西方文化基本无关。至于鲁迅、沈从文等人，尽管受过西方或俄国小说的影响，但仍是独立创作，更多地表现浓厚的中国气派。

从源头上说，人类生活本有许多事件发生，而人们又有叙述故事和倾听故事的先天性欲望。所以，有事件就会有故事，“我与故事一起出生”。小说离不开故事，小说是用文字对故事的大胆而奇特的改写。可见故事的永久存在，便决定了小说这种文学形式的不可避免，小说是人类精神的一种自然形式，是各民族精神、文化的产物。因此，各民族都有自己的小说和小说史。

曹先生还指出，在小说的表现形式和表现技巧上，中国古典小说中也有不少足以与西方小说比美的东西。如宋元话本中的“入话”，即用别的故事或诗词作为引子，引出后面的故事，而与后面故事的情节无关，却在精神、要义上一致。又如中国古典小说中运用的“插曲式”、“串联”、诗词与散文相伴等技艺，也是很有特色的表现形式。“《红楼梦》、《金瓶梅》等小说，将诗词曲赋自然而恰当地嵌入散文叙述之中，构成了中国小说的特殊魅力。”[②]这样形式的某种“雅兴”和“意境”，正是中国小说的传统特点和长处，需要我们作出理论的解释。可是，长期以来，我们却把目光只集中到西方小说的技巧和范畴上，而放弃了民族优秀遗产的解释和研究。曹先生特别指出的奇特现象是：我国文学史中的某些宝贵因素，还是通过西方人的解释才被我们发现和重视

① 见丰子恺所译《源氏物语》的“译后记”。《源氏物语》（中文本），北京：人民文学出版社，1980年，第1289页。

② 曹文轩：《小说门》，北京：作家出版社，2003年，第22页。

的，这实在令人遗憾。只有认真总结这些经验教训，深入开展本民族小说史的分析与研究，既认真吸取其他民族的合理成分，又充分继承本民族的优秀遗产，这样才能加强民族自信心，在文学、小说的创作和理论研究上自立于世界民族之林。

三、展开小说创作的方方面面

《小说门》，或是“小说的艺术”，是内容丰富的小说创作论。它总览了古今中外的小说，又以现代小说的创作为重心；既饱含小说创作的亲身体验，又着力于创作理论的基本方面；既叙说创作的技艺，又进展到理论的升华；既有历史经验的概括，又有当代思潮的评议。这里涉及小说创作的一系列范畴和理论问题。

在“经验”与“虚构”中，曹先生充分阐述了个人经验是小说的依据。与诗歌、戏剧等相比较，小说是“书写经验的最佳文体”，“最具写实能力的文体”。所以，小说家既要有足够的经验，又要善于充分利用自己的经验，对自身经验推心置腹地倾诉，定会引起读者的信任和愉快。每个人的经验又都独特而新奇，小说创作便必须坚决反对公式化、概念化和政治化的倾向，反对模仿，因为这背离个人经验的独特性和小说人物的个性。曹先生还区别了“经验”与“经历”，经验来自经历，又是对经历的提炼。经历不可重复，一般不可预料，经验却可反复出现，并需自觉积累与思索。经历丰富的人不一定经验丰富，这要看人的主动性和提炼能力。这种分析不但对小说创作有益，而且对青年学生的人生道路有启发。但是，经验并不排斥“虚构”，正是二者方向不同的关系造成“美丽的张力”。经验支撑虚构，虚构又使经验得以升华而“摆脱了平庸与无趣”。“想象”是虚构的另一种形式，从神话到小说，无不依赖于想象。想象依虚构而生，虚构又正是要保持人类的想象力。小说是对想象力的操练，却不能脱离真实性，而应保持“似真性”，“似真性程度越高，就越能留住读者”。

“时间”与“空间”是哲学上长期争议的范畴，作为小说写作的范畴，又别具特色和深度，由于不能单独直接观察，更显朦胧与难处。小说所描写的情感，应属时间而非空间概念，但如欢乐、激动、沮丧、苦闷等情感因素，呈现相互掺杂、渗透的状态，曹先生用一特殊的词来表达：“渗延”。小说在用语言陈述情感或剖析人物心理时，不免将非空间性的情感空间化，而小说又采取一系列"对策"，如"模糊处理"、"暗示"、"沉默"、"关注动作(行动)"，等等，来防止这种情感的空间化。中国小说的特点和长处，在于通过人物动作来刻画人物。如"黛玉葬花"，便是一连串动作，表现她的寂寞与悲凉，以清晰的动作，显示"渗延"性的内心，时空互变，颇为奇妙。小说将故事时间纳入叙事时间的框架，常作剪裁，可任意改变方向。呈现在纸上，像是一场时间的游戏。写作首先面临时间起点的选择，从何入手？事关重大。可从"中间"入手，也可采取"顺叙"、"倒叙"、"预叙"等方式。时间又与事件进展的速度相关。小说之生命与魅力，在于速度之变化合乎节奏，节奏感便是一种美感。小说家偏重加速或减速，而一般不取匀速，意在变化中加强节奏感。有时留下"空白"，使总体时间缩短，控制篇幅，并激活阅读的兴趣。"场面"成为小说的单元。《战争与和平》、《静静的顿河》着重写大场面，鲁迅的小说着重写小场面。二者各有长处与局限。小场面难以表现宏大规模与气势，大场面则难以表现生活景观和情趣。小说还设置"异境"——特别空间，如《鲁宾逊漂流记》、《蝇王》等，重组或虚拟空间，以便观察和提示人性。总之，时间与空间，在小说写作中是哲学色彩最浓的范畴。

为揭示小说写作的技巧与规律，曹先生又论述了"悬置"和"摇摆"。哲学不叙事，小说忌论理。然而，人却有叙事和论理的双重欲望。由于论理带来看穿事物、澄清迷乱和发现奥秘的快感，人们便难于单纯地叙事，小说也难于摆脱判断。作家应当隐蔽自己的观点和判断，这便是曹先生所说价值判断的"悬置"。中国自古就有"含而不露"的说法，最初用来说明诗与画，所谓"羚羊挂角，无迹可求"。由于"含蓄"，就给读者留下寻觅与探究的空间，从而产生兴味与魅力。这一点对教学也有启发。教师讲课常常讲得太满、太露，下判断太早、太肯定，不给学生留下思维和质疑的空间，是一大缺点。至于"摇摆"，则与"弧度"、"振荡"、"旋律"等词相关，是小说进展的动力与方式，也可看做不同世界、意识之间的对话。《红楼梦》中的精彩对话，至今值得玩味。古典小说家们常常从艺术技巧上谈到的对比、衬托、回合，等等，便与"摇摆"有关。小说中故事情节的途径、"引人入胜"的路数，都呈现摇摆的状态，依循摇摆的法则，即反复地作肯定、否定、肯定、否定……呈现弧度不一的曲线。这种情节的摇摆和反复的回归，便形成一种韵脚，产生与诗相仿的旋律感。人性的深度正体现在这种没有尽头的摇摆、曲线和旋律之中，并给读者带来阅读的快意，提供选择的余地。正是在多种可能和选择的震荡中，作者与读者的精神境界得到提升。在曹先生看来，小说的深度与力度、光彩与精神，都离不开摇摆的行程。这正是小说写作的基本技巧与规律。

最后讲到小说中的“风景”。无论东方与西方，风景历来是小说创作的有机部分。11 世纪初的《源氏物语》，已将风景写得细致入微，令人神往。《红楼梦》可以说是风景描写的经典。风景描写的意义是多方面的，如引入与过渡、调节节奏、营造气氛、烘托与反衬、静呈奥义、孕育美感，等等。可是，自工业文明时代以来，自然风景日趋压缩，生态环境遭破坏，越来越多的人生活在失去风景的空间里，现代人的审美趣味、审美意识逐渐发生变异。人们对自然逐渐失去崇敬之心与和谐之感。接近自然，或是出于功利之心，难免矫揉造作，已经失去古人面对自然的那种静听与默察、潜读其奥义的态度了。现代小说中的风景愈来愈少了。面对这个“失去风景的时代”，我们需要认真反思。

曹先生在整个讲课中还讲了很多故事，包括小说名著中的和亲身经历的，每个故事都结合小说创作的原理和经验。他的观察特别深入而细腻，表述又是那样亲切而动人，因而对学生很有吸引力，极富趣味性。他还介绍了许多古今中外的小说作家和名著，揭示了其中的特色和奥秘，便于学生课后去阅读和体悟。这对提高学生的文学和理论思维能力，增进人文素养，极为有益。除期中考试的文章作业外，期末考试便是每人写一篇小说，其中 90 分以上者，可集结成书出版。“小说的艺术”不仅是通选课中极受本校学生欢迎的课程，而且吸引了不少校外听众。

（原载《北京大学校报》，2012 年 10 月 15 日）

深受欢迎的“三宝”课

——记通选课“人类的性，生育与健康”

长期以来，“性”的问题，多半是“家庭不讲，学校不教，讳莫如深”的，在国内大学课程里，似乎更难登“大雅之堂”。随着现代化的进展，人们的观念日益发生显著的变化。十多年前，性教育的内容已迫切地提上日程，逐渐进入学校课堂。近些年来，“人类的性，生育与健康”已成北大期期都开、堂堂爆满(可容500人教室内)的热门通选课。同学们喜欢称之为“三宝”(或“三保”)课。校园内不时听到同学间的关切对话：“上过‘三宝’课吗?”“嗯，挺好的。”北大生理学专家陈守良教授于1996年首开这门课，随后有程红、姚锦仙等教师继续讲授。2005年出版了陈守良编著的《人类的性，生育与健康》一书，成为基本教材。

一、水到渠成的开课缘由

在我国封建社会里，虽有“存天理，灭人欲”，“男女授受不亲”等观念的束缚与压抑，但在古代经典中也有关于性的正面阐述，如：“男女媾精，万物化生。”(《周易》)“食色，性也。”(《孟子》)“饮食男女，人之大欲存焉。”(《礼记》)可见性关系本是天经地义的事，是人类繁衍的根源，人的基本需要和本能。曾在北大任教的现代作家鲁迅，社会学家潘光旦、费孝通，美学家朱光潜等人，都曾专门谈到“性”的生理性与社会性，强调性教育的意义。如鲁迅曾说：“要风化好，是在解放人性，普及教育，尤其是性教育，这正是教育者所当为之事。”潘光旦说：男女间事是“极家常极平凡的事”。我们既不必看得“神奇奥妙”，也不必看成“淫亵邪僻”。朱光潜说：对于性爱问题，“可以用冷静的头脑去思考，不必把它摆在一种带有宗教性的神秘氛围里，神秘本身就是一种诱惑，暗中摸索都难免跌跤”。

改革开放以来，经济快速发展，信息广泛传播，与性有关的信息，鱼龙混杂，良莠难分。如不正确引导，就会出现各种问题。性传播疾病在适宜条件下又卷土重来，特别是蔓延着目前无法治愈的艾滋病，威胁着人民的健康和正常生活。这门课并不全面介绍性科学与性教育，而主要从生物、生理的角度来介绍人类的性、生育的基本知识，使学生破除神秘感，解除某些困惑与烦恼，学会正确对待性问题，努力保护自己，促进健康成才。实践说明，这种普及性知识的课程十分必要，受到学生、家长和社会人士的普遍欢迎。

二、性生理学的讲授内容

1. 性的由来和进化

“性”是什么？英文 sex 一词，来自拉丁文 Sectus，意即生物物种的一分为二，分为雌雄两个群体，不同群体中两个个体的结合，才能产生后代。个体生命有限，种族生命却得以延续。从无性生殖到有性生殖，从动物的体外受精到体内受精，哺乳动物由卵生到胎生，都有一个生物的自然进化和自然选择的过程。在进化中，人类逐渐身体直立和两足行走，出现区别于一般动物的性生活方式。性从生殖活动中产生，但到人类，由于科技的发展，可以使性活动不产生生殖的后果。

2. 性活动与人体的整体性

人的身体是一个完整的有机体，人体的细胞、组织、器官、系统，是一种多层次的严密结构。人体至少可分为皮肤、骨骼、肌肉、消化、循环、淋巴、呼吸、排泄、生殖、内分泌和神经 11 个系统。人类的性与生殖活动主要由生殖系统实现，但神经系统和内分泌系统也起着重要调节作用，而循环、呼吸、肌肉等系统也都参与其中，是人体的一种整体活动。

3. 男性生殖系统的结构与机能

人们之所以对性活动有神秘感，首先是由于对生殖系统和性器官的结构与机能知之甚少，又羞于探究。睾丸是男性主要生殖器官，它产生精子和雄激素，是男性的体现。阴囊、输精管道、腺体和阴茎是男性附属的生殖器官，它们形成一条管道，保护精子并帮助精子运行到体外，进入女性生殖管道中。讲课中还涉及精子的发生，阴茎勃起的机制，生殖器崇拜，睾酮的作用，以及有关前列腺的疾病等问题。

4. 女性生殖系统的结构与机能

卵巢是女性主要生殖器官，除产生卵子外，还产生雌激素和孕激素。由输卵管、子宫和阴道等器官，也形成一条管道，转运生殖细胞，并为发育中的胎儿服务。阴道之外的阴阜、大阴唇、小阴唇、阴蒂，以及尿道口、阴道口等，称外生殖器。女性的生殖系统及其作用，比男性的更为复杂，不但产生卵子，还必须准备养育一个发育中的胚胎长达九个月。讲课中还涉及卵子的发生，乳腺，月经周期，雌激素和孕激素的全身效应，以及乳腺癌等问题。

5. 生殖系统的发育与青春期

人类性别由性染色体决定。人类 23 对染色体中的第 23 对，称性染色体，其余 22 对称常染色体。只有性染色体与生殖系统的发育有关。性染色体有 X 与 Y 两种形态。女性染色体的组成形态是 XX，男性染色体的组成形态是 XY。经减数分裂而形成的配子，若含 Y 染色体的精子与卵子融合，就决定了男性胚胎，若含 X 染色体的精子与卵子融合，就决定了女性胚胎。青春期指由儿童到成年的过渡时期，通常在 10—16 岁之间。男孩比女孩稍晚。雄激素或雌激素分泌的增加，会分别促使男女内外生殖器官和第二性征的发育、生长，在身体和精神、心理上发生显著的变化。

6. 性欲和性反应

性成熟的标志，男性是精液中出现精子，女性是出现有规律的月经和排卵。随着生理机能的成熟，在心理上也会出现性欲。性欲是人类与生俱来的一种本能，往往在相关的性刺激作用下引发出来。男性性反应呈现一种模式，女性性反应则有多种模式，但都经历兴奋、平台、高潮和消退的周期。性反应不只是性器官的反应，而是一种全身性的反应，心血管、呼吸、皮肤等系统都有明显变化。

7. 节制生育

人类的生殖模式是成功的，但却带来地球的压力。人口日益增长，地球资源有限，将不堪重负。20 世纪 20 年代，北大张竞生教授便建议限制人口，实行节育。著名经济学家马寅初在 1957 年(时任北大校长)发表《新人口论》一文，鉴于我国人口增殖太快，他积极主张节制生育，提出一系列正确而可行的建议，要求控制人口数量，提高人口质量。在现代社会，由于对受精过程种种机制的深入了解，便有可能采取技术措施干扰精子和卵子的生成发育，或阻断其结合，或干扰受精卵的种植，出现各种避孕的药物、工具和方法。最后，人工终止妊娠——人工流产，以至绝育，等等。

8. 妊娠与分娩

人体内数以万亿计的细胞，都从一个细胞(受精卵)发展而来。从受精卵开始到胎儿出生，可分为胚卵期、胚胎期和胎儿期。可作妊娠测试，及时了解是否怀孕。可作羊水检查，以发现可能存在的不正常的胎儿。分娩是成熟的胎儿从子宫娩出母体外的过程。妊娠期从受精到分娩计算，平均为226天。体外受精是生殖技术的突破。

9. 优生

实行计划生育是我国的基本国策。我国当前人口素质与发达国家差距较大，不能适应现代化建设的要求。在控制人口数量的同时，提高人口质量已刻不容缓。应当倡导优生优育。首先要优生，提高出生婴儿的身体素质，才能进行优育优教。采取措施，降低出生缺陷。避免近亲婚姻，减少遗传病及呆痴患者。男女双方实行婚前检查，有利于优生、健康和婚姻生活。

10. 性传播疾病的预防与治疗

人与人之间主要通过性接触而传播的疾病，如梅毒、淋病、生殖器疱疹，以及迄今无法治愈，死亡率极高的艾滋病，目前已成蔓延趋势。艾滋病的主要传播途径有三：性接触、血液和母婴。必须加强防治性的公共卫生教育，特别是对青年人的教育。首先要洁身自爱，避免一切不良性行为，提倡使用避孕套。尽量不接受输血或血液制品。出现可疑症状，应及时到正规医院检查和治疗，切不可讳疾忌医。

三、令人惊喜的教学效果

这门课的特点与效果是十分显著的。

1. 科学性、知识性很强

“性”的问题，首先是生理机制的问题。要破除“性”的神秘性，必须从生理学入手。这门课着重从生理学角度，比较系统地阐述人类的性、生育与健康的问题。围绕“性”而展开论述的一系列生理学的基本知识和原理，有利于澄清对于性的盲点、谜团或误解，大大有利于加强青年学生的自我认知与自我保护的能力。这对于促进性心理的健康是大有裨益的。授课的教师都是生物、生理学方面的专家、学者。他们对讲授的内容素有研究，十分熟悉。讲课中的各种论点，反映了现代科学研究和实验的成果，是有科学和事实根据的，学生可以信赖。所以，教师讲得很自信，很流畅；学生听得很认真，很投入。满座超额的教室内，气氛静穆，秩序井然。与某些大教室的课堂相比，有三个反差：课桌上笔记本电脑很少；做其他事情者很少；迟到早退者很少。

2. 切合大学生的求知渴望和心理需要

性的方面，大学生在生理上早已成熟，但缺乏科学知识，仍有不同程度的神秘感或好奇心。社会风气和网络渠道，常有不良倾向的浸染，有时难于抵制；产生苦恼，不易排解。因失恋而悲观和婚前性关系的事，时有发生。因此，及时而适当地开展性生理和性心理的教育，十分必要。只有正确了解，才能正确对待。这门课就是要解除性的神秘感，还性以自然的本来面目，使性的观念正常化，使大学生遇到矛盾，能作及时的自我调适，或及时地求助于科学。正由于贴近他们的心理需要，像是一场及时雨，滋润着心田。不少学生的反映是："生动而富有内容。""内容贴近生活，学到很多知识与技能。"他们感到这门课非学不可。从这里获得的知识和帮助，不仅当前受益，而且终身受益。他们深有体会地把性、生育和健康看做人生的"三宝"，或者把保护这三个方面，看做人生的头等大事，是保证生活多姿多彩的大事，是关系整个人生，关系民族和国家利益的大事。而且所学的东西，还可以辐射到别人，在同学之间、亲属朋友之间，可以互相传递，扩大影响。所以，这门课的效果和影响，绝不限于课堂，是广泛而深远的。

3. 成功运用教学辅助手段

运用教学辅助手段，大大加强教学效果。这门课的逻辑分析和理论阐述不多，主要是讲述生理状况、科学史实、实验结果等，多用事实、材料说明问题。教师们充分准备，搜集，整理和使用了各种电影片段、彩色录像、大幅照片、数字图表等，配合教学，把平时比较隐蔽的部位，不易见到的景象，有说明地亮之于众，图像清晰，对比鲜明，使学生一目了然，印象深刻。这种直观性、形象性的手段，大大加强了教学效果。教学过程中适当穿插专题讲座，如在讲述性传播疾病时，曾邀请《南方周末》记者来课堂报告某地区艾滋病的调查实况和采访经历，使学生不但加深了对艾滋病危害的认识，而且了解到许多社会实况。期末考试采取闭卷的形式，也使全面获得的知识得到较好地巩固。

4. 不足之处

对于性与社会、性心理、性道德等方面涉及较少，似嫌不足。

（原载《北京大学教学促进通讯》，第 19 期）

师辈追忆

对一代哲师的回忆与思考

我在1954年考入北大哲学系，1955年因全国开展肃清反革命分子的运动，我被调至北京市高校肃反专案工作组工作一年，1956年回系复学。那时周总理作了关于重视知识分子问题的报告，美丽而幽静的校园洋溢着向科学进军的气氛。校领导介绍北大的情况时，除了回顾悠久的历史和民主、科学的传统以外，谈到了两个显著的特点：知名教授很多；馆藏图书丰富。前一个特点，当时的哲学系是相当突出的。系里迎接新生的大幅标语牌上写着："未来的哲学家，欢迎你！"其实那时我并不懂得什么是哲学、什么是哲学家，我并没有自觉到自己已经进到中国当代一批著名哲学家所活动的环境里，起初我对这些学者是相当陌生的，后来才逐渐有所了解。当我感到对他们了解较多时，已经后悔与他们接触、向他们学习得太少了。这当然有种种历史的、客观的原因，但主要还是由于自己的主动性不够。

哲学，可以说是哲人之学。北大哲学系是培育现代中国哲人的摇篮。翻开现代中国哲学史，相当多的哲学家和哲学论著的出现，都与北京大学及其哲学系密切相关。

经过1952年全国高校的院系调整，北大哲学系在原有的教授之外，又集中了其他学校的一些资深教授。师资队伍真可谓阵容强大、力量雄厚。20世纪50年代中期，正强调向苏联学习，系里聘请了苏联专家，教学内容和组织形式，多半仿照苏联的模式。哲学系设置了哲学和心理学两个专业。单就哲学专业说，当时在国内外享有盛名的学者就有：汤用彤、金岳霖、熊十力、冯友兰、朱光潜、贺麟、郑昕、洪谦、张岱年、宗白华、张颐、王宪钧、周辅成、朱谦之、邓以蛰、任华、石峻、熊伟等先生。此外，还有黄子通、江天骥、齐良骥、朱伯昆、汤一介、苗力田、张世英、王太庆、陈修斋、李世繁、汪子嵩、黄枬森、吴允曾、晏成书、方书春等先生。1957年，又调来了马克思主义哲学家冯定先生。这些老师中，只有熊十力和张颐两位先生，我没有见到过，感到很遗憾。熊十力先生是我国当代最有成就的哲学家之一，张岱年先生在一本书的"序"中提到，熊先生哲学思想的深沉渊奥绝不亚于德国的海德格尔。我进北大时，熊先生已定居上海。张颐先生是我国最早研究黑格尔哲学的学者之一，他在1957年重返北大哲学系时，可能由于年事已高，一般不参加系里的会议和具体教学工作。

汤用彤先生是著名佛教思想史家，我国佛学研究的开拓者之一。新中国成立后，他任北大副校长，记得学校开全校大会时，我们亲身感受到他在主席台上敦厚似佛的学者风度，他也曾向系里师生妙趣横生地报告过参加全国人代会的感受。

金岳霖先生是著名的哲学家和逻辑学家，是新中国成立后北大哲学系第一届系主任。我记得他经常戴着一顶遮挡阳光、只有帽舌的帽子。系里开会时，他总是那样认真地主持会议，说话从容不迫、简明扼要，但思路十分周密。听说他有经常用英语进行思维活动的习惯。1956年他调至哲学研究所工作，就再没有见到他了。

我听过朱光潜先生的“西方美学史”课，他讲课时既运用了丰富的史料，又很重视思想发展的逻辑线索。他特别注意这个学派跟那个学派、这个思想家跟那个思想家之间的内在联系和各自特点。他在一堂课的结尾总要给听众留下思考的问题，下一堂课的开头又尽量与上一堂课相衔接。在一些关节点上，他喜欢向学生提问，点名要求当场回答，采取讨论式，意在调动听众的积极性和主动性。我听他的课时，他已年逾古稀，但在课堂上仍然目光炯炯，精神矍铄，对听众有着很强的吸引力和感染力。他的讲授方法对我也有重要的启发。我读过朱先生翻译的《柏拉图对话集》和黑格尔著《美学》，深感译著中渗透着他的研究成果，又确是“信、达、雅”的典范，特别是《柏拉图对话集》，思想清晰，文笔流畅，有如行云流水般的自然，就像译者本人所写那样。

我听过贺麟先生讲授黑格尔的《小逻辑》，他能把黑格尔的许多抽象晦涩的范畴讲得深入浅出、明白易懂，并且结合运用中国的典故和习语，增强现实感，而又留有玩味的余地。比如讲到黑格尔的逻辑学开端和整个体系的圆圈式思想，他说，有如常山之蛇，击首则尾应，击尾则首应，首尾相应。与一般流行的观点不同，他认为黑格尔并没有把自己的哲学体系看做绝对到顶和封闭的东西。后来我又听了张世英先生的《小逻辑》课，也感到层次分明，讲得很生动。这些都激发了我往后对黑格尔《逻辑学》和列宁《哲学笔记》的兴趣。

相对说来，我实际接触较多的，要算是吴允曾先生了。我入学时，他是逻辑教研室的讲师，1973 年以前，他一直在逻辑教研室任教，并担任学校和系里的工会工作。他讲起话来慢条斯理，但有板有眼、娓娓动听。“文革”后期，工农兵学员上学期间，在集体宿舍内我曾与他同住一间房。他有很高的文化素养，知识面广，记忆力惊人。记得有一次他到书店浏览了几本新书，回到宿舍就把这些书的内容、特点和问题讲得头头是道，使我感到比自己去看一遍还要清楚一些。“文革”期间，他在校园内看了一些大字报后，能把相同内容的不同“版本”作出种种深入细致的比较。晚上躺着聊天时，他能随时顺口背诵不少古诗词，包括《红楼梦》里的一些诗句，几无差错。然而，在他本人的恋爱、婚姻问题上，听说他因遭受一次重大挫折，便一直回避，不再谈论此事。生活方面他十分俭朴，除基本衣食需要外，几乎无所要求。他自己不会缝被子，也不愿找别人帮忙，就用别针把被面与被里别住。平时他不好主动与人交往，特别是在“文革”期间被清查“历史问题”之后，言行更为谨慎，出外时都常低着头、挨着墙根走。但是，如果有人向他请教或讨论专业、教学方面的问题，他便热情而耐心地与人交谈，话匣子一打开，饶有兴味的言词，就像长泻不止的山间清泉，潺潺而流。20 世纪七八十年代，吴先生已成为国内著名的数理逻辑学家、理论计算机科学的著名学者，在国际上也有重要影响。这是他长期潜心研究、辛勤劳作的结果。由于他在数学和逻辑学方面有坚实的基础，对英语的掌握和运用十分熟练，他便能站到国际有关专业的前沿阵地上，作出自己的成绩和贡献。吴先生还有很好的道德涵养，他乐于助人，而且性情温和，即使发生极不愉快的事，也从不对人发怒。记得有一次我不小心把桌上的暖水瓶碰倒了，泼湿了他的书和稿纸，我担心他会很不高兴的，不料他不但没有责怪我，反而一边说“不要紧，不要紧”，一边就自己拿着抹布擦桌子。他确实是严于律己而宽以待人的。我在翻译沃尔特·考夫曼的《黑格尔》一书的过程中，曾遇到不少疑难，多次向他请教，他总是挤出时间，认真指点和帮助，使我感激不已。不料此书正在付梓排印中，吴先生竟于 1987 年 5 月 21 日溘逝长辞，这使我十分悲痛。他是我最为尊敬的学者和老师之一。他的跨越学科和足智多能的才华、谦逊朴实和诲人不倦的品格，给我留下了极为深刻的印象。

我还听过张岱年先生的“中国哲学史史料学”课，感到他对史料的掌握是十分娴熟的，他的著述和头脑就是一座蕴含着无比丰富史料的宝库。近年来我在接触当代中国哲学时，翻阅了他的一些著作，敬佩之情更是油然而生。张先生在20世纪30年代出版史论结合的巨著《中国哲学大纲》时，年方27岁。他一直把中国哲学史和哲学理论的研究、传统哲学和传统文化的研究紧密结合起来。在30年代参加文化问题的讨论时，他便著文既反对全盘西化论，又反对一味颂扬东方文化，而主张继承和发扬中国传统文化的优秀遗产，并吸取西方文化的长处，取长补短，进行综合创新。他在40年代所写的《哲学思维论》、《知识论》、《事理论》、《品德论》、《天人简论》，就是试图综合创新、建构哲学体系的一个重要尝试。张先生的哲学研究，在当代中国哲学界，可以说是独树一帜的。许多老一辈的学者专治中国传统哲学或西方哲学，而往往与马克思主义不大发生关系，新中国成立后虽一般都愿接受马克思主义的指导，但似尚难达到自觉结合的程度；而许多马克思主义的学者，则又往往专门研究马克思主义理论，而对中国传统哲学和西方哲学遗产不大熟悉，或缺乏深入研究。张先生一直相信马克思主义基本理论的正确性，坚持唯物论与辩证法的结合，强调马克思主义哲学与中国传统哲学优秀遗产、西方哲学合理成分的融汇，要求建立马克思主义中国化的哲学体系。新中国成立后，张先生有过坎坷的经历，在二十多年里，他的研究和著述基本陷于中断，但自1978年获得政治和精神上的解放之后，他又恢复了学术上的青春与活力。十多年来，他专心求索，奋力笔耕，发表了大量论著，在哲学、伦理、文化等领域提出了许多精辟见解，在整个学术界产生了积极而重大的影响。张先生不但有很高的学术水平和造诣，而且待人非常热情、诚恳。他曾说，中国传统文化的精髓比较集中地体现在《周易大传》的两句话上："自强不息"与"厚德载物"。他的治学与为人，也确实鲜明地反映出这种精神。今年是张先生85岁诞辰，在纪念建系80周年的时候，我建议系里及时采取措施，配备足够的力量，认真学习张先生的渊博学识和治学经验，并且认真研究和总结他的治学方向、治学道路。

四十年过去了，这四十年是很不平静的。原来在哲学系工作的这些老一辈学者，许多人早已调离哲学系，不少人业已作古，但他们都在哲学系传授知识、开拓领域和培养人才等方面，作出了显著贡献，在当代中国哲学史上写下了重要篇章，不同程度地发挥了承先启后的作用。从对这些学者的接触和了解中，我觉得尚有以下几点是值得思考和记取的：

第一，他们是一批有真才实学的学者，在"治学"和"立身"方面，都有很多值得后辈研究和学习的地方。他们中最具代表性人物的著作，都是内容丰富、功底深厚、蕴义渊宏的。熊十力先生的《新唯识论》，金岳霖先生的《论道》、《知识论》，冯友兰先生的《新理学》等，都是当代中国哲学史上重要的传世之作。同时，他们一般都特具独立的人格与个性，追求真理，坚持信仰，决不追名逐利、随波逐流，并且又总是宽厚待人、诲人不倦的。当前理论界的某些只重名利、权力和关系，不重才识、品德和学问，以及浮夸浅薄、粗制滥造之风，实在是有些愧对中国文化传统和老一辈学者的。

第二，他们一般都有融合中西文化的特点。许多老一辈学者都有兼通中西文字、兼攻中西哲学的能力。一些专攻中国哲学或中国美学的学者，如冯友兰、张岱年、宗白华等先生，对西欧近现代的哲学或美学是很熟悉的；一些专攻西方哲学或美学的学者，如金岳霖、朱光潜、贺麟等先生，对中国哲学也深有功底。因此，他们的主要著作和学术活动，都有融合中西哲学的意向和长处。冯友兰先生在建立自己的“新理学”体系时，是试图把西方的新实在论与中国的程朱哲学结合起来。金岳霖先生的《论道》和《知识论》，是运用西方的逻辑分析方法，来建立自己的本体论和知识论体系。张岱年先生在40年代所写的一系列著作，是试图把辩证唯物论与中国哲学的优秀遗产以及西方分析哲学的逻辑方法结合起来，建立一个比较完整而有中国特色的哲学体系。至于熊十力先生的《新唯识论》，也是在改造佛教唯识宗的基础上，主要融合了儒家和佛家的思想，同时，他也接受了法国柏格森等学派的影响。特别值得重视的是，熊先生生前在强调弘扬祖国传统文化与传统哲学的同时，还曾多次提出“马列主义宜中国化”，主张培养“中西兼通、马列主义与中国古典兼通之才”。遗憾的是，几十年来，我们似乎并没有继承和发扬老一辈学者的这种特点和优势。仿照苏联的模式，划分各种教研室，固然便于学有专攻和课程安排，但实际上也造成了各种屏障，使历史与理论有所分离，使马列主义哲学与中国哲学、西方哲学之间互相隔离。俗话说，“隔行如隔山”，我们却真有点“隔室如隔山”了。特别是搞马克思主义哲学或马克思主义哲学史的人，往往既不懂西方哲学，也不熟悉中国哲学，结果只会使马克思主义哲学走向偏狭的境地，容易僵化、教条化，严重阻碍马克思主义哲学中国化和现代化的进程。马克思主义的理论与教学，如果逐渐失去对群众的吸引力，这固然有多方面的原因，但也确实需要从自身工作的缺陷上进行自我批评。对比和借鉴老一辈学者的学识水平和治学道路，我们这些年来的教学、科研和培养人才的工作，有些问题，是值得认真反思和总结经验的。

第三，应当切实贯彻学术、文化领域的“双百”方针。系里的老一辈学者中，据我所知，大概只有熊十力先生比较明确地坚持自己的哲学体系和发展方向，一般都愿意接受马克思主义的指导，对原来的哲学体系或理论观点采取自我批评的态度。实际上有的学者已经从哲学理论的研究转向哲学史的研究，从哲学家转变成哲学史家了。一般地说，他们都是乐于在教学、科研和社会主义建设事业中发挥自己的学术专长的。党的“双百”方针提出后，他们都备受鼓舞。我记得在1956年系里召开的一次中国哲学史座谈会上，许多学者畅所欲言，各抒己见，展开争鸣，气氛十分热烈。但不久，随着政治气候的变化，会上的一些观点，特别是冯友兰先生和贺麟先生的观点，包括郑昕先生的《开放唯心主义》一文，便受到了批判。主要涉及如何分析哲学史上唯物主义与唯心主义、唯物主义者与唯心主义者的关系，如何对待唯心主义的问题，还有哲学遗产的继承问题，这本来是可以深入讨论、应当避免简单化的问题。自此以后，理论与意识形态领域的各种批判便接连发生。比如，对北大校长马寅初先生的“新人口论”和“综合平衡论”的批判，对冯友兰先生的“抽象继承法”的批判，对朱光潜先生美学观点的批判，对国内学术界“合二而一”论的批判，对冯定哲学思想的批判，以及“文革”期间对《论语》一书的批判，等等。显然，这些批判都具有把哲学思想政治化、简单化，把学术问题与政治问题混淆起来的倾向。在这种环境和氛围下，老一辈学者发展学术、文化事业的愿望不同程度地受到了压抑，他们的学术功底和专长得不到充分地发挥。一部分学者在新中国成立后显得比较沉寂，学术研究成果不多，这固然与他们的年事渐高有关，但也与特定的学术、文化的环境、背景相联系。“双百”方针得不到认真贯彻，这主要是由于长期以来以阶级斗争为纲的极“左”路线的干扰。这种干扰对我国学术、文化事业造成的后果和影响不可低估。同时，哲学系在新中国成立后所走过的历程，也有不少经验教训值得认真总结和吸取。

蔡元培先生在“五四”前后任北大校长的十余年间，倡导民主办校，广纳人才，实行兼容并包、学术自由的方针，开创了一代新风，北大因而人才荟萃，学派林立，思想活跃，学术繁荣。当时在北大不但出现和容纳了代表各种思潮、产生重要影响的哲学家，如梁启超、胡适、梁漱溟、朱谦之等人，而且我国最早、最负盛名的马克思主义者、马克思主义哲学家陈独秀、李大钊等人也能够在北大占领阵地，从事宣传和研究活动。这样，北大才成为“五四”运动和新文化运动的发源地。

今天，我们正处于走向21世纪、实现祖国现代化的历史进程中，北大和哲学系，应当更好地继承和发扬北大的科学与民主的传统，继承和发扬蔡元培先生所开创的一代新风，在学术、文化领域切实地贯彻“双百”方针，积极创造条件，努力培育繁荣学术、发展文化的环境，培养和造就一大批适应现代化建设要求的新型人才，并且应当培养和造就一批把握时代脉搏、反映时代精神和民族特色的新型哲学家。我期待着一大批新型哲人的涌现。

（原载《北京大学哲学系简史》，1994）

往事犹可追

在北大哲学系80周年系庆时，我写过一篇《对一代哲师的点滴回忆和思考》，似言犹未尽，现再写若干点滴。

1954年，当我从长沙市来到北京，怀揣入学通知书踏进燕园这块“圣地”时，真是十分兴奋与好奇。那时，全国高校院系调整不久，北大哲学系确实集中了哲学界的硕学鸿儒，学贯古今、融合中西的名家历历不爽。现代中国自创体系的三位著名哲学家熊十力、金岳霖、冯友兰，都到了这里。令人遗憾的是，我一直没有机会直接聆听他们的讲授，系里似乎很少安排他们讲基础课。熊先生于1954年10月去上海定居，我无缘见他一面。当时金先生已年届花甲，只见他戴着一顶宽舌遮光帽，一副黑框眼镜，头花白，作系主任主持会议时，说话简短而幽默，我听着还带有湖南乡音。1955年我两次被调到市里参加“肃反”工作，并休学一年，金先生于1956年调到中国社会科学院哲学研究所工作，我回校复学后，便没再见到他了。冯友兰先生，在校园内或会议上都间或相遇。他额头宽硕，美髯飘拂，手持拐杖，一袭长衫。说起话来，他常常面带微笑，慢条斯理，一副悠然自得的哲人神态。新中国成立后，他与金先生都表示接受马克思主义指导。但是，与金先生有所不同，他一旦在理论上提出自己的见解，就会受到批判。比如，1956年，他提出“抽象继承法”，即区分哲学命题的具体意义与抽象意义，哲学史上的各种命题，应当继承其抽象意义，而不是继承其具体意义。1958年，他发表文章《树立一个对立面》，认为大学的培养目标，不是当时“教育革命”所主张的“普通劳动者”，哲学系仍应培养哲学理论工作者。在受到批判后，他一般立即作自我批评。随后他的活动便逐渐地从侧重哲学研究转向侧重哲学史研究，他也逐渐地从一位哲学家变成一位哲学史专家了。不过我发现，在他的哲学史研究中，也仍然蕴含着他一贯的哲学思想的脉络。

“文革”一发生，哲学系的师生似乎就被分成三类：一类是批斗对象，即“走资派”和“反动学术权威”，说是一小撮，实际上多达二三十人；与之相对立的一类便是革命群众，即系里的广大师生。在这两类人之间，还有一类“边缘”性的人物，即暂时还没被列入“反动学术权威”的“资产阶级”教授和在1957年有这样那样“劣迹”的人。这一类人被编成一组，规定每周要学习、讨论一次。我因1957年的问题被编入这一组。当时我住校内24楼教工集体宿舍，这里靠近南校门，我住的又正是一楼东头的一间房，紧挨着南校门。每天从门口或窗口都可目睹“天兵”、“天将”们从南门蜂拥而入，口号声震天价响，出楼门便见墨写的报铺天盖地而来，骇人听闻的事应接不暇。大概是由于我这住房的特殊位置，又属校内的集体宿舍，在“文革”开始的一段时间，这里竟成了“边缘”人物组的集会场所。我记得定时在一起开会的前辈学者有：郑昕、张岱年、宗白华、任华、熊伟、朱谦之、黄子通、王宪钧、周辅成、齐良骥、李世繁等先生。每次讨论，没有主持人，也不作记录。讨论的内容，没有什么题目，主要是围绕“文革”，谈各人的见闻和认识。诸如所见大字报的内容，听到各种“大道”或“小道”消息等，大家交流、沟通一下。“文革”那场史无前例的政治运动，让人提心吊胆，怕什么时候灾难临头。因为一批一批的各色人物相继被揪斗、被打倒，不仅冲击思想、灵魂，而且扭曲人格、肉体。组里的人由于各自的“边缘”性，难免有不同程度的紧张心理。但老先生们毕生从事教学与研究，与政治无多大干涉，因而一般心地坦然，在讨论中又不受拘束，常常议论风生，谈笑自若，显出一种儒者兼道家的风度。不过，也有不同的个性表现。比如，郑昕先生总好表示拥护执政者的当下号召，宗白华、熊伟先生比较喜欢高谈阔论；张岱年、任华、王宪钧等先生则态度谨慎，出言简约；朱谦之先生好提问题，黄子通先生则容易激动。记得有一次，宗白华先生在谈论中引用了《诗经》中的一段话，有一个字念错了，任华先生当即给予纠正。当时我并未听清具体所指，只见宗先生点头承认自己念错了。这件事给我的印象很深。任先生是研究西方哲学的，但他对《诗经》也很熟悉，竟能脱口而出地更正美学家宗先生所念的个别错字。这说明任先生的博学与“兼通”。宗先生欣然接受更正，也表现了他的虚怀若谷的胸怀。前辈学者的基本特征，从这件事上正可略窥一二。如果说，会上的谈论，还有一定拘束的话，那么，会下休息时的闲聊，就更加畅所欲言了。记得有一次我与朱谦之先生谈到教育的问题，我对文、史、哲有些课堂教学和考试的效果表示怀疑，是不是应该以自学攻读为主，课堂讲授为辅；以攻读元典为主，一般教材、讲义只作参考。朱先生把问题引向极端，他说人文科学的教育，根本不必讲课，只要把图书馆、阅览室通通打开，让学生随时都可去选书、读书，教师只需办些讲座，加以启发、引导，并与学生共同讨论。他认为，这样更有利于调动学生的主动性，发展学生的个性，鼓励开创性的探索。当时我并不完全同意朱先生的看法，甚至感到他的这些见解中可能还包含他年轻时期所受无政府主义的影响。后来我却愈来愈感到，朱先生的见解对人文学科教育体制的改革是很有启发的，他的特别尊重个性、发展个性的主张，对我国千百年来教育制度的严重弊端是切中要害的，而他的这种教育观又可能与他在音乐研究方面的高度造诣是分不开的。前辈先生们对那场空前浩劫中许多践踏人性、侮辱人格的行为无可奈何，面对种种不可理解的事件，也不免心存疑虑和郁闷。但在组内同事间这个安静的一角里，仍然表现出一种人间的同情、人文的关怀。在那段火热动荡、安危难测的日子里，他们时常流露出互相关照、互报平安的心理，而且更加关心年轻人，提醒我政治上以慎思慎言为宜。我因 1957 年的厄运，很长时间在劳动、打杂，不能专心于业务而有消极情绪，有的老先生便从我的优点和长处方面加以鼓励。更有趣的是，我那时已早过而立之年，尚未成家，熊伟、齐良骥等先生还颇为关心，帮我出点主意，有一次路遇宗白华先生，他甚至鼓励我发动“秋季攻势”。在那个政治压倒一切的年代，我自己被压抑得不敢想及的事，他们却保持一种天真的心态，现在回想起来，仍然忍俊不禁。在“文革”之前，由于“左”的思潮、路线的支配和干扰，人为的阶级斗争持续不断，在师生之间，青年教师与老年教师之间，造成了许多隔阂，平时的相互联系是很少的，而在政治运动发展到顶峰的“文革”期间，在炽热斗争大环境的旋涡里，居然又凑成了这么一个相对平静的场合，给我提供了一个与前辈学者接触，向他们学习的机会，这实在是一件趣事，也是我在北大的一桩幸事。我与一些老先生的认识和接触，就是从这时开始的。

在“文革”期间，冯友兰先生是哲学系首当其冲的“反动学术权威”，遭遇种种批判与伤害。这时他已年逾古稀，能挺过“十年动乱”的艰难时日，说明他有很深的精神支撑和修养功夫。记得在“文革”后期的一次小型座谈会上，他谈到每当红卫兵把他揪上台进行批判时，他就默念着禅宗“六祖”惠能的一首诗：“菩提本无树，明镜亦非台，本来无一物，何处染尘埃。”他在背诵这首诗时，口吃比以前更重了一些：“本来无……，”“何……，”都要拖长半分钟。从表面上看，他这是从佛性清静上寻求精神的解脱；从更深层次上说，则隐含一种社会历史和文化的责任感。抗日战争前，冯先生在清华大学主持文学院和哲学系的工作，与一批学者一起倡导并促成了颇具特色的“清华学派”；抗日战争期间，他建立“新理学”体系，写成“贞元六书”；解放后他坚持中国哲学史研究中的“接着讲”，“文革”前后，又重新研究和写作哲学史，并在已过“米寿”(88 岁)，盼望“茶寿”(108 岁)的高龄期间仍能坚持写完《中国哲学史新编》(共 7 卷)，确实是中国学术史上的一个奇迹。他在政治态度上确有不同于陈寅恪、熊十力、梁漱溟等学者的某些性格特点，但他在中国哲学的学术研究中的独特贡献，是无法否认的。这里确实体现了一种“周虽旧邦，其命维新”和“为往圣继绝学，为万世开太平”的强烈愿望，和在垂暮之年，危难时刻的“欲罢不能”的坚韧毅力。这实在值得我们称颂和学习。

在现代中国哲学舞台上，冯先生的学术活动纵贯近一个世纪。20 世纪三四十年代，他主要在清华大学和西南联大，从一些纪念文集和回忆录上看，在经常性的院务、系务和教学、研究之外，他还开设过一系列学术讲座，并曾为西南联大撰写纪念碑文，起草西南联大校歌歌词，与闻一多教授等一起通过学术委员会确定西南联大校训：刚毅艰卓。可见，当时在清华和西南联大的校园内，冯先生是相当活跃的，发挥了显著作用和影响。虽然物质生活相当匮乏，精神生活却是相当称心的。50 年代以后，冯先生一直是北大哲学系教授。我却没有听到他给学生开设专业基础课，也没有听到他在校内为学生开设的学术讲座。在近 40 年的风雨历程里，却经受了众多的批判与磨难。这是一个值得我们反思的对照。冯先生最后愿把他的藏书赠送清华大学图书馆，显然是事出有因、合乎情理的。

我们多年来的校庆、系庆活动，都习惯于“评功摆好”，数说各种成绩和贡献，这固然无可厚非，肯定成绩，以利前进嘛。但是，北大的老前辈领导却有过另一种思路。我们从 1922 年 12 月 17 日《北京大学日刊》中看到，在纪念北大校庆 25 周年时，蒋梦麟(当时的总务长)把校庆日看做“全校师生反省的日子”。胡适(当时的教务长)是这样概括近几年的成绩：“开风气则有余，创造学术则不足。”李大钊则指出：“我们自问值得作为一个大学第 25 年纪念的学术上的贡献实在太贫乏了。”“只有学术上的发展值得大学的纪念。”我们今天在纪念系庆 90 周年的时候，是不是也应当有一点这样的反思的精神和态度呢？

毋庸讳言，半个世纪以来的北大哲学系，成绩是显著的，确实培养了不少人才。我们无论在学术研究、理论宣传和文化建设等方面，都发挥过重要的积极作用。对于这些方面，我们的系庆活动和论文集、回忆录中，想必会做充分的总结和陈述。我这里想提醒的是，半个世纪以来，特别是前20多年中，哲学系是走过弯路，经历过重大曲折，有过沉重经验教训的。应当看到，前20多年"左"的路线、思潮的作用和干扰，哲学系可说是重灾区之一，这不仅反映在从批判胡适思想和反右斗争开始的一系列意识形态领域大批判和政治运动中，哲学系充当过某些先锋的角色，而且反映在"突出政治"的办学思想、人才选择、研究方向上，也颇见"成效"。至于"文化大革命"的开始和整个过程中，什么"第一张马列主义的大字报"呀，什么风云一时的"领袖"人物呀，什么"两校大批判组"呀，什么"评法批儒"的重要成果呀……都与哲学系有着这样那样的瓜葛。当然，一种占主导地位的路线和思潮的支配与干扰，是人们无法摆脱的，某种政治形势的客观发展，也往往不以某些人的意志为转移。我们根本无意去追究某些当事人的个人责任。问题在于，崇高的学术事业和人才培养上确有沉痛的经验教训，对此我们不应回避和忘却某些苦果，至今仍需咀嚼和回味。一个民族，只有郑重地反思历史的经验教训，使之成为精神财富，避免少走弯路，才是比较成熟从而能够兴旺发达的民族，更何况哲学本身，就是民族文化的灵魂、人类精神的反思呢？

（原载《苦乐年华》，北京大学出版社，2004）

西南联大培育人才出现“奇迹”的原因

在抗日战争时期极其艰难的条件下，西南联大取得的卓越成就，无疑是中国现代教育史上的一个高峰，它可借以反思和激励当今现实的方面甚多。值得注意的是，近代以来在国际范围并不引人注目的中国哲学界，却在西南联大的舞台兴起一个高潮，写下中国现代哲学史上颇显辉煌的一页。作为人类精神反思的哲学，它的建树和兴盛，与其他学科相较，更需磨砺与积淀的时光，如黑格尔所说，像猫头鹰在黄昏时起飞，哲学和哲学家往往是晚成的。然而，在西南联大短暂的八九年里，集中了一批学贯古今、融合中西的哲学家，以相当活跃的姿态，既培养了大批日后成为理论骨干的优秀人才，又凝练出一批自成体系的理论精品，蜚声中外，影响深远，不能不令人惊异。

一、名师云集，得天独厚

西南联大在学术成果和育才效率上出现“奇迹”的原因之一，是名师云集，得天独厚的历史条件。地处华北地区的北大、清华、南开，原是国内名校，师资力量较强。抗日战争爆发后被迫南迁，三校联合，先后在湖南和云南昆明办学，更显师资优势。无论文科、理科，各个院系的教师，大都学问渊博，德艺双馨，且在知识与年龄上，呈现结构合理，有利于互补和接替，是一个相当优化的阵容。

且看西南联大哲学心理学系哲学组师资的一个名单：金岳霖、冯友兰、汤用彤、贺麟、沈有鼎、洪谦、陈康、冯文潜、郑昕、王宪钧、容肇祖、熊十力、石峻、齐良骥、任继愈等，可谓硕学鸿儒，齐聚一堂，几乎囊括了现代中国哲学领域的翘翘者。这里除少数几个讲师、助教外，大都是亲临教学第一线，富于教学经验的教授。只有熊十力，虽国学功底深厚，并未出国留学，其余大都是既有家学渊源或国学功底，又在国外受过西方文化熏陶和哲学专门训练的学者。在抗日战争前，他们已经学有所成，大都作好了融合中西，进行学术创造的准备。西南联大组成时，他们中年岁最大者，不过五十出头，大多是三四十岁，尚有六人不到三十岁。总之，大都学养深厚而又年富力强。

这里有兼通中西哲学，独创完整哲学体系的哲学家，最早在我国系统讲授现代逻辑的逻辑学家金岳霖；有独创“新理学”哲学体系，出版第一部完整中国哲学史的哲学家和哲学史家冯友兰；有兼通中、西、印哲学的哲学家，佛教思想史家，魏晋玄学专家汤用彤；有兼通中西哲学，建立新心学体系的哲学家，黑格尔和斯宾诺莎哲学专家，翻译家贺麟；有兼通中西哲学、中西逻辑、逻辑学与逻辑史的哲学家，逻辑学家沈有鼎；有精通西方哲学的维也纳学派成员，逻辑经验主义专家洪谦；有古希腊哲学，柏拉图和亚里士多德专家陈康；还有康德哲学专家郑昕；现代逻辑学家王宪钧；西方哲学和美学专家冯文潜。至于熊十力，他是独创新儒学哲学体系的哲学家。但他与以上哲学家的出身、经历迥然相异，他来自湖北黄冈的贫瘠乡间，从未受过正规教育。在抗日战争之前，他已出版新儒家思想的代表作《新唯识论》文言文本，并且出版了《读经示要》这部贯通文化、政治、历史与哲学的专著。因滞留巴蜀治学，他并未来到西南联大授课，但也与西南联大的哲学活动相呼应，与诸多学者发生学术思想的影响与互动。

这样优异的师资队伍和强大的学术阵容，在国内是空前的。这无疑是教学质量、学术水平、人才素质的有力保证，也是繁荣学术，孕育重大学术成果的极为有利的条件。

二、刚毅坚卓，自强不息

西南联大在学术成果和育才效率上出现“奇迹”的原因之二，是刚毅坚卓，自强不息的民族精神。在“风雨如晦，鸡鸣不已”的抗战环境下，极需坚强不屈的民族气概。在经济拮据、物质匮乏的生活条件下，更显人的精神品格。那时西南联大的师生，许多人虽然政治观点不尽一致，学术观点各有千秋，但都有抗战必胜、民族必兴的共同信念。正如校歌反映的心声：“千秋耻，终当雪，中兴业，须人杰。”“多难殷忧新国运，动心忍性希前哲。”联大校训所概括的四个字：“刚毅坚卓”，更是集中表现了广大师生的精神风貌。冯友兰先生执笔撰写的《国立西南联合大学纪念碑碑文》，在总结西南联大的成功经验时，首先指出联大师生始终与抗日战争共命运的精神与业绩：“旷代之伟业，八年之抗战，已开其规模，立其基础。今日之胜利，于我国家有旋转乾坤之功，而联合大学之使命与抗战相终始。”[①]正是这种同仇敌忾，复我河山，振兴中华的决心和毅力，使得联大师生团结一致，开拓进取，把学校办得红红火火，出现学术文化的惊人发展。

在西南联大，正是自觉的民族意识和爱国主义情怀，激发了哲学家们的深入沉思和创新探究。冯友兰原来侧重于中国哲学史的研究，抗战期间他转向哲学理论，建立“新理学”的完整体系，写下富于民族特色的“贞元六书”：《新理学》、《新事论》、《新原人》、《新原道》、《新知言》、《新世训》。后来他回顾这种转变时说道：“在四十年代，我开始不满足于做一个哲学史家，而要做一个哲学家。哲学史家讲的是别人就某些哲学问题所想的；哲学家讲的是他自己就某些哲学问题所想的。”“到四十年代，我就努力使自己成为近代中国哲学的创作者之一。”[②]他在解释“贞元”时说：“贞元者，纪时也。当我国家民族复兴之际，所谓贞下起元之时也。”[③]所谓“贞下起元”，即表示冬天即将过去，春天就会来临，或危亡即将过去，胜利就会来临。冯先生要用他的“新理学”体系迎接国家、民族的解放、复兴。强烈的民族意识和爱国之情渗透在他的书中。贺麟先生把八年的抗战时期看做中华民族的伟大复兴的时代，“不惟高度发扬了民族的优点，而且也孕育了建国和复兴的种子”。不单是抵抗外侮，也激发了内蕴的潜力。他认为这种民族的复兴，“本质上应该是民族文化的复兴，儒家文化的复兴”。他在西南联大所写的《文化与人生》中的三十多篇文章，正如他自己所说：“虽很少直接涉及抗战及时局，然而确是在必胜必成的根本信念下写成的。”[④]

三、兼容并包，思想自由

西南联大在学术成果和育才效率上出现“奇迹”的原因之三，是兼容并包，思想自由的民主风尚。梅贻琦曾代表校方领导，表示要“恪尽学术自由之使命”。西南联大对于蔡元培在北大所奠定的学术传统，可说是继承和发挥到了

① 《国立西南联合大学校史》，北京：北京大学出版社，2006 年，第 73 页。

② 冯友兰：《在接受哥伦比亚大学授予名誉博士学位的仪式上的答词》，《冯友兰学术论著自选集》，北京：北京师范学院出版社，1992 年，第 4 页。

③ 冯友兰：《新世训·自序》，《三松堂全集》(第四卷)，郑州：河南人民出版社，1986 年，第 369 页。

④ 贺麟：《文化与人生》，上海：上海书店，1991 年，第 2 页。

新的高度。西南联大的纪念碑碑文把这个方面表述得尤为充分："万物并育而不相害，道并行而不相悖。小德川流，大德敦化，此天地之所以为大。斯虽先民之恒言，实为民主之真谛。联合大学以其兼容并包之精神，转移社会一时之风气，内树学术自由之规模，外来'民主堡垒'之称号，违千夫之诺诺，作一士之谔谔。"[①]当时西南联大被称为"民主堡垒"，既指政治上反对官僚政府的专制与独裁，力争人民群众的民主与自由，更指学术上反对垄断与干涉，倡导独立、包容与争辩。贺麟先生在当时所写的《学术与政治》一文中，把学术自由的问题阐述得十分精辟，他说："学术在本质上必然是独立的自由的，不能独立自由的学术，根本上不能算是学术。""假如一种学术，只是政治的工具，文明的粉饰，或者为经济所左右，完全为被动的产物，那么这一种学术，就不是真正的学术。""学术失掉了独立自由，就等于丧失了它的本质和它伟大的神圣使命。"[②]

的确，"兼容并包，思想自由"，这个由北大、西南联大传承下来的基本传统，是学术繁荣和人才涌现的康庄大道。它是"五四"新文化运动的基本精神，即陈寅恪在王国维纪念碑碑文中所说的"独立之精神，自由之思想"在学术领域之延续和表现。西南联大的各个院系和各种学术团体，包容了各种不同的学术派别和观点，它们在真理面前是平等的。一种学派和观点不允许压制、束缚另一种学派和观点，也不受任何学派、观点的压制与束缚。教授们除在本系开设各种学有专长的课程以外，还可受聘跨系开课，举办各种学术讲座，自由地发表学术见解。同一门课程，可以由不同的教授同时或先后开设，如中文系的闻一多、罗庸都开设"诗经"、"楚辞"；哲学系的贺麟、郑昕等人都讲授"哲学概论"，贺麟、冯文潜都讲授"西洋哲学史"。这里既有不同风格、重点的差别，也有不同观点、认识的争鸣。哲学系研究或涉及西方哲学的教授甚多，这里包容了众多的派别，如新实在论、新康德主义、新黑格尔主义、维也纳学派，等等。他们之间的学术观点有些是相互对立的。中国哲学虽然一直由冯友兰先生主讲，但那时建立的体系和派别，除冯友兰的"新理学"以外，也还有贺麟的"新心学"，熊十力的"新唯识论"，等等。它们都可自由讲授或发表，不受任何干涉或限制。教授之间还可互相听课，甚至当场

① 《国立西南联合大学校史》，北京：北京大学出版社，2006年，第73页。

② 贺麟：《文化与人生》，上海：上海书店，1991年，第200—201页。

作不同观点的争辩。沈有鼎先生喜欢去听别人的课，有时在课堂上直率地提出不同见解，虽略显唐突，却也活跃了课堂教学。所有这些学术自由的环境与景象，既是学术繁荣、文化发展的沃土，也有利于学生的比较、选择和独立思考，有利于创造性人才的成长和涌现。在这种良好的学术环境和氛围下，西南联大的八年多时光，便成为中国现代一批著名哲学家理论探究最活跃，最有成效的时期。

金岳霖先生建立的哲学体系，大致由三部分，即三部主要著作构成：《逻辑》(方法论)、《论道》(本体论)、《知识论》(认识论)。其中《论道》于1937年开始撰写，1940年出版。《知识论》撰写、形成于西南联大的教学过程中，书稿因躲避空袭，在防空洞中丢失，后重新撰写，方于1946年交稿于商务印书馆。其体系的核心部分显然是在西南联大期间完成的。他把"道"看做中国传统思想中最崇高的概念和最基本的原动力。《论道》一书是融合中西哲学范畴，运用严密的逻辑方法来阐述的本体论著作。贺麟在《当代中国哲学》一书中说《论道》"是一本最有独创性的玄学著作"。谢幼伟在《现代哲学名著述评》中称《论道》为"有创获的，有永久价值的哲学著作"。冯友兰的"贞元六书"除《新知言》以外，其余五部都完成于西南联大时期，这是他集中阐述哲学理论的时期，也是他一生哲学研究和理论创造的重大成果。他的"新理学"体系，以典型的理论形态表现了中西哲学思想的融合，表现了"五四"以来中国现代哲学某种程度的成熟。贺麟先生说，冯先生的这些著作"引起国内思想界许多批评、讨论、辩难、思考，使他成为抗战期中，中国影响最广，声名最大的哲学家，我们不能不表示钦佩"①。《新理学》是整个体系的总纲，此书与金岳霖的《论道》同被当时教育部学术评议会评选为抗战以来最佳学术著作一等奖。汤用彤先生学识极为渊博，他专门开设别人未开过的课，达十门之多。除重点研究魏晋南北朝佛教史以外，他对魏晋玄学、隋唐佛教都极有造诣，作了深入研究，并且旁及印度哲学和佛学，欧美哲学(包括大陆理性主义和英国经验主义等)。汤先生的代表作《汉魏两晋南北朝佛教史》于1938年问世。张岱年先生曾说它"开辟了中国佛教史研究的新纪元"。此书以丰富的史料、严谨的方法、详尽的考证和精当的义理，并以史论结合的完备形态，不仅填补了中国哲学史和中国佛教史研究的重大空白，而且成为中国佛教史研究中的一

① 贺麟：《五十年来的中国哲学》，沈阳：辽宁教育出版社，1989年，第33页。

部权威性著作，后人很难超越。他在1945年还出版了《印度哲学史略》。西南联大时期，也是贺麟先生哲学探究极为活跃而成熟的时期。他的三部主要著作：《近代唯心论简释》、《文化与人生》和《当代中国哲学》，基本上都形成于这个时期。《近代唯心论简释》建立了新心学的儒家思想形态和理想的唯心主义，达到中学与西学，心学与理学之调解，形成道德的理想主义的形而上学；《文化与人生》密切结合抗战时期社会生活的方方面面，试图使理想与文化、历史、现实密切联系，以辩证法贯穿古今，升华人生，力图改变社会。《当代中国哲学》则是纵论20世纪上半个世纪中国哲学的发展。沈有鼎先生是现代中国杰出的逻辑学家和哲学家，在抗日救亡的危难时期，他几乎把主要的精力集中于哲学的思考和著述。抗战爆发前夕，他发表《中国哲学今后的开展》一文，对中国哲学两千多年发展的脉络，作了透辟的分析，预言“哲学在中国将有空前的复兴，中华民族将从哲学的根基找到一个中心思想，足以扶持中国民族的更生”①。并且指出：“中国民族的堕落，完全是精神的堕落，并不是经济的失败。”贺麟先生认为，沈先生说出了“非卓有见地的人不敢说的话”。沈先生在西南联大的教学，也以讲授形而上学、维特根斯坦哲学、易传和易学为主，发表了《真理的分野》等多篇重要论文。洪谦先生在西南联大主要讲授维也纳学派哲学，也开设数理逻辑和语言的哲学等课程。他的主要著作《维也纳学派哲学》于1945年出版，其中基本内容就是在西南联大讲授和写成的。他的哲学思想与汤用彤、冯友兰等人存在原则分歧，虽不占主导地位，但也独树一帜，自由讲授和探讨。1944年11月，在中国哲学会昆明分会召开的讨论会上，洪先生对冯友兰的新理学提出批评，认为其基本命题不如玄学富有诗意，从而发生了一场有趣的辩论。陈康先生在德国研究希腊哲学十年，1940年回国后即在西南联大任教。他于1944年出版的一部主要著作《柏拉图巴曼尼得斯篇》，在煤油灯下辛勤耕耘，对柏拉图这篇最难读，历来分歧意见最多的对话，作出了自己独特的解释，敢于以充分的材料和证据，向西方学者挑战，并为研究哲学史，特别是研究古希腊哲学史提供了一种实事求是的科学方法。贺麟先生曾说陈康先生“是中国哲学界钻进希腊文原著的宝藏里，

① 沈有鼎：《中国哲学今后的开展》，《沈有鼎集》，北京：中国社会科学出版社，2006年，第280页。

直接打通从柏拉图到亚里士多德哲学的第一人”①。此外，如郑昕先生的主要著作《康德学述》，王宪钧先生的主要著作《数理逻辑引论》，冯文潜先生留下的《西方哲学史讲稿》、《美学讲演录》等，也都是以西南联大时期的授课和研究为基础的。

以上三方面原因，是综合的相辅相成的。这里有某些特定的历史因素。聚集在西南联大的师资队伍，是一个以天下为己任的怀着民族自尊心，又多半受过西方先进文化熏陶的知识分子群体，加上当时的昆明，偏处抗日战争大后方之一隅，离政治权力中心较远，便于形成“民主堡垒”，得以实现学术的民主与自由。这是客观的有利形势。从主观方面说，当时以梅贻琦等人为代表的校方和各院系领导，他们本是这个群体的中坚力量，更能自觉地接过“五四”新文化运动的科学与民主的旗帜，遵循“独立之精神，自由之思想”的要义，在教育和学术、文化领域，又特别继承和弘扬了“兼容并包，思想自由”的基本传统。蔡元培曾经把民族的前途、命运与大学的性质、任务的关系，表述得极为中肯。他说：“一个民族或一个国家要在世界立得住脚，而且要光荣地立住——是要以学术为基础的。”②又说：“大学为研究高深学问之机关，不可视为养成资格之所，亦不可视为贩卖知识之所，学者当有研究学问之兴趣，亦当养成学问家之人格。”③这在西南联大得到充分地体现，因而最后呈现硕果累累、群星璀璨的局面。如果执政当局和学校领导不以学术为基础，而摧残学术文化领域的思想自由，用定为一尊的观点和主张，去压制、束缚不同的思想，以某种学派的门户之见，约束其他学派的观点，结果只会适得其反。所以，单有优秀师资和有利形势，若缺乏自由探讨的学术环境，缺乏自由争鸣的学术氛围，也很难实现学术、文化的繁荣。一时开放的花朵，也会很快凋零，很难结出丰硕的果实。试看新中国成立初期，人们怀着政治解放的喜悦，愿为祖国的富强而献力，1952 年全国高校院系调整时，好多所大学的哲学教师又集中到了北大哲学系，实际上是西南联大师资队伍的某种延续和扩充。除了年岁较大一些以外，其他优势是较西南联大有过之而无不及的，经济与物质生活条件更是大为有利。然而，在随后的年代里，这批从

---

① 贺麟：《五十年来的中国哲学》，沈阳：辽宁教育出版社，1989 年，第 36—37 页。

② 高平叔编：《蔡元培教育论集》，长沙：湖南教育出版社，1987 年，第 481 页。

③ 高平叔编著：《蔡元培年谱》，北京：中华书局，1980 年，第 44 页。

“旧大学”过来的教师，起初被当做“资产阶级思想”的代表人物，在教学上“靠边站”，而且，从知识分子思想改造运动开始，在一系列“以阶级斗争为纲”的政治运动和意识形态领域的大批判中，由于首当其冲，受到愈来愈激烈的批判与冲击，在学术上失去探索和发言的权利，许多人的积极性和自尊心受到严重的压抑和伤害，直到“十年浩劫”的发生。这个学有专长而又爱国的知识分子群体，最后被整肃得七零八落，完全解体，造成学术萧条和人才凋萎的结局。

改革开放以来，形势与政策发生重大变化，知识分子与学术、文化事业重现生机。但历史的经验教训，仍然需要深入清理与总结，从理论上弄清是非，从实践上切实转变，才能不动摇、不含糊地真正以学术为本，以人为本，尊重学术，尊重人才，坚决贯彻“兼容并包，思想自由”的方针，中华民族的伟大复兴才有真正的希望。

（原载《北京行政学院学报》，2011年第4期）

张岱年先生留下了什么精神遗产

——读《张岱年学术论著自选集》

我相信，在学术著作的选集中，著名学者的“自选集”，是比较精当而可靠的。哲学大师张岱年先生于4月24日不幸去世之后，怀着对他的深切悼念之情，我阅读了《张岱年学术论著自选集》(首都师范大学出版社1992年版)。

张先生在一篇十分简略的“自传”中，把他自20世纪30年代以来的一生学术研究活动概括为三个方面：哲学理论问题的探索；中国哲学史研究；文化问题的讨论。应当看到，正是在这三个方面，都有他独到的工夫和突出的贡献。我不是专门研究中国哲学的，对他的思想只能有粗陋的理解，难免要说些外行话，但读过他的著述之后，文字上一个总的印象，可以表述为两个字：平实。正如他的为人那样，朴实无华，平易近人。他的著作中没有任何华丽的词藻和惊人的用语，而能把许多哲学问题表述得很平实，这本是张先生的工夫所在，且寓深刻于平实之中，读后让人回味，有余音缭绕之感，又正是其著述的特色。那么，他留下的主要精神遗产是什么呢?

一、全面贯通论、史的巨著——《中国哲学大纲》

张先生优于哲学禀赋，又素好攻读元典，因而在理论上成熟甚早，在大学毕业前后，便有多篇高质量的哲学论文发表。1936年，即27岁时，他便写成了50万字的哲学巨著《中国哲学大纲》。这是一部自先秦至明清的中国哲学的发展演变史。在现代中国学界，第一部中国哲学史著作，当推胡适1919年出版的《中国哲学史大纲》，它标志着这门学科的建立。胡适开始把西方哲学的方法运用于中国哲学的系统研究，在对中国哲学史的史料整理、校勘、训诂和贯通方面都作了重要的启动。但他的这个大纲，只写了上卷，只写到先秦韩非，而且并没有揭示中国哲学自身的特点和范畴系列。第一部完整的中国哲学史著作，是冯友兰于1931年和1934年出版的《中国哲学史》两卷本，从先秦到清代，其内容涵盖了整个中国两千多年哲学思想的发展与演变。在治史上，鉴于以往“信古”和“疑古”的分歧与偏执，冯友兰采取了“释古”的态度，在写作体裁上，他兼取了西方多用的“叙述式”和中国传统常用的“选录式”，让原始的材料讲话和自己的独到分析相结合，并且把复杂的哲学问题讲解得清晰若水。冯先生所写的《中国哲学史》，一直成为国内外难以移易的基本教材。以上胡适、冯友兰二书，都是按一定的历史分期，以代表人物及其思想的先后为序，是一种典型的思想通史。张岱年的《中国哲学大纲》却是一本论、史贯通的著作，它不是以人物、思想的时间先后为序，而是以问题为纲，叙述中国哲学思想的发展演变。从形式上看，它像是一部中国哲学概论或通论，因为它分为三部分：宇宙论（并不是 Cosmology 的译名，而是关于宇宙的学说，又分本根论[相当于 Ontology]和大化论[相当于 Cosmology]）；人生论；致知论。但在内容上又是中国哲学一系列基本范畴的演变史。比如“本根论”，“本根”一词取自《庄子》，指宇宙中之最究竟者，或“万物之本”，又称“一”或“元”。同时说明，从先秦老庄的“道”到宋代道学中的“道体”，都含有“本根”或今日所谓“本体”之意。接着就“本根的意谓”、“本根的特征”、“本根与事物之关系”等，历述从先秦到明清各家的说法。西方哲学与印度哲学或佛家学说，区分本体与现象，多以本体为真为实，现象为幻为虚，而中国哲学则视本根与事物为本末、源流、根支之不同，并非实幻之区别。又如“大化论”中之“两一”一章，把辩证法的对立统一学说的中国形态，从《老子》、《易传》到清初王船山的论述，发掘了丰富的史料，理清了基本脉络。引证北宋张载所说：“有象斯有对，对必反其为。有反斯有仇，仇必和而解。”看来这是中国传统辩证法中的一个主导线索。揭示这个线索，对于总结当代理论思维的经验教训，进一步推动马克思主义哲学的中国化，是颇有意义的。在“释古”的基础上，张先生进一步要求“析古”。总之，如今翻开《中国哲学大纲》，看到张先生在不及“而立”之年，从中国两千多年的传统哲学中，透过纷繁复杂的史料，旁征博引，条分缕析，对一系列基本范畴，作了准确而精辟的厘清，富于令人折服的逻辑力量，这不能不让我惊叹而惭愧。如今的青年学子如何努力达到张先生那样的学术功底和水平呢？

书的命运和人的命运一样，往往是很不平坦也很不相同的。冯友兰的《中国哲学史》自 30 年代初问世以来，备受青睐，一直成为国内外研读中国哲学的基本教材。张岱年的《中国哲学大纲》，写成后虽已由商务印书馆排版，却因战事关系而未能付印，曾于 1943 年在中国大学印为讲义，直到 1958 年才由商务印书馆正式出版，半个多世纪来的实际影响显然远不及《中国哲学史》

(包括冯友兰后来出版的《中国哲学简史》、《中国哲学史新编》)。我想，随着时间的推移，《中国哲学大纲》的影响还会逐渐扩大。其实这两部著作可以相互补充，相辅相成地发挥作用，都可以被视为学习、研究中国哲学的最佳读物。

二、积极推动现代哲学和文化建设的综合创新论

由于各种历史的原因，在20世纪的中国哲学舞台上，能够独自建立体系的哲学家，只是屈指可数的几位，如熊十力、金岳霖、冯友兰等，人们比较熟悉，也经常提及，他们确实具有融合中西、贯通古今的气势与能力。其实，张先生也是其中之一。不过，他比较后起，主要著作的问世更晚一些，加上某些特别坎坷的遭遇，因而不大为人们所熟知。他是在西学日益东渐、中西文化激烈撞击，马克思主义得到广泛传播的形势下，开始自己的理论活动的，又深受其堂兄、著名学者张申府(又名崧年)的积极影响，因而具备综合的优势与爱好。一方面他精通中国哲学，对中国哲学史的丰富史料，可以信手拈来，运用自如；另一方面，他又熟悉西方哲学，称赞英国分析派哲学的概念明晰和论证严密；同时，在理论上他“赞同唯物论，深喜辩证法”，自觉地接受马克思主义哲学。因此，他主张把现代唯物论与中国哲学的优秀传统、西方分析哲学的逻辑分析方法的长处结合起来，创建一种新型的现代哲学。这便是他长期强调并始终坚持的“马”(马克思主义哲学)、“中”(中国哲学)、“西”(西方哲学)三者结合的综合创新论。他并不是坐而论道，而是在20世纪的三四十年代，就作过颇有成效的尝试，撰写过具有体系规模的多部论稿：《哲学思维论》、《知实论》、《事理论》、《品德论》、《天人简论》等，综合性地包含辩证法、认识论、伦理学和宇宙观、人生观。这种体系具有什么特点呢?首先，在综合性上，是独树一帜的。现代中国的几位独创体系的哲学家，在他们建立自己的哲学体系时，都还没有自觉接受或吸取马克思主义哲学的内容，而在张先生的这个体系中，是自觉地吸取唯物辩证法和唯物史观的内容的。其次，现当代中国的许多研究马克思主义哲学的人，往往对中国哲学和西方哲学并不熟悉，或缺乏研究，容易陷于抽象或贫乏的境地。由于受苏联某些教科书体系的影响，长期以来，我们的“哲学原理”所讲的认识论，多半是离开社会而讲的抽象的认识论，近些年来才有人提出“社会认识论”，而张先生在40年代就强调了认识的社会性和社会内容。长期以来，我们的哲学教

材和研究中，缺乏人生论和价值论部分，直到80年代以后，才逐步展开价值论问题的讨论，而张先生在40年代就十分重视中国伦理思想的优秀传统，把人生论、价值论看做中国现代哲学体系中的重要组成部分。这不正是一代宗师的高明和超越之处么？令人遗憾的是，张先生在40年代写成的5部具有体系规模的论稿，迟至1988年才由山东齐鲁书社以《真与善的探索》为题刊布出来。

张先生最后二十多年的学术活动，又特别活跃于国内外关于文化问题的讨论中，他一如既往地批驳了全盘西化论，也不赞同儒学复兴论，而把中国现代文化建设的综合创新论，在新的历史条件下阐发得光彩熠熠，引人入胜。显然，这是他留下的一份珍贵遗产，值得我们高度重视和深入研究。

三、大力弘扬民族精神的精辟之论

在文化问题的讨论过程中，张先生深入地思索了民族精神的问题。自梁启超于1899年提出"中国魂"的概念以来，在整个20世纪，关于中华民族的"民族精神"，或称"民族魂"、"中国魂"问题，多次引起学界关注，震撼着人们的心灵。这个问题的提出，显然与中国由传统的农业文明向近现代文明的转型相关，也与多次面临的深重的民族危机相关。中华腾飞，民族振兴，实现现代化的目标，自立于世界民族之林，必须从自己的优秀传统中寻求并提取精神的凝聚力和支撑力。那么，究竟什么是中华民族的"民族精神"或"民族魂"呢？一百年来，人们见解殊异，分歧甚多。有从中性上多侧面表述民族特性的；有从积极方面概括民族美德的；有从民族的心理路向上与西方、印度相比较的；有从"心性之学"、"人本文化"或人文精神上集中提炼的，等等。在这些观点和异议中，难免存在两个问题：1. 如何区别作为"民族魂"的民族精神与一般不同于其他民族的民族特点？2. 民族精神是一个学派或少数儒学代表人物的理想或体验，还是应当反映整个民族比较普遍的精神气质和心理情怀？张先生显然思考了这些分歧和问题，他区别了民族精神与"民族习性"，认为民族习性是一个民族世代养成的习惯，既包含优良传统，也包含落后的劣根性，而民族精神则是指民族文化中起积极作用的主导力量。他特别指出民族精神必须具备两个条件："一是有比较广泛的影响，二是能激励人们前进，有促进社会发展的作用。"因此，他强调："一个民族应该对于自己的民族精神有比较明确的自我认识。"一个民族对自己的民族精神是否有自觉的认识与把握，关系到这个民族是否具备强大的精神支柱和凝聚力，是否能在困难与挫折中保持旺盛的生命力。经过反复比较和深思熟虑，他明确而郑重地提出，中华民族的民族精神基本上凝结于《周易大传》的两句名言之中，即：“天行健，君子以自强不息”，“地势坤，君子以厚德载物”。这两句话为人民群众所熟悉、所赞同，也最充分地表现整个中华民族前进力量的源泉。“自强不息”是民族的一种发愤图强的传统，“厚德载物”是以宽厚之德包容万物，在文化发展上有兼容并包之意。张先生在阐述这种民族精神时，注意到一种比较流行的见解，即认为中国文化的基本精神是“中庸”。他指出，“中庸”的观念虽然也广为流传，而且这种“执两用中”、掌握限度的原则，要求处事恰如其分，确有合理的方面，但却可能限制事物的超越和飞跃，不一定是推动历史、文化前进的积极力量。因此，不宜把“中庸”看做中国文化和中华民族的基本精神。“自强不息”和“厚德载物”，则始终激励着人们奋发向上、不断前进。

张先生一生的学术活动，如果我们可以比喻他为东方巨龙作画、塑像的话，那么，他关于中国哲学史、中国传统文化的系统论述，是勾画出中国哲学、文化发展的来龙去脉和总体风貌，像是画出了一个龙的全身，而他关于中华民族、中国文化的基本精神的揭示，便像是画龙点睛之笔了。张先生留下的丰富精神遗产确是中国现代哲学和整个精神文明建设所弥足珍贵的。

（原载《博览群书》，2004 年第 7 期）

一颗科学亮星的陨落

——读《束星北档案》

曾听人说过，中国现代学术界有两位难得的奇才，文科是陈寅恪，理科则是束星北。对陈寅恪，我还略有所知；对束星北，则相当陌生，他快被人们遗忘了。感谢《束星北档案》的作者刘海军，青岛市的一名记者，利用业余时间，翻阅了几千万字的档案材料，走访了近百名的知情者，历时十余年，以特殊的文本形式，将采访录、原始档案、背景资料等揉为一体，谱写了一位天才科学家极为悲怆的命运之歌，它使我深自叹息而沉思。为了民族的振兴和自强，我们不能遗忘束星北，不能遗忘产生束星北悲剧的那些沉痛的历史教训。

一、不该遭受的命运

束星北，1906 年出生于江苏南通，1926 年去美国留学，后在英国爱丁堡大学以《论数学物理的基础》一文而获硕士学位。早在国内上大学时，爱因斯坦的相对论便使他浮想联翩，兴奋无比。1930 年，他又考入剑桥大学，在著名天体物理学家爱丁顿身边，开始系统地接触人类这个伟大的创造。1930 年 8 月，他又入美国麻省理工学院做研究生和助教。1931 年 5 月再获理学硕士学位。他主动与世界一流的物理学家、数学家对话、交流，参与合作研究，曾探索引力场与电磁场统一的理论，试图冲击爱因斯坦相对论中的难题，表现了他敏锐、超常的科学创新能力。可惜他在国外深造的时间不长，1931 年 9 月回乡结婚，从此便一直生活于战乱纷扰和政治动荡的祖国。20 世纪三四十年代，束星北的大部分时间是在浙江大学物理系任教授。在浙大严谨、求是的氛围中，他学术上日趋成熟，行将脱颖而出。在群星璀璨的学者群中，他是当时公认的最杰出者之一。曾任中国科学院学部委员的程开甲的评价是：像束星北这样集才华、天赋、激情于一身的教育家、科学家，他的物理学修养和对其内涵理解的深度，在国内科学界都是罕见的。

束星北与我国著名物理学家王淦昌在浙大是同事。二人同为中国现代物理学界的领军人物，专业上各有所长。然而，在国民党军令部的一段工作经历，解放后束星北很快就被有关部门视为“历史反革命”。1952年全国高校院系调整时，他转入山东大学物理系。1955年全国“肃反”运动中，他一开始就被列为重点，遭到批判、斗争，并被抄家、逮捕，全家受到牵连。1956年，他的罪名本已得到平反，不料在同年助党整风时，由于他表现活跃，大胆提出批评意见，在1957年的反右派运动中又被划为“极右分子”，判处管制三年。这样，束星北便被戴上三顶政治帽子：“反革命分子”、“三年管制分子”、“极右分子”，有如三座大山，长期压在他的身上。1958年他曾被遣送去兴修青岛市月子口水库工程，进行强制性的“劳动教养”。这时他已年过半百。在长年累月的劳动改造中经受多种磨难，他刻苦自励，诚心转变“立场”，埋头于“挖山”不止的工作，直到1979年年底，彻底改正“错划”之时，才彻底搬掉“三座大山”。他被压在“山下”的时间，长达22年。

一颗科学的亮星在孔子的故乡陨落，一位杰出的奇才在政治的风浪中湮没。这只是中国现代科学史、教育史上众多悲剧中的一幕。以往“左”的路线、思潮所造成的损失是深重的、多方面的。在我看来，其中人才的损失，乃是最大的损失。

二、应当爱惜人才和让人讲真话

《档案》的首要启示是：爱惜人才和讲真话的问题。

束星北在政治运动中遭受沉重打击的主要原因有二：第一，他在抗日战争时期那段比较复杂的经历；第二，他的刚正不阿、敢讲真话的性格。

抗战爆发后，浙江大学迁到贵州湄潭办学。束星北出于抗日爱国之心，并因孩子多，生活负担重，便经亲戚介绍于1944年7月至1945年9月暂调到国民党军令部技术二厅技术室任职，从事电讯方面的研究，任技术顾问(非军令部正式人员)，参与过雷达，小型收发报机等军工设备的研究与安装。由于这个机构与国民党的军统组织有关，在新中国成立后那个强调阶级斗争、大搞政治运动的年代，束星北接受某些审查和批判，是很难避免的。问题是：

第一，对于这段经历，束星北在解放初的知识分子思想改造运动中已作如实交代，后来的几次运动中又反复作过内查外调，都未发现重大出入。当时，束星北不参加任何党派和政治组织，而且不许他的学生参加，为对抗所在机构的要挟，甚至拆掉已经由他们安装好的雷达装置而被军方拘留，从此便离开了军令部。这是已经查明、被证实了的历史事实。因此，在“肃反”运动中，对他实行跟踪、搜查、逮捕和定罪，是缺乏根据的、不合法的。1956年领导方面本已向他平反、道歉，但到1957年又重新定罪，扣上“三顶帽子”，就更无法制、道理可言。难怪他在1955年遭逮捕时，只好沉默地捧出《中华人民共和国宪法》，1956年为他平反后，他又专门对法制问题作了研究和讲演。可见束星北不仅是一位天赋很高的科学家，而且颇具政治头脑，主张依法治国，维护公民的合法权利。

第二，1957年9月，中央在《关于自然科学方面反右派斗争的指示》中提出：“特别是对于那些有重大成就的自然科学家和技术工作人员，除个别情节严重非划不可者外，应一律采取坚决保护过关的方针。”束星北无疑属于有重大成就的科学家。如果否认这一事实，或者视他为“个别情节严重非划不可者”，就只能是用“阶级斗争”压倒一切，用政治代替科学，藐视科学人才。同时，在以往的历次政治运动中，混淆历史问题与现实问题、思想认识问题与政治立场问题，也是造成许多“错批”、“错划”，以致严重损害知识精英和可贵人才的重要原因。

第三，在科学落后、人才匮乏的中国，尊重科学，爱惜人才，是头等大事，在青黄不接的转折时期，尤其如此。蔡元培曾说：“对于教员，以学诣为主。”“夫人才至为难得，若求全责备，则学校殆难成立。”浙江大学竺可桢校长、山东大学华岗校长等著名学者，也都曾知人善任，重视束星北的科学水平与才能，并在可能范围内对他采取了宽容、保护的态度。但是，后来的政治运动，却总是过分夸大阶级斗争，扼杀学术、思想的自由，打击与伤害了许多知识分子的自尊心与积极性，造成人才的大面积萎缩，这是20世纪50—70年代最沉痛的教训之一。当前，在市场经济大潮中，未能遏制的拜金主义和急功近利的实用倾向，也阻碍着有深层素养和创新睿智的科学人才的涌现。我们不是常在忧虑人文大师的失落，创新人才的匮乏和诺贝尔奖的长期缺位么？这里有许多经验教训值得认真总结。科学人才观的提出，确实有着历史和现实的根据。

束星北在政治运动中挨整的另一个重要原因，在于他的鲜明的个性：刚正不阿，疾恶如仇。他身材魁梧，从小受性格刚烈而心地善良的母亲的影响，又爱看武侠小说，养成豪侠气质。青年时期在学术上就特具独立精神，酷好与人争辩。抗日战争时期，他曾当面指责蒋介石不抵抗日军的政策，解放初在山东大学，他曾就哲学与科学关系问题，激烈反驳华岗的观点；在教育制度上，他反对把大学政治化，鲜明地反对模仿，照搬苏联的教育模式。作为一个正直的科学家，束星北不计个人利害，不顾个人安危，率性直言，只求辩明是非，探究真理。在解放初的“镇压反革命”和“三反”、“五反”运动中，他站出来为明显受委屈者辩护，并设法保护他们。对于那些惯于投机而诬陷他人者，则十分气愤，甚至忍不住以拳头相加。“快找束先生”，一时竟成为运动中的呼救口号。1956年“整风”和“鸣”、“放”期间，束星北一是对某些宗派主义作风提出了批评；二是发表了关于法制问题的讲演。他认为，《宪法》中明确规定的公民的言论、出版和人身的自由等权利。这些公民权利，在“肃反”运动中遭到了践踏。而人们对某些违反宪法的行为却无可奈何或熟视无睹，关键在于我国几千年来形成了一种“人治”的传统，而缺乏“法治”的习惯。他强调，人民要像爱护生命一样，爱护宪法和法律，把命运掌握在自己的手里。

可见束星北的许多观点是深思熟虑，切中时弊的，有些言论，虽有偏颇或误解之处，但也包含合理成分。若确有“言者无罪，闻者足戒”的风度，是可以虚心听取，耐心辨析的。可是反右派运动中却说他“一贯思想反动”，是“借机大肆向党进攻”。这里不仅有一个正确划分两类不同性质的矛盾问题，而且有一个是否允许讲真话的问题。束星北如果在“肃反”中的问题平反之后，沉默不语，或只讲颂扬的话，不讲批评的话，他也许可以避过反右派斗争这一劫难。然而，这与他的性格不合，是不可能的。他的内心清澈若水，直道而行，把社会主义的事业、路线、制度中的错误和缺点，当做自己身上的疾患，毫不留情地加以揭发和批评。反右派斗争开始时，他坦诚地披露自己的想法：“主人请客人讲话，讲错了，不听就是了，何必又要斗一顿呢?”“被斗的人有几个是真正反党反社会主义的?”“以后人要消极了”。发自肺腑之言，日后的实践作了检验。是支持和鼓励人们讲真话，还是营造阿臾奉迎、虚与委蛇的环境，是一个社会是否民主、进步的重要标志。一个弄虚作假成风和官本位制盛行的社会，是很难真正走进民主和现代化社会行列的。

三、太多的遗憾和聊可宽慰的援助之手

束星北的一生，有一个明确而坚定的精神支撑点，那就是为社会为人民作贡献。他始终怀着一颗对别人竭诚服务、慷慨捐输的炽热的心。他渴望着

发挥科技上的优势与特长，作出重大贡献。然而“三顶帽子”的重压，没完没了的劳动改造，使他的愿望无法实现，年老体衰的趋势，更使他日益焦急。当听到国内第一颗原子弹爆炸和第一颗人造卫星上天的消息，他不禁喃喃自语：“本来是我应该做的!”惋惜自己没有出力。当国产第一台脑电图机在上海问世时，有媒体誉之为“重大突破与贡献”。束星北知道它在技术上的缺点，离世界先进水平尚远。他请求参与共同研究，尽力改进，以期“将功赎罪”，使之赶上和超过世界先进水平。又是“帽子”的重压，他的请求如石沉大海。

束星北本可以在科学上自由探索，发挥潜力，作出重大成就与贡献的。他与王淦昌，二人在学历、学识、才能、天赋上，都大致相近，为什么后来的命运与成就，会相差如此悬殊呢？王淦昌提出《关于探测中微子的建议》，发现“反西格马负超子”，参与研制原子弹、氢弹，等等，始终站在世界前沿科学的阵地上；束星北只是在美国求学和浙江大学任教期间，有些高质量的文章在西方的专业杂志上发表。新中国成立后，在50年代写成两本教材，一本《电磁学讲义》，随着作者的政治命运而长期置于幽暗、潮湿的角落，30年后，发现时已粘连腐烂，面目全非了；另一本《狭义相对论》，也几经周折，直到1996年(离写作近40年，离作者去世也已13年)才正式出版。

束星北本来在科学上极好的天赋、素质、基础，都被政治上的打击、惩罚、压抑给湮灭了；本来应当潜心科学研究，进行科学创新的时间，全被沉重的体力劳动占据和荒废了；本来应当总结科研成果，从事科学著述的精力，都用来写“思想汇报”、“思想检查”、“改造小结”去了。日积月累，这类被迫写作，扭曲心灵的篇章堆积起来，也真可说“著述等身”了。他常想演算数学习题，推演逻辑公式，往往是在打扫马路的间隙，用小树枝在路面上比划。他思考问题，发表议论，往往是在睡梦惊醒之时，或喃喃自语之中。束星北的巨大的创造智慧与潜力，只能以“戴罪之身”，发挥在某些技术装修上。1961年年底，青岛医学院的一台因机器严重损坏而长期沉睡的脑电图机，经过束星北废寝忘食、夜以继日地大拆大装，终于起死回生，并轰动全院。随后，省、市级各大医院和各部队院、校，遇到科技或仪器修理上的难题，找到他，一般都能破题解秘或手到病除。他登门服务的足迹，竟踏遍全省50多个单位，经他修复、改造的医疗仪器、生活用具等，不计其数。而这些工作，在束星北眼里，不过是“雕虫小技”。为了争取早日“摘帽”，早日为社会作更大贡献，便更加频繁地向上递“思想汇报”，甚至申请长期打扫青岛医学院的全部公厕。他带病坚持上课，为培养研究生和青年教师也作了不少工作。同时，他还有过两次重大的“立功”表现：1962 年春，他揭发了一个企图策动他叛逃的叛国集团组织；1972 年年底他为青岛某部雷达站修好了损坏的雷达。这些“挖山不止”的努力，在一般领导、干部和师生的心目中，他早已不是“敌人”而是“功臣”了。然而，这却没有感动“上帝”，没有说服最上层的“领导小组”，因而在一批一批的“摘帽”名单中，并没有束星北的名字，使他一次又一次地失望。那“三座大山”压得他实在太重，太久了。

聊可堪慰的是，“得道者多助”，仍适用于他。他在“肃反”中挨整后，挚友王淦昌知道他心情不好，曾邀他去北京游览名胜；当他家庭生活最困难时，王淦昌每月寄钱接济；他唯一可以出版的专著《狭义相对论》，也由王淦昌写序，并报请国家自然科学基金资助出版。他的学生王景明，深明大义，从政治到生活，始终与他站在一起，因而受到很多磨难，但却给他很多支持。步入老年后，他帮人补习文化，支持发明设计，为人修理各种家用电器和器械。他总是有求必应，来者不拒。因而在普通百姓中结识良友甚多，彼此互相关怀，推心置腹。在他们眼中，“他是个好人、好老头，正直、大度、风趣、中交”。当束星北有困难和急需时，便有来自各方的援助之手。

李政道于 1972 年回到祖国大陆，第一次与国家领导人见面时，便顺势提到他的启蒙恩师束星北，以后又在重要场合多次提到他。这在客观条件逐渐成熟时大大推动了他的命运的转变，使他能在 1974 年开始搬动“三座大山”。李政道在为《档案》所写的“序言”中说：“我最早接受的启蒙光源就是来自束星北老师。”

束星北的一生留下了太多的遗憾。他最后本还有两个遗愿：一是将遗体捐献给青岛医学院，做解剖和医学实验用；二是将骨骼制成标本，供教学使用。对此他的子女和青岛医学院等单位本已互签有关文书。可是，由于医学院领导班子正值改选换届，忙于行政交接事务，竟将此事耽误，致使遗体腐烂而无法解剖和制作标本，又增添了这无法弥补的最后的遗憾。

正如《档案》的作者在“代后记”中所说，束星北的特殊的命运和历程，“折射出了我们的民族、社会与历史，折射出‘昨天’的故事，也许仍在折射着‘今天’”。我愿郑重推荐《束星北档案》。

（原载《难以消逝的思想烟云》，云南教育出版社，2009）

寄语学子

应当重视大学生学习中的“四多四少”现象

大学的本科学习，是高等教育的基础阶段，也是人生青春的一段宝贵时光。几年的时间如何支配，能否把握学习的主动权？充满着憧憬和变术。是因循被动还是积极进取？日后的道路和事业会有重大差别和影响。奋力耕耘者，常有宽厚的学识铺垫；墨守成规者，也会惋惜于失之交臂。

就笔者所见，大学生的学习时间长期呈现“四多四少”的现象，至今仍有加剧之势。这关系教育改革和人才培养的大事，是不应习以为常、等闲视之的。

一、上课时间多，自学时间少

大学当然要上课，学生渴望在课堂上获取教益，学校的教学资源也应充分利用。但大学生的学习终究要以自学为主。教师的授课，主要是一种开启和引导，不能代替而应促进学生自身的学习。学生一开始就应注重培养主动自学，独立钻研的能力。自学的时间应当大大多于上课的时间。可是当前课程庞杂，负担沉重。在专业的必修、选修和通识教育课之外，尚有一大堆公共必修课，其中有些是重形式轻实效且日益膨胀的课程。学生一般在四年内必须修满 140—150 个学分。头三年内平均每年有十几门课，每周达三十多节。理工科学生的课程负担更重。许多攻读双学位者上课就更多了。学生上课太多，自学太少，对课程来不及深入理解和认真评判，只是匆匆阅读指定教材，对付作业和考试。有时对必读的参考书都无暇顾及，更难于扩大范围，进行课外阅读，了解相关学科了。这种被动对付而不是主动进取的姿态，实际上严重影响了教学效果，并且限制了学生的个性和能动性的发挥。这种现象若不改变，高质量的创新性人才难以涌现。

二、进教室的时间多，上图书馆的时间少

这与第一点密切相关。校园内学生的足迹，历来流行着一句口头禅：“三

点一线”，即“宿舍—食堂—教室”，学生在三点之间，背着书包来回奔波。然而，课堂主要是传授基本知识，把握理论要领，了解学科前沿，目的仍在促进思考，引导探索。大学的图书馆，是人类精神财富的宝库，这里一般都有丰富的馆藏、安静的环境和良好的氛围，可以看做读书、研究和写作的最佳场所。许多人一生读书最为集中，最有成效的时期，是在大学期间，是在图书馆内。国内一位著名美学家，在上大学的四年内，绝大部分时间都在图书馆里找书看书，作了深厚的积累，日后他的许多学术成果都在这里打下了基础。当然，各人的学习素养不同，方法与习惯也各异，但他的敢于突破常规，善于利用图书馆，充分发挥能动性的精神与毅力，确实值得人们学习。某些在学术或事业上有重大成就的人，往往并不是那些在校循规蹈矩、考试分数很高的学生，而是那些善于自主、求真、创新的学生。

近些年来，学生人数激增，学校图书馆大都扩建或改建，条件大为改善，但主动利用图书馆，找书借书的人却不见增多，馆内反而显得有些冷清。有些学生进了图书馆，也大都聚集在自习阅览间里读教材、做习题。书库内各种阅览室或借书处，却没有多少人光顾，有些藏书已布满灰尘。这有多方面的原因：学生主要读教材，而教材是统一指定和购买的，用不着到图书馆借阅；学生普遍用电脑，从网上查阅，下载资料比较快速、方便，似乎也不必去图书馆；往深处说，可能受社会风尚急功近利的影响，与学术界的浮躁之风也有关系。其实让学生过多地局限在教材上，的确是教育上的一种弊端，而图书馆馆藏典籍、文献的利用，对书籍的那种“沉潜往复，从容含玩”的乐趣，并不是荧光屏前的浏览所能代替的，更何况电脑上所见，常常良莠不分，包含不少重复、无用甚至有害的东西呢？一所大学的学术气氛如何，学生们的学习主动性如何，从图书馆内书刊的利用和流动状况可以看出迹象来。教育制度和社会风尚的问题，我们不能苛责于学生，但当今一代有志气的青年，应当奋发有为，敢于突破某些制度障碍和社会习染，更加主动地利用图书馆，去探宝求真。图书馆应当在时间、空间上最大限度地向学生敞开，学生可以合理地安排课余活动，适当地利用双休日和长假日的有利条件，扩展读书面。这样，上图书馆的时间便可多于进教室的时间。

三、读教材的时间多，读原著的时间少

应试教育的主要弊端，不仅在于片面追求升学率，让学生围着考试转，

而且在于学习、考试以教材为中心，让学生围着教材转，形成一种习惯与风气，使学生从中学到大学，甚至从大学本科到研究生，都主要在教材上讨生活，对付层层考试。大学生到毕业时，主要读了一大堆教材、讲义，却很少原原本本地接触古今中外的原著和名著。正是这些原著和名著，经历了实践与时间的检验，历史长河的洗礼，积淀着人类智慧的结晶，凝聚了文化发展的成果。只有直接攻读这些原汁原味的著作，才能把握时代的脉搏，追寻重大思想的源头；才能亲自领略学术大师的魅力与风采，增强自己的科学文化素养。结合专业、学科领域的要求，应当精选一批这样的著作，努力把它读懂、读熟，读出自己的见解和体会来。这是必不可少的基本功训练，是学术上登堂入室的前阶。实际上人文社会科学领域的许多学者大师们，都是通过刻苦攻读原著而深入学术堂奥的。直接攻读原著的必要性，人文学科领域特别显著，自然科学领域注重最新科技成果，可能有所不同；社会科学领域讲究社会实效，也会略有差别；但作为思想脉络的考察，理论源头的追溯，却是大致相同的。当然，我们并不否认教材的重要作用，那些质量优异的教材，对特定学科的基本理论或基本史实作了确切的概括或梳理，可以作为学习的入门或导引，而且少数教材本身，就属原著、名著之列。但从当前使用的教材看，一般仍属第二手的著作或材料，质量上良莠不齐。以哲学原理为例，全国各地编写的教材，不下数百上千种，质量上乘者不多，且不同程度地存在内容陈旧或教条主义的缺陷，并有不少陈陈相因和辗转抄袭之作。因此，对待教材，应认真选择，师生都要有评审的眼光。在教学中，原著、名著是“本”，教材、讲义是“辅”。这种关系不应颠倒，不能因使用教材而排斥或忽视了原著、名著的阅读。真正读懂、读通一本原著，在智慧启迪和人生体验上，可以胜过几本，甚至几十本一般的书。

有人说，在本科阶段，只读教材即可，原著可到研究生阶段去读。这是一种降低要求，削弱基础的说法。在可能条件下，直接接触原著越早越有利于学术功底、理论素质的培养。许多老一辈学者的治学经历充分表明了这一点。试问历史系的学生若只读一般通史或专史教材，而完全不读《史记》、《资治通鉴》等原著；哲学系的学生若只读一般哲学原理或哲学史的教材，而完全不读孔、孟、老、庄或柏拉图、亚里士多德的著作，能说是受过基本训练而合格的毕业生么？

长期以来，应试教育的陋习，就在于只重教材而忽视原著，实际上使教育疏离了学术的源头，使学生疏离了人类精神的家园。这是我国当代教育领域的一个重大误区。这种贻误所造成的几代青年和整个民族科学文化素养上的损失，是难以估量的，而且，时间愈长愈会显示出来。我们不能不及早觉醒和深思。

四、被动接受的时间多，主动思考的时间少

教师队伍的素质，是保证教学质量的关键，但教学质量同时需要学生的参与和验证。按照通常的观念，学生是教育的“对象”，教师与学生的关系，似乎只是主体与客体的关系。这样，在课堂上，学生便成了被动的接受者，教师有一种居高临下的姿态，上课采取注入式，如蔡元培所说：“如注水入瓶一样，注满了就算完了。”教师往往讲得太多太满，现成的结论和断语太多，很少留有余地。只是教师讲，学生听。教师很少向学生提问，学生更少向教师质疑。师生之间很少对话、交流。孔子与苏格拉底的那种与学生沟通的生动局面，在我们这里再难出现。

德国哲学家雅斯佩尔斯在《什么是教育》一书中把教育方式分为三种：一是经院式，即仅仅限于传授知识；二是师徒式，即学生对教师的绝对服从；三是苏格拉底式，即师生平等，共同探索真理。看来我们的教育方式还基本属于前两种。雅斯佩尔斯还认为教育的中心任务，是最大限度地发现和调动人的潜力，并加以实现，这可说抓住了教育的本质。这样的任务，应当由教师与学生共同去完成。教师与学生的关系，应当看做主体与主体之间的关系。从教师方面说，应当尽力调动学生的积极性，课堂上应当尽可能采取启发式、平等对话式，判断和结论不宜单由教师作出，不宜下得过早或过于肯定，应多让学生去思考。从学生方面说，学习上应有充分的自信，勤于思考，厥疑多问，尽力发掘和实现自己的潜能。对待各种社会问题和流行的思潮、观点，都善于独立思考，决不人云亦云，随俗沉浮，也决不先入为主地把一种观点当做金科玉律去遵循，而是采取一种评判和待证的态度。这样，主动思考的时间就会多于被动接受的时间。

可见“四多四少”的现象，绝不只是一个数量或时间比例的问题，它涉及教育理念、教学制度、课程设置、师生关系等方面的弊端和缺陷，说到底，

是如何在高等教育中以学生为主体，充分发挥学生的主体性问题，需要理清思路，综合解决，逐渐转变。如果通过多方面的改革，使得学生的自学多于上课，上图书馆多于进教室，攻读原著多于阅读教材，主动思考多于被动接受，那么，我们的教学水平，教育境界就会出现一种新的升华，新的气象，就会极其有利于高质量的创新性的人才的涌现。

（原载《光明日报》，2007 年 3 月 29 日）

为何出现大学生学习中的“四多四少”现象

我在一篇文章中谈过当前大学生学习中的“四多四少”现象。这就是：上课多，自学少；进教室多，上图书馆少；读教材、讲义多，读原著、名著少；被动接受多，主动钻研少。这四种现象是互相联系的，是一系列连锁反应。当然，并不是所有的学生都这样，而且在不同的院系和不同类型的学生中，情况又各不相同。比如，文科学生进图书馆，一般比理工科的多；人文学科，特别是中文系学生读原著、名著一般比文科其他院系要多。但是，本科四年读完，有些文科学生却没有完整地读过一本经典原著，有的哲学系学生没有完整地读过一本柏拉图、亚里士多德的著作，或《论语》、《老子》，历史系学生没有完整地读过《史记》或《资治通鉴》，乃是常见的事；至于理工科学生，直接读原著的就更少了。所以，总的来看，“四多四少”是比较普遍的现象，也不是今日才有，而是长期存在的现象，不过如今有日益普遍而加重的趋势，不能不引起我们的高度重视。

我提出这个问题，是基于综合性、研究型大学，特别是像北京大学这类大学的要求。它与某些单科性大学，特别是职业技术学院的要求，显然是不同的。综合性、研究型大学应当培养高质量的各类创新型人才。蔡元培等老一辈教育家当年是希望在北大等学校培养出一批又一批大科学家、大思想家、大哲学家来的。“四多四少”的现象如果长期而普遍地存在，就很难达到这种要求。试问半个多世纪以来，我们培养出了多少个大学问家、大思想家来了呢？实际上，主要靠上课，对付考试，满足于完成学分的学生，主要从第二手材料，从教材、讲义中讨生活的学生中，是很难出现创新型人才的。我们看，不论是老北大，还是西南联大，其中涌现出来的卓越人才或学术大师，有哪一位不是靠顽强地自学钻研，攻读原著（特别是人文社会科学领域），独立思考，自由探究，或深入实践，反复实验而获得重大成就的呢？

有人说，大学本科只是一个打基础的阶段，能按时上课，完成考试与学分就可以了，还谈不上攻读原著和主动钻研，那是上研究生的事。我认为这是一种低标准的要求，是认识上的一个误区，也正是应试教育的一种影响。

据我所知，目前有一部分大学生，由于中小学时期为考上大学而处于连续紧张状态，上大学后便松懈下来，觉得目的达到了，往后能对付下来，拿到文凭就行了。这种心理状态，在一定意义上可以理解，但这类学生往往上课也不太认真，课后只求完成作业，就不大读书了。有的甚至专门选修那些比较轻松，考试不难，教师给分高的课。这当然谈不上主动钻研，攻读原著，深入思考和研究问题了。无疑从中学到大学本科，是打基础的阶段。但这个基础究竟怎样打？会在很大程度上决定往后的道路与成就。蔡元培来北大任校长时，一开始就清晰地界定了大学的性质与功能，强调“大学并不是贩卖毕业的机关，也不是灌输知识的机关，而是研究学理的机关”。大学主要是研究高深学问的。他告诫学生一不为“做官”，二不为“致富”，而要“抱定宗旨，为求学而来”。蔡元培的这个大学理念，给学生指明了正确方向，至今并未过时。本科阶段打基础，就是要为做学问，立志成才作好准备，在德、智、体、美育全面结合，培育完善人格的前提下，除了学好外语，掌握计算机之外，在专业治学方面，就是要培养自学钻研的习惯，练习攻读原著、名著的基本功，提高分析研究问题的能力。这样，本科生毕业，才算是奠定了良好的基础，为往后的深造与成就创造了条件。否则如蔡元培所说：“平时则放荡冶游，考试则熟读讲义，不问学问之有无，惟争分数之多寡。”在往后的工作或研究中，就会发生“先天不足”、基础不好的问题，遇到种种障碍，在学问上更是难以“登堂入室”，到那时就会后悔莫及。这是由许多人的经验和教训所反复说明了的。

又有人说，现在大都使用电脑，进行网上阅读，不必再去图书馆借书、看书了。我个人认为，学校图书馆藏书丰富，环境安静，是学生最好的读书场所，在大学期间若不充分利用图书馆，将是一生的遗憾。电脑与互联网比较适合于查阅和浏览资料，至于原著与名著的攻读，还是纸型的一书在手，有利于“沉潜往复，从容含玩”（哲学家熊十力语）。就一定意义说，学生在大学期间能否充分利用图书馆，利用效率的高低，是决定往后学术成就的重要因素。

“四多四少”现象是怎样产生的，又应当怎样改变呢？除了上述的认识和动因问题以外，还有以下主要原因：

第一，这与当前应试教育的观念和习惯相关。应试教育的教学模式就是：一切学习围着考试转；读书、考试又围着教材转。久而久之，学生便养成了熟读教材，背诵现成答案的习惯，逐渐失去主动钻研，自由思考的兴趣与能力。许多学生把小学和中学阶段的这类学习方式和习惯带进了大学，没有实行学习方式和观念的转变。如果说小学和中学是以上课为主的话，那么大学就应当以自学为主；如果说小学和中学以讲授和学习教材内容为主的话，大学则应当以引导和鼓励学生攻读原著、名著为主；如果说小学和中学是以接受知识为主的话，大学则应当以主动思考和钻研问题为主。因此，实行学习方式和观念的转变，自觉克服应试教育的影响，仍是大学教学的一个比较迫切的问题。

第二，这与当前大学课程的体系和负担相关。当前大学课程总的可分必修与选修两大类。必修课中有公共必修课和专业必修课两类。公共必修课中既有确属必需的外语、计算机等工具课和体育课，也有关于哲学、政治经济学、近代史、法律知识、道德修养，以及军事国防等的公共政治课。其中有一些与中学所学，与大学通选课相重复的内容。专业必修课中包含主干基础课和一般必修课。选修课中则包括通识教育选修课、公共选修课和专业选修课。专业选修课中又有限选和非限选之分。近两年来，学校在选修课中又增加了一个“大类平台课”的系列，如此等等。这个课程体系的一般趋势和问题是：1. 必修课所占的比重过大，选修课的相对比重过小，学生按专业需要和个人兴趣可以主动选修的余地不多。2. 必修课中的公共必修课是个“大肚子”，而且越来越膨胀，往往挤掉专业必修课的课时，甚至使主干基础课的学时也一再压缩，理工科还影响到实验课与习题课的课时与质量。3. 公共必修课中的公共政治课，内容不够稳定，易与其他课程重复，有的课程质量与效果不佳，使学生失去主动思考与钻研的兴趣。4. 课目广泛而新颖的通选课受到欢迎，但因缺乏整体规划和严格评审，不但设置不够均衡合理，并有少数课程质量不高，效果不好，也影响学生主动选修的积极性。面对这个相当庞杂的课程体系，有的学生，特别是低年级学生，便有些分不清主次，把握不住主攻方向，处理不好博与专的关系，学习中存在不同程度的盲目性。有的学生主要从就业有利考虑，不顾专业需要和个人兴趣，也不顾自己是否学有余力，便热衷于“双学位”、“双辅修”的选择，学习时间大都忙于听课、完成作业，读书和思考的空间很少，而且往往脚踏两只船，结果双失落，主修与辅修的专业都未真正学好。

一般说来，当前大学生在本科学习四年内，要完成 140 左右的学分，需要上 30—40 门课，需要读一大堆，至少 40 来本教材。与中学时期相比，考试的压力可能有所减轻，但上课时间仍然很多，课程负担仍然很重。理工科和攻读双学位的学生则负担更重。因此，当前大学生不是上课太少，而是上课太多。他们可主动自学，读书的时间不是太多，而是偏少。不必考虑再去追加这样那样的课程，而应当考虑精简某些课程，着重提高课程的质量。校园内“三点一线”(宿舍—食堂—教室)的行动模式，背着书包奔波于几座教室楼之间的匆忙姿态，几十年来基本未变。也许这是校园内的“常规”，但问题更在于：这里扩建了的图书馆内显得更加冷清了；馆藏的众多经典原著和名著，蒙上了更多的灰尘；校园内学术探讨和争鸣的风气日益淡薄了。因此，应当认真清理和改革当前的课程设置，应当向学生提供一种更为合理而清爽的课程体系，便于真正发扬个性，充分调动学生学习的主动性。

第三，这与当前大学教学的观念和方式相关。在教学中，谁是主体？有人认为，既然教师教，学生学；教师讲课，学生听课，就应当教师是主体。其实这是从形式上看问题。学习是学生自己的事，应当成为他自觉的要求与活动。学生听课，应是主动进取的姿态，而不是被动接受的状态。教育的实质与奥秘，在于发掘和实现自身的潜能，这是要由学生自己来发掘和实现的。这里并没有否认教师的重要作用。教师的教学水平和对学生的责任心，无疑是教学质量的基本保证。所以我们可以说：“学生是主体，教师是关键。”或者说：“学生是主体，教师是引导。”教师的责任在于，引导学生发挥主体性。问题是现在的有些教师，并不把学生看做主体，而只看做授课的对象。他们上课则来，下课即走，与学生的关系，似乎只停留在传授知识上。讲课时不顾学生的特点和需要，只顾自己讲，就怕自己准备的东西讲不完，因而满堂灌，学生自由思考的空间不多，学习的主动性未能充分调动起来。这个学生的地位问题，正是当前课堂教学问题的症结所在。

近些年来，对大学教学质量的评估，多半进行量化的比较与考察。其实，教学质量与水平的标志，主要不在于开课和编写教材的多少，也不在于是否申报课题和获奖，而在于是否实现了学生的主体性，是否激发了学生对问题和专业的兴趣，是否激发了学生进一步学习与研究的要求。牛津大学的那句话说得好：“导师在学生面前‘喷烟’，直到把学生心里的火把点燃。”这正是培养创新人才的关节点。

所以，实现“四多四少”现象的基本转变，对于培养创新人才，是十分迫切的事情，这涉及学习动因、课程体系、教学方式等问题，需要领导重视，师生共同努力，才可能切实转变。过去在北大担任校长时间最长的蒋梦麟先生曾经一再强调，我们的教育是要培养“活泼泼的个人”，就是要培养：1. 独立不移之精神；2. 健全之人格；3. 精确明晰之思考力。这是值得我们认真汲取的。

（原载《中国大学教学》，2011 年第 6 期）

怎样转变大学生学习中的“四多四少”现象

就“四多四少”现象（上课多，自学少；进教室多，进图书馆少；读教材、讲义多，读原著、名著少；被动接受多，主动钻研少），我写过两篇文章，一是强调“应当重视”；二是分析“为何出现”。这是第三篇，想着重谈谈“怎样转变”。

大学的基本任务是培养人才。像北大这样的综合性研究型大学，更应当培养高质量创新型人才。蔡元培当年是希望在北大培养出大学问家、大思想家、大科学家来的。长期以来，“四多四少”现象，虽不是学生状况的全部，也是一种比较普遍的现象，确实严重影响高质量人才的培养。在我看来，这种现象的共同本质，就是学生的主体性问题，或者说，学生的主动性、个性没有得到充分的发挥。

教学是一所大学的中心工作，而本科的教学又是整个教学的基础。本科教学的水平和质量，是培养人才的生命线。理想的本科教学，应当使学生中的“四多四少”现象基本转变过来：努力加强自学，充分利用图书馆，勤奋地攻读原著和名著，敢于提出和善于分析问题。如果这样，大学生的学习风貌就会发生重大变化，校园内的学术氛围就会显著提升，创建一流大学也会奠定良好的基础。

然而，冰冻三尺，非一日之寒。当前的状况有些积重难返。要基本转变，需从观念、风气、制度的转变入手，非有决心和毅力不可。应当看到，“四多四少”现象在不同学校和院系，也是有重大差别的。除了社会因素以外，关键仍在校系领导和教师。我认为应从三个方面入手。

一、教学观念的转变

大学是什么性质的单位？学生在教学中处于什么位置？这种普通的问题，也往往存在观念上的误区。通常认为大学是教课的，学生是听课的。蔡元培在北大 1918 年开学典礼的演说中却说：“大学为纯粹研究学问之机关，不可视为养成资格之所，亦不可视为贩卖知识之所。”随后又说大学是“共同研究学术之机关”。这是对大学性质的确定。大学既是教学场所，又是学术机关。而且教学水平决定于学术水平。大学之大，不在于学校的规模和学生的数量，而在于学术水平，在于学术的尊严和包容的特性。那么，学生在教学中的位置，教师与学生之间的关系呢？表面看来，学生是来求学的，似在学术研究之外，教师与学生，似是施教者与受教者之间的关系。其实不然。杜威说：“以学生为中心。”蔡元培也说过：“学生是主体。”这种“中心”或“主体”的位置是不应忽视的。在教学中，对于各门知识，确有传授甚至灌输的一面，但这种传授或灌输，并不等于灌注。当前的大学课堂，基本上没有改变“满堂灌”的形式。当年蔡元培把“注入式”比喻为“注水入瓶，注满为止”。教师搞“满堂灌”，或讲得太多、太满、太快，多半是由于只把自己看做“施教者”，忽视学生的“主体”性。在教学与科研过程中，教师固然是主体，学生也应当是主体，只有这种双重主体性，才能“教学相长”，才能如蔡元培所说“共同研究学问”，也才能有平等的讨论和争鸣。学生固然要“尊师重道”，教师却不宜矜持“师道尊严”。在学问与真理面前，师生应当是平等的。蔡元培对教师的基本要求是：“积学”与“热心”。“积学”就是积累学识，认真做学问；“热心”就是热诚于教育，关怀、爱护学生，尽力调动学生的积极性和主动性。课堂上教师若是对讲课内容很熟悉，认真地讲出自己的研究成果，显出真知灼见，并且引导学生刻苦读原著，激发学生的问题和兴趣，学生便会聚精会神，与教师共同思考，在表情上或点头示意，或称心微笑，或托腮沉思。总之，是一种良性的互动氛围。如钱穆先生所说：“真情畅遂，一片天机。”若教师不把精力放在教学上，讲课时对所讲内容并不熟悉，或泛泛而谈，或照本宣科，对学生如同陌生人，则课堂顿显沉闷，教师尽管指手画脚，学生依然无精打采，多半低头忙于他务，甚至趴在桌上睡觉。当然，这是两种极端情况。大多处于中间状态，讲课效果一般，学生读教材，交作业，对付考试，但主体性并未得到发挥。总之，提高本科教学质量，应当充分认识，学生是主体，教师是引导或关键。只有教师以深厚的学识和责任感，把学生的主体性充分调动起来，才能实现“四多四少”现象的基本转变，高质量人才的培养才能得到保证。

二、教学方式的转变

我国的教育，自学习西方教育制度和方式的一百多年以来，对传统教育的某些优点却丢弃了不少。孔子主张学与思相结合，提倡“举一反三”，因材施教。《论语》中的师生对话是活跃自如的。“知之者不如好之者，好之者不如乐之者”的境界，令人向往。胡适先生曾对中国历史上一千多年逐渐演化成的书院制度的中断扼腕叹息；书院制度的优点是：学者自由讲学；注重自修；师生感情深厚。胡适指出：它“提倡自动的研究而不注重被动的注射”。

如今课堂上“满堂灌”的方式一直难于改变，教师往往讲得太多、太满、太快，学生思考、师生对话的时间与空间不多。课余学生为了完成作业或应对考试，多半阅读教材或其他第二手材料，很少直接攻读原著和名著。理工科学生则更少读书，几乎不与原著见面。在这样的教学方式下，学生的主体性与个性难以发挥，不但课堂教学不活跃，整个本科教学的质量就会陷于低迷状态。一般地说，教师的备课是认真的，希望把课讲好。但由于忽视学生的主体性，也由于学术的功底不深，特别是某些青年教师，不同程度地缺乏学术自信，难以轻松地驾驭教学内容，便想把课堂占满，以多取胜，不留余地。

蔡元培反对注入式，提倡启发式，他曾以佛教故事中的“点石成金”为比喻，说明教师不应给人以现成的金子，而应给人点石成金的方法，使人得到更多的金子。教师不应满足于教人以现成的判断和结论，而更应教人作出判断、结论的途径与方法。一般公共性的教材或第二手文章，多半提供现成的概念、判断和结论，而经典性的原著与名著则往往提出人类面临的重大课题，并揭示探究这些课题的途径与方法。因此，一般教材只应作为参考，而应引导学生直接攻读原著和名著。

大学既是研究学问的场所，如果说中、小学学生以上课为主的话，大学生的学习则应以自学为主，自学更应充分利用图书馆。1921 年 9 月，蔡元培从国外考察归来，向北大全体学生发表演说时指出：“自动研究学问，才能发达个性，个性发达才有创造的能力。中国学生个性发达的很少，因此对社会多是盲从，这都是由平时死守讲义，不能自动的研究所养成的习惯而来。”他又说：“图书馆与自动的研究学问，有密切的关系。”这里要求大学生“自动的研究学问”，就是要在教学中激发学生的主体性，使学生从被动的“要我学”转变为主动的“我要学”。这固然与学生从中学到大学，发生学习观念与学习方式的自觉转变相关，同时也与教师教书育人的责任与方式密切相关。在 1919 年的开学典礼上，蔡元培再次指出：大学“不是灌输固定知识的机关，而是研究学理的机关。所以，大学的学生并不是熬资格，也不是硬记教员的讲义，是在教员指导之下，自动的研究学问的”。为此，他对教员的要求是：“延聘教员，不但是求有学问的；还要求于学问上很有研究的兴趣，并能引起学生的研究兴趣的。”

所以，大学本科教学质量的标志，主要不在于教师准备的多少，不在于教材编写的多少，更不在于教学评估表上所记的分数的多少，而在于学生学习的主体性是否充分发挥，是否充分调动了学生学习的积极性与个性。这首先需要教师教学方式的重大转变。教师的教学与讲课，当然要充分准备，但并不是准备一满桶的水，全部泼进学生的脑袋里，而是像金克木先生说过的，可以用自己身上的两三个铜板，引出学生的七八个铜板。这就是要求教师用自己的学问和启发式教学，引发学生读书和研究的兴趣，共同参与到追求真理的学术探究中去。

三、课程体系的转变

当前提供给大学生的课程体系，内容比较庞杂，名目繁多。本科生的四年制内，上课集中在头三年。一般要完成130—140学分，上课30—40门。每周一至周五，每天平均要上三至四门课。课程负担较重，理工科比文科更重。选修“双学位”或“双辅修”的学生，更是每天背着书包，紧张地奔波于几座教室楼之间。总的来看，课程体系应当作通盘考虑，适当调整和精简，减轻学生的课程负担，扩展学生的思维空间和选择余地，以利于学生主体性与个性的发挥。

1. 适当调整、压缩必修课，特别是公共必修课，增加选修课

目前公共必修课约20学分，其中体育和外语、计算机等工具课约6学分，实属必要；而公共政治和军事理论课约14学分，则显然偏多，且其中有的内容与中学课程重复，有的内容与通选课重复，有的内容不是一门课所能达到的要求，可作适当的调整、合并或精简。

2. 大力加强主干基础课的建设

主干基础课是各院系专业教育的核心部分，是本科教学水平和质量的基本保证，应集中教学资源，提供优势师资，加强梯队建设，并充分保证学时。发挥学生的主体性，也应首先体现在主干基础课中，才能培养出高质量人才。

3. 通盘规划，加强通选课的建设和调整

目前通选课的设置，多陷于自发性。对于如何拓宽基础、沟通文理，融

合科学精神与人文精神的陶冶，如何设置一批适合于文科学生选修的自然科学课程，应作通盘规划、重点建设；对于某些内容偏窄，或思想陈旧，或属于科普讲座性质的课程，不能开阔思路、引发学生兴趣的课程，应作适当调整和精简。

总之，“四多四少”的四个方面，是相互联系的，只有多方面激发学生的主动性与个性，才能基本转变“四多四少”现象，才能显示本科教学与人才培养的生命力。

（原载《北京大学教学促进通讯》，第16期）

谈谈当前大学生的人文阅读

上了大学主要做什？上课，考试，拿文凭，谋个好职业？还是读书，思考，研究，把自己铸造成才，为人类社会作贡献？其实大学之所以大，就是给我们提供一个广阔的空间，让我们发掘潜能，培养兴趣，伸展个性，使自己锻炼成材，以便为促进人类社会的前进而出力。

一、多读书，把握时间的主动权

大学的几年时光，弥足珍贵。它是人的世界观形成之时，也是一生专业成就的奠基之日。大学是一生读书的黄金时期，因为读书的时间最为集中，条件也极为有利。在这个时期读书多不多，读书效果好不好，在很大程度上决定着日后的道路与成就。

马克思说过一句很有意思的话："时间是人类发展的空间。"[①]这句话的内涵，不论对一个人或是对一个民族，都很重要。越是主动有效地把握时间，就越会扩大自己发展的空间，越是善于利用时间学习、读书，就越是有利于谋得多方面的成就，这是不言而喻的。

目前，在学习时间内，影响大学生主动权的，有两大因素：一是学外语，几乎要占去学习时间的1/4—1/3。掌握一门外语，等于多长一双眼睛，可以扩大视野，促进交流，积累资料，深入治学。但学好外语，与天赋、勤奋、方法都有关系。有的人从幼儿园学到读博士，外语仍未真正过关，不能熟练地运用，而且许多人就业以后并未用上外语，日子一长，就荒废了。这实在是时间上的极大浪费。以前的老一辈学者，第一外语在中学阶段就已过关，上大学后便可自由阅读，只需进修第二外语了。我们现在的"基础教育"，在外语学习上未能打好基础，使在大学阶段，还要耗费许多时间。这实在是一大憾事，影响了学生空间的发展。所以，学外语，不学则已，学就要横下一

① 马克思：《工资、价格和利润》，《马克思恩格斯选集》(第2卷)，北京：人民出版社，1972年，第195页。

条心，千方百计地学好，学成“四会”（读、听、说、写），使之成为熟练工具，就可以更好地争得时间，在学问与事业上达到事半功倍的效果。二是课程负担重，忙于上课，读教材，对付考试。大学本科四年，一般都要上二三十门课，读一堆教材、讲义，才能对付考试，拿够学分。当前大学生的学习状况是：上课时间太多，自学钻研时间太少；对付考试的时间太多，主动思考时间太少。这是长期以来难以改变的现象。这说明我们的教育制度、课程体系和教学方法存在不少问题，束缚了学生的学习主动性。教学改革的问题，千头万绪，主要不外两个方面：一是提高教师的素质与水平；二是充分发挥学生的主体性或主动性。我们应当高度重视并尽力改变当前这种被动学习的状况，把“多”与“少”的关系颠倒过来。这从学生方面说，就是要充分觉悟到自己在学习中的主体地位，解放思想，突破障碍，充分把握学习上的主动权。

二、读什么？多读原著和名著

应试教育的弊端，不仅使学生围着考试转，而且使考试围着教材转。学生为对付考试，便容易满足于教材、讲义的阅读，而很少直接攻读原著或名著。这对理工科同学，由于需要学习最新科技并注重实验操作或习题练习，也许尚可通融；对于学习人文、社会科学的同学，却与初衷相背。因为正是许多原著或名著，才是人类智慧的结晶或民族文化的升华，经过历史的选择或时间的淘洗，正是这些原著最具思想的深度或艺术的魅力，是治学的依据和思考的凭借，往往深蕴科学精神与人文精神的内涵，是值得深入钻研和反复品味的。至于一般的教材、讲义，概述一门学科的基本内容和要领，是需要读的，其中也包含少量精品或名著，但一般仍属二手著述。当前通行的教材中，还不乏平庸、浅薄，甚至拼凑、抄袭之作。因此，思想、文化史上的原著、名著，是人类精神演变的源头或主干，而一般教材，不过是若干支流、末节。前者应是重点攻读的著作，后者是参考，辅助的读物。这种主辅关系，至少在人文、社科领域，是不应颠倒和混淆的。至于理工科同学，为了厘清科学思维的源头和脉络，接受科学方法的训练，也需要阅读科学技术史上的某些原著或名著；为了沟通文理，融合科学精神与人文精神的陶冶，增强人文素养，也需要适当地阅读某些人文学科的名著。对于文科大学生来说，直接攻读原著，更是治学的基本功训练，是在学问上登堂入室必经的前阶。攻读原著，比阅读一般教材要困难得多，需要哲学家熊十力所说的“沉潜往复，从容含玩”的工夫。首先要读懂，继而要读熟，进一步读出自己的见解和体会来，就会有渗入心脾的收益。真正读懂、读通一本原著，其震撼心灵的程度，可能胜过读几本、几十本一般的书；真正读懂、读通一批原著，就会导致学识水平、文化素养、精神境界上的某种升华，这远不是阅读某些一般书籍或教材所能达到的。

直接攻读经典原著，是加强基本训练，提高科学和人文素养的重要途径。这应当成为大学生的一种深层的乐趣，一种持久的习惯，一种弥漫校园的风气。这才是真正的学术文化氛围。它会深刻影响到整个民族的文化素质。

当前，在大学生中倡导原著、名著的学习，既有不利因素，也有有利因素。不利因素如课程负担重，外语学习压力大。整个社会呈现急功近利倾向，人们普遍轻视基本理论和人文精神。有利因素是，整个学术文化环境相对比较宽松，比新中国成立头30年有所进步；大学生除寒暑假外，又有双休日和一年两次的长假，若能合理安排和利用，可获得相对集中的读书时间，便于攻读某些原著和名著。可以利用的空余时间越多，谋取自身发展的空间便越大。

主要阅读哪些原著和名著？过去胡适、梁启超等著名学者都开过书目，大都是国学书目，内容较多、较难，现在已不大适用。其实读书应当根据自己的兴趣和需要，主动选择，自由阅读。有兴趣就会有收获。书的内容与形式，也会随着时代、历史的变迁而发生变化，并且受着各个历史时期的意识形态的影响。从形式上看，当前我们所读的书，不外两种类型：一类是传统的纸型印刷出版物；另一类是通过电脑互联网的电子出版物。现代科技的发展使信息的传播十分灵敏，给当今人们的阅读提供了很大的方便。互联网上查找资料，又快又丰富。但我总觉得，要仔细深入地阅读原著，认真治学，还宜以纸型的书籍为主。因为一本在握，随时随地以各种姿势阅读皆可，也便于认真品味，反复思考；书本若属于自己，更可勤于作圈点和眉批，或从容写摘记和提要。而且纸张为中国人蔡伦发明，一股书香，沁出民族情意。所以中国人进行原著阅读，重视国学名著，提高人文素养，总还是以纸型书籍为主。

我们今日提倡的原著、名著，应不限于国学，而是古今中外的，都应当读，视野要宽，涉猎应广。孔孟、老庄、鲁迅、胡适的要读，柏拉图、亚里斯多德、康德、黑格尔、歌德、莎士比亚的也要读。但中国的大学生，课外阅读，仍不妨从中国传统文化入手。中国传统文化的典籍，历史悠久，浩如烟海，宜于适当选择，逐步扩展。国学大师钱穆在 1946 年开列《文史书目举要》时，要求文史研究班学生精读的书，共列 24 种，涉及“经、史、子、集”，可谓十分精当，并体现钱先生的“学问贵会通”的思想。1978 年他在一次讲座中提到，每个中国人所必读的书，宋代朱熹选了“四书”，即《论语》、《孟子》、《大学》、《中庸》，钱先生则认为今天的知识分子和读书人，应读的四部书是：《论语》、《孟子》、《老子》、《庄子》。沿着钱穆先生的思路，结合当前我国大学生和广大民众的阅读状况，我个人认为可以提出人人首先需要读的两本书：《论语》和《老子》。为什么首先考虑这两本？第一，这是中国传统思想两个基本派别即儒家和道家的代表作，或叫奠基作。对儒家和道家都分别具有开创意义。要从源头上把握中国传统文化，了解和研究儒家和道家的思想，就必须首先熟读《论语》和《老子》。大学生应是继承和弘扬中国传统文化的重要力量，如果他们连《论语》和《老子》都没读过，那么，所谓“继承”与“弘扬”，岂不成为空话？在广大民众中要普及和复兴中国传统文化，也首先需要阅读与普及《论语》和《老子》。第二，《论语》和《老子》都是有世界性影响的著作，都已译成多种文字出版，在世界上发行数量之大，影响范围之广，可与西方的《圣经》相比，至于思想的深度，则可说有过之而无不及。西方有些大学早把《论语》和《老子》列为人类文化名著，开设有关课程。西方有的学者认为，《论语》中的某些人伦思想开启人类发展的前景，具有普遍价值；《老子》中的某些思想甚至引起现代科学的注视，有的学者把有关宇宙起源的“大爆炸”学说与《老子》中“有生于无”的思想相联系。对于这种有世界影响的著作，中国人，特别是中国的大学生，反而能不重视，不阅读么？所以，要向国外介绍，传播中国文化，开展中外文化的交流，也必须阅读，熟悉《论语》和《老子》。如果连《论语》和《老子》都没读过，又怎能与外国人进行文化的交流呢？近百年前，胡适留学美国时，看到有些中国留学生不了解中国传统文化，不阅读中国文化典籍，他为此而感到羞耻。今日中国在外国的留学生人数激增，不了解、不阅读中国文化基本典籍的状况比当年还要严重得多，难道不应引起我们的高度重视么？第三，《论语》与《老子》的内容十分丰富，思想极为深刻，但篇幅不长，言简意赅。《老子》不过五千字，《论语》也只有一万余字，易于阅读、理解和背诵，易于普及，并在普及的基础上提高。这是二书不同于其他典籍的特点。这是两本比较易于先读的经典著作。可以逐渐地为大家喜闻乐见，引人入胜。第四，读《论语》和《老子》，就可以较全面地了解儒、道两家的思想及其源头，避免对中国传统文化的单向理解，也比较易于进行儒、道两家思想的比较，有一个比较开阔的境界，而且便于由点到面，逐步扩展。先读《论语》和《老子》，并不是要局限于二书，而是便于从《论语》扩展到“四书”，从《老子》扩展到《庄子》，等等。熟读《论语》和《老子》，好比垫下两块传统文化的基石。在人类思想文化的海洋中，一石可以激起千层浪。由此出发，可以依据各人的兴趣和需要，向不同的方向扩展，扩展到思想文化的各个海岸和角落。

三、怎样读？重温三句名言

读书的方法很多，可以因人而异，形成自己的风格与习惯。有几点大致有普遍意义：

第一，胡适先生曾说：“学问好比金字塔，要能广大要能高。”学问上要有重大成就，必须正确处理博与专、广与深的关系。只专不博，就会发生“隧道效应”，流于狭隘；只博不专，又会像一张纸，流于浅薄。学习、读书，开始要广泛涉猎一些，继而逐步专深。博与专的两个方面，又是可以反复相互促进的。读书可把泛读与精读结合起来。一般地说，原著与名著是需要反复精读的，只有精读，才能真正读懂，读出自己的见解和体会来。这种见解和体会，可以是学术性的，也可以是感悟性的，可以是结合社会的，也可以是结合个人的。仁者见仁，智者见智。于丹的《〈论语〉心得》，是一家之言或一得之见，以比较通俗而生动的形式掀起了阅读《论语》的热潮，对广大百姓有启迪，就值得鼓励，不必苛求。至于学术上的专深研究，可另当别论，不同的学术观点，应当展开争鸣。

第二，德国哲学家黑格尔曾说：“熟知并非真知。”习以为常、司空见惯的事，我们不一定真正懂得其中的道理和奥秘。市场上的商品，人们天天见、天天用的东西，对它再熟悉不过了。只有马克思才深入揭示了它的奥秘，写下了巨著《资本论》。我们搞了几十年的“社会主义”，其本质特征大家并不真正懂得，经历了许多曲折的摸索，包含沉痛的教训，才逐渐有所感悟。我国宋朝思想家张载说过：“学则须疑”，又说，“于不疑处有疑，方是进矣”。这是读书、做学问的至理名言。如果把治学的成就比做大树，那么疑问就是大树的根苗。胡适先生概括学习、思考、疑问三者的关系是：“学原于思，思起于疑。”我们应当养成勤于思考、勇于提问的习惯。

第三，孔子说过：“知之者不如好之者，好之者不如乐之者。”这句话值得玩味。这里像是道出了学习、教育的三个层次：“知之者”，大致是获得或传授知识的层次；“好之者”，则是从学习中感兴趣或引发了兴味，增强了探讨的自觉性；“乐之者”则更进一步，从学习和探讨中形成思想的升华，产生高度愉悦的心情或“欲罢不能”的迷恋状态。这是读书、学习应当追求的一种精神境界。所谓“孔颜乐处”就是一种对人的一种终极关怀，一种“乐天知命”，“得天下英才而教育之”，“上下与天地同流”的怡然自得的精神愉悦。大学生的课外阅读，对《论语》、《老子》以及古今中外各种名著的人文阅读，就是要追求这种精神境界。

（原载《北京大学教学促进通讯》，第 24 期）

教学思想的一席盛宴

——喜读《教学的魅力》

这里有22位教师畅谈教学。他们遍布在文、理、语言等学科，虽然并不都是“评选”出来的“名师”，但他们活跃在教学第一线，既潜心于科研，有诸多学术成果；又勤奋于教学，深受学生的欢迎。运用访谈的形式，不拘一格，畅所欲言，这里集中表达了他们的经验和体会，读来颇有启发和兴味。

一、教学最需要教师的热诚

学校的基本任务是培养人才，它的中心工作是教学。教书育人，是教师的天职。这里首先需要教师对教育事业的高度责任感，对学生的满腔热忱。诚如温家宝总理所说：“没有爱心，就没有教育。”但是，毋庸讳言，由于当前社会风气和某些制度上多种因素的影响，有些教师没有集中精力于教学，往往认为科研是“硬指标”，教学是“软指标”，“教学是输出，科研是收入”，或者热衷于校外的“讲学”，疏忽于校内的“讲课”。这是保证和提高教学质量的首要障碍。

受到学生欢迎的教师，不把教学看做负担，而看做乐于担当的责任，甚至把讲课看做一种享受，一上讲台，就心情豁朗，十分投入，学生也会听得十分入神。有的教师甚至在上课之前有意识地不吃饭，以利于讲课时集中精力，并有利于突发思路，作超水平的发挥。

讲课不仅是知识的传授，而且是教师品格与个性的展现。教师在知识和学术上不取居高临下的姿态，而是营造一种和谐、怡悦的心理场，吸引学生参与。北大中文系邵永海老师谈到，老一辈学者都重视言谈身教，王力先生曾在系迎新会上书写八个字：“为人之道，为学之道”，上大学，其实就是来学这种基本的道理。

对教学和学生的高度负责，不限于课堂上，还体现在课前与课下。不能像少数教师那样，上课来得慢，下课走得快，课后啥不管；或者为了取得“选课率”，有意放松考试，普遍给高分。这里的教师则对学生严格要求，更严于律己。北大经济学院董志勇老师立下的守则是：无论上课、讨论、答疑，从不迟到；学生的作业，三天之内反馈；学生的电子邮件，除特殊原因外，24小时内回复。同时也要求学生不迟到、不旷课，有事提前请假。讲课必须充分准备，对内容很熟悉，对问题心里有底，并有创新点，才能充满自信上讲台，吸引学生，共同思考，培养学生的创新能力。许多教师都体会到：要使学生获得一杯水，自己就要有一桶水。这就要求下工夫，投入足够的时间和精力，使每一堂课都能吸引住学生，"让学生觉得不来听课是一大损失"。北大数学学院的一位老师为了教好数学分析基础课，自己把所有习题从头做了一遍，把所有公式重新推导一遍，还比较了多种国内外教材。另一位教师规定自己每月去一次学生宿舍，与学生聊天。他认为这样做有利于了解学习情况，做到因材施教、教学相长，特别是发现人才。

二、学生是主体，教师为主导

在教学中谁是主体？我国现代教育家蔡元培、陶行知等人都说过，学生是主体。但这仍然是一个有争议的问题。从形式上看，教师指导教学，课堂上教师讲、学生听，似乎教师是主体。有的教师习惯于把自己看做主体，课堂上只顾自己讲，不管学生的情况和问题，而且满堂灌，学生选择的余地、思考的空间很少，严重束缚学生的个性与兴趣。要改变这种状况并不容易。

教学的奥秘在于发掘和实现学生的潜力。学生是实质性的主体。衡量教学质量和效果，不是看听课人数和考试成绩，主要看是否调动了学生的积极性和主动性。成效显著的教师对这一点的看法是一致的。他们认为，教学的设计，应当重视学生的要求和未来。重要的不在于传授一套系统的知识，而在于让学生掌握分析、解决问题的能力与方法。当前学生的课程负担，特别是某些公共必修课的负担太重，对学生是一种强压的态势，使学生失去兴趣和主体性。

课堂上的基本原理和概念，要讲得清晰而简练，而且要把来历和问题讲出来，供学生思考，引发兴趣。比如，结合中国社会历史背景和今日如此沉重的人口压力，讲述马寅初的"新人口论"为何横遭批判；结合半个多世纪来各国恶性通货膨胀得到遏制的历史，说明弗里德曼为代表的货币银行学派的货币规则，使学生更加看到社会科学对社会的实际作用，激发学生对社会科学的兴趣。北大数学学院的教师谈到，数学是整个科学的基础，数学上的许多基本概念，就是创新的起点，如牛顿、莱布尼茨的导数和微分概念。若能在阐述这些概念时，将其提出和形成的过程讲清楚，引导学生去思考，便有利于创新意识和能力的培养。数学教学的重要任务，就是让学生经受数学思维方式的熏陶。有的教师特别重视基础课，结合数学史，穿插着讲数学故事，使学生对数学产生浓厚的兴趣，有助于加深数学原理的理解；同时着重讲主旋律，强调关节点，理出发展线索，让学生不但“学会”，而且“会学”。

所以，肯定学生的主体性，决不忽视教师的主导或关键作用。北大本科生的质量是比较好的，有时主动性未调动起来，与缺乏积极引导有关。教师要把课讲得很有兴味和启发，就必须加强学养和科研，在课堂上讲出自己的科研成果和独到见解。有的教师引用钱伟长先生的话：“你不教课就不是老师，你不搞科研就不是好老师。”只有经过深入研究的东西，才是最熟悉的，运用到讲课中，才会游刃有余。北大物理学院赵凯华老师讲到老一辈学者的特点：“听黄昆先生讲课是很大的享受。”“只要黄先生一开口，注意力就全都集中到他那里了，然后就一步一步地跟着他的思路走。”王竹溪先生“在讲台上就是一支粉笔，什么都不带，所有长篇的公式都可在黑板上推导出来。偶尔也有推错的地方，便与学生一起找到错处。这种推导过程，就能引导学生一道思考，就是与学生的对话和交流，有效地调动了学生的主动性”。曾主讲“哲学概论”的张祥龙老师，选择了西方、印度、中国三大传统，以古今中外的经典选辑为必读教材，引导学生直接攻读原著，训治学的基本功，他不以西方的哲学范式为模板，而展开哲学的多元化和相互对话。教师若无深厚的哲学功底和理论素养，便无法达到这种水平。

三、讲究教学艺术，追求精神境界

教学是一门学问，也是一门艺术。教无定法，教师各有自己的风格和特色。张祥龙老师把自己的一整套教学方法与环节称为“生成学术能力的教学结构”，所谓“生成学术能力”，就是培养出学生自学和科研的能力。他要激发学生对哲学的强烈兴趣和探索、创新的能力。北大物理系教专业基础课的一位教师认为，教师一上讲台，就要像一个演员进入角色，把自己融入特定的教学环境，才能讲得十分投入，要把关键的字送到每个人的耳朵里头。这正是优秀演员的要求。数学学院张顺燕老师把教学的艺术概括为三点：“致广大而尽精微”，从整体到局部都要重视；“澄其源而清其流”，理出数学概念和定理的源与流；"统于一而应于万"，以少衔多，以简驭繁，并举一反三。他还注重文理结合、科学与艺术相结合。丘维声老师则把数学思维方式概括为以下环节：观察现象、形成概念或建立模型、进行探索、提出猜想、展开论证，最后揭示内在规律，使纷繁复杂的现象变得井然有序。学生可以从这个过程中受到数学思维方式的训练，学习如何思考和研究问题。他主张课堂上不要讲得太满，对问题不要先下判断和结论，多给学生留下思考的空间。

古代汉语的一位教师引用前辈学者王力教授的话："别人都是买书来教学生，我们是自己写书来教学生。"王力先生的《古代汉语》，作为基本教材，哺育过几辈学人。教师在课堂上不能照搬别人的东西，应当讲出自己的独立见解和真情实感，才能真正吸引学生，产生潜移默化的影响。邵永海老师谈到，朱德熙先生曾反复说，做学问应当超脱功利，要像小孩子玩泥巴一样，没有任何功利念头，却得到极大的乐趣。北大哲学系朱良志老师也谈到，美学教育要使人摆脱各种功利驱动和外在束缚，如禅宗所说"透网之鳞"，或如席勒所讲，使人进入心灵的游戏，带来自由感。这也正是孔子所说"仁"的最高境界，达到"天人共生"、"人天同语"。人在这种境界里获得生命的超越，使生活获得新的价值与意义。这是教师在教学中值得追求的精神境界。

书中还有关于教书育人的种种体会和思考。

感谢北大现代教育技术中心的郭久苓老师，他独立工作，埋头实干，带领几个学生，辛勤地走访许多教师，经过整理，将他们的事迹、言论陆续编入《教学促进通讯》(电子出版刊物)，如今又汇集出版《教学的魅力——北大名师访谈录》(郭九苓主编，北京大学出版社 2010 年版)，使我们共享一场教学思想的盛宴。不论是教师或学生，不论是教育工作者或学生的家长，都能从中获益良多。

(原载《北京大学校报》，2010 年 6 月 17 日)

大学生的体质问题不容忽视

《北京青年报》2011年4月24日载北京大学"学生体质健康测评"结果，全校学生体测及格率为82.6%，约有1/4男生体测成绩不及格，约有四成女生的体重偏轻。理科学生的及格率更低于文科学生。又从新华网上看到，有新闻媒体于2012年9月21日报道，北大3500名参加军训的学生，在两周军训期间，医疗就诊人数有1298人，累计就诊达5649人次，上呼吸道感染者近600人。另在报纸上看到，大学生在军训期间或刚到就业岗位，就有猝死或肾衰竭等现象发生，这与上学期间体质不佳，心肺等器官的功能不健全密切相关。若长此以往，不加改善，不但影响学生专业学习上的深造，而且难以承担往后就业与生活的重担，更难以达到高质量、创新型人才的培养目标。

要改善当前这种状况，必须分析问题出现的原因。原因可能是多方面的。在应试教育的环境里，学生从小学到中学，就承受着课程、考试的层层负担，加上独生子女多，家长"望子成龙"心切，既追加压力，又过分溺爱，使许多孩子缺乏体育和独立生活方面的锻炼，容易造成身心不够健全的状态。上大学以后，课程庞杂，考试的负担仍不轻，而且面临着就业、报考研究生，以及各种来自社会的新压力。这些因素，若不合理引导，就可能影响到大学生的生理和心理素质。学校和家长都应当关注这种状况，尽可能减轻学生的心理负担，使学生的心态有所放松。但我认为，造成当前大学生体质不佳的主要原因，还在于大学里的某些风气和制度。

首先，缺乏比较严格合理的作息制度，作息时间很不规范。学生生活缺乏规律性，晚睡晚起已成当前多数大学生的通病。许多学生在晚12点以后才就寝。为什么睡得这么晚？据我了解，并不都是在紧张地读书、学习，而是习惯于耗时间，彼此影响，形成风气。好像不到12点以后，就难以入睡。当然，确有一部分同学，是在认真读书，写作业，学外语，或用电脑查阅资料，撰写论文。但这类学生并不占多数。比较多的，是在扎堆聊天，玩电脑游戏，出外闲逛，等等。这样，第二天早上势必起床较晚。早上8点开始的第一节课，有些同学进教室便显得精神不振，有打瞌睡的，有公然伏在课桌上进入梦乡的，还有不少旷课或姗姗来迟。

这种晚睡晚起的风气和习惯，至少有三个方面的不利影响：一是损害自己的身体健康。人的身体有如一座生物钟，其生息动静是有规律、有节奏的生命运动。医学科学家常说：晚上11点至凌晨3点，是最适合于人睡眠，也是人最需要睡眠的时间，在这段时间如果不睡眠，而作杂乱无章的耗费，显然有悖于生命节奏，损害身体健康。青年学生正值生长旺盛时期，这方面尤其值得重视，否则的话，虽然短期内可能不会显露危害，到中老年时期，各种疾病出现或险象环生，就后悔莫及了。二是影响和干扰别人的休息与健康。同在一个宿舍或一间房内住宿，如果就寝时间很不一致，就寝过晚或半夜归宿，就势必干扰别人，影响别人的正常作息。三是影响正常的教学和课堂秩序。每天上午本是人的精力比较旺盛，学习效率较高，因而比较适宜于排课的时间，可是由于许多学生晚睡晚起，迟到和精神不振的现象比较普遍，上午特别是第一、二节课的课堂秩序与效果，便受到严重干扰。有些学校的教务部门，为了避免这种影响和干扰，便尽量不排第一、二节的课，来迁就某些晚睡晚起的学生，这不但不是解决问题的办法，反而助长了这些学生的比较懒散的习气。

其次，当前的大学生缺乏经常锻炼身体的制度和习惯。许多学生以为，只有上体育课，参加某个专项代表队，或某些社团的训练和竞赛，才算是体育锻炼；至于经常性的锻炼活动，则多半置之脑后，没有形成观念和习惯。实际上参加有关体育社团(如登山队、游泳队、国际象棋社，等等)的，只是极少数学生，学校专项代表队成员的人数更少。至于体育课，本科生在四年学习期内，只需完成四个体育学分，每周只有一次体育课，而且只有一、二年级才有。这一周一次的体育课，对养成锻炼习惯，增强身体素质的作用，是成效甚微的，更何况不少学生把体育课看做“额外负担”，采取应付态度。所以，大多数学生在校的大部分时间，是基本上没有体育锻炼的。当然，使得学生体质下降的因素甚多，如普遍晚睡晚起的生活习惯，家庭经济条件，课程负担，对网络的依赖和使用电脑时间过长，等等。但缺乏经常性的体育锻炼，无疑是一个主要的原因。

由于平时缺乏体育锻炼，学校一年一度的学生运动会，便愈来愈不景气，除了极少数特招的“体育尖子”，能刷新点成绩，装点门面以外，绝大多数学生的成绩是不理想的，甚至有每况愈下的趋势。由于学生的体力不能适应，一些高校的学生运动会已不再设置男子5000米，女子1500米的长跑项目，或者把它改为男子1500米，女子800米。有的学校只好设计某些趣味运动项目，让运动会的竞技成分减少，游戏成分增多。据《北京青年报》2012年11月14日的一则报道称，在大学生自愿参加的运动会上，长跑项目已逐渐淡出，而在大学生必须参加的体育测试中，跑步也是“最不受欢迎”的项目。甚至在面临体育测试时，有的学生竟付费100—200元，寻求“代跑者”，其中女生居多。有的老师并不认识每个学生，因而“代跑”便能生效。一幅漫画描述了某些女生的心理。两位女生边走边调侃。一位女生说：“听说这次校运动会长跑项目又没人报名。”另一位女生回话：“这年头，谁还跑得动3000米呵?”一位大学体育教师反映：“现在大学生引体向上能一口气超过10个的，连10%都没有；某单位组织新上岗的应届毕业生进行体质测验，95%的人完不成引体向上。”凡是必须测试的项目，有些学生不得不去练练，而不测试的项目，便都不愿去练。许多学生之所以不愿参加中长跑项目，多半是由于心肺功能不够好。

以上现状和原因，希望引起有关部门和学校领导的高度重视。问题的严重性在于，长期以来，学校的某些制度不健全，大学生中逐渐形成了一种违背自然节奏的风气，一种积重难返的习惯，长此以往，对我们培养人才的教育事业，对我们民族的自强和兴旺，都极为不利，是决不可等闲视之的。学生是一个很大的群体，要改变某种习惯和风气，往往是相当困难的事。有些人知难而退，怕触动习俗，遭人埋怨，只愿因循守旧，得过且过。这是一种缺乏责任感的表现。殊不知青年一代，是祖国的希望所在。大学的基本任务，是培养高质量的现代化建设人才，大学生肩负着民族和社会的重托。他们的健康状况和精神风貌密切关系着民族和国家的未来。应当在大学生中建立良好的制度，培养符合时代要求，体现民族自强的精神风貌，使他们身体强健，朝气蓬勃，立志成才。这是我们学校领导，学生工作干部和广大教师的义不容辞的职责。其实，北京大学是有关心学生体质，重视体育锻炼的传统的。北大首任校长严复，就曾明确引进英国思想家斯宾塞的“三育论”即主张教育要使智育、德育和体育相结合。严复指出“教人之术”是“以睿智慧，练体力，厉德行三者为之纲”[①]。并且提出改变和提升国民素质的三纲目：“鼓民力”，

① 严复：《原强》，《严复诗文选》，北京：人民文学出版社，1959年，第15页。

“开民智”，“新民德”。新中国成立后北大首任校长马寅初更是坚持并带动学生进行体育锻炼的典范。他十分关心学生的身体健康，以身作则，曾按时与学生一起做广播体操，并多次向学生介绍自己的经验。他说自己自20岁进美国耶鲁大学学习后，便总是“有规律的生活和坚持不懈的锻炼”。“要有决心和恒心，是我四十余年来锻炼中唯一可以告诉青年同学们的‘秘诀’。”“早起，定时睡觉和饮食不过度是我的生活规律。”①

20世纪50年代，马寅初任北大校长时，他已年逾“古稀”，仍苦口婆心，并现身说法，有时还在路边为学生示范，俯下身子做起俯卧撑来。关爱之心，何其恳切。记得那时，每天清晨，绿树丛中传来阵阵读书声，未名湖畔，参加晨跑的人群，更是摩肩接踵，络绎不绝。每天下午四点半至晚饭前，是学校统一规定的体育锻炼的时间，学生纷纷涌向“棉花地”（现“五四运动场”）和东操场。有小组活动的，有个人活动的。种种球类，田径，器械活动，各选所好，活跃自如，一片欢腾气氛。冬天未名湖的溜冰场上，夏天红湖的游泳池中，更是燕园学子矫健英姿，一显身手的场所。令人遗憾的是，“文革”以后的几十年里，校园内难有静谧的学术环境。车马喧嚣，代替了朗朗读书声，再也见不到运动场上和未名湖畔那种生动活泼，一派生机的运动场面了。我们又是多么期望那种场面的再现！

当代青年学生，肩负着现代化建设的重任，他们面临着各种压力和挑战，只有强健的体魄和坚定的意志，才能胜任去承担。经常性的体育锻炼，不但可以增强人的体质，保持健康，而且可以磨砺人的意志，克服各种困难。但这需要领导重视，干部亲自动员和带头，并从制度上加以保证。总之，健全制度，形成习惯，酿成风气，努力唤回一个青年学子们的朝气蓬勃，奋发向上的天机。这正是我们殷切的期盼，为此，我郑重地向有关部门和学校领导提出以下建议：

第一，校内学生宿舍统一规定作息时间，并严格执行。一般晚上10：30就寝，11点集体宿舍内熄灯。早上7：00起床。（夏季与冬季可作适当调整）

第二，统一规定中午11：30至13：00为学生午餐和休息时间。此段时间内应当坚决不排课，以保证学生适当的休息。

第三，为维护课堂秩序和教学效果，应订立制度，严格防止迟到与无故

① 马寅初：《我是怎样保持健康的?》，《中国青年报》，1954年4月14日。

旷课现象。

第四，规定学生每周一至周五每天参加至少半小时的体育锻炼，规定每天下午 4:30 至 5:00 为法定锻炼时间。可在班内组织锻炼小组，按时组织和督促活动，养成习惯，形成经常锻炼的风气。

（原载《北大青年研究》，2013 年第 2 期）

改革思考

敢于突破、切中时弊的探索

——钱学森“大成智慧”教育设想刍议

科学大师钱学森先生历来重视哲学和教育，晚年更倾注心血，重点思考，总结经验教训，形成了“大成智慧学”的基本思想，留下了一笔珍贵遗产，也可看做他的一份思想遗嘱。其中关于我国教育发展的设想，高屋建瓴，极具胆识和卓见，令人耳目一新，值得高度重视和研究。

教育的奥秘，在于增长人的智慧，在于发掘和实现人的潜力。如何更有成效地培养富于智慧的创新性人才，是当今世界各国密切关注的一个焦点和难题，也正是钱先生晚年集中思考和设想的重大问题。

一、“大成智慧”的教育设想

钱先生十分赞许邓小平的“教育要面向现代化、面向世界、面向未来”的主张。正是面对21世纪科学技术迅猛发展和信息时代的来临，他逐渐形成了“集大成，得智慧”的教育总纲。这个总纲的目标，就是要培养新时代所急需的创新型人才。所以，我们也许可以把钱先生的设想概括为九个字：“集大成，得智慧，出人才”。在以信息革命为先导的“第五次产业革命”的浪潮中，应当充分利用高科技，特别是电子信息技术进行教育，实现智能的集成和飞跃，“使21世纪的中国人能在第五次产业革命和世界社会形态中发挥作用”[①]。

鉴于人才培养和竞争的迫切性，钱先生提出了一个大胆的整体学制改革的方案：

第一，八年一贯制的初级教育(4—12岁)，是打基础的阶段。

第二，高中加大学的五年教育(12—17岁)，要完成大成智慧学的学习。

第三，最后一年是“实习”，学成一个行业的专家，写成毕业论文，获得

① 钱学敏：《钱学森关于现代科学技术体系的构想及其“大成智慧学”》，《中国科学院研究生院学报》，1994年第5期，第9页。

硕士学位。年龄不过18岁。①

钱先生期望，在21世纪，中国青年能人人大学毕业，并成为硕士。

他对于硕士的具体要求是：第一，熟悉科学技术的体系，熟悉马克思主义哲学；第二，理、工、文、艺结合，有智慧；第三，熟悉信息网络，善于用电子计算机处理知识。②

钱先生说："这样的人是全才。我们从西方文艺复兴时期的全才伟人，走到19世纪中叶的理、工、文、艺分家的专家教育；再走到20世纪40年代理工结合加文、艺的教育体制；再走到今天的理、工、文(理、工加社科)结合的萌芽。到21世纪我们又回到像西方文艺复兴时期的全才了；但有一个不同：21世纪的全才并不否定专家，只是他，这位全才，大约只需一个星期的学习和锻炼，就可以从一个专业转入另一个不同的专业。这是全与专的辩证的统一。"他把21世纪的这种人才培养的要求看做"新一次的'文艺复兴'"③。

现代科学技术已经发展成一个严密而综合的体系，大成智慧学的基础和源泉，便是这个体系中广博的知识，还有体系外围的前科学知识库。钱先生认为："必集大成，才能得智慧！"所以，他指出："大成智慧的核心就是要打通各行、各业、各学科的界限，大学都敞开思路互相交流、互相促进，整个知识体系各科学技术部门之间都是相互渗透、相互促进的，人的创造性成果往往出现在这些交叉点上。"他并指出：掌握的学科"跨度越大，创新程度也越大。而这里的障碍是人们习惯中的部门分割、分隔、打不通，而大成智慧学却教我们总揽全局，洞察关系，所以促使我们突破障碍，从而做到大跨度的触类旁通，完成创新"。

由于现代信息革命，对于前人的知识和经验，用不着"皓首穷经"地读一辈子的书，都在计算机中存着，"只要你学会操作办法，去查就是了"。这就使大成智慧教育有了一个操作的路线。同时生产的社会变化，更使大成智慧教育显得必要。他说："从前人类的社会生产，体力劳动是主要的，脑力劳动所占比重较少，就是到资本主义社会也如此。信息革命带来的一个变化是，体力劳动会逐渐减少，而脑力劳动会逐渐增加，所占比重会超过体力劳动。

① 钱学敏：《钱学森关于现代科学技术体系的构想及其"大成智慧学"》，《中国科学院研究生院学报》，1994年第5期，第9页。

② 钱学敏：《钱学森科学思想研究》，西安：西安交通大学出版社，2008年，第191页。

③ 同上书，第184页。

即使从事体力劳动的人，也要有脑力劳动。所以，人类的劳动将重点从体力劳动转向脑力劳动。由于社会的发展，人民生活的改善，也能够提供这样的社会条件。由此可见，我们今天搞的这种大成智慧，不但是一门学问，而且是一场伟大的革命。”①

二、信息时代的呼声和民族传统的色彩

人类社会进入 21 世纪，科学与社会日益形成各种开放而复杂的巨系统，其中包含多层次、多结构的子系统，迫切要求哲学和科学，从各门科学之间的研究互相沟通、互相吸取、互相融合中开创新的研究途径。在钱先生看来，这就更需要运用总体性的辩证法，建立“总体设计部”，从以往科技革命、工程实践和社会改革的经验教训中，提炼出“从定性到定量的综合集成法”，即“大成智慧工程”，群策群力，集思广益，集中各学科、各方面的智慧，逐步分析、研究、解决自然、社会和人的关系中的各种复杂性问题。这就需要各类人才，特别是创新型的杰出人才。

从人类文明史来看，不同民族曾经开创过不同类型的文明。21 世纪正是信息社会急剧变革的时代。一个发展中的民族要攀登科学高峰，走向世界前列，决不能尾随列强，亦步亦趋，迫切需要一代新人，从科学体系、思维模式、价值观念、技术成就等方面，实现元创式的创新，创造出适应时代要求并富于民族特色的新的文明类型。历史悠久、人口众多的中华民族，应当对人类作出更大的贡献，在新的基础上再创“先秦文明”的辉煌。

大学是一个国家和民族的科学、文化的重镇，应当成为培养创新人才的基地和摇篮，一所有影响的研究型大学，尤应培养元创性杰出人才。可是，当前国内的许多大学，比较普遍地缺乏创新的精神与能力，存在着影响创新人才培养的种种障碍，诸如官僚体制的压抑、行政力量的手段、民主学风的薄弱、市场机制的浸染，以及教学内容的陈旧，等等。这些障碍不排除，校园氛围不转变，创新之风难以形成，创新人才，特别是元创性杰出人才，断难出现。

2005 年 3 月 29 日，钱先生在向涂元季等人谈话时指出：“今天，党和国家都很重视科技创新问题，投入了不少钱搞什么‘创新工程’，‘创新计划’等

① 钱学敏：《钱学森科学思想研究》，西安：西安交通大学出版社，2008 年，第 106 页。

等，这是必要的。但我觉得更重要的是要具有创新思想的人才。问题在于，中国还没有一所大学能够按照培养科学技术发明创造人才的模式去办学，都是些人云亦云、一般化的，没有自己独特的创新东西，受封建思想的影响，一直是这个样子。我看，这是中国当前的一个很大问题。”[①]2005 年 7 月 30 日，钱老在病榻上向前来探望的温家宝总理再次重申了上述看法，并且语重心长地说：现在中国的大学“老是‘冒’不出杰出人才。这是很大的问题。”[②]可见钱老反复谈及，直指要害，即当前中国的大学缺乏创新精神，缺乏培养人才的办学模式，无法使创新人才脱颖而出。这是切中时弊的论断。

钱老提出的大成智慧教育方案，就是积极解决问题的基本途径和举措。这个方案不是就事论事，而是高瞻远瞩的。它表达了新时代的呼声，与国际先进教育的主潮相一致，又富于民族传统思想的特色。这种特色何在呢？

1.“大成”之大

人类智慧本是哲学的内涵，如黑格尔所说，是“人类精神的反思”，或如马克思所说“时代精神的精华”。至于“大成”概念的渊源可以追溯到我国最早的一部教育学著作《礼记·学记》。“九年知类通达，强立而不反，谓之大成。”又古人常说：“海纳百川，有容乃大”，“圆通广大”，等等。钱老所说的“大成智慧”，就是要集古今中外智慧之大成，集中和沟通现代哲学与科学系统之最高成就。其语言表达，富于民族色彩。

2. 治学与做人

我国古代最大教育家孔子十分重视道德修养。他说：“君子博学于文，约之以礼。”又说：“修己以安人”，奠定了治学与做人相统一的传统。西方的教育，主要强调智育，不大讲德育。我国现代最大教育家蔡元培，在引进德国洪堡教育经验的同时，是十分重视德育的，他在北大亲自创立道德促进会，并且强调通过美育陶冶人的情感，主张德育、智育、体育、美育的结合，要求塑造健全的人格，培养全面发展的人。他是希望在中国培养出大科学家、大学问家、大哲学家。在 20 世纪的头 50 年内，确实出现过一大批这样的人才。钱先生所说的“智慧”，不是单纯的学习、掌握知识，而是“理、工、文、

① 涂元季等：《钱学森的最后一次系统谈话——谈科技创新人才的培养问题》，《人民日报》，2009 年 11 月 5 日。

② 同上。

艺”的结合，是知、情、意的统一，是科学精神与人文精神的融合。他主张德、智、体、美、劳五育齐进。他要求培养出的创新型人才，是为人类作贡献，对社会有高度责任感，有着高尚情操和艺术素养的人才。这显然继承和发挥了我国从孔夫子到蔡元培的教育思想传统。

3. 和谐与结合

强调结合，讲究和谐，是“大成智慧”的显著特点。钱先生反对机械论观点，反对僵化、教条的习气，反对学科之间的人为割裂，防止人与学科的孤立、片面的发展。在学术研究上，他强调各门学科之间的沟通与交叉，哲学与科学的结合、理论与实践的结合、宏观与微观的结合、人脑与电脑、人与机器的结合，等等；在人才培养上，他强调理、工、文、艺的结合，德育与智育的结合，理论知识与经验知识的结合，等等。总之，钱先生把科学、社会和人都看做一个完整的系统，他要求通过各种结合的途径与方式，使之达到和谐、全面的发展。这与我国的“和而不同”、讲究“会通”、“和合”的传统思想是一脉相承的。

可见钱先生关于大成智慧的教育思想，有着时代精神与民族传统相结合的特点。

三、“大成智慧”与大学之“大”

“大成智慧”要求思想智慧上的博大深厚，这与大学之“大”密切相关。英语 university 一词，本有博大的含义，universe，即指宇宙、世界、全人类。但一所有影响的大学，是一种科学、文化的标志。大学之大，主要体现在科学、文化水平和精神境界上。蔡元培曾说：“各国大学，哲学之唯心论与唯物论，文学、美术之理想派与写实派，计学之干涉论与放任论，伦理学之动机论与功利论，宇宙论之乐天观与厌世观，常樊然并峙于其中，此思想自由之通则，而大学之所以为大也。”①

可是，近些年来，上行下效，人们对大学之“大”，产生了某些误解。许多学校在学校名称、校园规模、招生人数以及楼堂馆所上竞相追逐一个“大”字，造成师资力量短缺、教育质量滑坡、就业日趋紧张，乃是不争的事实。其实大学之所以为大，就今日笔者之理解，主要在于四个方面，即性质上研

① 杨东平：《大学精神》，上海：文汇出版社，2003年，第4页。

究高深学问之大；学术上兼容并包，思想自由之大；师资上大师引领学术之大；教学上内容广博通达之大，而不在于追逐规模、数量，虚张声势。

钱老的“集大成，得智慧”的真义，也是要求在教学内容、学问研究和人才培养上，集中与综合各门学科的成就，集中与综合古今中外的智慧，重视学科前沿和学科之间的交叉，防止治学上的偏狭、保守和孤陋寡闻；要求在广泛综合的基础上占领制高点，攀登科学的高峰，培养出高质量的创新人才。他在 1994 年说：“大成智慧的核心就是要打通各行、各业、各学科的界限，大家都敞开思路，互相交流、互相促进，”“跨度越大，创新程度也越大。而这里的障碍是人们习惯的部门分割、分隔、打不通。而大成智慧学却教我们总揽全局，洞察关系，所以促使我们突破障碍，从而做到大跨度的触类旁通、完成创新。”①这与当今国际上通识教育的主潮是一致的，但钱老的方向与标准更高，显得更有气势。同时他更加重视各门学科之间的相互沟通、渗透和促进，更加重视通识教育与专业教育的结合、通才与专才培养的结合。

四、辩证法与总体性设计

“总体性”或“整体”，是辩证法的重要概念。钱老反复强调，“要从整体上考虑并解决问题”。就是要全局在胸，运筹帷幄。辩证法认为，总体是由部分构成的，总体不能离开局部，但总体又是统率部分的。总体性观点高于局部性观点，总体优于或大于部分的总和。局部性见解，特别是本位主义观点，与总体性眼光相比，是相关甚远的。钱老多次提出“建立总体设计部”的建议，如“国民经济总体设计部”、“从事社会主义建设的总体设计部”，等等。对于各个领域和部门，他要求进行总体的分析、论证、设计、规划，抓住关键，协调配合，提供科学的决策和方案。这是高瞻远瞩的战略眼光，也是切中时弊的卓越见解。我们当前的教育，往往缺乏长远而通盘的思考，脑子一热，就作决策、下文件，往往捉襟见肘，形成短期行为，结果出台的决策甚多，实际成效甚少，负面影响却频频出现。比如，前不久，教育有关部门拟出了一个“‘基础学科拔尖学生培养计划’工作方案(草案)”，要求选择 10 所高水平研究型大学，每年选拔 500 名特别优秀的本科生，由国家给予专项经费和特殊政策支持，无非是请名师，开小灶，办特殊尖子班。其实这类做法，过去

① 钱学敏：《钱学森科学思想研究》，西安：西安交通大学出版社，2008 年，第 185 页。

已试行多次，什么“神童少年班”、“理科试验班”、“文科实验班”，等等，培养了杰出人才么？几经之后，大都不了了之。若不认真总结经验教训，拓展新的战略视野和通盘思考，那么这类“培养计划”只不过是重复旧路，“揠苗助长”而已。比起钱老的“大成智慧”的教育设想，在思想水平与境界上实在相距甚远。建议他们认真学习、研究一下钱老的“大成智慧学”。

五、学制草图和探索的天地

钱老提出了一个缩短学制的蓝图。这是对既定学制的一个大胆的突破。4岁入学，到12岁，完成初级教育(基础教育)，相当于现在的初中毕业，提前了三年左右。按现代儿童心理和生理学研究，3岁至6岁，是人的大脑激活期，在这个至关重要的时期开始上学，可能有利于智力的发展。接着，从12岁到17岁，完成大成智慧的学习，相当于现在的大学本科毕业。然后，18岁达到硕士层次。这样，学制大大缩短，达到硕士学位，比当前学制提前5年左右。这是否过于理想？是否可能实现？值得认真研究和试点。这个设想可能是基于科学发明、创造的一般年龄段规律。我不懂心理、生理学关于大脑机制的研究。据说人的大脑一般到25岁左右停止发育。从18岁到25岁期间进入最积极科学探索，可能极有利于科学技术上的发明创造。当然，自然科学领域与社会、人文领域会有很大的差别；自然领域各学科之间也不尽相同。从科技史上看，许多重大发明创造者，25岁左右往往是思想最具活力的时期。比如现代物理学的奠基人爱因斯坦的狭义相对论，16岁已有萌芽，25岁时正式发表。与牛顿一起发现微积分的莱布尼兹，发现时的年龄也在20多岁。钱老设想完成大成智慧学硕士，是18岁，正可积极准备进入创新活动时期，因而在学制上是比较理想的安排。但这要从钱老所说的三方面具体要求作为前提：熟悉科学技术体系和马克思主义哲学；具备理、工、文、艺相结合的智慧；熟悉信息网络，善于利用电脑。

钱老关于崭新学制的设想十分新颖，颇具魅力。这是为了更快、更早、更有成效地培养创新人才的方案。但是，要试验和实现这个新方案，估计会遇到不少困难和阻力。一百多年流行的制度、习惯与观念，短期内难于改变；适应新方案所需要具备的共识、师资、课程、教材等条件，都需付出艰辛的努力和长期的探索。所幸现在已有少数学校在开始试验，可以在近几年内逐步实践，摸索经验，有力地迈出新的步伐。这是我们教育事业、人才培养的一种新的希望。

应当看到，当前真正重视并认真研究大成智慧教育设想的人，还只是极少量的人。撰写有关著作和文章的，主要是钱老的亲属、弟子和个别从事教育研究的人。钱老的比较超前的教育设想，尚未引起领导及有关部门的足够的重视。广大教育工作者还不大了解，或不大理解。因此，应当加深研究，大力宣传，积极推动，并结合教育改革和教学工作实践，从大成智慧学中吸取营养和教益，从自己做起，不断地提高精神境界。同时，也应当看到，钱老设想的方向是前瞻的，但还是初步的，有的还只是一个草图，还不够完善和成熟，有的尚需接受实践的进一步检验，需要在实践中实事求是地理解和发挥，应当耐心听取不同的甚至相反的意见，使之逐步完善和成熟。这是我们义不容辞的责任，也是我们对教育事业、对钱老的一种真正负责的态度。

（原载《现代大学教育》，2010 年第 3 期）

开启一流师资与人才的源头活水

——关于北大的教师体制改革问题

北大当前的教育改革，已经引起国内外的瞩目和争议。为了创建世界一流大学，为我国现代化建设培养高质量的创新型人才，教育改革的深化是势在必行的。

一、两方面改革的相互推动

近年来北大的教育改革涉及很多方面，当前主要表现在两个方面：

一是本科生教学体制的改革，正在逐步推开。它要求低年级实行通识教育，高年级实行宽口径的专业教育；同时，逐步实施在教学计划和导师指导下的自由选课学分制。为此，北大两年来，已在全校推行以通识教育和素质教育为目标的通选课建设，开设试行改革的“元培计划”实验班。这是认真总结北大本科教育的经验教训，积极吸取国际著名大学的先进经验而作出的重大举措。改革主要针对以往计划经济，特别是苏联教育模式对我国高等教育长期而严重的影响。苏联模式的基本特点是：片面强调专业教育和专业对口，划分专业过窄过细，极具不利于研究型、复合型人才的成长，不利于学生知识领域的扩展，也不利于学生对职业和志愿的自由选择。从体制上解除这种模式的束缚，充分调动学生学习的主动性和创造性，早已是十分紧迫的任务了。这方面的改革，虽然也会受到某些旧的教学习惯、制度的阻力，但从总体上得到了广大师生的理解和支持。

二是教师结构和职称评审体制的改革，正在反复酝酿。它要求在教师队伍中采取合同聘任、分级流动等制度，形成校内外人才流动和竞争的机制；教师聘任和职称晋升必须坚持学术标准第一和公开、公平、公正的原则，建立“教授会议”的评议机制，并加强同行评议，特别是校外专家评议的作用。同时还规定教师职称的有限聘期和有限申请晋升次数等措施，在讲师和副教授队伍中实行择优和分流。改革主要针对长期形成的比较僵化、封闭的教师任用、评审和晋升的制度，目的在于促进人才合理流动，建立一支具有活力与竞争力的教师队伍，提高整体水平，积极培育各方面优秀人才脱颖而出的良好环境。

以上两个方面的改革，都具有迫切而深远的意义，而且是从学与教的两个基本方面达到相辅相成的效果。宽基础的通识教育和宽口径的专业教育，迫切要求教师水平和素养的整体提高，而不断优化和更新的师资队伍，势必带来显著改观的教学风貌。不过，相对而言，第二方面的改革，由于触及到相当多人的切身利益和命运，引起的波动较大，争议较多，推行的难度也更为显著，但却具有更为根本的性质，因而也是本文重点讨论的问题。

二、争创一流大学的关键所在

原清华大学校长梅贻琦说过："大学者非大楼之谓，乃大师之谓也。"这是一句至理名言。没有世界一流的师资，没有一批学术水平很高，从而在世界上某些领域有发言权和竞争力的著名学者，何来世界一流大学？在一个大学里，直接与教学相关的主要是三部分人：以校长为首的管理队伍、学生、教师。其中教师是相对稳定的力量，而且教师是教学和科研任务的直接承担者，学校传统和水平的集中体现者。励精图治、殚精竭虑地建设一支高水平的师资队伍，乃是争创世界一流大学的根本大计。离开或者忽视这个根本大计，争创世界一流大学的目标，是怎么也无法实现的。

是的，作为一所历史悠久的全国重点大学，由于传统的积累、国家的支持、社会的赞助，具有培养人才的相当有利的条件。特别是改革开放以来，经过拨乱反正，落实知识分子政策，又有显著的进步和发展。总的说来，学科比较齐全，图书、实验条件比较优越，师资力量具有相对优势。但与世界一流大学相比，却有很大的差距。同时，我们应当看到，由于社会历史的原因和特定制度的缺陷，当前教师队伍也存在某些严重的局限和弱点。不可忘记，我国的知识分子和广大教师，先后经受了两次大的冲击。一是历次政治运动和一系列意识形态大批判，特别是"十年动乱"的大冲击。老一辈和年长知识分子受害最大，其他人也间接受到影响。二是市场经济大潮的冲击。市场经济一方面推动了经济建设的快速发展，促进了人才的成长与竞争，另一方面又造成了急功近利之风，整个社会出现道德滑坡，人文精神衰退的现象。校园内从上到下，忙于"业绩"和"创收"，学术氛围逐渐淡薄。这不能不严重侵蚀教育事业和教师队伍。

目前在北大校园内，“五四”和新文化运动的倡导者、参加者早已不见身影；“五四”以来出现的那些融合中西、博古通今且德高望重的大师级人物，已成凤毛麟角；新中国成立前后以至“文革”前毕业的那一大批功底比较扎实、敬业精神比较专一的教师，也已陆续退出教学岗位。因此，北大创建世界一流大学的重任，不能不落在新一代教师的肩上。应当看到，近 20 多年来成长的教师，有思想开阔、反应敏锐和知识面宽的优点，其中脱颖而出的新型人才十分可喜。但也有很多人心情比较浮躁，甘心长期坐冷板凳，潜心于学术研究的人不多。从体制上看，长期以来，高校范围的队伍比较封闭，结构、来源比较单一，人才流动不畅，缺乏竞争和新陈代谢的机制。近些年来，虽有某些改观，注意吸收校外和留学归国的人才，但总的格局缺乏突破。各校的具体政策也有所不同，在吸引、招聘人才上，有的比较主动、灵活，有的比较被动、保守。在教师的职称评审和晋升中，比较普遍地出现制度不健全、掌握学术准则不严格的问题，致使教授职称泛滥，人数爆满和超编。这就更加加深了吸引、招聘新颖人才的难度。

因此，从历史到现状，教师的水平迫切需要从整体上提高，教师队伍也需要不断地更新，才能适应争创世界一流大学的要求。这正是北大当前提出的“教师聘任和职务晋升制度改革方案”的客观依据。从全局出发，放眼未来，我们理应成为这场改革的支持者和促进派。

三、改革争议中寄予的希望

改革方案自 2003 年 5 月提出后，从改革的必要性和重要性上说，大多数人是承认和支持的。大家都认为，北大不能满足于现状，只有建立合理的人才流动和筛选的机制，增强教师队伍的活力和竞争力，才能有一流的教师，提供一流的教育，争创一流的大学。希望显然只能来自锐意而坚韧的改革。但在酝酿改革方案的过程中，也出现了不少诘难、批评和争议。涉及较多的主要有以下三个问题。

1. 改革的重点与突破口问题

重点显然是教师的队伍和结构，突破口在于教师的聘任和职务晋升制度。这项改革本应在实行教师岗位津贴制之前基本完成的，现在可以说是进行某种“补课”。

有人提出，行政领导的问题最突出，有关人事制度的改革，为什么不先从行政领导着手？有人说，后勤队伍庞杂，问题多，为什么不先改革后勤部门？这都有一定的道理，改革是需要全面而配套地进行，几个方面都有艰巨的改革任务。但是，争创世界一流大学，师资问题显然是重中之重。在纷繁复杂的任务中，如果不分先后，全面开花，恐怕很难奏效。改革也只能逐步展开。只有首先通过改革，建立起一种便于人才竞争、人才更新的体制，才能促进教师整体水平和质量的提高，促进卓越人才的出现。仅靠校内留任、提升，“近亲繁殖”，不利于人才的成长和优化；比较僵化、封闭的教师队伍和结构，往往阻碍交叉学科的发展和新型人才的出现。因此，这项体制改革的重点和突破口的选定，是争创世界一流大学的目标和改革发展的形势决定的。改革方案中提出限定教师申请职称晋升的年头和次数，涉及一些年轻教师的利益和前程，有些人感到压力比较大，提出的诘难比较多。比如说：“不要把眼睛光盯在讲师和副教授身上，问题主要在‘教授’那一档上。”是的，近些年来，在教授职称的评审中，确有不以学术水平为准、评审不公的现象，有些长期不从事教学、缺乏高质量学术研究成果的人，也都获得了“教授”甚至“博导”的头衔。这种不正常的状况，实际意味着学术的贬值，是应当认真总结经验教训的。但这不也正是说明，教师职称的评审和晋升制度迫切需要改革，需要坚持学术准则、从严要求么？在改革中，对于已经晋升教授的教师，应当提出在教学和科研上加强检查、督促的制度与措施，明确规定并认真执行教授的定期延聘、改聘和退聘的制度。这样，改革就不只是针对年轻教师的事了。应当看到，一种有进有出，合理分流，具有活力和竞争力的教师在编体制，对所有的教师都有积极的督促和激励作用，而那种封闭的吃大锅饭、人人都可熬出个教授头衔的体制，不但不利于新型人才的出现，而且容易助长某些依赖和惰性的心理。因此，我们不应也不会因个人的晋升、转岗感到压力而对改革的必要性产生些微的动摇。其实，从另一方面讲，青年教师多承受一点压力，可能对他们发奋图强，迅速成长，早日成才更为有利。

2. 如何严格和健全教师的聘任和晋升制度问题

这是当前改革的中心内容，也是引起议论最多的问题。教师，应当是由学校聘任的，聘任有一定的年限，到期由学校决定延聘、改聘或退聘。蔡元培就曾主持通过《北京大学教师延聘实施细则》。他主张以是否“积学与热心”为准则。所谓“积学”，就是治学功底、学术水平；而“热心”，显然就是对教学和学生的热诚负责。他说：“延聘教员，不但是求有学问的，还要求于学问上很有研究的兴趣，并能引起学生的研究兴趣的。”可见他对教师的学术水平和教学效果，都是严格要求的。是延聘，还是退聘？由教授开会决定，校长认可。他坚持原则，不畏权势，不徇私情。可是，多年以来，我们却把这个从严要求的传统基本上丢了。这次改革方案试图恢复和弘扬这个传统，明确提出了若干基本原则和实施意见。在改革的方向上是得到大多数教师支持的。至于某些规定和细节，则有不少分歧。在众多的意见中，较多地批评了两个倾向：(1)目光过分向外。比如，在总的改革方案上，主要着眼于国外大学的经验，对中国的实际、北大的历史与现状注视不够；在招聘、吸引人才上，主要着眼于国外、校外的力量，对校内教师的培养、提高重视不够；在教师晋升的条件上，原来的方案提到：能用一门外语授课。这一条受到某些教师的尖锐批评，争议比较激烈。修改方案中未再提及。(2)过分依据看得见摸得着的东西。比如，对聘任合同的年限、申请职务晋升的次数限制等，规定得比较明确、具体，而对于各级职称晋升的条件、学术标准等，则提得比较含糊、笼统，不便于具体掌握和操作。改革方案中有关一定年限内出生的人晋升职称必须有博士学位的规定，则有过分讲究学历、学位之嫌。实际上校外不少有真才实学之士，都是通过独特的艰苦途径自学成才的。蔡元培、胡适当年在北大不是就聘请了一批并无大学学历如梁漱溟、沈从文等饱学多才之士么？更何况如今的学位、学历还包含着若干渗进的泡沫和水分呢！

3. 北大的改革能否顺利进行的问题

有人担心，在高校整个体制未作根本触动、文化氛围未能基本优化的条件下，北大的教育改革能否行得通？能否坚持到底？这不是没有根据的忧虑。要把这场改革富有成效地坚持下去，的确会遇到不少困难和阻力。要完整实现现代大学的理念，达到学术自由、办学自主、教授治校、民主管理等各项目标，还有很长的路要走。实际上，高教改革一直在进行，至今势头不减，社会各个方面的改革都在积极开展。应该看到，北大当前的改革，是得到社会的呼应和支持的。再者，鲁迅不是说过，“北大是常为新的，改进运动的先锋”么？在大势所趋的改革中，北大不正是应当走在前列么？而且，即使这场改革的某些方面暂时得不到应有的理解和支持，只要认准了正确的方向，在认真听取群众意见的前提下，就可以颇具胆识地“走着他自己的路”。这不正是北大人的传统性格么？北大人再不能像前些年那样，被挟持在世俗潮流中，推垮南墙，大开商店，办损坏学术氛围的蠢事了。那种一味鼓吹“创收”的“改革”，绝不是真正的改革。改革必须循着繁荣学术、发展教育、培养人才的方向前进。当然，来自各个方面的意见，都应当认真地分析与思索，努力修改和充实改革的方案。

我们从北大的锐意改革中看到北大的希望，看到争创世界一流大学的希望。然而，这种希望究竟有多大？将决定于改革的力度和考虑周全的政策，切合实际的步骤，以及密切联系群众的作风。改革决不能半途而废，也不能在方向、原则上变形。对于那些敢于提出改革方案，并善于坚持改革的中坚力量，我们是怀着敬意并愿积极支持的。借用朱熹的一首《观书有感》的诗，也许可以从一个侧面说明这场改革的含义：

半亩方塘一鉴开，天光云影共徘徊。
问渠那得清如许？为有源头活水来。

（2006 年 11 月）

大学的导向

——有感于校庆、系庆活动

我国废科举，兴学校，已有一百多年的历史。我所在这所大学的前身，正诞生于戊戌变法之年。百年沧桑，时光易逝。眼下各地百年校庆、系庆之类的活动，连连出现。校（系）友团聚，畅叙往事，学术交流，增进共识，本属合理之盛举。但在庆祝声中也显出两种倾向：一是崇尚“官本位”；二是专事“评功摆好”。

所谓“官本位”，就是以官阶、官位作为价值标准。这本是封建官僚制度的产物，不知为何盛行于现时，亦弥漫于高等学府。与官本位相联系，还有一个“富本位”。纪念册上“著名校友”的名单，庆祝会上首列就座的名次，多半突出官员和富豪的位置，甚至以官阶大小、富豪等级排位，学者反在他们之下。这便有一个价值观念和思想导向问题。一所大学，不以学术、学者为重，却似乎以培养出高官和富豪，并受到他们的青睐为荣。这使大学有“异化”之嫌。蔡元培曾多次说明大学之性质：“共同研究学术之机关”，“囊括大典，网罗众家”之学府。并且融合中西文化之传统，精心提出“兼容并包，思想自由”的方针。他是希望在大学培养出大的科学家、学问家、思想家和哲学家来的。这才是民族兴旺的保证。在就职北大校长之演说中，他谆谆告诫学生转变做官发财的思想，要求学生“抱定宗旨，为求学而来。入法科者，非为做官；入商科者，非为致富。宗旨既定，自趋正轨”。在1918年的开学演说词中他又说：“大学为纯粹研究学问之机关，不可视为养成资格之所，亦不可视为贩卖知识之所。学者当有研究学问之兴趣，尤当养成学问家之人格。”近百年来，与蔡元培当年的大学与要求相比，与西南联大的校风、学风相比，如今校园内的学术风气却日趋淡薄，而官风、商风却甚嚣尘上。人们不禁要问：大学的性质与宗旨是否在逐渐发生蜕变？“钱学森之问”（今日大学为何培养不出大师？）也确实道出了对当前高等教育质量的普遍疑虑。

所谓“评功摆好”，就是一味炫耀成绩，津津乐道于培养了多少学生，出版了多少教材、著作，争取到多少课题、项目，获得了多少奖励、资助，等等。有人说，以往的“批评与自我批评”的传统作风，如今都变成了“表扬与自我表扬”。此言大致不差。当然，一所大学，或一个院系，在建立周年纪念时，认真肯定成绩，发扬优势，鼓励先进，并作一定的宣传，是必要的，这有利于总结经验，增强信心，继续前进，但也应侧重于学术水平与质量。如果单纯地评功摆好，而且虚张声势，只讲数量，不讲质量，对于缺点错误和走过的弯路，不作任何清理与反思，不总结教训，就容易自我膨胀，还可能重蹈错误的覆辙。不可遗忘的是，1922 年，北大校庆 25 周年时，学校当局的领导者并未宣扬名人与成绩。时任北大教务长的胡适，对北大的“暴得大名”颇为不安，在一篇时评中，他要求北大师生忘掉自己的“虚名”切实反思自己的学术成果究竟如何，是否存在不正之风。李大钊在发表“纪念感言”时，着重批评了北大“学术上的贡献实在太贫乏了”。他认为“只有学术上的发展值得作大学的纪念”。2011 年，美国麻省理工学院在纪念建校 150 周年时郑重宣布：“不但要向以往的成就和贡献者致敬，而且将举行严肃的反思活动，思考如何继续走近研究的前沿及世界面临的最紧迫的问题。”这种从反思学术的角度来纪念校(系)庆的主张，是真正有气魄、有远见的思想，是值得我们认真学习和记取的。我们应当着重反思什么呢？因校(系)而异。比如，几十年来我们培养出大的科学家、思想家来了么？我们的经验和教训在哪里？我们的各项学术成果，包括教材和重大科研课题的成果，有多少是经得起时间与历史的检验并在国内外产生显著影响的呢？当前是否存在学术浮躁和学术腐败的问题，应当如何转变或解决呢？1997 年，在迎接北京大学即将来临的百年校庆时，我曾向学校领导提出过八点建议。这八点建议在当时的北大校刊上发表时，一些重要的建议和段落令人遗憾地被删去，现补充摘录如下：

一、研究和写出一部比较完整和像样的校史

80 年代出版的《北京大学校史》，按照革命史和党史的段落分期，侧重于政治和学生运动，并不符合北大史实和教育发展的要求；后来出版的《西南联大校史》，材料比较翔实，有一定特色，但也不是整个北大的校史。今天，应当侧重于教育发展、人才培养和学术文化建设的角度，追溯北大光辉而曲折的历程，揭示教育、学术自身的特点和规律。认真组织有研究和兴趣的学者，多方搜集、整理资料，深入研究和写出一部比较完整而像样的校史，是有重大而现实的意义。

二、揭示和发扬北大的基本传统与优良校风

北大是“五四”运动的发源地，历次爱国学生运动的中坚，有着光荣的爱国主义传统，这无疑是应当继承和发扬的一面。同时，自蔡元培校长实行“兼容并包，思想自由”的方针以来，又在教育和学术，文化事业上开创一代新风，使人才荟萃，学术兴旺，硕果累累，这对于“最高学府”的北大，确是更为基本的一面。从发展学术，教育和培育建设人才的角度看，北大的基本传统或富于特色的校风究竟是什么？这应当从追溯、研究校史中得出比较确切的判断，也是我们今天应当深思和讨论的问题。我经过充分思考得出的看法是：蔡元培最具成效的办学方针“兼容并包，思想自由”，便是北大影响深远，挥之不去的一种氛围和气象，它是北大的基本传统和校风。是不是明确肯定，或者是不是全面坚持这种传统，决定着北大在教育、文化事业中的兴衰、成败。

三、着重总结培养人才的基本经验

北大当前的一项基本任务，是为祖国的现代化建设培养高质量的人才。教书育人，是教师合二而一的职责，学生也应当立志成才。值得深思的问题是：为什么在蔡元培任校长期间和西南联大的艰苦奋斗时期，北大曾经人才辈出，一批又一批蜚声中外的学者得以涌现，而近几十年来却相形见绌了呢？人才的成长，需要良好的学术氛围和文化环境，也需要坚忍不拔的社会责任感。一百年来，北大培养人才，特别是培养人文科学人才的基本经验和教训究竟是什么？是一个值得认真总结和探讨的问题。

四、积极酝酿和创作一首催人奋进的校歌

回顾历史，立足现实，展望未来，北大人应当有自己的一首校歌，可是遗憾的是，长期没有。应当把时代的精神与北大的特色融合起来，把优美的旋律与诗的语言融合起来。让北大人气宇轩昂地唱出自己的志向和风貌。此事说来容易做来难，但只要组织创作班子，充分发动群众，是不难实现的。

五、把《北大学报》和《北大校报》办得更好、更活跃

《北大学报》和《北大校报》是学术探讨和宣传报道的重要阵地。希望把学报办得更加具有北大严谨治学、自由探讨的学术特色，加强国际学术信息的交流，深入开展不同学派、不同学术观点的争鸣。希望校报更

好地加强校园文明和精神文明建设，创造良好的学术、文化氛围。可以更加贴近群众的生活与呼声，经常开展多方面的批评与建议活动。在一个个这样大的学校里，校报至少要办成周刊。

六、充分发挥图书馆的作用

有一个藏书十分丰富的图书馆，这是北大的重要优势之一。经过扩建，各方面的条件更好，但应充分发挥作用。希望及时采编新书，健全制度，改进操作方法，方便群众。双休日，也正是部分师生勤于攻读的有利时机。可以学习国外某些图书馆的优点，创造条件在节假日照常开放。

七、尽力加强校园文明建设

让北大尽量向社会开放，这也是蔡元培校长的一个主张。北大已成为国内外文化交流的一个重要窗口，每天进出北大的人，络绎不绝。应当大力整顿校园环境，培育学术氛围，活跃校园文化生活，给人们以良好的人文气息，并让人们更好地了解北大。

纪念校庆，应当更加重视蔡元培的大学理念，更加突出蔡元培的地位与贡献。我郑重地建议将蔡元培的塑像从湖旁偏僻的一隅，移至百年大讲堂前面或正对西校门的空地上。让蔡元培的形象与魅力永远活在北大人的心坎上。

总之，我们纪念校庆或系庆，要多在“人”字上，多在如何繁荣学术和培育人才方面下工夫，从长远思考。这是一种高层次的富于精神内涵的活动过程。

八、通过各种形式，发动群众讨论应当如何纪念校庆或系庆。

除了反对前述两种倾向，提出以上八点建议以外，我们似乎还可倡导两种精神：

一是学术独立的精神。学术水平是一所大学地位、作用的标志。尊重和繁荣学术，积极培养高质量的学术人才，是大学的神圣天职。崇高的学术研究，本质上要求独立与自由，那种失去独立与自由的学术，便不是真正的学术。学者应当克服任何依附性，在学术上不依附于权威，不依附于他人，不依附于任何势力，进行独立的思考与研究。当代中国的学者和知识分子中，如陈寅恪、熊十力、马寅初、梁漱溟、顾准等人，他们是大学问家，并始终保持了学术独立的精神品格。他们以学术的是非为最高是非，不随声附和，也不屈意顺从，为了坚持真理而不顾及个人的利益以至生命。他们有一种正直学者的“浩然正气”，能真正做到“富贵不能淫，贫贱不能移，威武不能屈”。他们是当代中华民族的瑰宝，如鲁迅所说的“民族的脊梁”。这种保持学术独立的精神品格，是当代我国知识分子比较缺乏而又最值得倡导和树立的风范。大学应当为表率。

二是奉献人类的精神。个人与社会，本来是水乳交融的关系。我们这个社会，历来又是强调“为人民服务”的。普通士兵雷锋，县级干部焦裕禄，都是全力奉献的典范，人们心中的楷模。然而，曾几何时，市场经济的大潮，既催进了经济的繁荣，也调动了人们的私欲。逐渐地讲赚取的多了，讲奉献的少了。“一切向前看”逐渐地变成了“一切向钱看”。知识分子也难脱这一窠臼。英国哲学家罗素曾经赞赏我国老子的“为而不有”的思想。罗素认为人有两种冲动：一是占有的冲动；二是创造的冲动。当创造的冲动占主导地位时，这个社会就会进步而繁荣；而当占有的冲动占主导地位时，社会就会落后而衰败。老子的思想就是要削弱占有的冲动，扩展创造的冲动。蔡元培之所以特别强调美育，也是因为美感和审美能力的培育，具有超脱功利的性质，而又有利于发展个性，使人们在审美中逐渐减少占有的冲动。这是我们的教育迫切而又具深远意义的任务。当前人们所称“公共知识分子”，也是表示对人类公共事业有一种责任感，应为之尽力作贡献。这与中国传统思想所讲“士”“以天下为己任”的观念是吻合的。所谓“天下兴亡，匹夫有责”、“先天下之忧而忧，后天下之乐而乐”是也。北京大学哲学系九十高龄的美学家和书法家杨辛教授，不但在书法艺术中反映出精神昂扬的风骨，而且心怀天下，关爱学生，把他长期收藏的大量文物和书画作品无偿地捐献给图书馆，供广大师生享用。最近又将他多年积蓄的一百万元以“汤用彤奖学金”和“杨辛助学金”的名义，作出捐献。这种高尚的奉献精神，在当今社会和知识分子中，还是普遍缺乏的，值得自上而下地力行与倡导。

（2012 年 5 月）

大学“教研室”的由来和利弊

新中国成立以来，内地大学的各个院、系都设置了各种教研室，这是教师从事教学研究活动的一种基层组织，也是一种专业或课程教学的分工单位。这似乎是理所当然，司空见惯的事。但是，我国现代大学制度的确立，本是吸收西方文化的结果，而教研室这种组织形式却并不来自西方，而是来自苏联。“教研室”，英语和西方多种语言中，都没有这个专门的名词，俄语中是有的，即 кафедра。

解放初期，由于我们国家政权的性质，又鉴于当时的国际形势和历史条件，“学习苏联”曾是我们的一项基本国策。诸如大量聘请苏联专家，大学生以俄语为第一外语，尽量使用或参考苏联教材，考试采用口试的形式，等等，都是学习苏联的措施。设置教研室，是教学组织上的一项重要措施，也是仿效苏联的做法。

1950 年 8 月，教育部颁发的《高等学校暂行规程》中，就确定“教研组”为大学教学的基本组织。同年教育部发布的《关于实施高等学校课程改革的决定》第八条提出：“应就各项主要课程组织教学研究指导组，由教师实行互助，改进教学的内容与方法。”这种教研组就是教研室的前身。北京大学在一开始贯彻这项决定时，任副校长的汤用彤等人就指出，目的在发挥教师的集体和互助的作用，改进教学，应先从基本课程做起，结合具体条件，学习苏联经验，不必拘泥于抄袭苏联的办法，防止开会或办公过多而影响教学的深入开展。1952 年，按照苏联教育模式，全国高校实行院系调整后，便比较普遍地设置了教研室。1953 年 11 月，北京大学颁布了《教研室和教研室主任暂行工作条例》，规定教研室为“进行教学与科学研究工作的基层组织，由同一课程或数种性质相近课程的教师组成，不得少于 3 人”。教研室的主要任务，是领导所属课程的教学，所属教师的科学研究，培养研究生、进修生，以及提高教研室成员的政治水平和业务水平。到 1955 年，北大的教研室由 1953 年的 55 个增加为 79 个。以后随着院、系和专业的发展与变动，教研室也在不断扩展和调整。实际上，不仅教学与研究活动的开展，就是社会政治活动的参与，都往往要以教研室为单位。教研室成了教师集体性活动的一个载体。它在集体备课，提高教学质量，培养师资，推动科学研究上，无疑起过积极作用。然而，我们应当看到，教研室是按照同类或相近课程划分的。一经划分，就长期地相对稳定，教师的教学与科研活动的范围，就基本固定在教研室内，转换、变动的余地很小。而且，仿照苏联的教育模式，由于强调“专业对口”和培养“专门人才”，形成了许多单科性的学院，如“工业学院”、“钢铁学院”、“石油学院”、“政法学院”等等，保留下来的综合大学的“综合性”也有所削弱。各校设置的专业，已经分得很窄，往下再分各种“专门化”和教研室，就显得更细、更窄。比如，哲学系的哲学专业，可以设马克思主义哲学原理、马克思主义哲学史、毛泽东哲学思想、中国哲学史、西方哲学史、美学、伦理学、逻辑学、科学哲学等教研室。如果各个教研室都是各开各的课，各行其是，缺乏沟通与合作的话，那么，在“论”与“史”之间，在马克思主义哲学与中国哲学之间，或中西哲学之间，以及真、善、美之间，就会形成一种互相隔离的状态。久而久之，俗话讲“隔行如隔山”，这里就成“隔室如隔山”了。的确，在大学教师中，出现过各开一门课，各讲一段史或各抱一本书的现象。从局部看，像是业有专攻，比较容易深入，实际上由于视野不宽，思路不广，难于进行联系与比较，因而学术研究的深度有限，遇有跨学科或边缘学科的课题，便显出专业“单面性”的困境，拘束于一个教研室的视角，更不免捉襟见肘。从事马克思主义哲学的教学与研究，若不懂得中国哲学与西方哲学，就容易把哲学理论抽象化和教条化，更难于在融合中西哲学的基础上进行马克思主义哲学的综合创新。教研室固定分工的局限性，显然影响到教育质量和水平的提高，影响学生的思维模式和视野。

我们正在进入一个经济全球化和信息化的时代。通识教育已成当今国际教育领域的一大潮流。通识教育要求拓宽基础，沟通文理，融合人文精神与科学精神的陶冶，在博学与“会通”的基础上培养各种高质量的人才。教研室这种组织形式，是否适应通识教育和教学改革的要求，是一个值得认真思索和讨论的问题。

目前，内地各大学一般还保留着教研室的设置，但也有不少大学或院、系已经撤销教研室。看来有的教师还是比较习惯于在教研室活动，有的院、系在取消教研室后，教师的力量和氛围又显得太散了一些。一种具体制度和组织形式是否适当，主要看它是否适应社会改革和科学发展的要求。我们既要看到教研室出现的历史由来和它在一定历史时期的某些积极作用，也要看到它的局限和弊端。从发展教育和提高师资水平，繁荣学术和培养复合型、创新型人才的需要出发，实事求是地审视教研室这种组织形式，我们应当采取积极改革而又慎重取舍的态度，或可采取某种既可避免“专己守残”弊端，又利于发挥集体作用的更为灵活的组织形式。

（原载《北京大学教学促进通讯》，第 6 期）

希望有一部比较完整而可信的北大校史

北京大学是一所历史悠久，有着光荣革命传承和深厚学术积淀的大学。北大走过了一百一十五个年头。说来有点奇怪，北大却没有留传下一首为广大师生所公认并乐于传诵的校歌和校训，特别是没有写成一部比较完整而可信的校史，这不能不说是一件憾事。1998 年，在迎接北大校庆一百周年时，我在《北京大学校刊》上提出“八点建议”的首要之点，便是“研究和写出一部比较完整的校史”，我认为“应当侧重于从教育发展，人才培养和学术文化建设的角度，追溯北大光辉而曲折的历程，揭示北大和教育自身的特点与规律”。时间又过去了十几年，此事仍然付之阙如。

一、现有校史的缺陷

是的，北大是出版过校史的。比如，1988 年曾由北大出版社出版萧超然等先生所著的《北京大学校史》(增订本)，不过这本校史只写了 1898 年至 1949 年的历程，新中国成立后的 60 多年更长而更为曲折的历程，是完全缺失的，显然不是一部完整的校史。的确，萧超然等先生付出了辛勤的劳动，搜集了丰富的史料，以诚挚的心态试图再现那个战争与革命的年代北大走过的道路，应当说是一份值得尊重的成果，仍然是可读的。然而这本校史(以下简称《校史》)已经落后于北大和形势发展的要求，并且存在以下的缺陷：

1. 是按中共党史(或中国现代革命史)的分期来写的

这种写作体例并不适合于北大校史。北大既不是党校，也不是如“华北大学”或“中国人民大学”这一类的学校。北大有自己特殊的历史分期，这种分期应当通过对北大校史的深入研究来揭示和呈现。只有按照比较恰当的历史分期来撰写，才能真正写出反映北大特色与个性的校史。

2. 基本写成了一本学生爱国运动史

各个历史时期的政治运动，北大学生如何参加这些政治运动，成了全书写作的重点，篇幅几乎占据了 2/3；教学状况，人才培养和学术研究，反而成了陪衬，只占较少的篇幅。这与北大这所大学的基本性质与任务是不相一致的。诚然，北大校史确有爱国传统的一面。北大的前身是“京师大学堂”，本是戊戌变法的产物，也是社会转型的要求。“北京大学”的名称，是辛亥革命的第二年，即1912年确定的，不过那时还称“北京大学校”，首任校长是严复。严复也是变法维新运动的一位代表人物。1917年，蔡元培正式就任北大校长后，便积极主张并坚决实施“兼容并包，思想自由”的办学方针，并且在体制和观念上励行改革，使得北大人才云集，学术兴盛，思想活跃，面目一新，很快成为1919年“五四”运动的发源地，传播马克思主义的主阵地。在以后的历次爱国学生运动中，北大人往往都是积极的倡导者或参与者。诚如鲁迅所说：“北大是常为新的，改进的运动的先锋，要使中国向着好的，往上的道路走。”[①]马寅初曾把北大人的这种真诚爱国和勇于牺牲的精神表述为：“虽斧钺加身毫无顾忌之精神。”[②]其实，在我国反帝反封建的社会历史条件下，不少大学都具备这种特性，只是北大颇为突出就是了。这是由于多种因素决定的：一是青年人血气方刚，好见义勇为，易于激起爱国热诚；二是大学师生思想敏锐，有文化自觉，敢于承担社会责任；三是北大的“兼容并包，思想自由”，酿成评判性的新思潮，勇于挑战旧的制度与势力。然而，北大的基本性质是什么？却不应模糊和混淆。大学并不是政治运动的场所。德国哲学家雅斯贝尔斯在《什么是教育》一书中说：“大学是研究和传授科学的殿堂，是教育新人成长的世界。”或者说：“是学术勃发的世界。”[③]蔡元培在1917年1月就任北大校长的演说中指出：“大学者，研究高深学问者也。”在1918年的开学典礼上，他更指出：“大学为纯粹研究学问之机关，不可视为养成资格之所，亦不可视为贩卖知识之所。学者当有研究学问之兴趣，尤当养成学问家之人格。”这是对大学性质的精辟界定。蔡元培的高等教育观和大学理念的基本思想是：教育独立，学术自由，教授治校。他希望教育不受宗教或政治的干预。当然，在现实社会里，我们很难设想教育可以完全脱离政治，但教育要完成研究科学和培养新人的任务，就应当尽量避免过多的外在干预。政治的需要是短暂的，学术的追求是恒久的；宗教的基础是信仰或迷信，学术的

① 鲁迅：《我观北大》，《北大学生会周刊》创刊号，1925年12月。

② 马寅初：《北大之精神》，《马寅初演讲集》(第四集)，北京：商务印书馆，1928年。

③ [德]雅斯贝尔斯：《什么是教育》，北京：生活·读书·新知三联书店，1991年，第150页。

基础是理性或真理。学术问题贵在严谨治学与自由探讨。正如冯友兰所说："盖学问之道，各崇所见。当仁不让，理固然也。"[①]不可忽视的是，马克思主义者李大钊在1922年12月17日的《北京大学日刊》上发表《本校成立第二十五年纪念感言》，并没有提学生运动，而却批评了北大"学术上的贡献实在太贫乏了"。他说："我以极诚挚的意思，祝本校学术上的发展，只有学术上的发展值得作大学的纪念，只有学术上的建树值得'北京大学万万岁！'的欢呼。"北大光彩熠熠的历史，固有其政治风云的一面，但最主要的，还是教学的质量与成就，学术的创造与贡献，人才的聚集与涌现。所以，把北大校史基本写成学生爱国运动史，是值得商榷的。

3. 对待校史上某些重要人物的认识与估价，有失全面和公允

比如曾担任校长时间最长的著名教育家蒋梦麟；"五四"运动中学生领袖，曾任代理校长的著名历史学家傅斯年；五四新文化运动主将之一，曾任校长的著名学者胡适；解放前首任教务长，新中国成立后首任校长的著名经济学家马寅初，等等，《校史》中几乎看不到他们的活动与作用，偶尔提到他们时，也是简单的批评与指责。尽管对他们某个时期或某些方面的政治评价可能存在争议，但从校史的总体视角看，他们个人的学术成就，对北大教学、科研、培育人才等方面作出的艰苦努力和积极贡献，是有目共睹，无法否认的，应当实事求是地给予公正而合理的评价。这也显示我们的学术风度。而且，我们既然充分肯定和高度评价蔡元培的巨大作用与贡献，对于他的长期的、亲密的合作者或辅助者，又怎能完全不顾或一笔抹杀呢？北大校史上的蔡元培又怎能孤零零地一人在发挥作用呢？

4. 对某些学者的学术成果，重要著作有简单而言过其实的评判

比如对冯友兰在抗日战争时期所著《新理学》和整个"贞元六书"，《校史》中说："实际上是为国民党的法西斯统治制造理论根据。"[②]这显然言过其实。冯友兰写"贞元六书"的初衷是什么呢？他在《三松堂自序》中说："所谓'贞元之际'，就是说，抗战时期是中华民族复兴的时期。""这次抗日战争，中国一定要胜利，中华民族一定要复兴，这次'南渡'的人一定要回来。这就叫'贞下

---

① 冯友兰：《新原道》自序，《冯友兰文集》(第五卷)，长春：长春出版社，2008年，第125页。

② 萧超然等编著：《北京大学校史》(1898—1949)，北京：北京大学出版社，1988年，第399页。

起元’。这个时期就叫‘贞元之际’。”①正如冯友兰的女儿，当代著名作家宗璞所说：“‘贞元六书’表达了父亲抗战必胜的坚定信念，及对祖国昌盛、民族复兴的热切期望。”②再看冯友兰的弟子陈来教授在《冯友兰文集》的一篇序言中指出：“‘贞元六书’的体系，是古典中国哲学传统适应于现代社会的新发展”，“是抗战时期哲学家精神活动的写照，也是对这一民族生命转折时代的哲学见证。‘新理学’的体系是现代中国哲学中最重要的哲学体系之一。”③又如钱穆在1939年所著《国史大纲》、《校史》中说，这“是一部观点荒谬的历史书”，“流毒很广”④，等等。实际上该书同样撰写和完成于艰苦的抗战时期，表现了作者对于民族的忧患意识，全书53万字，成为当时普遍使用的历史教科书，绝非偶然，正是由于受到当时学界的高度重视。尽管在抗日战争的历史背景下，该书内容与结构的安排，可能有倚重倚轻的偏向，某些学术观点，也可商榷；但从总体上看，作者对整个中华民族的生命力与凝聚力，是充满自信的，并且不为西方文化所左右，而仍能在维护传统文化优秀遗产的基础上，积极争取民族自强和抗战胜利的光辉前景。综上所述，笔者认为，现有的这部《校史》，是费了力气，下了工夫的，是有成绩、有基础的。但也存在某些缺陷，特别是缺少新中国成立后的部分，还是很不完善。

二、期待校史的特点

我们迫切需要一部比较完整，确切，经得起时间和历史检验的校史。我们所期待的这种校史，应当具备怎样的特点和重点呢？

1. 侧重于教育和学术的视角

北大在中国现当代教育史，特别是高等教育史上占有重要地位，北大在科教兴国的事业中担负重大责任；北大又是全国学术、文化的一个重镇。学术的准则和水平，是一所大学的灵魂，北大尤其如此。因此，教育和学术是北大校史必须紧紧把握的一条主线。

---

① 冯友兰：《三松堂自序》，《冯友兰文集》(第一卷)，长春：长春出版社，2008年，第174页。

② 冯宗璞：《冯友兰先生与西南联大》，《人类精神的自由反思者》，昆明：云南教育出版社，2012年，第43页。

③ 陈来：《〈三松堂自序〉序二》，《冯友兰文集》第一卷，长春：长春出版社，2008年，第10页。

④ 萧超然等编著：《北京大学校史》(1898—1949)，北京：北京大学出版社，1988年，第399页。

2. 以史为鉴，认真总结北大的基本经验和基本传统

在世纪风雨，百年沧桑中，北大成就辉煌，道路曲折。要不辱使命，做到承前启后，继往开来，最重要的，是认真总结北大在发展教育，繁荣学术和培育人才方面的基本经验和基本传统。这种经验和传统，不仅是今后办好北大的精神财富，而且是全国发展学术和文化教育事业的精神财富。对于北大的传统，历来有不同的理解和说法，也确实可以从不同的侧面去把握。我们仍然需要从繁荣学术，培育人才的视角去把握北大的基本传统，把基本传统与其他传统作适当的区分。北大有过辉煌的成就与方面，经验是十分丰富的，在全面总结中需要提炼和概括基本的经验；北大也有过严重的曲折与损失，教训也是沉重的，同样需要认真地分析和记取基本的教训。从这里也可以分析，比较各种关于校风、校训的提法，探讨在北大起主导作用，形成北大精神血脉，并为北大广大师生所认可的校风，校训究竟是什么。

3. 分析与探讨教育与政治，学术与政治的关系

在继承“五四”的科学与民主的精神，实施蔡元培提出的“兼容并包，思想自由”方针的过程中，如何处理教育与政治，学术与政治的关系，历来是北大师生共同经历的一个重大纠结点。在处理这种关系中，如何克服学术与学者的依附性，实现学术的独立与自由，不能不是北大校史中思考和研究的一个关节点。

4. 思考和研究杰出人才出现的条件

在现代化建设中，人们对北大寄予厚望是不难理解的。人们迫切期待的，是学术的繁荣和大师的出现。大学有了这两个方面，又何愁不是“一流大学”？民族又何愁不能真正“崛起”？但这需要多种因素和条件，既需要优化的硬件，更需要优质的软件。物质的经济的条件固然重要，思想的精神的品格更显珍贵。北大长期经历过经费短缺的困境，西南联大时期的经济条件更是极其艰难，但那时却出现不少杰出人才。各个学科领域一般都有拔尖人物出现，并能出现独立的学术体系和学派。与过去相比，如今大学的经济条件可说相当宽裕了，却难见学术上的杰出人才，校园内再难见到学术大师的身影。原因何在？繁荣学术，培养高质量人才，究竟需要怎样的条件和氛围？物质条件与精神条件的关系如何？“钱学森之问”(为何出现不了杰出人才?)和“温家宝之问”(为何培养不出大师?)，北大的校史研究应当尝试着给予回答。

5. 合适的大学校长怎样产生？

选拔或任命合适的大学校长，意义重大。校长最好是真正的学者兼教育家。对于建立和健全合理制度，吸引和团聚优秀人才，树立和发扬优良学风，崇尚和推动学术繁荣，校长往往有着举足轻重的作用。北大校史上的校长甚多，最居显赫地位的是蔡元培，另如严复、蒋梦麟、胡适、马寅初等人。他们的功绩和成就，他们的经验和智慧，值得在校史上大书一笔。一位合格而优秀的大学校长应当具备怎样的基本条件，应当怎样产生？怎样发挥积极作用？从北大校史上或可窥豹一斑。

三、校史写作的困难和有利条件

应当看到，要写出一部比较完整而可信的北大校史，是一项重大课题，难度很大。如时间长，跨度大，有些情况不明，资料短缺，有的问题比较复杂，一时不易理清。可能近处比远处更难分辨。由于北大地位，作用的特殊性，难点更多。新中国成立后的部分更难分析与撰写。面对这些方面，不免有畏难情绪出现。这也是完整校史长期难产的主要原因。但我们更应看到当前的有利条件：

(1)已有较多研究成果和资料编集的积累。除上述《北京大学校史》外，尚有《北京大学与近现代中国》(萧超然著)、《北京大学与五四运动》(萧超然著)、《蔡元培与北京大学》(梁柱著)、《北大旧事》(陈平原，夏晓虹编)、《北京大学史料》(王学珍，郭建荣主编)、《国立西南联合大学校史》、《国立西南联合大学校史资料》，等等。都已公开出版，可以作为研究和撰写完整校史的基础或参考。

(2)北京大学校史研究室和校史馆，已有较长时期的研究成果和经验积累，为完整校史的撰写提供了一定的准备。

(3)北京大学档案馆保存了相当数量的历史资料或内部资料，应当供研究者充分利用。

(4)校内各院系有一批校史爱好者。他们孜孜不倦地搜集资料，从事各种专题研究，有可贵的积累与成果。尽管各人的观点、视角，以及研究方法，会有种种差异，但应当以“求同存异，兼容并包”的姿态共同研究，取长补短，互相促进，共襄盛举。校外和海外的研究者更多。他们关心北大，对北大校史的兴趣甚浓，成果甚多。应当高度重视，适当吸取。同时，我们也应当提倡和鼓励各种不同观点、形式和风格的北大校史的写作与和版。

只要坚持学术的视角，保持学术的良知，发扬学术民主，组织力量，集思广益，不断深入地开展多种形式的研究和讨论，相信经过各方面的艰苦努力，一定能克服困难，让一部比较完整、可信的北京大学校史诞生在北大人手中，有利于提升北大人的精神层次，有利于促进文化、科学创造源泉的涌流。

（原载《北京大学校报》，2013 年 5 月 5 日）

附录

文史哲如何育人才

——北大文科综合试验班引发的思考

在应用文科这一方面军生机勃发的今天，高校文科的另一方面军——文史哲等基础学科该如何定位？曾为人们津津乐道的文科通才和大师还会出现吗？

正当人们为文史哲招生、分配、经费、师资犯难之时，忽然传来一个稍息：今年9月，北京大学独辟蹊径，开设了一个集文史哲于一身的文科综合试验班，旨在培养“21世纪的学术带头人和骨干”，造就“学贯中西、博古通今的文科研究和教学人才”。带着满脑子兴奋、热情与疑惑，记者开始了战线颇长的采访。

北大校园艳阳高照。趁午休时分，记者采访了文科综合试验班5位学生。我问两个男生：“文史哲学者清贫如洗，且一辈子默默无闻，你们可有精神准备?”因为按校方设想，希望该班28位同学能一口气读完本科、硕士、博士直至博士后，读出一个有影响、跨世纪的大学者来。求学过程为18岁至30岁。而这恰恰是最易受诱惑的12年！一盏青灯，半卷残页，既出市贾，又远名声，他们消受得了吗?

两位男生一愣，一时不知该作何答。他们毕竟才十七八岁。太年轻了。

当同样的问题问及三个女生时，一个说走走看，一个说想当记者。只有一个短发女生十分坚定地表示愿意并且能够承受清贫。她读书甚多，涉猎颇广，常有异想。考试前何以抖擞精神？在她唯有读莎翁剧作。她自信但不失清醒，说自己中国古典文学底子很薄，除四大名著及唐诗宋词外，其余几无接触。据教师讲，她中学时已获许多中学生梦寐以求的“叔苹奖学金”和“希望之星奖学金”。有记者登门拜访，发现她家三代人同居两室，父亲——60年代大学中文系毕业生、现某出版社编辑——竟长年住办公室。“路曼曼其修远兮”，“虽九死其犹未悔”。做学问，坐冷板凳，难得的是两代人同此心愿，“死不悔改！”

试验班班主任张翼星教授颇引入注目。并非因他衣冠楚楚，口若悬河。

恰恰相反，此翁年已六十却挑起班主任这繁杂重担。头发花白，衣衫过时，却忙得团团转，一副老黄牛形象。在一张旧乒乓球台改为会议桌的房间里，张先生吐露心曲：年轻时被“运动”整得惶惶不可终日，无心理事。今天眼看老之将至，主动当班主任，正是为了选拔、培养优秀的文史哲人才。他说：我国数学人才上学时一般成绩优等，天赋很高，但日后成为大师的极少。原因无他，急功近利而已。选择研究方向时，一旦发现前途渺茫、远离声名就立刻罢休。而西方有些数学家则完全不同。兴趣乃轴心，只要有兴趣，搭上10年、20年乃至一辈子也无怨无悔，成名只是副产品。文史哲又何尝不同此理！

眼下中青年学者又有谁愿坐冷板凳呢？据了解，在贫困、偏远省份，“孔雀东南飞”现象在文史哲教师中尤甚；在沿海等发达地区，文史哲教师跳槽、改行的也很多。在文化中心北京，某高校古典文献专业已无半百以下的中青年教师，他们全部南下或改行。在北京另一所高校，有教师告诉记者，真正下海经商者很少，完全一心一意做学问者更少，有人甚至称后者为高校教师的“稀有品种”。大多数人兼顾学问与收入。为了日子油水足些，他们把智力用于打“擦边球”：讲课，到外校甚至外地，以换取更高讲课费；编书，在传统文化与现实热点中寻找结合点，书畅销，自己也有了养家糊口资本；即使做学问，也有意识地失之毫厘，让专业朝含金量高、见成效快的方向偏移。

中国艺术研究院郑恩波研究员说：“无论钱钟书、杨绛、卞之琳，还是戈宝权、冯至、柳鸣九，都有一重要特点，即宠辱不惊。新中国成立初期英美文学不受重视，但大学者们并不因此灰心；‘文革’期间他们或挨批斗，或靠边站，或被下放，但一个个心似闲云野鹤，该看书看书，该写作写作。搞学问万勿赶浪潮，凑热闹，此乃我平生治学一大心得。我本酷爱文学，50年代末考入北大中文系，但领导看我根红苗正，选派我去留苏预备班学俄语，我去了；不久中苏关系恶化，又派我去学阿尔巴尼亚语，我又去了；中阿断交后，又派我去南斯拉夫学习，我又去了。我身不由己地在人生的航船上颠簸了几十年，年过半百，才重新回到我真正有兴趣的刘绍棠研究上来。我现在干出一点成绩全在于大师的启迪：金子会埋在土地，但迟早会发光。”

当记者采访北京师范大学中文系教授王富仁时，他说：你问坐冷板凳的感受？“8年了，别提它了！”这位“文革”后第一届硕士生、第一届博士生感慨万千：“真心实意做学问的人少，古今同理。学问人分顺利、不顺、一般三种，当社会向他们绽开笑脸、为他们评功摆好时，三种人皆做学问；而当无人喝彩时，后两种人就放弃了学问研究。只有第一种人还在孜孜矻矻，埋头苦干，焚膏继晷，皓首穷经。他不怕坐冷板凳，实乃他因此有过成就、享受过荣耀啊！回忆带给他力量，然而这力量毕竟有限，他有时因外界无人呼应而陷入独白状态，精神恍惚。文史哲等基础学科应该依靠国家政策支持。”

国家并没有忘记坐冷板凳的学者们。记者 11 月 2 日在国家教委高教司采访时了解到，为保护、扶持基础学科，国家教委已正式设立“国家文科基础学科人才培养和科学研究基地”，计划在全国高校建设 40 多个“基地”。在政策和资金倾斜、支持下，本世纪末“基地”将培养出 3000 名左右本科生，其中大多数将直接进入研究生阶段深造。

这与北大文科综合试验班是不谋而合还是谁先谁后，似乎不必深究。重要的是，它带给关注文史哲的人们不啻是个惊喜！

近几年，为了探索文史哲出路、解决毕业生分配难问题，不少高校新开了一些应用型专业。如今中文系培养文秘人才，历史系出档案和旅游人才已是屡见不鲜的旧闻。但也有一些专家颇不以为然。一位著名大学哲学系的教授说：“我系有些学生要求开公关课，我不赞成。(应用课自学两三个月即可无师自通，但基础知识、基本训练，千万不能错过最佳年龄与时机。)”

更多的人却在为近几十年大师级学者难产深感忧虑。本世纪上叶，中国曾产生过不少学识渊博、东西方文化贯通之大家：王国维、鲁迅、郭沫若、陈寅恪、林语堂等等。诸翁不仅国学底子深厚，谙熟经史子集，而且精通一门至数门外语。其学术著作博大精深，文学创作也同样让人回味无穷。

在北京广播学院任教的姚小鸥博士说：“我看产生大师至少要两个条件。一是师资力量。冯友兰、王力之所以成为大师，和当时清华研究院国学大师王国维、梁启超、陈寅恪、赵元任等的培养分不开。而后者学问之大，至今有谁能望其项背？或先秦、两汉文献烂熟于心，或通晓英、法、德、意数种语言，或创立了新的史学体系和方法，一个个饱读诗书，极具才情。二是全社会的理解、支持。文史哲是人类文明的灯塔，但不能很快带来效益，因此需要政策、资金来保证。”

在这方面，北京大学率先明确了思想。该校主管文科的副校长梁柱经常说：“不能让一流头脑做二流工作。”该校酝酿了一个育人构想：头两年文史哲，三年级分系，一口气读完硕士乃至更高学位。由此，培养文史哲专家的文科综合试验班在北大应运而生。北大人认为，搞学问不仅要有个好耐性，坐得住冷板凳，而且要有个好脑子、好身体。因此，文科综合试验班 28 名学生皆来自各省重点中学前三名，且招生时一再强调英语和数学能力，以利深造。入学后他们读书热情很高，虽功课繁重，他们还是迫切要求增加英语课课时，以便二年级顺利突破大学英语六级考试大关。有教师认为，为培养高精尖人才，应进一步摸索选才方法。如教师直接奔赴各省，与学生面谈，令其当场写文章，以考察其逻辑思维能力和综合水平，真正广招天下英才。

能否造就出博古通今的大学者，主要看有无科学、有效的教学计划。北大副教务长周起剑教授认为，文科综合试验班这个称呼是暂时的，其安排正在试验、摸索，但其指导思想是不会变的。它将给学生以更宽更深的文史哲基础教育，更大的选课自由度，更多的脱颖而出的机会。这个班学生除享受其他本科生享受的奖学金外，还可享受专设的特殊奖学金。在图书借阅、赠书纪念、荣誉奖励等方面均有具体规定。

当记者看到文科综合试验班两年内所学课程时，不禁吃了一惊：内容几乎囊括了文史哲三系的所有基础课，每门课都意味着要读许多大部头原著和佶屈聱牙的古书。课程深，时间短，学生能否消化？一学生说："感觉很紧张。上午四堂课下来，老师说讲到 150 页了。"周起剑说："主要是挖掘学生潜力。另外，计划四年后这个班再优选一次。"班主任张翼星说："文科综合试验班应体现知识面广、量大、较早参加科研等优势，因此，学生必须直接啃原著。"

北大哲学系教授、比利时卢汶大学哲学博士赵敦华说："要想成为大学者，通才教育在本科阶段很重要。在西方一些国家，本科、硕士阶段几乎不分，课程量极大。硕士论文题目宽泛，且不需答辩。博士阶段才需要专而精。现在，我国物质、文化条件都不错，士子'一箪食，一瓢饮'的时代早已过去，有无成就就看学生自己了。"

文史哲教育前景如何？国家教委高教司文科处处长刘凤泰说："我抱乐观态度。第一，文史哲是高等教育的基础，一所高校若基础学科很差，整个学校教学质量不可能很高。越来越多的理工科大学已认识到了这一点，并开设大学语文、美学、逻辑学、中国通史、中国文化概论等课程。第二，在国外，当经济发展到一定程度时，人们就十分重视人文学科建设。在我国广东，一些著名企业也开始到大学哲学系、历史系、中文系挑人，因为他们认为这些系的毕业生读书深广、基础扎实、素质良好。第三，国家教委决定以历史学科为文科试点，进行教学内容和课程体系改革，以改变过去教学内容单一、陈旧的弊病。现在，历史系正在从低谷中走出。第四，文科“基地”计划落实后，全国高校文史哲将形成三个层面：第一种是基地内的文科点，任务是培养高层次理论人才；第二种是省属院校，可根据本省需要培养科研、教学或其他人才；第三种是完全放开，培养应用人才。

（原载《光明日报》，记者李丹，1994 年 11 月 17 日）

积极、愉快地发挥余热

——记北京大学老教授教学调研组

北京大学有一个由老教师组成的负责调研本科生教学情况的组织，定名为“老教授教学调研组”，1995年成立，至今已有十多年。现有成员十几人，来自中文、历史、哲学、数学、物理、化学、生命、心理、信息、力学、城市环境、国际关系、外语等十几个院、系的退休教师。知识结构比较合理，教学经验比较丰富，但年龄偏大(七十岁以上者居大多数)，且居住分散。

一、工作定位

全组成员受聘于教务长，积极配合教务部，以课堂教学为中心，了解情况，研究问题，定期或专门向领导汇报，积极提出意见和建议，为提高本科教学质量，推动全校教育改革，办好北京大学而做我们力所能及的工作。

二、具体任务

(一)合理分工，重点安排，到课堂、实验室听课、考察，直接了解教学第一线情况，认真听取教师和学生的反映，认真填写听课评价表，并定期组织汇报和讨论，积极参与学校本科教学质量的评估会议和评估工作。

(二)选择教学工作中有调研价值的专题，进行有计划、有重点的调查研究，向领导和有关部门提出专题调研报告，或者就高等教育和教育改革中的重大而迫切需要解决的课题，组织研讨，写出文章，提供领导或有关部门参考，并争取公开发表。

(三)就当前学校教学或与教学密切相关的热点或倾向性问题，尽可能了解并研讨后，及时写成简报或调研报告，向学校和各有关部门或院系反映。

(四)配合教务部，积极参与全校通选课和主干基础课的课程设置的讨论、评审工作。

(五)积极参加学校组织的有关教学工作的会议。

三、近年成果和安排

近些年来，我们除经常性的听课、调研和讨论、汇报外，还撰写了调研报告和文章十几篇，比如《关于教师岗位津贴实施后的效果与反映的调查报告》、《关于学校应当设置教务长的意见》、《关于通选课的设置和教学状况的报告》、《关于加强主干基础课建设的若干问题和意见》等等，有的已在《中国高等教育》、《北京大学教育评论》等刊物上发表。最近几年，我们提出了四篇报告和文章：《关于北京大学本科教学中培养创新能力的几点认识和建议》、《加强主干基础课的若干问题和意见》、《北京大学通选课的现状、问题和建议》、《应当重视大学生学习中的“四多、四少”现象》，有的已在《光明日报》等报刊上发表。

在今后一两年内，我们计划在比较充分的调研和讨论的基础上完成三篇报告和文章：关于理科实验课的现状、问题和意见；关于理科习题课的现状问题和意见；关于加强通选课建设的若干问题和意见。现正在组织调研和讨论。

四、工作方式和体会

我们的做法和初步体验是：

（一）由于全校课程体系庞杂，课目繁多，我们的调研重点是通选课和主干基础课。听课一般采取“抓两头”的方式。重点是听那些质量高、效果好和问题多、学生评估分数低的课程，以便总结、推广经验，分析、克服缺点，促进整个教学水平的提高。

（二）结合组里成员的专业特长，作合理分工，达到点面结合。每人分别联系两三个院、系，既有听课和调研的重点，又能照顾到一般，不忽略面上的了解。

（三）我们的工作方法是：听、谈、写。以课堂听课为主，主动、认真地去听，当然也要注意观察，这就是听。听了还要组织定期的汇报、交谈，必要时还应与师生交谈。汇报、讨论、交流，互相沟通，集思广益，这就是谈。听完课要认真填写听课评价表，谈完还要形成调研报告或撰写文章，这就是写。把这三者结合起来，结合得好，就会见到成效，大家就会感到有兴味、有收益。这就是我们工作的特点，也是我们老年教师的一种乐趣。

（四）考虑组里成员年老体弱，居住分散的特点，在时间、任务的安排上，特别注意劳逸结合，张弛有序。不作硬性要求，以便大家比较轻松地发挥余热，在有成效的工作中颐养天年。

（五）“人间岁月闲难得，天下知交晚益亲”。（选自《七言圣贤经》，改动二字）。我们这个组的成员，本来居住分散，老年聚集，相识虽晚，却是一件幸事。我们既是一个认真工作、讨论的集体，也是一个聚会、欢谈的集体。在工作、开会时，大家畅所欲言，可以互相争辩，谈笑风生；在工作之余，我们也通报信息，互相关照，并组织一点休闲、游览、祝寿之类的活动，增添一点集体的欣慰。

我们的缺点是：对教学中的情况和问题，有些就事论事，整体把握、深入分析不够，与广大师生的直接接触、交谈太少。此外，教学工作与整个教学体制、教育改革是密切相关的。有时对体制改革感到无能为力，官本位的问题日益严重，因而对全校师资队伍建设和教学水平的提高缺乏信心，有些影响工作情绪。我们与学校领导直接见面和交流的机会不多，相互的主动性都不够。怎样克服阻力，使我们的工作更活跃，更有成效，是有待解决的问题。

（原载北京市部分高校教学督导组会议文件，2009 年 12 月）

后 记

我在北大学习、工作、生活了近60年，直接从事教学也达40余年，尽管经历许多坎坷和曲折，但我对北大仍然是有感情的。从红楼到未名湖的文化气韵时常激荡着我的心怀！我深知北大在全国人民心目中的位置及其肩负的重任，并深感北大的现状与此颇不相称。因此，我退休之后，仍有一种“身退心不退”的心理担当，保留了一份“北大人”和“公共知识分子”的社会责任感。

2002—2013年，参加“北大老教授教学调研组”的工作，使我得到进一步发挥“余热”的机会，我十分珍惜这种机会。我对教育和教学本已产生兴趣，于是边调研，边学习，边思考，不断地提出点问题，发表点意见，陆陆续续地撰写并发表了50多篇文章，现大都集结于此。极为幸运的是，北大王义遒教授鼎力支持，在百忙中欣然为本书写序；首都师范大学出版社顺利接纳书稿，责任编辑欧家作极为热诚而认真，为了把书出好，他多方设法，并帮我合理调整篇章，改正了不少文字和语法上的差错；美术编辑王征发先生不辞辛劳，他精心设计了多种封面样式，并虚心征求我的意见，这都使我倍感欣慰。我衷心感谢他们的慷慨支持、真诚合作与辛勤劳动！

张翼星

2013年5月26日于北大承泽园